Meisenbach Riffarth & Co. Berlin.

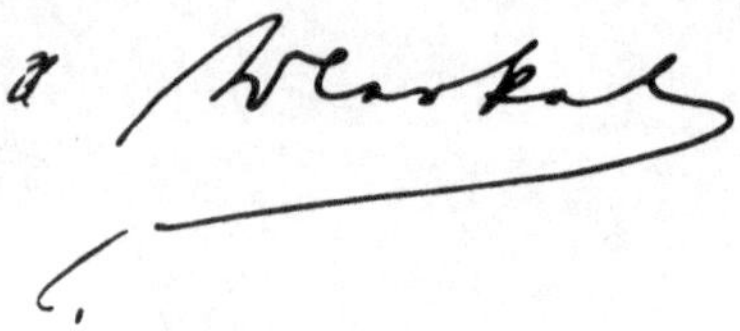

Hinterlassene Fragmente

und

Gesammelte Abhandlungen

von

Adolf Merkel.

I.

Hinterlassene Fragmente
und
Gesammelte Abhandlungen

von

Adolf Merkel.

Erster Teil.

Straßburg
Verlag von Karl J. Trübner
1898.

Fragmente
zur
Sozialwissenschaft.

Von

Adolf Merkel

zuletzt Professor des Strafrechts und der Rechtsphilosophie an der Universität Straßburg i. E., † 30. März 1896.

Mit einem Bildnis des Verfassers in Heliogravüre.

Straßburg.

Verlag von Karl J. Trübner.

1898.

Vorwort.

Das hiermit der Öffentlichkeit übergebene Werk besteht seinem Kern nach (S. 1—232) aus den im Nachlasse meines Vaters vorgefundenen Fragmenten einer geplanten größeren Arbeit sozialwissenschaftlichen Inhalts, zu deren Ergänzung Stücke aus Vorlesungskonzepten dienten. Freilich können auch so leider nur Bruchstücke geboten werden. Und auch diese fanden sich zum großen Teile im Zustand bloßer Entwürfe, welche erst entziffert und zusammengefügt sein wollten.

Eingefügt in diese Fragmente wurden wegen ihres verwandten Inhalts ein Artikel aus Grünhuts „Zeitschrift für das Privat- und öffentliche Recht der Gegenwart", sowie zwei weitere aus Fleischers „Deutscher Revue".

Angeschlossen sind die lesbaren Abschnitte des Konzeptes einer Vorlesung über „Die moderne Demokratie" aus dem W. S. 1891—1892. (S. 233—347.)

Als Anhang schließlich ist eine Rede aufgenommen, welche der Verstorbene gerade ein Jahr vor seinem Tode aus Anlaß von Bismarcks Geburtstag im Festkreise gleichgesinnter Kollegen gehalten hat. (S. 348—354.)

Die Bedenken gegen die Veröffentlichung derartig zusammengestellter Bruchstücke wurden überwogen durch den Wunsch der Söhne, wenigstens Einiges der Öffentlichkeit zugänglich zu machen aus dem reichen Gedankenschatz der zahlreichen hinterlassenen Manuskripte, der im Übrigen unverwertbar begraben liegt.

Herrn Professor Dr. Hensel in Heidelberg für seine warme Unterstützung und nicht zum Mindesten für seine Ermutigung, bei der Publikationsabsicht zu beharren trotz mancherlei Zweifel und Schwierigkeiten, auch an dieser Stelle herzlichen Dank.

Freiburg i. Br., im Sommer 1898.

Prof. **Rudolf Merkel.**

Inhaltsverzeichnis.

Einleitung und Grundlegung.

Die Aufgabe.

Die Tendenz dieser Schrift gehört nicht dem Bereiche praktischer politischer Bestrebungen an. Es ist nicht meine Absicht, die Sache einer der bestehenden Parteien hier zu führen, oder die Bestrebungen einer von ihnen oder aller vom Standpunkte irgend einer erst zu gründenden Partei aus zu bekämpfen. Auch war das leitende Interesse bei der Abfassung dieser Schrift nicht ein kritisches: es handelte sich nicht darum, zu ergründen und festzustellen, wie die Parteien sein und handeln sollten, um irgend welchen ihrem eigenen Wesen fremden Anforderungen zu entsprechen, oder ihnen von einem gleichviel wie bestimmten Standpunkte aus das Maß ihrer Verdienste und Sünden zuzumessen; vielmehr darum, zu erkennen und darzulegen, was sie sind, wie die letzten Gründe ihrer Existenz und der allgemeine Charakter ihrer Wirksamkeit sich thatsächlich bestimmen, und wie sie sich zu den allgemeinen Bedingungen gesellschaftlicher (das Wort in seinem weitesten Sinne genommen) Entwicklung verhalten.

Das Parteiwesen nämlich wurzelt in Gegensätzen, welche für die Entwicklung des gesellschaftlichen Lebens der Menschen in allen Gebieten desselben bestimmend sind und deren immer erneutes, in den mannigfaltigsten Formen und Komplikationen erfolgendes Hervortreten im Zusammenhange mit den Gegenwirkungen, welche sein Gefolge bilden, den hauptsächlichsten Inhalt der Geschichte ausmacht. Nur in diesem Zusammenhange kann jenes verstanden werden. Es bezeichnet nur eine der Grundformen, in welchen jene Gegensätze zum Ausdruck und zur Wirksamkeit gelangen, und seine Geschichte erscheint nur als ein Element der allumfassenden und kontinuirlichen Bewegung, welche sich aus ihnen herleitet. Das Verhältnis des Parteiwesens und der ihm zu Grunde liegenden Gegensätze zu jener Entwicklung kann indessen nicht gewürdigt werden, ohne daß zugleich sein Gegensatz, auf welchen soeben hingedeutet wurde und der alsbald näher bezeichnet werden soll, in Betracht gezogen und an dem gleichen Maßstabe gemessen wird.

* * *

Der Versuch aber, diesen Zusammenhang zu erhalten, bedingt eine Stellungnahme zu zahlreichen allgemeineren Problemen. Dabei kann es nicht ausbleiben, daß manches angeregt, aber nicht erledigt, und manche Frage von großer Tragweite nur eben wie im Vorübergehen mit flüchtigen Bemerkungen begrüßt wird.

Das Verhalten der Doktrin den Vorgängen des gesellschaftlichen Lebens gegenüber.

Der Doktrin ist in Bezug auf das gesellschaftliche Leben (jenes Wort in seinem weitesten Sinne genommen) eine doppelte Aufgabe gestellt, und es hängt hiermit der Gegensatz zwischen verschiedenen wissenschaftlichen Bestrebungen, auf welchen im Eingang hingewiesen wurde, zusammen. Sie hat nämlich in diesem Bereiche wie überall mit Beiseitelassung materieller und idealer, egoistischer und ethischer Interessen und der sich daraus herleitenden Maßstäbe des Urteils sich um die Erforschung des wirklichen Lebens und seiner Faktoren, sowie der Gesetzmäßigkeiten zu bemühen, welche in der Verkettung der Erscheinungen hervortreten, und sie hat ferner im Dienste jener Interessen an der Bildung und Vertretung der Ideale sich zu beteiligen, welche der Gesellschaft auf ihrem Wege zu höheren Lebensformen und befriedigenderen Zuständen als leitende Sterne vorschweben.

Anders als der Natur steht die Gesellschaft den sozialen Dingen gegenüber, da es sich hier um ihre eigenen Zustände handelt und sie sich in gewissen Grenzen als deren Urheber und als für sie verantwortlich erscheint; daher sich der Frage nach dem, was geschieht, hier überall die andere zur Seite und häufig genug in den Weg stellt nach dem, was geschehen sollte. Dies aber ist allezeit zugleich eine Frage an die Doktrin gewesen, welche diese ihrem alsbald zu bezeichnenden Ursprunge gemäß niemals zurückzuweisen vermocht hat. Hierin begründet sich für sie diesem Objekte gegenüber ein Dualismus der

Aufgaben und Bestrebungen, welcher den Naturwissenschaften zu ihrem Heile fremd ist.

Wir können an jenem Sachverhalte nichts ändern. Aber es ist wohl begründet, darauf hinzuwirken, daß jener Gegensatz und seine Konsequenzen zu deutlicher Anschauung gelangen, und vor allem, daß eine bestimmtere Scheidung jener Fragen und der ihnen entsprechenden idealistischen und realistischen Richtung der Doktrin, sowie ein richtigeres Urteil über Natur und Wert der ersteren, als es uns in den meisten in Betracht kommenden Arbeiten begegnet, platzgreife. Der Fortschritt im Bereiche der sozialen Wissenschaften ist meines Erachtens in erster Linie hiervon abhängig.

Diese Schrift will unter anderem in dieser Richtung wirken und zwar im Zusammenhange mit der Lösung der im Eingange formulirten Aufgabe. Umfaßt nämlich diese eine Charakterisirung des Parteiwesens nach seinen Gründen und Wirkungen, so können wir nicht umhin, uns mit jenen Richtungen der Wissenschaft zu beschäftigen. Denn in dem Leben der Parteien und ihrer Geschichte spielt die Doktrin, wie wir sehen werden, eine überaus bedeutsame, und zwar, je nachdem ihre Arbeiten der einen oder anderen jener Richtungen angehören, verschiedene Rolle, und umgekehrt sind die Wirkungen des Parteiwesens aus der Geschichte der Doktrin zu erkennen.

Die realistische Richtung der Wissenschaft insbesondere.

Eine der Aufgaben, welche für die realistische Richtung bezeichnend sind, liegt in der fortschreitenden Konzentration unserer Kenntnisse von den im Bereiche des gesellschaftlichen Lebens wirksamen Kräften und den Regelmäßigkeiten in dem Ablauf desselben und bezw. in der Gewinnung von Gesichtspunkten, unter welchen sich eine solche Konzentration in zwangloser und umfassendster Weise vollziehen kann. Dies ist die Aufgabe, welche hier interessirt.

Ihrer Lösung stellen sich von vornherein zweierlei Einseitigkeiten entgegen.

Die eine liegt in einem gewissen Dogmatismus, welcher jenen realen Faktoren logische Prinzipien substituirt und in den daraus abgeleiteten Systemen die Vereinheitlichung unseres Wissens von Recht, Moral, Sitte, Wirtschaft u. s. w. erreichen zu können meint. Damit ist eine Aufgabe gestellt, welche sich mit der soeben bezeichneten ihren

Voraussetzungen nach nicht verträgt und welche zugleich an sich nicht lösbar ist. Denn nicht logische Prinzipien, nicht Prinzipien von immer gleicher Geltung, welche in unveränderlicher Ruhe und Harmonie stets die nämliche Ordnung und die nämliche Beurteilung der Dinge an die Hand geben — so werden jene Prinzipien vorgestellt —, beherrschen die genannten Gebiete, sondern reale Mächte von relativer Stärke, welche, miteinander und gegeneinander in immer neuen Kombinationen wirkend und in einer unaufhaltsam fortschreitenden geschichtlichen Arbeit, bauend und zerstörend, Recht in Unrecht, Wohlthat in Plage, und wieder Ungemach in Segen wandelnd, ihr logisch nicht bezwingliches Wesen bethätigen.

Diesem Dogmatismus stellt sich die Aufgabe einer Vereinheitlichung unseres Wissens als eine zu einfache dar. Die zweite Einseitigkeit, deren hier gedacht werden soll, liegt in der Verneinung ihrer Lösbarkeit.

Wir sollen uns damit begnügen, die Einzelheiten aus unserem Gebiete zu erforschen und sie nach äußerlichen Merkmalen in künstlichen Systemen zusammenzufassen. Ein Mehreres sei wohl durch künstlerische Darstellung für die Anschauung, nicht aber in den Formen theoretischer Arbeit für unseren Vorstand erreichbar. Selten freilich kommt diese Meinung in solcher Schroffheit zum Ausdruck, häufiger unter irgend welchen Verklausulirungen. Die Prämissen aber, in welchen sie ihre Begründung sucht, machen sich allerwege geltend.

Bei solcher Sachlage erscheint es als motivirt, wenn der Verfasser die Voraussetzungen, auf welche jene Aufgabe hinweist und von welchen es ihm abhängig zu sein scheint, daß das gesellschaftliche Leben und seine Geschichte als Objekt einer möglichen Wissenschaft gelten können, hier näher zu bestimmen versucht.

Zwar bietet die Formulirung dieser Voraussetzungen keine Schwierigkeiten, und man könnte sich anscheinend damit begnügen, jene unter Berufung auf die deutsche Philosophie dahin zu bestimmen, daß im Verlauf und in den Gestaltungen des gesellschaftlichen Lebens nicht eine regellose Willkür sich äußere, sondern daß auch in diesem Bereiche wie überall Gesetzmäßigkeit walte, und daß dieselbe innerhalb gewisser Grenzen für uns erkennbar sei. Allein in Wahrheit sind wir damit nicht am Ziele, da sich alsbald Zweifel ergeben, in welchem Sinne hierbei von einer Gesetzmäßigkeit und in welchem von ihrer Erkennbarkeit gesprochen werde.

*
* *

Fragen wir nach den Ursachen bestimmter Ereignisse, so denken wir dabei bald an die Kräfte, welche darin sich äußern, bald an die den Ereignissen vorausgegangenen, diese bestimmte Bethätigung jener Kräfte motivirenden Vorgänge. Die Behauptung aber, daß in einem Lebensgebiete eine erkennbare Gesetzmäßigkeit herrsche, erstreckt sich in ihrer Bedeutung auf beide Richtungen der Frage. Ich unterscheide hier diese beiden Richtungen und werde bezüglich jeder zuerst im allgemeinen, dann für unser besonderes Gebiet diese Bedeutung klarzustellen versuchen.

* * *

Vollzieht sich innerhalb eines Feldes unserer Beobachtung eine von uns nicht erwartete Veränderung, so drängt sich uns unwillkürlich die Frage auf, welche schon vorher dagewesene Kraft sich in ihr bethätigt haben und in ihrer eigentümlichen Wirkungsweise noch darin wiederzuerkennen sein möge. So weit hier ein Inkognito besteht, wünschen wir dasselbe zu durchdringen und zu erfahren, mit wem wir es zu thun haben. Das scheinbar isolirt stehende, aus dem Nichts stammende und auf nichts zurückführbare Phänomen beunruhigt unseren Intellekt, und dessen Bemühen richtet sich wie von selbst darauf, den Schein, daß es sich so verhalte, zu zerstören und den uns interessirenden Vorgang als subsumirbar unter die charakteristische und konstante Wirkungsweise einer bestimmten Kraft und als verträglich mit der Annahme einer beharrlichen und determinirten Natur der Welt zu erkennen. Es macht sich die Voraussetzung dabei geltend, daß bezüglich der Kräfte, welche in den Ereignissen sich äußern, ein fester Besitzstand gegeben sei, auf welchen man sich verlassen könne, mit welchem sich rechnen und welcher sich indentifiziren lasse und dessen Bedeutung nicht durch regellose Erweiterungen in Frage gestellt werde. Wir meinen, daß die in der Welt enthaltene Energie weder beliebig in das Nichts zerfließe noch beliebig aus diesem heraus gemehrt werde, noch die Grundformen ihrer Bethätigung ändere, sowie daß dieselbe ihrem Wesen nach bestimmt sei und ihre Merkmale nicht verleugnen könne.

Das Verlangen des wissenschaftlichen Geistes aber ist in jedem Forschungsgebiete darauf gerichtet, sich mit den darin zum Vorschein kommenden Kräften und ihrer charakteristischen Wirkungsweise bekannt zu machen, derart, daß in den Eigentümlichkeiten gegebener Zustände, in dem Widerstande, welchen sie störenden Einwirkungen entgegensetzen, und in diesen selbst, in der Ordnung und Harmonie eines bewegten Lebens wie in den Erscheinungen der Auflösung eines solchen ihn der Genius vertrauter Mächte anblickt. Wenn in fortschreitendem Wachstum die Gestalt einer Pflanze sich ändert, und wenn die Oberfläche der Erde im Laufe der Zeiten Abänderungen erkennen läßt, so findet er den Schlüssel dafür nicht in einem Wechsel der letzten für die Formen hier und dort bestimmenden Faktoren oder in einer Änderung des Grundcharakters ihrer Wirkungsweise, sondern darin, daß beharrende Elemente, einer gegebenen Bewegung folgend und von dieser in immer neue Beziehungen zu einander gesetzt, sich in ihrer eigentümlichen Weise behaupten.

Das Gesagte aber gilt auch hinsichtlich des individuellen und, was uns hier angeht, des gesellschaftlichen Lebens des Menschen.

Auch hier ist das Begehren des wissenschaftlichen Geistes darauf gerichtet, sich eine umfassende Anschauung von den bewegenden Kräften und den in dem wechselvollen Spiel des Lebens beharrenden Elementen zu verschaffen, und auch hier meint er ein Verständnis davon gewinnen zu können, wie jene, indem sie in einer kontinuirlichen Bewegung sich selbst behaupten, aus dem Gestern das Heute hervorgehen ließen.

Auch der Gesellschaft gegenüber macht sich daher die für die Möglichkeit einer Wissenschaft zunächst in Betracht kommende Voraussetzung eines bestimmten Besitzstandes geltend. Auch bestätigt die Erfahrung diese Voraussetzung, und zwar weit über die Grenzen hinaus, in welchen sie in jener allgemeineren Ansicht von der beharrlichen Natur der Dinge enthalten ist.

So weit uns die Entwicklung der menschlichen Gesellschaft und ihrer Verhältnisse offen liegt, treten uns Äußerungen gleichartiger psychischer Kräfte entgegen. Diese Entwicklung hat nicht dahin geführt, die ursprüngliche Ausstattung, mit welcher die Völker in die Geschichte eintraten, zu beseitigen, diese haben niemals, so oft es ihnen auch gepredigt worden ist, die Qualitäten eines neuen Menschen angezogen. Wie vielmehr in der Gegenwart die Eigenschaften, welche auf den untersten Stufen der Gesellschaft sich manifestiren, auch auf deren Gipfeln, wenn auch zum Teil in komplizirteren Formen sich wirksam zeigen, so hat die menschliche Gesellschaft in ihrem geschichtlichen Entwicklungsgange ihre Kräfte zwar entwickelt und in mannigfachen neuen Weisen, einer veränderten Lebenslage gemäß, bethätigt, aber wir vermögen den alten Besitzstand in der veränderten Szenerie wohl zu erkennen, und so weit wir den geschichtlichen Verlauf überblicken können, dürfen wir sagen, daß die ältesten Quellen des gesellschaftlichen Lebens noch immer, nur in erhöhter Kraft und Fülle strömen. So umfassen Lust und Unlust heute wie immer das System unserer Empfindungen, Hunger und Durst, Liebe und Haß, Furcht nnd Hoffnung, Verlangen nach Ruhe und der Reiz der That, Kampfeslust und Friedensbedürfnis, das Behagen gewohnter und der Reiz neuer Zustände, Stolz und Ehrbegierde, Selbstsucht und Opferwilligkeit, Streben nach Freiheit und Selbständigkeit und das Bedürfnis der Einordnung in ein größeres Ganzes, das Verlangen nach Erweiterung der Macht und Fülle des eigenen Daseins und das Gefühl der Achtung vor dem der Genossen, des Respekts vor überlegener Kraft u. s. w. treten innerhalb jenes Systemes bei Barbaren nnd Kulturvölkern, bei jugendlichen und alternden Völkern, bei allen Rassen und Stämmen als bestimmende Faktoren hervor und lassen unter gleichartigen Verhältnissen gleichartige Wirkungen von sich ausgehen. An sich wäre es denkbar und mit jener allgemeinen Ansicht verträglich, daß gewisse Seiten der menschlichen Natur, weil für ihre Bethätigung kein Anlaß mehr sich einstellte, im Wechsel der Generationen entweder bei der Menschheit überhaupt oder bei bestimmten Bruchteilen derselben zunächst einer Rückbildung und dann einem Absterbeprozeß verfielen — etwa wie die Nachkommen sehender Tiergeschlechter, welche sich in Höhlen ansiedeln, im Laufe der Zeit Augen und Sehkraft einbüßen. Ebenso wäre es denkbar, daß im Zusammenhange mit einer Änderung der menschlichen Lebensbedingungen irgend einmal bisher latent gebliebene psychische Kräfte zum Vorschein und zur Ausbildung kämen, welche sich nicht als Ergebnisse einer Verbindung, Potenzirung oder Differenzirung bisher schon vorhandener darstellten, sondern diesen als etwas völlig Heterogenes an die Seite träten. Aber die Geschichte gibt uns meines Wissens weder für die eine noch für die andere Denkbarkeit ein der Prüfung standhaltendes Beispiel.

Wie sich dieser Sachverhalt erkläre, welchen Anteil an dieser relativen Unveränderlichkeit der menschlichen Natur neben dem Prinzip der Vererbung die Erziehung jeder neuen Generation durch ihre Vorgängerin und durch die Schöpfungen der Vergangenheit sowie gewisse soziale Eigenschaften des Menschen haben, soll an dieser Stelle nicht untersucht werden. Genug, daß inmitten einer rastlos sich verändernden

Szenerie und trotz des Auf- und Abtretens der Individuen auch hier fort und fort gleichartige Kräfte sich wirksam zeigen und daß in ihnen und den davon abhängigen elementaren Verhältnissen der Menschen zu einander ein Gegenstand von beharrender Natur, wie ihn die Wissenschaft voraussetzt, gegeben sei. Man hat das individuelle Leben einer Flamme verglichen, welche sich rastlos selbst verzehrt, gleichwohl aber ein gleichförmiges Licht ausstrahlt, weil an die Stelle der verzehrten Stoffe immer neue von gleicher Beschaffenheit treten. Einer solchen Flamme, welche trotz der beständigen Verzehrung ihrer Träger in stetigem Lichte erglänzt, ist auch das geschichtliche Leben der Gesellschaft vergleichbar. Auch würde demselben ein Schauspiel ähnlich sein, in welchem die Träger der einzelnen Rollen von Zeit zu Zeit durch andere abgelöst würden, ohne daß die Kontinuität des Spiels und die Identität der Rollen dadurch einen Abbruch erlitten.

Zwar ist der Inhalt keines Zeitalters demjenigen eines vergangenen gleich, wie im Leben des Einzelnen kein Tag vollkommen einem anderen gleich sieht. Aber das Neue, das jedes Zeitalter und jeder Tag in Fülle zum Vorschein bringen, setzt sich im Grunde aus Variationen alter Themata zusammen, welche in ihrem Fortgange zu neuen Verbindungen und Modifikationen konstante Regelmäßigkeiten hervortreten lassen, einem Musikstück ähnlich, das an gewissen Grundmotiven festhält und in der Entwicklung derselben den Anforderungen einer musikalischen Logik und Gesetzmäßigkeit gerecht wird. Die Grundmotive des geschichtlichen Lebens aber lassen sich bestimmen, und wir werden in der Folge von solchen zu handeln haben. Neben der Beharrlichkeit kommt unserem Gegenstande auch die Bestimmtheit zu, von welcher oben die Rede war. In der Geschichte der Menschheit wie in derjenigen der uns umgebenden Natur treten uns überall Mächte von bestimmter Qualität, benennbare Größen entgegen, welche sich charakterisiren und in ihren Äußerungen wiedererkennen lassen; letzteres, weil sie ihre Qualitäten nicht verleugnen, sondern beliebigen Einwirkungen gegenüber nur diesen gemäß sich äußern können. Individuen, Parteien und Völker sind, wie die in ihnen wirksamen und unterscheidbaren psychischen Faktoren, nichts Unbestimmtes, das jeweils erst, wenn es zur Aktion kommt, Gestalt und Eigenschaften annehmen würde, nnd das daher einem gegebenen Thatbestande gegenüber einander entgegengesetzte Eigenschaften zum Vorschein bringen könnte! Die Geschichte weiß nichts von einem solchen Faktor.

Abgelehnt wird hier also die Ansicht des Indeterminismus, welche in dem Willen des Menschen einen derartigen Faktor ins Spiel bringt, welche diesen Willen entweder als eigenschaftslos oder, was hier die nämliche Bedeutung hat, als mit der Macht begabt denkt, seine Entscheidungen unabhängig von seinen Eigenschaften zu fällen. Unter beiden Voraussetzungen wird hier ein erkennbarer Zusammenhang zwischen dem Willen einer Persönlichkeit und ihren Handlungen verneint und zugleich jede dieser Handlungen allen anderen gegenüber isolirt und zu einem Ereignis gestempelt, mit dem unser Verstand nichts anfangen kann. Das individuelle Leben erscheint hier als ein weißes Blatt, auf welchem von Moment zu Moment in unbegreiflicher Weise ein bestimmter Inhalt eingezeichnet und alsbald wieder gelöscht und durch einen beliebigen anderen Inhalt ersetzt wird. Jede Möglichkeit einer Identifizirung und einer Voraussicht würde dabei ebenso für die Persönlichkeit selbst wie für Dritte ausgeschlossen und jede Zurechnung einer Handlung zu Verdienst oder Schuld (weil ja die Eigenschaften der Handlung mit Eigenschaften des Subjekts in keinen bestimmten Zusammenhang zu bringen wären) ihres Sinnes beraubt sein. Aber diese ganze Auffassung ist nichtig und keine Abschwächung und Verklauselirung kann sie uns annehmbar machen. Wie wir uns selbst in unseren Handlungen wiederzuerkennen und in unseren Schöpfungen die charakteristische Grundform unseres Geistes wahrzunehmen vermögen, so ist dies auch für Dritte möglich, und die Geschichte unseres Wirkens stellt sich diesen so wenig wie uns selbst als eine Summe zusammenhangloser Fakta, sondern als die fortschreitende Äußerung einer Individualität von bestimmten Qualitäten dar, welche zwar einer Entwicklung unterliegt und unter wechselnden Eindrücken successive einander widersprechende Zwecke verfolgen kann, welche aber jederzeit nnr auszusprechen vermag, was sie in sich hat, und auf jede Frage nur die Antwort geben kann, die ihrer Beschaffenheit unter den gegebenen Verhältnissen gemäß ist. Wer jene und diese kennt, der weiß daher auch, um mit Schiller zu reden, ihr Wollen und ihr Handeln. Was von dem Individuum und seiner Wirksamkeit, das gilt aber, wie sich von selbst versteht, auch von den Völkern und ihren Thaten.

Damit sind wir indessen bereits zu dem zweiten der oben unterschiedenen Probleme übergegangen, mit welchem wir uns zunächst im allgemeinen auseinandersetzen wollen, um dann zu dem Gegensatze von deterministischer und indeterministischer Geschichtsauffassung zurückzukehren.

* * *

Von den Kräften abgesehen, welche sich in den geschichtlichen Vorgängen äußern, interessirt uns das Warum dieser Äußerungen zu dieser Zeit und an diesem Ort, und die Voraussetzung der Gesetzmäßigkeit alles Geschehens erstreckt sich in ihrer Bedeutung, wie oben bemerkt worden ist, auch auf diese Frage.

Die Meinung hierbei ist, daß den beobachteten Vorgängen andere vorausgegangen sein müssen, welche den Eintritt jener hier und jetzt notwendig machten und erklären, indem sie einen Stand der Dinge herbeigeführt haben, dem gegenüber jene Kräfte nur in diesen bestimmten Äußerungen mit sich im Einklang bleiben konnten. So suchen wir den Schlüssel für das Verhalten eines Volkes in einem gegebenen Momente, wenn die darin sich äußernden Eigenschaften uns bekannt sind, in den vorausgegangenen geschichtlichen Ereignissen.

Die Meinung ist ferner, daß betreffende Vorgänge einerseits auf eine unbegrenzte Vergangenheit zurückweisen, welche langsam die Zustände vorbereitet und herbeigeführt hat, in welcher die gegebenen Kräfte sich in dieser Weise äußern mußten, andererseits aber sich nur an die Vorgänge des unmittelbar vorausgegangenen Momentes anreihen konnten, daß also die Folge der Ereignisse eine Kette bilde, deren Glieder nicht in anderer Reihenfolge verbunden sein und verbunden gedacht werden können, als in welcher sie sich uns darstellen. So können wir uns den Inhalt des Reformationszeitalters oder des Zeitalters der Kreuzzüge nicht zwischen denjenigen des 18. und denjenigen des 19. Jahrhunderts eingeschaltet denken, ohne daß unsere geschichtlichen Vorstellungen sich ganz und gar verwirren und an die Stelle einer sinnvollen und verständlichen Völkergeschichte ein traumartiges Durcheinander unbegreiflicher Ereignisse gesetzt wird.

Von dieser Auffassung zeigen sich unsere Geschichtsforschung und Geschichtsschreibung durchaus beherrscht. Zwar gab es eine Geschichtsschreibung, welcher die Geschichte als eine Art von „Bildergallerie“ erschien und welche sie als eine solche zur Anschauung zu bringen suchte, als eine Gallerie, in welcher die Zusammenstellung der Bilder als zufällig oder als willkürlich anzusehen wäre, und in welcher eine beliebige andere Zusammenstellung den gleichen Eindruck hervorbringen würde. Hierbei wandte sich das Interesse, wie begreiflich, vor allem den „Schönheiten“ der Geschichte und bezw. den Ereignissen zu, welche sich als „moralisch-politische Beispiele“ verwenden ließen. Eine solche Auffassung und Behandlung der Geschichte hat indessen in der wissenschaftlichen Welt seit lange ihren Kredit verloren. Unsere Historiker gehen bei ihren Arbeiten überall von der Voraussetzung aus, daß die Szenen des geschichtlichen Dramas sich nicht äußerlich nebeneinander stellen, oder etwa einander folgen wie die Gemälde, welche die Laterna magica in willkürlicher Reihenfolge auf der Leinwand erscheinen läßt, sondern aus einander nach einer natürlichen Notwendigkeit hervorgehen, und daß sich deshalb aus dem Früheren ein Verständnis des Späteren gewinnen lasse, und sie setzen es sich zur Aufgabe, diesen inneren Zusammenhang des geschichtlichen Lebens, soweit ihre Mittel dies gestatten, erkennbar zu machen.

Hinsichtlich dieser kontinuirlichen geschichtlichen Bewegung wird hier ferner angenommen, daß dieselbe im großen eine — in der konstanten Wirksamkeit gleichartiger Faktoren sich begründende — Beharrung in bestimmten Richtungen erkennen lasse und Kurven beschreibe, welche einer allgemeineren Charakterisirung zugänglich seien. Und auch diese Voraussetzung findet eine Bekräftigung in den Arbeiten unserer Historiker, insofern uns dieselben dermalen überall „entwickelnde Geschichte“ geben wollen. Denn dies Bestreben hat einen Sinn nur unter der Voraussetzung, daß in der Reihe der Umwandlungen innerhalb des Gebietes, welchem sie sich zuwenden, gewisse Tendenzen in beharrlicher Weise zum Vorschein kommen und ein Vorrücken auf einer bestimmten, von gegebenen Anfängen in bestimmter Richtung wegführenden Bahn begründen. Wenn jene uns etwa Beiträge zur Entwickelungsgeschichte der Sprache, Religion, Kunst, Sitte, Wissenschaft oder des Rechts der Völker liefern wollen, so springt jene Voraussetzung in die Augen. Zugleich enthalten die genannten Teile der Geschichte unverkennbare Belege ihrer Wahrheit.

Indem unsere Historiker das Leben und die Schöpfungen der Völker in diesem Sinne unter den Gesichtspunkt der Entwicklung stellen, weisen sie zugleich die Meinung ab, welcher die Geschichte eines Volkes und bezw. diejenige der Menschheit nur als eine Summe innerlich nicht verbundener individueller Lebensläufe gilt (Schopenhauer u. a.). Unter jenem Gesichtspunkte stellt sich vielmehr die Geschichte der Menschheit, sowie diejenige einer Nation als ein Ganzes dar, dessen Einheit durch den Wechsel der Individuen, Geschlechter und Zeitalter nicht aufgehoben wird und welches im Großen ähnliche Linien beschreibt, wie sie die Entwicklungsgeschichte der Einzelnen erkennen läßt. Gleich diesen entfernen sich die Völker während ihres Aufblühens und in dem Maße der erfolgreichen Bethätigung ihrer Kräfte und des Reichtums ihrer Geschicke von Zuständen, welche für eine Kindheitsstufe charakteristisch sind, und zwar in einer den Zielen der Entwicklung entsprechenden und den Völkern im Großen gemeinsamen Richtung.

Ich vergleiche die Entwicklungsgeschichte derselben Strömen, welche am Abhang eines Gebirgs entspringen und sich dem nämlichen Meere zuwenden. Unter diesen mögen einige versanden oder in stagnirenden Gewässern ihr Ziel finden, einige in Windungen, andere in direkter Bahn sich von ihren Quellen entfernen, einige ihre Selbständigkeit behaupten, andere sie einbüßen. Aber solche Verschiedenheiten würden nicht ausschließen, daß wir von einer gemeinsamen Richtung ihres Laufes redeten. In diesem Sinne können wir von einer Gesamtbewegung des geschichtlichen Lebens und einer für dieselbe charakteristischen Richtung sprechen, ohne damit die Möglichkeit zu verneinen, daß bestimmte Teile der Menschheit zu einer gegebenen Zeit sich in einer entgegengesetzten Bewegung befinden.

Es dürfte nicht ausgeschlossen sein, für diese Gesamtbewegung einen einfachen und bestimmten Ausdruck zu finden. Hier sei eine Summe von Erscheinungen hervorgehoben, welche für sie charakteristisch sind.

Es gehören dahin Erscheinungen, welche für eine aufsteigende Entwicklung in den Gebieten des geistigen und des gesellschaftlichen Lebens in dem nämlichen Sinne wie in denjenigen des organischen Naturlebens bezeichnend sind: Erscheinungen des Wachstums, welche wir begleitet sehen von bestimmten, in Abhängigkeit von einander stehenden, Änderungen entgegengesetzten Charakters in der Gruppirung der Bestandteile betreffender Gebilde. Jenes Wachstum zeigt sich nämlich einerseits mit einem Hervortreten neuer und bezw. bestimmterer Unterscheidungen und Gliederungen, andererseits mit der Ausbildung neuer Verbindungen und bezw. neuer Formen der Wahrung alter Zusammenhänge verknüpft.

Beschränken wir den Blick auf unser Gebiet, so tritt hier in jenem Sinne eine Erweiterung der Kreise entgegen, in welchen Verhältnisse konstanter Wechselwirkung, gegenseitiger Abhängigkeit von einander und gemeinsamer Abhängigkeit von gleichartigen Bedürfnissen und Befriedigungsmitteln sich ausbilden. Ferner die Vermehrung und Vervielfältigung solcher Verhältnisse innerhalb der sich erweiternden Kreise, desgleichen eine steigende Mannigfaltigkeit der Formen, in welchen menschliche Bedürfnisse zu Tage treten, und der damit zusammenhängenden Bestrebungen und Thätigkeiten, und als Gegensatz dazu eine Erhöhung der Fähigkeit, mannigfaltige Kräfte und Thätigkeiten zu Einem Endzwecke zu verbinden. Im Zusammenhange damit im Bereiche der sozialen Verhältnisse ein Vorschreiten vom Einfachen zum Komplizirten und vom bloßen Gemenge zu rationeller Unterscheidung, Verknüpfung und Gliederung. Noch sei die Erweiterung und Vertiefung des menschlichen Wissens hervorgehoben, und, was darin liegt, die Ausdehnung des Gebietes, in welchem die wirkenden Kräfte uns vertraut sind, die Erhöhung der Fähigkeit, uns diesen Kräften zu akkommodiren und dieselben andererseits unseren Interessen dienstbar zu machen. Endlich ein Ergebnis für die Einzelpersönlichkeit: die Bereicherung der Welt ihres individuellen Bewußtseins und die Erhöhung ihrer geistigen Selbständigkeit, verknüpft mit einem damit scheinbar im Widerspruch stehenden Wachsen jenes Stückes der lebendigen Welt, mit welchem sie sich in ihren Empfindungen zu identifiziren vermag.

* * *

Soviel zur allgemeinen Charakterisirung des eingenommenen Standpunktes.

Ihm gegenüber ergeben sich verschiedene Aufgaben, die in verschiedener Weise in Angriff genommen sein wollen und welche für manche den Schein unversöhnlicher Gegensätze angenommen haben. Einerseits nämlich handelt es sich darum, den Zusammenhang des geschichtlichen Lebens und die in ihm waltende Gesetzmäßigkeit unserer Anschauung zugänglich zu machen, andererseits darum, jene in den Formen der Theorie im Zusammenhange einer allmählich auszubauenden Wissenschaft von der Gesellschaft zum Ausdruck zu bringen.

Im Sinne der ersteren Aufgabe will uns Ranke in seiner Universalgeschichte eine Anschauung von der „inneren Bewegung der Weltgeschichte", von dem „historischen Leben, welches sich fortschreitend von einer Nation zur andern, von einem Völkerkreise zum andern bewegt und dem Kampf der verschiedenen Völkerkreise entspringt", vermitteln. Seine Ansicht von diesem Leben formulirt er gelegentlich („Abhandlungen und Versuche") in dieser Weise:

„Nicht ein solch zufälliges Durcheinanderstürmen, Übereinanderherfallen, Nacheinanderfolgen der Staaten und Völker bietet die Weltgeschichte, wie es beim ersten Blick wohl aussieht... Es sind Kräfte und zwar geistige, Leben hervorbringende schöpferische Kräfte, selber Leben, es sind moralische Energien, die wir in ihrer Entwicklung erblicken. Zu definiren, unter Abstraktionen zu bringen sind sie nicht; aber anschauen, wahrnehmen kann man sie; ein Mitgefühl ihres Daseins kann man sich erzeugen. Sie blühen auf, nehmen die Welt ein, treten heraus in dem mannigfaltigsten Ausdruck, bestreiten, beschränken, überwältigen einander; in ihrer Wechselwirkung und Aufeinanderfolge, in ihrem Leben, ihrem Vergehen oder ihrer Wiederbelebung, die dann immer größere Fülle, höhere Bedeutung, weiteren Umfang in sich schließt, liegt das Geheimnis der Weltgeschichte."

Hier nun wird die Meinung vertreten, daß zwar die Aufgabe des Historikers über die Erzeugung jenes künstlerischen Mitgefühls nicht hinausgehe, daß aber die Aufgabe und Leistungsfähigkeit der Wissenschaft überhaupt damit nicht erschöpft seien, daß vielmehr, so gewiß die erstere als lösbar erscheine, auch ein Weiteres nicht ausgeschlossen sei. Ist es möglich, eine Anschauung von der Entwicklung jener moralischen Energien und den Bedingungen derselben im Sinne Ranke's zu gewinnen, so kann es füglich nicht als unmöglich gelten, das Angeschaute im Bereiche der Sozialwissenschaft zu verwerten und über das Durchgehende und Regelmäßige darin uns eine Rechenschaft in den der theoretischen Vernunft entsprechenden Formen zu geben, nicht als unmöglich, daß sich zur „entwickelnden Geschichte" auch eine Entwicklungs*theorie* finden werde!

Auch sind Versuche, eine solche Theorie zu entwerfen und zu begründen, nicht erst zu erwarten. Vielmehr ist die Anwendung des Entwicklungsbegriffs auf die Gesellschaft und ihre Organisation im Sinne einer solchen Theorie uralt. Dieselbe hat bereits ihre eigene Geschichte, welche sich durch die Geschichte der Anschauungen von Staat und Gesellschaft und damit zusammenhängender Teile der Philosophie kontinuirlich hindurchzieht, ähnlich einer besonderen Wassermasse im Strome, welche sich zuerst durch ihre Farbe von der Umgebung abhebt, mehr und mehr aber der letzteren ihre Farbe mitteilt.

Unter anderem begegnen wir dem Gedanken einer gesetzmäßigen Entwicklung jener Organisation bei Aristoteles. Unter den Neueren stehen die Italiener Machiavelli und Vico in seiner Vertretung voran. In

Deutschland erlangt derselbe eine Bedeutung alsbald mit dem Aufblühen unserer Literatur. Den Lessing, Herder, J. Moser reihen sich in Vertretung des Entwicklungsgedankens andre an; darunter die meisten unserer Koryphäen, insofern sie in der einen oder andern Weise und in irgend welchem Zusammenhange ihm gehuldigt haben. In den Auffassungen der Hegel'schen Schule, in denjenigen der historischen Rechtsschule und weiterhin der neueren Nationalökonomen und Sozialpolitiker hat er, soweit diese Auffassungen nicht dem Bereiche idealistischer Doktrinen angehören, eine zentrale Bedeutung gewonnen. Der Wechsel der herrschenden philosophischen Systeme hat seinen Einfluß nicht gebrochen. Vielmehr hat sich auf den verschiedensten Gebieten aus ihm, im Zusammenhange mit den heterogensten Ideenverbindungen und Tendenzen (wir werden auf diesen Zusammenhang in der Folge zurückkommen) immerfort neues Leben entwickelt, und die Gesamtbewegung der Wissenschaft in unserer Zeit bietet ihm eine Gewähr für ein fortschreitendes Wachstum seiner Fruchtbarkeit und Kraft.

In dem Maße, als es der Wissenschaft gelingen wird, auf den Zusammenhang des geschichtlichen Lebens im Sinne dieser Auffassung Licht zu werfen, wird sie den die Gegenwart erfüllenden Kämpfen gegenüber eine freiere und stärkere Position haben und jener von uns bezeichneten Aufgabe bezüglich dieser Kämpfe vollständiger gerecht zu werden vermögen.

Zugleich wird mit der Einsicht in die Bedingungen einer in aufsteigender Linie beharrenden und stetig fortschreitenden Entwicklung ein Wertmaß gewonnen werden, welches zwar ebensowenig wie irgend ein anderes sich als das allein giltige und als ein notwendig anzulegendes erweisen läßt, das aber den Parteigegensätzen gegenüber sich als ein neutrales Maß zur Geltung bringen muß, und das uns Urteile an die Hand gibt, welche einem Volke nicht gleichgiltig sein können, so wenig wie der Einzelpersönlichkeit das Verhältnis ihrer Bestrebungen zu den Bedingungen einer aufsteigenden und ungestört fortschreitenden Entwicklung ihres besonderen körperlichen und geistigen Daseins gleichgiltig sein kann. Die fortschreitende Bewegung eines Volkes auf jener Bahn fällt zusammen mit der erfolgreichen Bethätigung ihrer Kräfte und der siegreichen Bewältigung der Hindernisse, welche sich der Befriedigung ihrer Interessen Schritt für Schritt entgegensetzen. Diese aber (nicht an sich das Ergebnis: das Innehaben einer höheren Stufe der Entwicklung) hat eine unbestreitbare und allgemeine Bedeutung für die Frage seines Glücks.

* * *

Daß unter den Faktoren des geschichtlichen Lebens, auf deren gesetzmäßiges Verhalten die Geschichte der Völker zurückgeführt werden will, die sittlichen Kräfte der menschlichen Natur mitgemeint seien, ist selbstverständlich. Die hier vertretenen Ansichten enthalten nichts, was einer Anerkennung der Macht und Dignität dieser Kräfte und der geschichtlichen Bedeutung ihrer Wirksamkeit im Wege stünde, so verbreitet auch das mit der bisher herrschend gewesenen Moralphilosophie zusammenhängende Vorurteil ist, daß die Ansicht von der Gesetzmäßigkeit des geschichtlichen Lebens und seiner Entwicklung eine Verneinung jener Dignität und geschichtlichen Bedeutung in sich schließe. Hinsichtlich dieser letzteren hat Rümelin die Meinung geäußert, daß die moralischen Gesetze die Richtung bezeichneten und bestimmten, in welcher die Entwicklung der Menschheit sich bewegt. Diese Meinung, welcher unter gewissen Vorbehalten zuzustimmen sein dürfte (der Gang dieser Untersuchungen wird erkennen lassen, in welchem Sinne hier Vorbehalte gemacht werden wollen), enthält nichts, was mit den bisher dargelegten Anschauungen unverträglich wäre, vielmehr ist sie nur auf dem Grunde dieser Anschauungen verständlich. Denn sie setzt voraus, daß die moralischen Gesetze als Äußerungen beharrender Kräfte von erkennbarer Bestimmtheit aufzufassen seien, sowie daß bezüglich ihrer Wirksamkeit ein allgemeines Urteil und eine von ihrer Gesetzmäßigkeit abhängige Voraussicht möglich seien.

Ebensowenig schließen jene Anschauungen eine Verneinung der geschichtlichen Bedeutung der Einzelpersönlichkeit, oder ihrer Freiheit und Selbstverantwortlichkeit ein.

Frei sein heißt wirksam sein nach eigenem Maß. Darüber hinaus ist niemals etwas Klares bei dem Worte gedacht worden. Wer seiner Eigentümlichkeit gemäß und im Einklang mit sich seine Kräfte bethätigt, der fühlt sich frei, und die Reinheit und Stärke dieses Gefühls ist von nichts Anderem abhängig als erstlich von der relativen Vollkommenheit jenes Einklangs und zweitens von der Macht seines Wirkens. Jener Einklang aber und diese Macht sind durchaus verträglich mit der Voraussetzung einer Gesetzmäßigkeit und selbst einer Berechenbarkeit dieses Wirkens. Je vollständiger eine Handlung unter gegebenen Umständen einer Persönlichkeit nach der Gesamtheit ihrer Neigungen gemäß ist, mit um so größerer Sicherheit ist sie von denjenigen, welchen die Persönlichkeit und die gegebenen Verhältnisse bekannt sind, vorauszuberechnen. Je freier also eine menschliche Handlung ist, um so mehr wird sie geeignet sein, die Gesetzmäßigkeit des menschlichen Handelns zu illustriren, und um so leichter wird dem Beobachter das Urteil sich aufdrängen, daß der Betreffende so handeln mußte. Dies „müssen" ist hier nur ein anderer Ausdruck für die vollkommene Übereinstimmung zwischen Handlung und handelndem Subjekt, und jenes Urteil nur ein Identitätsurteil, es besagt, daß die betreffende Persönlichkeit mit der in der Handlung wirksamen Potenz identisch sei.

Nicht anders liegt es mit der Frage der Verantwortlichkeit für unsere Thaten. Wir fühlen uns verantwortlich, wo wir uns als wirkende, den Verlauf der Ereignisse nach eigenem Maße beeinflussende Potenz erscheinen. Je nach dem Charakter dieser Wirksamkeit, speziell nach ihrem Verhältnis zu dem von jenen sittlichen Kräften an die Hand gegebenen Maße des Urteils rechnen wir uns dieselbe zum Verdienste oder zur Schuld an.

Die idealistische Richtung der Wissenschaft insbesondere.

Die Mehrzahl der Arbeiten, welche sich mit dem Parteiwesen überhaupt oder mit einzelnen Parteien beschäftigen, ist idealistischer und bezw. kritischer Natur. Die Autoren treten an ihren Gegenstand mit dem Maßstabe eines bestimmten politischen, kirchlichen, sozialen Bekenntnisses, oder wenigstens als Vertreter bestimmter, solchen Bekenntnissen entsprechender Interessen heran. Man schreibt etwa mit C. Frantz eine Kritik der Parteien vom Standpunkte der (erst zu organisirenden) föderalistischen Partei, oder mit K. Walcker eine solche vom Standpunkte der Gneist'schen politischen Ansichten, oder mit J. Stahl eine solche vom konfessionellen Standpunkte der preußischen altkonservativen Partei aus. Man sammelt in geschichtsphilosophischen Arbeiten geistige Waffen gegen den Liberalismus und die Bourgeoisie oder gegen den „Sozialismus und seine Gönner". Man versucht mit Lagarde zu erweisen, daß die Ideale unserer meisten

Parteien falsch seien; man nimmt am „Kulturkampfe" teil an der Seite der staatlichen oder an der Seite der kirchlichen Interessen, tritt als Anwalt der Bekenntnisfreiheit oder des bedrohten nationalen Friedens auf, oder bringt die Eingebungen des Hasses gegen Preußen und das neue Reich zu einem durch den Glanz der Gelehrsamkeit gehobenen Ausdruck. Das Bestreben geht hier überall dahin, Beweggründe für den Anschluß an eine, sei es bereits bestehende oder erst zu gründende Partei oder jedenfalls für ein bestimmtes praktisches Verhalten im Bereiche des politischen Lebens abzugeben. Unter den im Bereiche dieser Diskussionen in's Spiel gesetzten Kräften ist das Übergewicht der praktischen Motoren über die theoretischen in die Augen fallend.

* * *

Das Verhältnis hat nichts Befremdendes. Es besteht in ähnlicher Weise in anderen Gebieten der Staats- und Gesellschaftswissenschaften. Eine Ausnahme machen in der Hauptsache nur die Rechtswissenschaft, insofern sie um die technische Verarbeitung eines gegebenen Rechtsstoffs bemüht ist, und die Detailforschungen geschichtlicher und vergleichender Art im Bereiche verschiedener Disziplinen. Im übrigen ist das Bemühen hier im allgemeiuen nicht bloß darauf, wenn überhaupt darauf, gerichtet, das, was geschieht, in seinen kausalen Beziehungen aufzufassen und in den der Wissenschaft eigentümlichen Formen zu beschreiben, sondern zugleich, wenn nicht ausschließlich, darauf, zu prüfen und festzustellen, ob, was geschieht denn auch „das Rechte" sei. Hierüber vor allem wird Auskunft verlangt und angeboten. Ein kritisches Interesse also macht sich als treibende Kraft hier beständig geltend. Der Maßstab, welcher dabei angelegt wird, liegt in Werten sehr verschiedener Art: in der Befriedigung allgemein menschlicher Interessen oder der gleichviel wie begründeten Ansprüche bestimmter Volksteile u. s. w. Grund und Zweck der Gedankenarbeit liegen in der Hauptsache außerhalb des theoretischen Gebietes. Es handelt sich dabei an oberster Stelle nicht um die Herstellung einer Übereinstimmung unserer Vorstellungen mit den Verhältnissen der Wirklichkeit, sondern umgekehrt um die Herstellung einer Übereinstimmung der gegebenen Zustände mit den Anforderungen, die der Beurteiler an dieselben stellt. Die betreffenden Systeme nehmen einen von jener ersten Übereinstimmung unabhängigen, und also nicht spezifisch wissenschaftlichen, Wert für sich in Anspruch, den Wert einer Übereinstimmung mit Idealen, von welchen man verkündigt, daß sie die allgemeinen sein sollten. Diese Ideale sind „nicht“ (wie es in einem derartigen Schriftstück heißt) „vorwiegend aus einer objektiven Betrachtung der gegebenen Zustände“, sondern wesentlich aus einem „von dem Seienden sich emanzipirenden, ja demselben sich entgegensetzenden Bewußtsein von dem Seinsollenden“ geschöpft. Unsere geistigen Kämpen auf diesem Gebiete lassen sich zu einem guten Teile edlen Rittern vergleichen, welche ausziehen, um einen jeden zu dem Bekenntnis zu zwingen, daß die Dame, der sie huldigen, unter allen die schönste sei.

So will uns die Politik darüber unterrichten, was wir unter „wahrer Freiheit“, „wahrer Gleichheit“ im Gegensatze zu „falscher Freiheit“ rc. zu verstehen hätten, welche Staatsformen als „berechtigte“ anzusehen und welche Bestrebungen auf diesem Gebiete zu billigen seien. So will uns die Ethik beweisen, welche sittlichen Ideale die Völker nicht etwa unter verschiedenen Lebensbedingungen und bezw. mit welchen Wirkungen sie dieselben gehegt haben und hegen, sondern als die allein giltigen haben und hegen sollen. So will uns endlich die Rechtsphilosophie in der Gestalt ihrer meisten Repräsentanten nicht „über das Faktische, wie das Recht entsteht“, sondern über „das Ethische, wie es entstehen, welchen Inhalt es erhalten soll“ (Stahl), Auskunft geben, nicht über die Verhältnisse des wirklichen Lebens, welche den Begriffen von Recht und Staat bei verschiedenen Völkern entsprechen, und die Gesetze ihrer Entwicklung, sondern darüber orientiren, ob, was mit Recht gilt, „auch recht sei“ (Kant), bezw. „den richtigen Inhalt des Rechts habe“ (Baumann), über den „Urbegriff“ des Rechts und das, „was an sich recht ist“ (Leonhardi), oder auch über „die Vernunftidee des Rechts“ (Schütze), über das, was „einer höheren sittlichen Welt und Lebensordnung“ gemäß sei (Ahrens) u. s. w. Kurz, man will dem Wirklichen das Ideale gegenüberstellen, davon ausgehend, daß es sich dabei überall um eine demonstrirbare Wahrheit, um eine Wahrheit, die nur eine sein könne, handle.

Auf diesem Wege sind wir zu theoretischen Gebilden von sehr verschiedenem Gepräge gelangt, solchen, welche den Idealen des Kosmopolitismus, des nationalen Egoismus, des Individualismus, des Katholizismus und des Protestantismus u. s. w. entsprechen und nur darin übereinstimmen, daß ein jedes einer bestimmten Empfindungsweise gemäß ist und auf diese als auf ihre letzte Quelle hinweist. Eine großartige

Illustration des Goethe'schen Satzes, daß der Mensch nicht raste, bis er sich zu der Überzeugung durchgerungen habe, das sei das Rechte, was ihm gemäß ist!

Zwar fehlt es auf allen jenen Gebieten nicht an hervorragenden Arbeiten von realistischem Charakter. Unter anderen haben uns Vertreter der „geschichtlichen Ansicht“ von Recht und Staat, solche der „organischen Staatslehre“, Vertreter der Hegel'schen und der Herbert'schen Philosophie, hervorragende Nationalökonomen und Juristen der Gegenwart mit solchen beschenkt. Aber die wissenschaftliche Bewegung, welche in solchen Arbeiten ihren Ursprung nahm, mündete meist nach kurzem Laufe in dem breiten Bette idealistischer Doktrinen. Die Resultate der Bemühungen um Erkenntnis dessen, was ist, gestalteten sich meist alsbald zu einer Lehre von dem, was sein soll, das Abbild der Wirklichkeit, das man gewonnen hatte, ward unversehens zu einem Musterbilde, nach welchem sich jene richten lassen sollte. So ist die „organische Staatslehre“ durch den Besitz der Erkenntnis ausgezeichnet, daß in der Entwicklung und in den Verhältnissen und Funktionen der Staaten wichtige Analogien zum Leben der organischen Körper gegeben sind. Diese Erkenntnis gestaltete sich alsbald zu einer Forderung, die Übereinstimmung, welche besteht, zu einer Übereinstimmung, welche bestehen und konservirt werden soll, das beobachtete Merkmal zu einem Maßstabe, nach welchem der Gegenstand, an dem man es beobachtet hatte, beurteilt wurde. Man bekämpfte nun gewisse Einrichtungen (z. B. das allgemeine direkte Wahlrecht, das Einkammersystem) als „unorganisch“ und befürwortete andere (ich erinnere an eine bekannte Rede des Grafen Galen im Reichstage), weil sie dem „Begriff des Organismus“ entsprächen. So enthält die „geschichtliche Ansicht“ als wesentliche Bestandteile Verständnis für die nationalen Elemente im Recht, für den Zusammenhang von Gegenwart und Vergangenheit, für die geschichtliche Bedeutung des Gewohnheitsrechts, kurz für gewisse Seiten des geschichtlichen Rechtslebens, und dieses neue Verständnis gestaltete sich alsbald zu einem Programm, zu einer Lehre, wie das Rechtsleben, um idealen Anforderungen zu entsprechen, sich entwickeln und welchen Inhalt es vor allem bewahren sollte. Dies Programm brachte die vornehmsten Träger jenes Verständnisses in ein nahes Verhältnis zu einer bestimmten politischen Partei und ließ sie mit dieser, dem Fortgang des geschichtlichen Lebens gegenüber, insoweit dabei andere als die von ihnen gewürdigten Elemente in Vordergrund traten, eine kritische und ablehnende Haltung einnehmen. Unter Berufung auf den Geist der Geschichte bekämpfte und verurteilte man diesen selben Geist. In der neueren Zeit ist man auf wissenschaftlicher Seite aufmerksamer geworden auf die bedeutsame Erscheinung der wachsenden Ausdehnung und Vervielfältigung staatlicher Funktionen. Sofort hat man aus dem faktischen Geschehen gefolgert, daß es so in Ordnung sei, und hat sich aus der neuen Einsicht ein Rüstzeug bereitet zur Beteiligung an den sozialpolitischen Kämpfen. Gleiches wiederholt sich immerfort. Je mehr die geschichtliche Detailforschung einen wahrhaft objektiven Charakter angenommen hat, um so auffallender wird ihr Mißverhältnis zu der Stellung der Doktrin den allgemeinen Problemen gegenüber. Hier wandelt sich jedes bescheidenste Erkenntnisbruchstück zur kritischen Waffe um, mit welcher wir ungeduldig die Werkstätte objektiver Forschung verlassen, um uns an den Kämpfen der Zeit zu beteiligen. So übermächtig sind die Interessen, welchen dies kritische und aktive Verhalten entspringt, im Vergleich mit demjenigen Interesse, welches in dem rein rezeptiven Verhalten den Thatsachen des gesellschaftlichen Lebens gegenüber seine Befriedigung findet!

Jenen ersteren und der ihnen dienenden idealistischen Doktrin will hier ihr Recht, das im Gegenteile bereits ausdrücklich anerkannt worden ist, nicht abgestritten werden. Aber es machen sich bei der in Betracht gezogenen Vertretung solcher Interessen Mißverständnisse von eminentester Tragweite geltend, welche zwar nicht erst zu entdecken sind, zu deren Bewältigung aber noch alles zu geschehen hat.

* * *

Wo die Doktrin der Frage nach dem „Soll" sich zuwendet, da steht sie im Dienste von Faktoren, deren Macht und Geltung nicht auf wissenschaftlichen Gründen beruht und nicht durch wissenschaftliche Gründe beseitigt werden kann, mögen sie Klasseninteresse, Selbständigkeits- und Freiheitstrieb, Friedens-, Gerechtigkeits-, Vaterlandsliebe, Humanität oder wie immer heißen. Sie kann die Wirksamkeit dieser Kräfte im Bereiche des Volks- und Einzellebens und die Bedingungen erfolgreicher Bethätigung derselben darlegen, sowie die ihnen entsprechenden Zustände ausdenken und mit Hilfe der Poesie in verlockenden Bildern der Volksphantasie vorhalten (Utopien), sie kann zu deren erfolgreicher Bethätigung auch ihrerseits beitragen, indem sie die von ihnen an die Hand gegebenen Aufgaben und die Mittel und Wege zu ihrer Lösung klarstellt, indem sie die Konsequenzen dieser Lösung, sowie diejenigen ihrer Vereitelung bestimmt, indem sie entgegenstehende Vorurteile zerstört ꝛc. Aber sie kann diese Kräfte weder hervorbringen, noch den idealen Wert oder Unwert, welcher ihnen oder ihrer Bethätigung an sich zukommen soll, erweisen, noch die letzten Ziele, auf welche sie hinweisen, ändern.

Wir können ex c. die geschichtlichen Bedingungen und die geschichtliche Bedeutung des antiken Patriotismus klarstellen, aber nicht beweisen, daß demselben an sich ein sittlicher Wert zukomme. Wir können zeigen, daß die Ansicht A. Linets (der moderne Staat und die Ziele des alten Glaubens), daß die hochherzigen Thaten der Griechen „aller ethischen Momente entbehrten" und jedes sittlichen Wertes, „den nur die unmittelbare Beziehung zur natürlichen Universalität und Solidarität der Menschheit verleihen" könne, im Widerspruch mit verbreiteten und tiefwurzelnden Empfindungen stehe, aber keinen wissenschaftlichen Beweis dafür beibringen, daß in diesen Empfindungen das von allen anzuerkennende oberste Wertmaß zu finden sei. Wir können evident machen, daß sowohl die energische Geltendmachung der Individualität und ihrer besonderen Interessen wie die Friedensliebe und der Geist der Hingebung für allgemeine Interessen eine Bedeutung habe für eine fortschreitende Entwicklung der Völker, aber weder darthun, daß in den Bedingungen der letzteren der Maßstab des Urteils gegeben sei, welchen jeder anlegen solle, noch daß jenen Arten des Verhaltens unabhängig von dieser Bedeutung eine höhere Dignität zukomme. Hier überall gilt das Wort: „wenn Ihr's nicht fühlt, Ihr werdet's nicht erjagen". Vergebliche Mühe, einem Thomas von Kempen den Wert weltfrohen Schaffens und Genießens, einem Leopardi den Wert des Lebens, einem M. Stirner den Wert der Selbstlosigkeit und Hingebung, einem J. F. Stephen den der alle Menschen umfassenden Brüderlichkeit, einem D. Strauß den des Christusbildes, einem L. Büchner den der Feindesliebe, einem Döhring den eines einheitlichen Glaubenslebens, einem Comte den der Autonomie des einzelnen, unseren meisten Sozialisten den der nationalen Größe und der Begeisterung für dieselbe im Sinne einer idealistischen Ethik, dem Heißsporn, für welchen der Wert des Lebens allein im Handeln liegt, „die ruhige Seligkeit des Schönen, die Heiligkeit der affekt- und thatlosen Stimmung" (Lotze) zu erweisen!

H. Spencer hat in seiner Einleitung in das Studium der Soziologie in lehrreicher Weise eine Anzahl von Vorurteilen besprochen, welche dem Fortschritte der sozialen Wissenschaften hinderlich seien. Dabei kommt aber das verbreitetste und seiner theoretischen Tragweite nach vielleicht bedeutsamste Vorurteil, dasjenige, mit welchem wir uns hier beschäftigen, nicht zu seinem Rechte. Es liegt in der Voraussetzung, daß die Wissenschaft von einer bestimmten Weise des Empfindens, von bestimmten Gemütseigenschaften und Richtungen des Begehrens müsse beweisen können, daß man sie haben solle oder nicht haben solle. Seine Nahrung zieht dasselbe — nennen wir es das ethische Vorurteil — zum Teil aus der geheimen Furcht, daß es um die Zukunft der ethischen Werte übel bestellt sein werde, wenn dieselben sich nicht in wissenschaftliche Werte umsetzen ließen, daß etwa die Nächstenliebe ihren Zauber einbüßen werde, wenn ihre Preiswürdigkeit nicht auf wissenschaftliche Gründe zurückgeführt werden könne. Aber die Quellen des sittlichen Handelns und der Achtungsgefühle, welche dasselbe hervorruft, liegen nicht im Herrschaftsbereiche der Doktrin und sind in ihrer Lebendigkeit nicht von der Beweiskraft der von dieser zu ihren Gunsten ins Feld geführten Argumente abhängig. Wohl beteiligt sich dieselbe an der Bildung der ethischen Werturteile, allein es geschieht dies überall bewußt oder unbewußt im Dienste von Mächten, die ihrem eigenen Wesen fremd sind, nach Maßen, die ihr gegeben sind und an deren Wert sie glaubt. Ihre Stellung gleicht hier derjenigen der scholastischen Wissenschaft. Bindet diese sich an den Inhalt der Offenbarung, so erscheint jene an das von Gemütskräften getragene Evangelium der Humanität, der Nationalität oder der Freiheit u. s. w. gebunden.

* * *

Hierbei macht sich die weitere Voraussetzung geltend, daß das oberste Wertmaß, welches man zur Geltung bringen will, nur ein schlechthin einheitliches sein könne, daß es daher nur darauf ankomme, dieses selbst und die jeweils vorliegenden Fragen und Thatsachen ins Klare zu stellen, um unter Wohlgesinnten jeden Streit und jede Meinungsverschiedenheit bezüglich der Beurteilung dieser und der Entscheidung von jenen auszuschließen.

Die öffentliche Debatte über politische und soziale Fragen weist ihrer Form nach überall auf diese Voraussetzung hin. Es stehen sich verschiedene Überzeugungen gegenüber, welche sich als die richtigen zu erweisen und kraft dieses Beweises zur Norm der Entscheidung zu erheben suchen. Davon ist die Voraussetzung nicht zu trennen, daß es hinsichtlich der zu entscheidenden Fragen nur eine Wahrheit geben könne, daß dem Streite ein Verkennen derselben zum mindesten auf einer Seite zu Grunde liege, daß er also theoretische Gründe habe und sich durch theoretische Instanzen zum Austrag bringen lasse.

Diese Voraussetzung aber ist irrig. Die letzten Gründe jener Debatte sind trotz der Formen eines bloßen Meinungskampfes, in welchen sie sich bewegt, nicht theoretischer Natur, und es sind daher auch nicht theoretische Gründe, von welchen die letzte Entscheidung abhängt. Die ersteren sind vielmehr darin zu suchen, daß jenes einheitliche Wertmaß in der vorausgesetzten Weise nicht existirt. Die realen Faktoren, welche in der Welt der Werte herrschen, sind mannigfach und bei den einzelnen Individuen, bei den verschiedenen Geschlechtern, gesellschaftlichen Klassen, Völkern u. s. w. in ungleichen Verhältnissen vertreten. Dem entspricht die Verschiedenheit der ethischen Ideale und der Richtungen, in welchen die öffentlichen Zustände beeinflußt und eine Fortbildung derselben angestrebt wird. Da ein jeder in der eigenen Empfindungsweise ein Wertmaß besitzt, das er nicht aufgeben kann, ohne sich selbst aufzugeben, und da die vollkommene Übereinstimmung dieser Wertmaße bei allen menschlichen Individuen die vollkommene Aufhebung der zwischen ihnen bestehenden geistigen Unterschiede voraussetzen würde, so ist jene vorausgesetzte Einheit nicht bloß nicht vorhanden, sondern wird sich auch niemals verwirklichen, so gewiß die Verschiedenheit der Individualitäten nicht verschwinden wird. In dieser letzteren, welche in der Verschiedenheit der für jeden gegebenen Existenzbedingungen eine unversiegbare Quelle hat, liegt die letzte Wurzel der hier in Betracht gezogenen Kämpfe. Welche Bedeutung dieser Thatsache gegenüber der friedlichen, an den Formen theorethischer Erörterungen festhaltenden Debatte zukomme, ergibt sich aus den Bemerkungen über unsere idealistische Doktrin, welche sich an dieser Debatte ja beständig, eine leitende Rolle in Anspruch nehmend, beteiligt, und wird künftig spezieller dargelegt werden. Sie ist keineswegs wirkungslos, wenn sie auch die dabei vorschwebende Wirkung nicht erreichen kann. Aber um jener imaginären Voraussetzung willen erscheint sie vielfach als ein Streit zwischen Wanderern, welche gemeinsame, weil gleich benannte, Ziele zu verfolgen wähnen, in Wahrheit aber weit auseinanderliegende Ziele im Sinne haben, über den rechten Weg. Sie bekennen sich alle den Worten nach zu dem nämlichen Ziele der „öffentlichen Wohlfahrt“ und bzw. der „wahren Freiheit“, der „Ehre“ und „Würde“ des Volkes u. s. w. Aber was sie unter diesen Namen in Wahrheit suchen, ist nicht das Nämliche.

Die Aufklärung dieses Sachverhalts, an welcher wir arbeiten, wird diesem Meinungskampfe kein Ziel setzen, wohl aber die Form desselben beeinflussen und das Maß unnützen Kraftaufwandes mindern. Das Gleiche gilt überhaupt von dem Wachstum wissenschaftlicher Einsicht in diesem Bereiche. Demselben kommt für Volk und Menschheit eine ähnliche Bedeutung zu, wie der wachsenden Selbstkenntnis für den Einzelnen. Denn auch diese läßt die Gegensätze in der Innenwelt des Einzelnen nicht verschwinden, wohl aber das Bestreben hervortreten, sie mit einer einheitlichen Grundstimmung zu umfassen und diese unter äußeren und inneren Konflikten festzuhalten.

* * *

Die Verhältnisse wechselseitiger Abhängigkeit der Doktrin und der Parteien und zugleich gemeinsamer Abhängigkeit von gleichen Ursachen sollen hier, da in ihnen eine wichtige Seite des uns beschäftigenden Gegenstandes gegeben ist, einer eingehenderen Betrachtung an der Hand der neueren Geschichte des europäischen Volkslebens unterzogen werden.

Dabei soll zunächst auf Verhältnisse und Vorgänge hingewiesen werden, welche die Doktrin in jenem Wechselverhältnis als das bestimmende Prinzip erscheinen lassen (S. 26 ff.), dann auf solche, in welchen Theorien und wissenschaftliche Überzeugungen als ein abhängiges Element sich darstellen; und zwar soll zuerst die Abhängigkeit derselben von den Kämpfen auf dem praktisch-politischen Gebiete und von den wechselnden Bedürfnissen der Parteien [1]), dann ihre allgemeinere Abhängigkeit von den realen Interessen und solchen Kräften und Vorgängen, in welchen auch die Erscheinungen des Parteilebens ihre Erklärung suchen, ins Auge gefaßt werden (S. 69 ff.).

Dieser Gang der Untersuchung, der seine Rechtfertigung in der gestellten Aufgabe findet, läßt es nicht vermeiden, daß manches im Leben Zusammengehörige künstlich getrennt wird, daß mehrfach verschiedene Seiten des nämlichen Verhältnisses oder Ereignisses an verschiedenen Stellen besprochen werden. —

---

[1]) Die nähere Ausführung fehlt.

Abhängigkeit der Parteien von der Doktrin.

Im Wesen der Parteien liegen Elemente, welche ein natürliches Verhältnis der Abhängigkeit von der Doktrin für sie begründen; Elemente, welche mit der fortschreitenden Entwicklung des Parteiwesens auch ihrerseits sich entfalten und in dem Maße, als dies geschieht, die Beziehungen zwischen jenem und der Doktrin bedeutsamer und umfassender werden lassen.

Die Existenz der Parteien wurzelt in der Empfindung von Mißständen, in der Wahrnehmung oder dem Glauben, daß die Formen des öffentlichen Lebens, die Wirksamkeit der Organe desselben oder die Bestrebungen und Veränderungen, welche innerhalb desselben hervortreten, an irgend einem Punkte gewisse für die Beteiligten maßgebende Interessen verletzen oder Gefahren für dieselben einschließen, und der Zweck ihres Daseins liegt in der Ausgleichung dieses Widerspruchs, bezw. der Bewältigung dieser Gefahren. Ihre Stellung zu den gegebenen Zuständen ist daher von Haus aus eine kritische. Zugleich sehen sie sich darauf angewiesen, Vorstellungen zu entwickeln und eine Verständigung zu erzielen in Bezug auf Formen und Verhältnisse, welche an die Stelle der zu bekämpfenden treten sollen. In beiden Richtungen sind die Dienste der Doktrin für sie wichtig und wo eine solche zu höherer Ausbildung bereits gelangt ist, da eröffnet sich für dieselbe in beiden Richtungen die Möglichkeit eines weitreichenden Einflusses. Wie eine gleichmäßige und konstante Wirksamkeit komplizirten Verhältnissen gegenüber überall voraussetzt, daß eine allgemeinere Ansicht bezüglich dieser Verhältnisse bestehe und festgehalten werde, so sind für die Parteien in den bezeichneten Richtungen allgemeinere und gemeinsam festgehaltene Ansichten wesentlich. In deren Ausbildung aber liegt ein Stück theoretischer Arbeit. Mit dieser nun ist hier nirgends schlechthin von vorn anzufangen. Das Bewußtsein der Völker erscheint in seiner Beziehung auf die staatlichen und gesellschaftlichen Zustände nirgends als eine tabula rasa. Wo Parteien auftreten, da finden sie dieselbe bereits beherrscht durch die Tradition oder durch die Lehren der Autoritäten des Glaubens oder der Wissenschaft. Mit diesen Mächten müssen die Parteien sich bei jener Arbeit auseinandersetzen, sich auf sie stützen oder sie bekämpfen. Für das letztere bedürfen sie neuer gleichgearteter Stützen. Den Autoritäten und Doktrinen müssen sie andere Autoritäten und Doktrinen gegenüberstellen, oder ihre Bemühungen sind eitel und müssen mit der Unterwerfung endigen.

Will man die Weite des Spielraums ermessen, welcher für den Einfluß der genannten Faktoren auf die Mittel und Formen und sogar auf die Richtungen und Zielpunkte der Parteipolitik gegeben sein kann, so vergegenwärtige man sich, wie viele Kräfte in einem Volke gleichsam in einem schlummernden Zustande verharren, weil die herrschenden Vorstellungen Anreize, welche jene zur Bethätigung aufzuwecken vermöchten, nicht in sich schließen. Neue Theorien können diesen Schlummer lösen. Andere Kräfte regen sich im Bewußtsein der Einzelnen, ohne außerhalb desselben zu einer entsprechenden Wirksamkeit zu gelangen, weil Mittel und Wege dazu nicht gefunden sind. Die Doktrin kann solche an die Hand geben. Sie hat in unserem Gebiete bisweilen die Rolle vom Regen und Sonnenschein übernommen, welche bisher verborgene Keime aus dem Boden hervorlocken und ihnen eine Entfaltung im Tageslichte ermöglichen. Die Wirksamkeit betreffender Kräfte kann ferner gehemmt sein, weil Einrichtungen im Wege stehen, welche als unantastbar und unabänderlich, vielleicht als durch göttliche Einsetzung begründet gelten. Eines Tages wird gelehrt und gezeigt, daß sie menschlichen Bedürfnissen und Kräften ihren Ursprung danken und an diesen fort und fort gemessen werden können. Bei diesem Messen aber fällt der Doktrin neuerdings eine wichtige Rolle zu. Denn das Verhältnis der maßgebenden Bedürfnisse zu den bestehenden Einrichtungen und Zuständen ist nicht immer durchsichtig und einfach, häufiger vielmehr komplizirt genug, um für entgegengesetzte Beurteilungen Raum zu lassen und damit den Doktrinen einen mächtigen Einfluß zu gestatten. So stellten sich die Deutschen in Amerika früher, wie F. Kapp erzählt, vielfach aus doktrinären Gründen auf die Seite der demokratischen Partei, bis sie durch mannigfache Erfahrnugen belehrt wurden, daß sie hier im Namen des demokratischen Prinzips gegen ihre eigenen materiellen und idealen Interessen zu Feld zogen. So haben wir es jüngst in Deutschland erlebt, daß wichtige Volksteile ihre Ansicht über das Verhältnis ihrer besonderen Interessen zu bestimmten Formen des öffentlichen Lebens und zu bestimmten Parteiprinzipien und Programmen völlig geändert und im Zusammenhange damit ihre Stellung auf dem Schauplatze der modernen Parteikämpfe durchaus verändert haben. Die Doktrin kann hier durch „Aussprechen dessen, was ist“ (Lassalle) eine wahrhaft revolutionäre Macht entfalten. Indem sie den Schein zerstört, welcher die Urteile bis dahin gefangen hielt, indem sie die Scheu vor imaginären Mächten und den Glauben an die wohlthätigen Wirkungen bestehender Institutionen, die schädlichen Wirkungen solcher von entgegengesetztem Charakter vernichtet, kann sie, gleichviel ob sie neuen Aberglauben an die Stelle des alten setzt oder sich ihrem Berufe gemäß als wirkliche Lichtbringerin erweist, den Untergang einer gegebenen Gesellschaftsordnung herbeiführen. Insoweit die Parteien ferner innerhalb einer einheitlichen staatlichen Gemeinschaft sich auf friedlichen Kampf und die Führung geistiger Waffen hingewiesen sehen, ist es unerläßlich für sie, eine Ansicht über das Verhältnis ihrer Bestrebungen zu den Existenzbedingungen und dem Gedeihen des Ganzen zu entwickeln und zu vertreten. Da sie nicht fordern können, daß sich das Ganze einfach nach dem Teile richte, so müssen sie ihre Parteipolitik jenem gegenüber legitimiren. Die Formen, welche sie mit ihrem besonderen Standpunkte in Einklang zu bringen bestrebt sind, sollen ein Ausdruck der allgemeinen Interessen sein und müssen es sich gefallen lassen, beständig an dem Maße der letzteren gemessen zu werden. Deshalb ist es eine Voraussetzung nicht bloß des Ansehens der Partei bei Außenstehenden, sondern zugleich der Selbstachtung und des Vertrauens auf die eigene Sache und deren Dignität, daß sich jener besondere Standpunkt als im Einklang stehend mit den gemeinsamen Bedürfnissen und den Bedingungen einer günstigen Entwicklung des gesamten nationalen Lebens darstellen lasse. Mit den darauf abzielenden Bemühungen aber betreten sie abermals das Gebiet der Doktrin, auf welchem sie den Einwirkungen der daselbst herrschenden Mächte unterliegen.

Zur Illustration des Gesagten mag noch an einige geschichtliche Vorgänge erinnert werden.

Als J. Stahl, der Verfasser der „Philosophie des Rechts nach geschichtlicher Ansicht“, das geflügelte Wort aussandte: „die Wissenschaft muß umkehren“, da gedachte er des mächtigen Einflusses, welchen die Doktrin im Sinne der liberalen Parteien auf die herrschenden Anschauungen ausgeübt hat. In der That hat sie für diese Parteien die geistigen Voraussetzungen und den Boden geschaffen, von welchem aus sie ihre Angriffe gegen die alte Staats- und Gesellschaftsordnung richten konnten. Die Doktrin mußte zuvor die Ideenverbindungen lockern, in welchen die alte Ordnung die wesentlichste Bürgschaft ihres Bestandes hatte, und neue, den Voraussetzungen dieser Ordnung widersprechende Ideenverbindungen herstellen, ehe die Parteien einer prinzipiellen Opposition möglich waren. Es ist hier nicht die Stelle, auf diese Arbeit und deren Träger und auf die Rolle, welche dabei die geistigen Größen des klassischen Altertums und die eifrig gepflegte Erinnerung an die Formen des antiken Staatslebens spielten, spezieller einzugehen. Aber es ist unzweifelhaft, daß die Oppositionsparteien, welche in der Periode der französischen Revolution ihren Ursprung genommen haben, den Gedankengehalt, mit welchem sie haushielten, von welchem der innere Zusammenhang und die Kontinuität ihrer Bestrebungen, sowie die Kraft ihrer Agitation abhing, jener Vorarbeit verdankten. Für die liberalen Parteien im engeren Sinne kommt hier vornehmlich die Rechtsphilosophie jenes Zeitalters in Betracht. Mit den von ihr herrührenden Elementen in den Bekenntnissen und Bestrebungen, welche wir im Begriff des Liberalismus zusammenfassen, verbanden sich die Einwirkungen der älteren politischen Ökonomie, der nahen Geistesverwandten jener Rechtsphilosophie. Könnten wir die Einwirkungen dieser beiden theoretischen Schöpfungen aus der Geschichte der modernen Parteien und des von ihnen bestimmten politischen Lebens ausscheiden, sie würde arm sein an geistigem Inhalte (denn der Geist der Gegenparteien ist erst gereift im Kampfe mit den Parteien der Opposition und deren Doktrinen) und das Resultat, unsere heutige staatliche Organisation, würde ein wesentlich anderes sein.

Von der erwähnten volkswirtschaftlichen Richtung meint Jörg in seiner Geschichte der sozialpolitischen Parteien, daß sie namentlich seit Napoleon III. die innere Politik der Staaten beherrsche, und daß alle großen staatsrechtlichen Konflikte unserer Zeit ihren letzten Grund in ihren Einwirkungen hätten. Gewiß ist dies übertrieben. Richtig aber, daß wir diese Einwirkungen aus dem Entwicklungsprozesse unserer öffentlichen Zustände so wenig wegzudenken vermögen, wie diejenigen, welche von der erwähnten Rechtsphilosophie ausgegangen sind.

Diese beiden Systeme (wenn der ungenaue Ausdruck gestattet ist) haben ihre charakteristischen Elemente an die moderne Gesellschaftsordnung abgegeben und die liberalen Parteien haben dabei als Vermittler fungirt; zugleich ist damit die Rolle, welche diese bisher gespielt haben, ihren wichtigsten Seiten nach bestimmt.

Die behauptete Abhängigkeit von der Doktrin besteht selbstverständlich nicht bloß auf liberaler Seite. Auch die konservativen Parteien müssen sich als ihre Schuldner bekennen. Als Stahl Umkehr der

Wissenschaft forderte, da war sie in einem gewissen, den konservativen Interessen günstigen Sinne bereits eingetreten. Diese Umkehr vollzog sich mit dem Übergange von der Philosophie des Aufklärungszeitalters zu der des Zeitalters der Restauration, mit der Ablösung von Kant und Fichte durch Schelling und Hegel, mit dem Übergange von den Theorien des Naturrechts zu denjenigen der historischen Rechtsschule und mit den verwandten Bewegungen, welche auf verschiedenen Gebieten der Wissenschaft teils gleichzeitig mit der letzterwähnten Wandlung, teils später hervorgetreten sind. Die Arbeiten Stahls gehören einem bereits vorgerückten Stadium dieser Bewegungen an. Die konservativen Parteien stehen zu diesen in einem ähnlichen Verhältnisse wie die liberalen zu den früher erwähnten. Ihnen zumeist danken sie die Befähigung, in dem im konstitutionellen Staate freigegebenen geistigen Kampfe sich mit Ehren zu behaupten. Was Stahl speziell für die preußische Adelspartei leistete, für welche er das geistige Rüstzeug bereitete, dessen sie auf dem parlamentarischen Boden zur Verteidigung ihrer ständischen Interessen bedurfte, das leistete im Großen für die vielgestaltige Vertretung der konservativen Interessen jene gesamte antirevolutionäre literarische Bewegung. — Wie sich ehedem der alten Rechtsphilosophie das Smith'sche individualistische System zur Seite stellte, so erhob sich an der Seite der historischen Rechtsschule das List'sche nationale System der politischen Ökonomie und kürzlich die jüngere historische Schule der Nationalökonomen, und auch die Lehren dieser sind für die Parteien nicht vergeblich entwickelt worden. Sie haben die Bildung neuer Gruppen im Bereiche unserer politischen Kämpfe erleichtert und es denselben ermöglicht, die von ihnen zunächst vertretenen Sonderinteressen anzuknüpfen an die allgemeinen nationalen. Als die jüngste schutzzöllnerische Bewegung in Deutschland sich erhob, da erklang aufs neue der Name Lists und dem längst Dahingegangenen fiel die geistige Führung bei dem unternommenen Angriff gegen die herrschende Handelspolitik zu. Nun hat man ihm in dem Amerikaner Carey, den Herr v. Kardorf für die Partei entdeckt hat, eine moderne Autorität an die Seite gestellt, und unter diesen doppelten Auspizien sammelten und entfalteten sich mit dem moralischen Mute, den der Glaube an den Einklang der eigenen mit den allgemeinen Interessen verleiht, die Angriffskolonnen der neuen Partei.

Jene wissenschaftliche Bewegung in der Periode der Restauration hat noch in einer anderen Richtung eine Bedeutung für die Entwicklung unseres Parteilebens gewonnen. Auch der jüngste Gegner des Liberalismus, welcher demselben in den sozialistischen Parteien erwachsen ist, steht in einer Beziehung zu ihr. Die theoretischen Bekenntnisse dieser Parteien, welche ein so wesentliches Bindemittel für sie bilden, haben ihre Quelle zum Teil in dem Gebiete der Philosophie jenes Zeitalters. Ich erinnere hier nur an das Verhältnis, in welchem Marx, Engels und Lassalle zu Hegel stehen, und an die Bedeutung, welche die für den Charakter jener Periode bestimmende geschichtliche Ansicht des Volkslebens für die Ausbildung des theoretischen Sozialismus gewonnen hat. Auf diesen Zusammenhang wird an anderer Stelle zurückzukommen sein. Die Geschichte dieser Ausbildung enthält Episoden, welche höchst charakteristisch sind für das allgemeine Verhältnis der Parteien zur Doktrin und bietet überhaupt für uns ein besonderes Interesse. Einer jener Episoden mag hier gedacht sein. Während der Bewegungen, welche der Konstituirung der heutigen sozialistischen Parteien vorangingen, empfand man es in den beteiligten Kreisen als einen Übelstand, daß die herrschende nationalökonomische Theorie für ihre Bestrebungen keinen Stützpunkt bot. „Wir müssen uns", sagte ein Arbeiter auf einem Meeting in London (1859), „wohl eine eigene Nationalökonomie fertig machen, wenn unser Stand eine Zukunft haben soll" (vgl. Jörg l. c.). In der That galt es für diesen, wollte er so, wie nun geschehen, der gesamten übrigen Gesellschaft den Krieg erklären, Angriffspositionen außerhalb des Systems der herrschenden Anschauungen zu gewinnen. Man stellte sich die Aufgabe, den archimedischen Punkt zu entdecken, von welchem aus dieses System und die mit ihm zusammenhängende Gesellschaftsordnung sich aus den Angeln heben lasse. Diesen Punkt glaubt man bekanntlich unterdessen gefunden zu haben. Jedenfalls ist die neue Nationalökonomie im Sinne jenes Arbeiters fertig gemacht worden. Man hat, um zu diesem Ziele zu gelangen, die höchsten Positionen aufgesucht, welche von der Philosophie unseres Jahrhunderts der wissenschaftlichen Denkweise und den Schöpfungen und Einflüssen der Philosophie des vorigen gegenüber gewonnen worden sind. Man hat sich, um mit Lassalle zu reden, „mit der ganzen Bildung des Jahrhunderts" bewaffnet, um der alten Nationalökonomie eine den Interessen des „4. Standes" mehr entsprechende neue Lehre entgegenstellen zu können. Und eine solche Anknüpfung der Tendenzen und Bekenntnisse dieser Parteien an gewisse Seiten des höheren geistigen Besitztums unseres

Jahrhunderts darf nicht unterschätzt werden. Wenigstens in Deutschland hat die Zuversicht in die Stärke und Gerechtigkeit ihrer Sache hierin eine ihrer Wurzeln. Bei uns können, wie Bamberger mit Beziehung auf diesen Zusammenhang sagt, Ideale nicht mächtig werden, ohne daß sie durch den ernsten Denkprozeß der Nation hindurchgegangen sind. Wer seinen Teil an der Zukunft haben will, der muß hier zunächst für seinen Teil an der Wissenschaft sorgen (Deutsche Rundschau 1878, H. 6). Jedenfalls haben die Gelehrten des Sozialismus das Wesentlichste dazu beigetragen, daß an die Stelle zielloser Arbeiterunruhen und einer unsicheren und zusammenhanglosen Beteiligung am politischen Leben seitens der in Betracht kommenden Bestandteile der Arbeiterbevölkerung ein planmäßiges Vorgehen in festen Organisationen treten konnte. Ja es darf wohl behauptet werden, daß die große und für den Bestand der gegenwärtigen Gesellschaftsordnung bedrohliche Bedeutung des modernen Sozialismus sich vor allem in den von ihm aufgenommenen und zu einem neuen Glaubensbekenntnis verarbeiteten theoretischen Elementen begründe. Dessen ist man sich auf sozialistischer Seite wohl bewußt. Einen Beweis hiefür gibt u. a. die im Jahre 1877 erfolgte Gründung einer Revue für wissenschaftlichen Sozialismus („Zukunft"). Bei den vorausgehenden Verhandlungen bemerkte ein Redner u. a., daß, je mehr das politische Leben in Vordergrund trete, die wissenschaftliche Seite, wenn man nicht besonders für sie einstehe, zurücktrete. Allein es sei notwendig, daß die letztere gepflegt werde. Um die Verflachung der Partei zu hindern, müßten dem Volke wissenschaftliche Arbeiten geboten werden. Zu einem auffallenden und freilich naiven Ausdruck wird dies Bewußtsein durch den vor einiger Zeit auf dem Sozialistenkongreß in Gotha gestellten Antrag auf Gründung einer sozialistischen Universität gebracht. An einer solchen Universität würde natürlich das sozialistische Bekenntnis die oberste Richtschnur und seine Wahrheit die nicht in Frage zu ziehende Voraussetzung bei allen Studien sein. Dies würde sie zu einem Analogon von Schöpfungen einer anderen, der ultramontanen, Partei machen, welche ihr Augenmerk seit längerer Zeit und mit Erfolg auf die Gründung neuer, ihren Überzeugungen und Interessen dienender, Universitäten gerichtet hat. Die Bedingungen ihres Daseins in der modernen Welt stellen allen Parteien die Aufgabe, von dem befruchtenden Strome der Wissenschaft ein Bächlein zum mindesten über ihre Gründe zu leiten und bei denjenigen, welche am Strome wohnen, Unterstützung für ihre Bestrebungen zu suchen. Dies gilt auch für die Parteien des Glaubens und speziell für die ultramontane Partei. Sie ist freilich in einer anderen Lage der Wissenschaft gegenüber als die zuvor genannten Parteien. Sie bedarf für sich keiner von der Wissenschaft entlehnten Bindemittel und im allgemeinen keiner Aufklärung von dieser Seite, in welchen Richtungen sie ihre Thätigkeit zu entwickeln hat. Aber sie bedarf ihrer, um den theoretischen Waffen der Gegner verwandte Waffen entgegensetzen zu können, und sie sieht sich darauf angewiesen, von der Kraft, welche jene aus der Wissenschaft schöpfen, einen Teil auf ihre Seite zu leiten und, soweit dies nicht gelingen will, diese Kraft den Parteikämpfen gegenüber zu neutralisiren. Sie hat sich denn auch nie einer Täuschung über die Bedeutung der Thatsache hingegeben, daß die Pflege der Wissenschaft und die Übermittlung derselben im akademischen Unterrichte im wesentlichen das Geschäft ihrer Gegner ist. Natürlich ist es ihre Auffassung, daß die Wissenschaft, insoweit sie unter solcher Pflege sich entwickelt und sich als eine dem vor allem gehaßten Liberalismus befreundete Macht darstellt, nur eine „falsche" Wissenschaft sein könne. Seit der Emanzipation der Wissenschaft von der Theologie, in ihrer Gleichgiltigkeit dem Glauben und dessen Bedingungen gegenüber und in dem mächtigen Bewußtsein ihrer Unabhängigkeit von jeder Autorität und jeder äußeren Macht, erscheint sie dieser Partei als eine gefährliche, und an dem Gesamtresultat ihres Einflusses auf den menschlichen Geist und die gesellschaftlichen Verhältnisse gemessen, geradezu als eine feindliche Potenz. Auf eine solche Auffassung derselben ist das Wort des Kardinals Pacca „Alles das Böse kommt von den Büchern, vom Lesen" (Westenbergs Briefe) zu beziehen. Da sich nun das Lesen und der umfassende Einfluß der Wissenschaft nicht unterdrücken läßt, so versucht man da und dort dieselbe in das alte Abhängigkeitsverhältnis zurückzuführen und, davon abgesehen, Personen und Einrichtungen zu gewinnen, welche jenen Einflüssen mit den Mitteln und Methoden der Gegnerin selbst entgegenzuwirken vermögen. —

So spielen in den Kämpfen der Parteien überall die Gestalten der Doktrin eine bedeutsame Rolle. Gleich den homerischen Göttern nehmen sie, vielfach unerkennbar für den vulgären Sinn, an der Leitung des Streites und an der Verantwortlichkeit für dessen Wechselfälle teil. Sie gleichen freilich den homerischen Göttern auch darin, daß sie menschlichen Ursprungs, den Kämpfenden verwandt und von den Interessen und Affekten, welche die letzteren beherrschen, auch ihrerseits abhängig sind, sowie daß ihr Schicksal in gewissem Maße an das ihrer Parteien gebunden ist. Doch davon in der Folge.

Das hier geschilderte Verhältnis der Doktrin zum Parteiwesen war selbstverständlich nicht erst von dem Verfasser zu entdecken. Es ist für jeden offenliegend. Gleichwohl unterlag es einer schwankenden Beurteilung. Manche haben jener oder ihrem Organe, der Literatur, eine aktive geschichtliche Rolle nicht zuerkennen wollen. Sie glaubten sich im Besitze einer aufgeklärten, nur veralteten Vorurteilen gegenüberstehenden Ansicht zu erweisen, wenn sie die Macht der Ideen neben derjenigen der Interessen als verschwindend hinstellten. Unter anderem ist in solcher Unterschätzung des Einflusses der ersteren ein Element der modernen „realpolitischen" Anschauungen bezeichnet. Ihnen gegenüber hat der Idealist F. A. Lange recht, wenn er bemerkt, daß die wirkliche Gestaltung der Dinge zwar niemals genau der Linie der Ideen folge, daß aber der Bestand klarer und bestimmter Ideen nie ohne Einfluß auf den Gang der Ereignisse sei. „Der Realpolitiker behält für den Augenblick recht; den Ideen folgen die großen Zeiträume" (Arbeiterfrage).

Auch unsere Geschichtsschreiber zeigten sich in ihrem Urteile über jenes Verhältnis bisweilen unsicher und schwankend. So bemerkt Häusser in seiner Geschichte der französischen Revolution, daß die Literatur eines Zeitraums niemals Ursache von Revolutionen sei, daß sie „höchstens für ein Symptom der allgemeinen Zustände, als ein Reflex der Stimmungen gelten könne, unter welchen solche Ereignisse sich zutragen". Ohne Zweifel kommt der Literatur diese Bedeutung — und zwar nicht bloß, wie hier angenommen wird, singulärer Weise — zu, von dem Walten der Kräfte, welche die Ereignisse auf dem Gebiete des praktischen Volkslebens beherrschen, auch ihrerseits Zeugnis abzulegen. Es ist dies die Seite des uns beschäftigenden Verhältnisses, von welcher spezieller gehandelt werden soll. Aber es ist ein Irrtum, der Literatur lediglich diese, ihr eine schlechthin passive Rolle der Entwicklung der Ereignisse gegenüber zuzuerkennen. Auch wird dies Urteil im weiteren wesentlich eingeschränkt und ist hier nur angeführt als ein Beleg für die behauptete Unsicherheit. Das Buch von Häußer selbst enthält im übrigen genügende Materialien zur Widerlegung desselben. Wie kommt H. dazu, die Geschichte des

Lebens und der Arbeiten Voltaire's, Rousseau's und Montesquieu's als einen Teil der Vorgeschichte der Revolution zu behandeln, wenn dieselben mit ihren Werken nicht eingegriffen haben in den Gang der Dinge? Wie kommt er dazu, die Herrschaft zu schildern, welche dieselben in der bürgerlichen Gesellschaft ausgeübt haben, wenn diejenigen, welche das Schiff der Gesellschaft in der verhängnisvollen Richtung steuerten, nicht unter dieser Herrschaft standen und handelten? Wenn die Literatur nur der Spiegel war, welcher die Zustände reflektirte, wie sie waren, wie erklärt sich der von Häusser und anderen hervorgehobene „unermeßliche und unausgleichbare" Unterschied, welcher zwischen dem thatsächlichen Zustand der Dinge und dem idealen der Geister bestand? Dort begegneten nach Häusser „unbegreifliche Mißbräuche und Verkehrtheiten der alten Zeit, hier in kecken Umrissen hingeworfen das Traumbild einer neuen Welt". Dies Traumbild aber hatte die Literatur geschaffen und eben damit die Unausgleichbarkeit jenes Gegensatzes besiegelt! Die Macht der Ideen wird durch jedes Blatt der Revolutionsgeschichte und nicht minder durch die Erfolge der revolutionären Bestrebungen wie durch deren Mißerfolge beglaubigt. Denn die Interessen triumphirten nur so weit, als sie in den Ideen eine adäquate Vertretung gefunden hatten, als sie in klaren, durchgearbeiteten und mit ihnen im Einklang stehenden Theorien einen Ausdruck erlangt, und insoweit diese Theorien eine verbreitete Anerkennung gefunden hatten. Die Mißerfolge und Enttäuschungen entsprechen teils einem Mangel entwickelter und in gangbaren Formeln ausgeprägter und verbreiteter Gedanken — so bei dem vierten Stande — teils Widersprüchen in den Voraussetzungen der vorhandenen und verbreiteten Lehren — so bei dem dritten Stande, insoweit seine Bestrebungen auf politische Freiheit gerichtet waren — teils endlich einem Mißverhältnis zwischen den herrschenden Ideen und den Interessen, hinsichtlich welcher man sich durch die Revolution geschädigt fand — so bei denjenigen Teilen des Volkes, welche zuerst den revolutionären Ideen gehuldigt hatten, dann aber durch den Versuch einer praktischen Verwirklichung derselben oder vielmehr dessen unvorhergesehene Konsequenzen den antirevolutionären Parteien zugeführt wurden. Einen Erfolg hatten seine Bestrebungen in Bezug auf die Beseitigung der alten Privilegien, die Beseitigung zahlloser Hemmungen der freien Bewegung auf wirtschaftlichem Gebiete, die Herstellung eines einfacheren Verhältnisses zwischen der Staatsgewalt und dem Einzelnen und hinsichtlich anderer damit zusammenhängender Punkte, welche sich in ausgebildeten, widerspruchslosen und populär gefaßten Theorien vertreten fanden.

Hierbei war es von großer Bedeutung, daß diese Theorien eine Anerkennung nicht bloß in der Sphäre der dabei beteiligten Sonderinteressen erlangten, sondern weit darüber hinaus in allen Kreisen, welche an dem öffentlichen Leben einen bewußten Anteil nahmen. Die Privilegirten bekannten sich kaum mit minderem Eifer zu denselben wie die Angehörigen des dritten Standes, ja unter den letzteren würden ihre Formeln und Axiome nicht die rasche Verbreitung und gläubig begeisterte Aufnahme gefunden haben, wenn nicht der Adel damit vorangegangen wäre. Die französische Nation sah sich in einem gegebenen Momente in ihren zurechnungsfähigen Bestandteilen einig in ihrer Mißachtung der Tradition, in ihrem Vertrauen auf die menschliche Vernunft, in ihren Ideen über Recht und Staat, in ihren Hoffnungen bezüglich der Vervollkommnung der menschlichen Zustände. Und diese Einigkeit fand einen glänzenden und praktisch bedeutsamen Ausdruck in den Beschlüssen der berühmten Augustnacht. Dieser Einigkeit verdankte es die Revolution, daß sie ihre ersten wichtigen Früchte, welche ihr nicht wieder entrissen werden konnten, so rasch und mühelos, in einem allgemeinen Rausche der Freude und Begeisterung pflücken konnte.

* * *

Über den Begriff der Entwicklung.

Der Begriff der **Entwicklung** spielt in unserer modernen wissenschaftlichen und halbwissenschaftlichen Literatur eine bedeutsame und charakteristische Rolle. Die einflußreichste aller modernen Theorien, die Darwinsche, hat in ihm sozusagen ihren Angelpunkt. Wird sie doch vielfach schlechtweg als Entwicklungstheorie bezeichnet. Die Bewegung, die von ihr ausging, hat das Reich der Naturwissenschaften längst überschritten und ist unter anderm auch in das Gebiet der Gesellschaftswissenschaft mit starken Wellenringen eingedrungen. Auch davon abgesehen, kann es von Unbefangenen nicht übersehen werden, daß zwischen Natur- und Geisteswissenschaften in der neueren Zeit eine umfassendere Wechselwirkung eingetreten ist. Daher es gerechtfertigt sein muß, jener Bewegung den Anlaß zu entnehmen, dem beiden Gruppen von Wissenschaften gemeinsamen Begriff der Entwicklung kritisch näher zu treten. Wir bedürfen indessen eines solchen äußeren Veranlaßungsgrundes nicht. Die bisherige selbständige Entwicklung der Geisteswissenschaften enthält genügende Veranlassungsgründe zu einer Analyse dieses Begriffs. Denn derselbe hat lange genug eine Rolle und zwar eine solche gesteigerter Bedeutung in ihrem Reiche gespielt, ohne daß er bis zur jüngsten Zeit einer genaueren Kritik unterzogen worden wäre.

Meines Erachtens kommt den Geisteswissenschaften die Priorität in Bezug auf eine umfassende Anwendung des Begriffs der Entwicklung und zwar in einem den modernen naturwissenschaftlichen Entwicklungstheorien verwandten Sinne zu. Gleich diesen und vor diesen sind sie bei der Anwendung dieses Begriffs von dem Individuum aufgestiegen zur Art, der es angehört. Sie handeln nicht bloß von der Entwicklung des Volkes, nicht bloß von der Entwicklung eines einzelnen Rechtsinstitutes, sondern von der Entwicklung des Rechts überhaupt, nicht bloß von der Entwicklung der Sprachformen, sondern von der Entwicklung der Sprache überhaupt, nicht bloß von einem einzelnen Staat, sondern vom Staat überhaupt.

Längst ist uns der Gedanke vertraut, daß das Ganze des Volkslebens seine eigene Geschichte habe, und daß die Erscheinungen, wie sie in derselben nebeneinander und nacheinander auftreten, in einem bestimmten, kontinuirlichen und erkennbaren und folglich in einem gesetzmäßigen Zusammenhange, derart wie er bei der Anwendung des Begriffs der Entwicklung vorausgesetzt wird, stehen. Ebenso ist uns der weitere Gedanke vertraut, daß die Entwicklung des Einzelnen in Abhängigkeit stehe von der Entwicklung des Ganzen, dem er angehört, daß also, um mich in der Sprache der modernen Naturwissenschaft auszudrücken, ein Zusammenhang besteht zwischen Ontogenie und Phylogenie.

Es ist uns allerdings nicht gelungen, das Gesetz dieses Zusammenhangs näher zu bestimmen. Indessen würde es uns wohl kaum den Eindruck des Paradoxen oder überhaupt des Neuen machen, wenn jemand behaupten wollte, wie es denn von mehreren behauptet worden ist, daß der Zusammenhang zwischen Einzelentwicklung und Stammesentwicklung durch die bekannten Vorgänge der Vererbung und der Anpassung vermittelt werden, wie dies seitens der Darwinianer in Bezug auf die Organismen gelehrt wird. Damit ist eine breite Brücke geschlagen, auch in das Gebiet der Darwinschen Hypothesen.

Zur Illustrirung des Gesagten will ich beispielshalber über einige diesem Gebiete angehörige Entwicklungstheorien kurz referiren. Vielleicht wird es künftig einmal eine dankbare Aufgabe sein, die

Geschichte der Geisteswissenschaften vom Gesichtspunkt der Entwicklungstheorie aus zu beleuchten. Gegenwärtig ist es noch mit großen Schwierigkeiten verbunden, sich eine Uebersicht über die Gesamtbewegung auf diesem Gebiete zu verschaffen, und es ist uns zu wenig geläufig, die Theorien nach dem hier vorangestellten Gesichtspunkt zu verbinden und zu klassifiziren. Mir liegt es fern, auch nur eine Übersicht über die hervorragendsten dieser Theorien geben zu wollen. Es würde bei einer solchen in der Geschichte der Philosophie bis auf Aristoteles zurückzugehen sein, bei welchem uns die Anfänge einer sozialen Entwicklungstheorie entgegentreten. Es würde unter den deutschen Philosophen unter anderen zu berücksichtigen sein Kant, dann Schelling und Hegel, der uns die Universalgeschichte als eine Entwicklung des Begriffs der Menschheit zu erweisen sucht, ferner die neueren Aristoteliker 2c. Unter den Ausländern Comte und Spencer. Unter den Spezialwissenschaften wären vor allem die Sprachwissenschaften seit Wilh. v. Humboldt in Betracht zu ziehen. Unter denjenigen, welche sich speziell als Historiker ansehen, wären Laurent, Buckle, Draper, Bayekot zu erwähnen u. s. w.

Ich werde mich damit begnügen, zwei Männer spezieller aufzuführen, welche den Gedanken, daß die gesellschaftlichen Zustände Produkte eines gesetzmäßig verlaufenden Entwicklungsprozesses seien, in charakteristisch verschiedener Weise zum Ausdruck gebracht haben. Ich meine Vico und Savigny. Beide sind religiös gestimmte Naturen und glauben an eine göttliche Weltleitung. Gleichwohl setzen beide bei dem, was sie zur Frage der sozialen Entwicklung vorbringen, einen inneren, erkennbaren und folglich gesetzmäßigen Zusammenhang der Ereignisse voraus.

Vico erkennt und betont, daß die Entwicklung des gesellschaftlichen Lebens bei den verschiedenen Völkern in analogen Formen sich vollzieht und im wesentlichen die gleichen Stadien durchschreitet, und betont diese Uebereinstimmung und die gleiche Natur der Völker, worin er sie begründet findet. Er sucht die innere Gleichartigkeit in der Geschichte des Rechts, der Sprache u. s. w. aufzudecken und die Gesetze zu erkennen, welche den Fortschritt und den Verfall der Völker gleichmäßig beherrschen.

Savigny dagegen weist auf den nahen Zusammenhang hin, in welchem die Entwicklung des Rechts mit der Ausbildung der übrigen Seiten des Lebens einer Nation steht. Gegenüber dem, was den

Völkern gemeinsam ist, betont er deren Eigenartigkeit. Während Vico die Geschichte des Rechts als eine Seite des Entwicklungsprozesses der Menschheit auffaßt, sieht Savigny in ihr eine Seite des Entwicklungsprozesses der Volksindividualitäten. Der Gegensatz zwischen diesen Anschauungen hat übrigens in den Genannten nicht seine einzigen Repräsentanten. Er ist alt und wird fortbestehen, da er divergirenden Strömungen im Bereiche des Rechtslebens entspricht und in ihnen seine Quellen hat. Wer indessen unter Berufung auf Savigny einseitig den nationalen Faktor im Recht vertreten wollte, müßte sich vorsehen, daß er nicht mit Hilfe von Savigny widerlegt werde. Denn was Savigny über das Leben des Rechts und seine Entwicklung vorbringt, hat nicht eine ausschließliche Beziehung auf das Recht dieses oder jenes Volkes, sondern will ganz allgemein gelten. Es sind darin also die Elemente einer universellen, für das Recht aller Völker geltenden Rechtslehre enthalten.

Ich hebe einiges aus dem Hauptwerke Vico's über die gemeinschaftliche Natur der Völker (das noch im Jahre 1725 publicirt wurde) hervor. Vico äußerte sich darin gelegentlich mit treffenden Bemerkungen über die Naturrechtler. Er hält ihnen vor, daß sie von der Entstehung der Staaten so redeten, als ob von Anfang an civilisirte Menschen dagewesen wären, während die Menschen doch nur sehr allmählich aus rohen und barbarischen Zuständen zur Kultur emporgestiegen sind. In Bezug auf den Weg, welchen sie hierbei zurückgelegt haben, unterscheidet er drei Abschnitte.

Er bezeichnet sie als das goldene, das heroische und das humane Zeitalter. Im goldenen Zeitalter gibt es keine Jurisprudenz bezw. existirt sie nur als ein Theil der Theologie und Poesie. Die gigantischen Menschen dieser Periode wurden durch die Schrecken der Natur zur Verehrung des Göttlichen geführt. Sie schwanken zwischen den Trieben ihrer thierischen Begierden und den Hemmnissen ihres Aberglaubens.

Im heroischen Zeitalter entwickelt sich eine natürliche Aristokratie, die Herrschaft der höheren Stände und der heroische Geschlechterstaat. Ein Beispiel desselben ist ihm der römische Patrizierstaat; ein anderes der griechische Staat vor der Zeit des Aufblühens, ferner der Feudalstaat des Mittelalters. Die Poesie vertritt hier noch die Wissenschaft (Homer). Diesem Zeitalter gehört die Heiligung des Krieges durch Rechtsformen, die Verteilung des Bodens, die Sorge für die Gräber, die Weihe der Ehen ꝛc. an. Während desselben findet ein Fortschritt statt vom Ungeschlachten zum Hochgesinnten, von Polyphem zu Achill.

In dem dritten Zeitalter entwickelt sich der humane Staat, der auf die wesentliche Einheit der intelligenten menschlichen Natur gegründet ist. Gleichmäßige Gesetze erstrecken sich nun auf alle als frei geborene Glieder des Gemeinwesens. Neben die Poesie stellt sich die Prosa. Im Recht gelangt die Billigkeit zur Geltung. Es entwickelt sich des Volkes freie Republik, die durch die gesetzlich geordnete Monarchie verdrängt wird. Wenn das Volk sich auf der errungenen Höhe nicht zu behaupten vermag, so sinkt es in die alte Barbarei zurück. Hier beginnt der Kreislauf der auf und absteigenden Entwicklung wieder und zwar mit einer neuen Empfänglichkeit für religiöse Eindrücke.

Diese Theorie kann in der Hauptsache als ein Versuch betrachtet werden, das Typische in der Geschichte des römischen Volks zu erfassen.

Diese Geschichte, die in relativer Vollständigkeit vor uns liegt, als ein einheitliches großartiges Drama, in welchem nichts als bloß zufällig oder willkürlich und belanglos erscheint, hat noch manche andere zu verwandten Versuchen begeistert. So vor Vico: Machiavelli, nach ihm unter andern: Montesquieu. Daß der Versuch Vico's, vom Standpunkt unserer heutigen Kenntnisse aus betrachtet, nur einen bescheidenen wissenschaftlichen Wert in Anspruch nehmen kann, brauche ich nicht hervorzuheben. Wir wissen, daß die Weltgeschichte mehr als drei Staffeln hat, und daß, was bestimmte Entwicklungsstufen kennzeichnet, einen abstrakteren Charakter hat, als Vico annimmt. Wir wissen auch, daß der Endpunkt der Linie, welche Vico beschreibt, nicht zusammenfällt mit dem Ausgangspunkt. Als die römische Welt zusammenbrach, versanken die Menschen nicht auf die Stufen des Steinzeitalters oder eines früheren zurück. Sie verwandelten sich nicht in Fetischanbeter und fraßen nicht wieder ihre Feinde und ihre alten Weiber auf.

Einen weit höheren wissenschaftlichen Gehalt haben die geschichtsphilosophischen Theorien mehrerer neueren Gelehrten: Comte's, Lorenz von Stein's.

Es galt mir, hier an einem in mancher Hinsicht interessanten Beispiel zu zeigen, wie alt der Gedanke ist, daß die Geschichte als ein gesetzmäßig verlaufender Prozeß der Entwicklung und Auflösung zu betrachten sei.

Ebenso wie Vico hat Savigny, bezw. die historische Rechtsschule, als deren großen Repräsentanten wir ihn betrachten, als Hauptgegensatz das Naturrecht und bezw. Vernunftrecht sich gegenüber, und wie bei Vico ist auch bei Savigny dieser Gegensatz wesentlich dadurch bestimmt, daß der Naturrechtler die Entstehung von Recht und Staat und bürgerlicher Gesellschaft unter dem Gesichtspunkte freier Schöpfungen, Savigny hingegen unter dem Gesichtspunkt der Entwicklung betrachtet.

Es mag wunderlich erscheinen, die Theorien dieser hochkonservativen Schule in irgend einen Zusammenhang zu bringen mit den Doktrinen der modernen Naturwissenschaft. Aber es ist unschwer zu erweisen, daß hier in der That eine solche Verwandtschaft existire. Für die historische Schule wie für den Darwinismus ist es charakteristisch, daß sie die Lebensformen nach dem Gegenstand ihrer Lehrsätze bilden und als Entwicklungsprodukte betrachten, und es ist nicht erkennbar, daß sie dabei den Begriff der Entwicklung in einem verschiedenen Sinne nehmen. Der Gegensatz, welcher hinsichtlich der gesamten geistigen Atmosphäre besteht, in welcher der Gedanke der Entwicklung in dem einen und dem andern Fall zur Herrschaft gelangt ist, sowie hinsichtlich der an die letztere Thatsache sich in beiden Fällen anknüpfenden Wirkungen, würde, wie ich glaube, eine besondere Beleuchtung verdienen. Es liegt dies jedoch außerhalb der Grenzen meiner Aufgabe. Statt dessen will ich zur Begründung meiner Behauptung von der Verwandtschaft jener beiden Gedankensysteme die Grundzüge des Programms der historischen Schule von der Entstehung des Rechts in Erinnerung bringen. Sowie für die Sprache, sagt Savigny, gibt es auch für das Recht keinen Augenblick eines absoluten Stillstandes, es ist derselben Bewegung und Entwicklung unterworfen wie jede andere Richtung des Volkes. Diese Entwicklung steht unter dem Gesichtspunkt innerer Notwendigkeit. Das Recht ist hervorgebracht von der höheren Natur des Volkes als eines stets werdenden, sich entwickelnden Ganzen. Das wahrhaft historische Verfahren, sagt Savigny, „strebt darnach, das Gegebene aufwärts durch alle seine Verwandlungen hindurch bis zu seiner Entstehung aus des Volkes Natur und Bedürfnis zu verfolgen“. Die allgemeine Voraussetzung bei diesem Verfahren ist die, daß „jedes Volk in seinen Zuständen überhaupt und so auch besonders in seinem bürgerlichen Recht eine nicht bloß zufällige, sondern wesentliche und notwendige durch seine ganze Vorzeit begründete Individualität habe.“ Er betont und fordert die Erforschung der Geschichte daher, weil und insofern sie Entwicklungsgeschichte ist. Er tritt damit in Widerspruch einerseits zu der Ansicht, daß die gegebenen Zustände unveränderlich seien oder als unveränderlich angesehen werden sollten, andererseits zu der Ansicht, daß „jedes Zeitalter sein Dasein, seine Welt frei und willkürlich selbst hervorbringe“ und nicht, was er annimmt, sich „als die Fortsetzung und Entwicklung aller vergangenen Zeiten darstelle“. In der letzten Beziehung tritt er speziell in Widerspruch mit dem noch zu seiner Zeit blühenden Vernunftrecht. Dies erkannte der Geschichte, nach Savigny's Ausdruck, nur den Wert einer moralisch-politischen Beispielsammlung zu, nicht wie die historische Schule den Wert des einzigen Weges zur Erkenntnis der eigenen Zustände.

Nach jener unhistorischen Auffassung folgen sich die für die verschiedenen Zeitalter charakteristischen Zustände wie die Bilder in einem Guckkasten, welche von einer sichtbaren oder unsichtbaren Hand in einer beliebigen Ordnung in den Rahmen eingeschoben werden, während nach der von Savigny vertretenen Entwicklungstheorie jene Zustände nicht bloß nebeneinander hergehen, sondern auseinander hervorgehen in einer nicht zufälligen, sondern durch eine innere Notwendigkeit begründeten Reihenfolge.

Vom Standpunkt Savignys ergab sich zunächst die Aufgabe, soweit nur immer möglich die geschichtlichen Thatsachen aufzuhellen. Und in dieser Richtung hat sich die historische Schule bekanntlich große Verdienste erworben. Die Meisten, welche sich ausdrücklich zu dieser Schule bekannten, blieben bei dieser Konsequenz des bezeichneten Standpunktes stehen. Daß irgend ein Weiteres zu thun sei, blieb ihnen verborgen. Philosophischen Bestrebungen gegenüber verhielten sie sich ablehnend, manche unter ihnen glaubten und glauben, daß das Programm der historischen Schule gleichbedeutend sei mit einer Verwerfung aller und jeder Rechtsphilosophie, das ist jeder Bemühung um eine zusammenhängende Erkenntnis im Bereich der Rechtswissenschaft. So konnte Savigny selbstverständlich nur von subalternen Köpfen mißverstanden werden. Aber dieselben haben eine Zeitlang in der wissenschaftlichen Sphäre den Ton angegeben.

In Wahrheit hat Savigny auf den Weg hingewiesen, auf welchem Philosophie und Geschichtsforschung zusammentreffen müssen. Denn die Philosophie kann uns eine zusammenhängende Erkenntnis der Zustände, in welchen wir leben, nur mittelst der Entwicklungsgeschichte dieser Zustände verschaffen, und die Geschichtsforschung hat ihr Ziel nicht erreicht, solange sie nicht die Vergangenheit soweit erhellt hat, daß uns die Entwicklungsgeschichte der Gegenwart darin entgegentritt.

Daß die Feststellung der einzelnen geschichtlichen Thatsachen nur den Wert einer unerläßlichen Vorarbeit für die Inangriffnahme dieses eigentlichen geschichtlichen Problems habe, ist selbstverständlich. Die Fülle des klargelegten historischen Materials gibt keine Garantie dafür, daß wir uns über den Standpunkt der moralisch-politischen Beispielsammlung erheben. Wir können mit beliebig zahlreichen biographischen Details in Bezug auf den Lebensgang eines Mannes vertraut sein, ohne ein Verständnis von seiner Entwicklungsgeschichte gewonnen zu haben. Wir könnten mit den Namen seiner Geliebten vertraut sein, die Ehrenstellen, welche er bekleidet, die vornehmen Bekanntschaften, die er gemacht, die Honorare, die er erhalten hat, zu nennen vermögen und tausend andere Dinge von gleichem und größerem Gewichte, ohne von der Kette, welche die Zustände seiner Kindheit mit denen seines männlichen Alters verknüpft, auch nur ein einziges Glied erkannt zu haben. So können wir überall eine biographische Behandlung der Geschichte unterscheiden von einer solchen, welche die Genesis der Zustände hervortreten läßt. Dies ist denn auch unter den neueren nicht leicht einem, der überhaupt in Betracht kommt, verborgen geblieben, wenn es auch nicht jedes Sache ist, an dem Bau, für welchen er Sand herbeischleppt, seinen Teil zu nehmen. Übrigens entspricht es dem Geiste der heutigen Wissenschaft, jenem gewaltigen Problem sich nur mit Vorsicht zu nähern und sich nicht durch vorzeitige Konstruktionen vom rechten Wege eines stetigen Fortschritts weglocken zu lassen. Historiker, ich denke speziell an die Historiker der Rechts- und Staatswissenschaften, sind bemüht, das Typische in der Verknüpfung der von ihnen erforschten Ereignisse zu erfassen und ihre Wahrnehmung auf dem weiten, ihnen offenliegendem Gebiete beständig zu rectifiziren und zu erweitern. Gustav Schmoller hat in einem s. Zt. in der Straßburger staatswissenschaftlichen Gesellschaft gehaltenen Vortrag darauf hingewiesen, daß es Fälle gibt, wo die alte Behördenorganisation in einem Lande in einen Zustand des Marasmus und der Auflösung verfällt und wo von dem Centrum des staatlichen Lebens aus, getragen von der straffen zusammengefaßten Kraft des Ganzen, eine neue Organisation sich entwickelt, welche allmählich über die alte emporwächst und bald sie erdrückt. Es fand allgemeine Anerkennung, daß darin ein typischer Vorgang gekennzeichnet sei. Dies nun ist nichts Anderes, als daß die allgemeinen Gegensätze der politischen und sozialen Entwicklung hervortreten. Damit wieder ist die Erkennbarkeit dieser Gegensätze vorausgesetzt. Vielleicht ist uns dies überhaupt nicht so gänzlich verborgen, wie man vorauszusetzen pflegt. Gehen wir nicht, wo wir den Begriff der Entwicklung auf bestehende Erscheinungen anwenden und spezialisiren, wo wir in einem Komplex von bestimmten Vorgängen einen Entwicklungsprozeß gegeben finden, von der bestimmten Ansicht über dasjenige aus, was den Prozeß der Entwicklung von anderen Prozessen unterscheidet? Liegt hier also nicht eine Vorstellung zu Grunde von dem Gesetz, das die Verknüpfung der Vorgänge in diesem besonderen Prozesse beherrsche? Ich glaube, es verhält sich so. Jedenfalls dürfte es sich verlohnen, sich eine genaue Rechenschaft zu geben von den Voraussetzungen, von denen wir bei jener Anwendung des Begriffs der Entwicklung ausgehen, und uns zugleich das Charakteristische der zahllosen Vorgänge zu vergegenwärtigen, denen gegenüber diese Anwendung erfolgt. Damit zu dem Ausgangspunkt zurückgekehrt, glaube ich nunmehr ein gegründetes Fundament gewonnen zu haben für die Aufwerfung der Frage, was ist Entwicklung?

Über den Begriff der Entwicklung in seiner Anwendung auf Recht und Gesellschaft.

(Aus Grünhut's „Zeitschr. f. d. Privat- u. öffentl. Recht der Gegenwart" III, 1876.)

I.

Savigny und Darwin.

Was haben Darwin, der Naturforscher, und Savigny, der Jurist und Geschichtsforscher, mit einander gemein, was außerhalb eines jeu d'esprit Beachtung fordern könnte? So mögen wohl die meisten von denen, welchen unsere Überschrift zu Gesicht kommt, sich fragen. Denn was sie Gemeinsames haben, ist zwar als bedeutsam von allen anerkannt, aber als jenen gemeinsam wohl nur wenigen geläufig. Es ist die Anwendung des Begriffs der Entwicklung auf Lebensformen und Erscheinungsreihen, auf welche andere diesen Begriff entweder überhaupt nicht, oder nur in einem eingeschränkteren Sinne als sie, angewendet haben. Bekanntlich wird die Darwinsche Theorie von der Entstehung der Arten von manchen schlechtweg als „die Entwicklungstheorie" bezeichnet. Das ist bezüglich der Savignyschen Lehre von der Entstehung des Rechts zwar nicht geschehen. Aber es würde sich kaum ein Einwand dagegen erheben lassen, wenn wir sie im Bereiche der Rechtslehre als „die Entwicklungstheorie" bezeichnen wollten. Denn es ist für sie in erster Linie charakteristisch, daß sie uns die Rechtsinstitute einer gegebenen Zeit als Entwicklungsprodukte betrachten und begreifen lehrt.

Aber, wird man einwenden, ist nicht der Begriff der Entwicklung ein anderer, wenn ihn ein Naturforscher, ein anderer, wenn ihn ein Jurist, Historiker und Philosoph zur Anwendung bringt? Ich denke, nein. Die Sprache ist jenen gemeinsam und sie verbindet mit dem Worte Entwicklung nur einen Begriff, einen Begriff, dessen Zergliederung für Natur- und Geisteswissenschaften die nämliche Bedeutung in Anspruch nimmt. Ich werde mich in der Folge mit dieser Zergliederung befassen, hier zunächst aber an den Gedanken Savignys (die es ja verdienen, bisweilen in Erinnerung gebracht zu werden) nachweisen, daß er die Lebensformen, welche den Gegenstand seiner Theorie bilden, in einem ähnlichen Sinne als Entwicklungsprodukte betrachtet, wie die neueren Naturforscher diejenigen, welche den Gegenstand ihrer Theorien bilden.

Fürs erste sei daran erinnert, daß der Darwinismus den Begriff der Entwicklung nicht bloß auf die einzelnen der Tier- und Pflanzenwelt angehörigen Individuen, sondern zugleich auf die Arten anwendet, zu welchen die Individuen gehören, und daß er einen nahen Zusammenhang zwischen der Entwicklung jener (Phylogenie, Stammesentwicklung) und derjenigen der Einzelnen (Ontogenie) gegeben findet. Uns ist die Vorstellung längst vertraut, daß der Stamm, beziehungsweise das Volk, seine eigene Entwicklungsgeschichte habe, und daß die Einzelentwicklung von ihr abhängig und durch sie bedingt sei. Auch bei Savigny liegt diese Vorstellung zu Grunde. Das Volk erscheint ihm als ein „Organismus höherer Art", ein stets werdendes, sich entwickelndes Ganzes und der Einzelne als mit seiner Entwicklung an dies gebunden.[1]) Das Recht ist nach ihm von der Natur des Volkes hervorgebracht und nimmt an der von dem Gesetze innerer Notwendigkeit beherrschten Entwicklung desselben Teil.

Das wahrhaft historische Verfahren strebt nun, nach S., danach, „das Gegebene aufwärts durch alle seine Verwandlungen hindurch" bis zu seiner Entstehung zu verfolgen. Dabei erschließt sich die Erkenntnis, daß es, wie für die Sprache, so für das Recht „keinen Augenblick eines absoluten Stillstandes" gebe.[2]) Er tritt damit in einen Gegensatz zu jenen, die irgend welche Teile des Rechts, gleichviel aus welchem Grunde, sei es im faktischen, sei es im moralischen Sinne, für unveränderlich ansehen. Die richtige historische Ansicht gibt nach ihm allein gegen ein Vorurteil Schutz, das bei Einzelnen und ganzen Völkern sich immer wieder bildet, gegen die Einbildung nämlich, das, was uns eigen und gemäß ist, als allgemein menschlich oder als schlechthin vernünftig, als das Ursprüngliche und für immer Giltige zu betrachten. So halten wir unsere juristischeu Begriffe für rein vernünftig, weil und so lange wir deren Abstammung nicht kennen.[3])

---

[1]) Zeitschrift für geschichtl. Rechtswissenschaft I., S. 3 fg.

[2]) L. c. S. 395. Beruf unserer Zeit für Gesetzgebung, S. 11.

[3]) Beruf . . S. 115, Zeitschr. f. g. Rsw., S. 423.

Andererseits tritt Savigny mit seiner Entwicklungstheorie der Ansicht entgegen, „daß jedes Zeitalter sein Dasein, seine Welt, frei und willkürlich selbst hervorbringe". Nach ihm ist es vielmehr „als die Fortsetzung und Entwicklung aller vergangenen Zeiten" zu betrachten. Er lehrt, daß ein „unauflöslicher organischer Zusammenhang der Geschlechter und Zeitalter, zwischen welchen nur Entwicklung, aber nicht absolutes Ende und absoluter Anfang gedacht werden" könne,[1]) bestehe. Der Stoff des Rechts ist ihm durch die gesamte Vergangenheit der Nation gegeben, und zwar nicht willkürlich, so daß er zufällig dieser oder auch ein anderer sein könnte. Die Geschichte ist demgemäß als der einzige Weg zur Erkenntnis der Gegenwart anzusehen.[2]) Nach der gegnerischen Ansicht folgen sich die für die verschiedenen Zeitalter charakteristischen Zustände wie die Bilder in einem Guckkasten, welche von einer sichtbaren oder unsichtbaren Hand in einer beliebigen Reihenfolge in den Rahmen eingeschoben werden, daher nach ihr der Geschichte nur der Wert einer „moralisch-politischen Beispielsammlung" beizumessen ist.[3])

Damit sind die charakteristischen Hauptmomente der Savignyschen Entwicklungstheorie bezeichnet; sowie die Hauptgegensätze, welchen sie gegenübertritt. Jenes aber sind wesentliche Bestandteile des allgemeinen Entwicklungsbegriffs, die sich als solche überall erkennen lassen, wo dieser Begriff eine wissenschaftliche Anwendung erfährt. Überall enthält derselbe das Element der Veränderlichkeit und der wirklichen Umwandlung — Element der Metamorphose — überall ferner das Element der Kontinuität, und, insofern er auf die Zustände einander folgender Generationen angewendet wird, das Moment der Vererbung. Überall schließt er demgemäß innerhalb seiner Herrschaftssphäre einerseits den Begriff der Stabilität, andererseits den des absoluten Anfangs, beziehungsweise den der Entstehung auf Grund souveräner Schöpfungsakte oder aus einem völlig Heterogenen aus.

Dies gilt in dem nämlichen Sinne für die Anwendung des Begriffs im Bereiche der Naturwissenschaften und charakterisirt demgemäß die Darwinsche Entwicklungstheorie in demselben Maße wie die Savigny'sche. Die Begriffe der Metamorphose, der Kontinuität und

---

[1]) Beruf . . S. 112 f, 6; Zeitschrift . . S. 3 fg.

[2]) Zeitschrift . . S. 4, 6.

[3]) Zeitschrift . . S. 3.

Vererbung nehmen nach der ersteren die nämliche Bedeutung in Anspruch, wie nach der letzteren. Es sind demgemäß auch die gleichen Hauptgegensätze, welchen diese beiden Entwicklungstheorien gegenübertreten. Der Ansicht, welche gewissen Rechtsformen und Instituten einen unveränderten Bestand „bis an das Ende der Tage" verheißen und das jetzt und an dieser Stelle Giltige als das Ursprüngliche und Allgemeingiltige hinstellt, korrespondirt auf naturwissenschaftlichem Gebiete die Lehre von der Unveränderlichkeit und Ursprünglichkeit der jetzt bestehenden Formen der organischen Welt. Der Ansicht dagegen, nach welcher es nur einer genugsam tiefgreifenden Revolution bedürfte, um die bestehende rechtliche Ordnung durch eine völlig neue abgelöst zu sehen, entspricht die „Katastrophentheorie" älterer Naturforscher, nach welcher gewisse Erdrevolutionen jeweils die Entstehung einer neuen Welt von Organismen zur Folge gehabt haben sollen.

Damit ist denn wohl erwiesen, daß es sich hier nicht um einen bloßen Gleichklang von Worten handle, sondern daß eine Gleichheit der Theorien in einem wesentlichen, ja in dem Hauptpunkte vorliege. Darin wäre ein genügender Anlaß gegeben, den Inhalt der beiden Theorien noch in anderen Beziehungen zu vergleichen. Namentlich mit Beziehung auf die Formen einer progressiven Entwicklung. Und es würden sich auch hier gewisse, keineswegs zufällige, sondern im Wesen der Entwicklung begründete Übereinstimmungen ergeben. Doch soll hierauf zunächst nicht eingegangen werden. Vielmehr soll eine Frage berührt werden, welche wohl bei manchen der dargelegten Verwandtschaft jener beiden Theorien gegenüber sofort sich aufgedrängt hat. Wie erklärt sich nämlich, dieser Thatsache gegenüber, die so völlig verschiedene geschichtliche Bedeutung der Richtungen und Schulen, welche durch die besprochene Theorie gekennzeichnet werden, und der auffallende Gegensatz, welcher hinsichtlich der gesamten geistigen Atmosphäre besteht, in welcher der Gedanke der Entwicklung in dem einen und dem anderen Falle die Bedingungen seiner Ausbildung und seiner dominirenden Rolle gefunden hat? Hier die hochkonservative, religiöser Geschichtsauffassung zugeneigte historische Schule, dort die radikale, dem Materialismus teils huldigende, teils zugeneigte Gruppe der Darwinianer! Wir haben da Vertreter entgegengesetzter Richtungen in der Bewegung des Lebens — wie sollten dieselben von der nämlichen Grundauffassung des Hauptproblems dieser Sphäre beherrscht sein? In der That ist der fragliche Gegensatz so bedeutsam, daß er von vornherein eine Verschiedenheit der Grundanschauungen vermuten läßt; und eine solche besteht in Wahrheit, trotz der Übereinstimmung ihrer besprochenen theoretischen Elemente. Sie liegt nämlich im wesentlichen darin, daß in den Anschauungen und Bestrebungen der einen Schule das erste der besprochenen Elemente, das der Metamorphose, in den Anschauungen und Bestrebungen der andern das zweite, das der Kontinuität und beziehungsweise Vererbung, prävalirt.

Bei Savigny und der historischen Schule prävalirt das letztere. Für ihre Parteistellung und ihren Einfluß auf politischem und sozialem Gebiete ist es allein charakteristisch. Der Hauptgegner, welchem sie sich geschichtlich gegenübergestellt fand, war in der Rechtsphilosophie des 18. Jahrhunderts, der Geistesverwandten der französischen Revolution, gegeben.

Sie vor allem galt es zu bekämpfen mit ihrer „Absonderung der Gegenwart von der gering geschätzten Vorzeit", mit ihrer „Absonderung des Einzelnen vom Ganzen", mit ihrer Annahme oder Voraussetzung: „das Recht werde in jedem Augenblick durch die mit der gesetzgebenden Gewalt versehenen Personen mit Willkür hervorgebracht, ganz unabhängig von dem Recht der vorhergehenden Zeit", so daß es „sehr möglich (sei), daß das Recht von heute dem von morgen gar nicht ähnlich" sähe, mit ihrem Ignoriren der Gebundenheit des Rechts an den durch die gesamte Vorzeit begründeten nationalen Charakter, mit ihrer Unterschätzung der Bedeutung historischer Forschung &c. In der Reaktion gegen die Irrungen und Einseitigkeiten dieser Rechtsphilosophie und der praktischen Bestrebungen, welche ihr entsprachen, lag der Existenzgrund der historischen Schule.[1]) Daher sie, obgleich das von Savigny formulirte Programm die beiden Seiten im Wesen der Entwickelung umschließt, bei der Ausführung dieses Programmes (soweit eine solche überhaupt erfolgt ist) lediglich die eine Seite hervorkehrten, diejenige, welche in der früheren Rechtslehre eine entsprechende Würdigung nicht erfahren hatte und insoweit als dies letztere der Fall war. Damit aber trat sie naturgemäß in ein Verhältnis der Sympathie und Genossenschaft mit den konservativen Mächten auf politischem Gebiete und gestaltete sich zu einer Stütze der „Tendenz zur Stabilität".

---

[1]) Vom Beruf . . S. 4 fg. Zeitschrift . . S. 5, 6 &c.

Die neuere Entwicklungstheorie auf naturwissenschaftlichem Gebiete fand sich vornehmlich dem anderen Gegensatze gegenübergestellt. Ihre Hauptgegnerin sah sie in der Lehre von der Ursprünglichkeit und Unveränderlichkeit der jetzt bestehenden Arten. Daher sie naturgemäß das Element der Metamorphose am entschiedensten hervorkehrte. Jene Gegnerin aber hat eine Stütze in der biblischen Schöpfungsgeschichte, sowie in der traditionellen, populären und kirchlichen Auffassung von der Stellung des Menschen in der Natur. Daher der Darwinismus in einen Konflikt mit tiefgewurzelten Ueberzeugungen und mit den wichtigsten Autoritäten geraten mußte.

Hätte die historische Schule das Moment der Metamorphose mit derjenigen Entschiedenheit hervorgekehrt, wie sie es bezüglich der Kontinuität gethan, und wäre sie in dieser Richtung bis zu den äußersten Konsequenzen der Savignyschen Gedanken vorgedrungen, so würden ihr ähnliche Konflikte nicht erspart geblieben sein, und ihre geschichtliche Rolle würde sich völlig anders gestaltet haben. Wenn der Darwinismus uns zumutet, uns als Nachkommen der Affen zu betrachten, so empören sich dagegen mannigfache Empfindungen und Interessen. Offenbar aber hat die Ableitung unserer Institutionen und sozialen Lebensformen, auch der ehrwürdigsten und als heilig betrachteten, aus niedersten Formen sozialen Zusammenlebens eine ähnliche Bedeutung, und die Zumutung, sie in der Zukunft nach denselben Gesetzen (der Entwicklung und Auflösung) verfließend zu denken, nach welchen wir rückwärts alle Vergangenheit verfließen sehen, traditionelle und verbreitete Anschauungen gegen sich.[1]) Die Savignysche Entwicklungstheorie aber führt, in der fraglichen Richtung verfolgt, unvermeidlich einer solchen Betrachtungsweise zu.[2])

Interessant ist die Vergleichung der historischen Rechtsschule in den angegebenen Beziehungen mit der neueren historischen Schule der Nationalökonomen. Die letztere kann als die jüngere Schwester der ersteren betrachtet werden. Ebenso wie ihre Gegnerin, die Freihandelsschule, als die jüngere Schwester des Naturrechts, des Gegensatzes zu jener. Auch diese jüngere historische Schule betrachtet die Geschichte als den Weg zum Verständnis der Gegenwart, und wie sie den Zu-

---

[1]) Treitschke: „man stelle nur alles schlechthin in den Fluß der Zeiten und der frechen Willkür ist Thür und Thor geöffnet."

[2]) Vgl. Zeitschrift . . S. 423, Beruf . . S. 8, 9.

sammenhang der Zeitalter beachtet, so die Abhängigkeit der Einzelnen vom Ganzen. Aber ihr, hierin sich begründender, konservativer Charakter ist nicht von der ungemischten Farbe des Konservatismus der historischen Rechtsschule, wie ihr Verhältnis zum Sozialismus zur Genüge erhärtet. In ihren Anschauungen spielt die Metamorphose eine größere Rolle. Sie betont dem Dogmatismus der Freihandelsschule und verwandter Richtungen gegenüber die Wandelbarkeit der Zustände, glaubt an den geschichtlichen Fortschritt und sieht eine Seite desselben in der Vermeidung von Revolutionen durch Reformen.[1])

II.

Die „historische Ansicht“.

Die Bewegung im Bereiche der sozialen Wissenschaften während der größeren Hälfte dieses Jahrhunderts ist charakterisirt durch den Siegeszug der „historischen Ansicht“. Zwar sind die Hauptelemente dieser Ansicht an sich dieser Periode nicht eigentümlich. Ihre Geschichte reicht vielmehr in die erste Blütezeit der Wissenschaft, in das Zeitalter Platos, zurück. Aber ihre Verbindung zu dem bestimmten Komplexe von Anschauungen, auf welchen wir mit diesen Worten hinweisen, sowie die Rolle, welche derselbe in den Überzeugungen der hervorragendsten Gelehrten spielte, und der maßgebende Einfluß, welchen er auf die allgemeine Richtung der wissenschaftlichen Arbeiten ausübte, gehören dieser Periode an. Gegenwärtig können wir die letztere als eine abgeschlossene betrachten. Nicht als ob die für sie charakteristischen Anschauungen aufgegeben wären, da vielmehr wichtige Bestandteile derselben in die allgemeinen Überzeugungen der gelehrten Kreise, wenigstens in Deutschland, aufgenommen und zu Elementen eines unangefochtenen geistigen Besitztums erhoben worden sind. Auch nicht in dem Sinne, als wenn die Probleme, welche die „historische Ansicht“ aufzustellen nötigt, gelöst wären, da sie zum Teil erst in jüngster Zeit ernstlich in Angriff genommen worden sind, oder als wenn ihre letzten Konsequenzen und die Grenzen ihrer Berechtigung

---

[1]) Vgl. Schmoller, über einige Grundfragen des Rechts und der Volkswirtschaft, S. 28 fg.

zu deutlicher Erkenntnis gebracht wären. Aber die Bewegung, welche dem Emporkommen dieser Ansicht vorherging und folgte, hängt in ihrem besonderen Charakter mit der Reaktion gegen die Bestrebungen des Aufklärungszeitalters auf theoretischem und praktischem Gebiete zusammen, und hat, seitdem die Flutzeit dieser Gegenströmung abgelaufen ist, diesen Charakter allmählich und mehr und mehr verändert. Diese historische Ansicht ist selbst eine geschichtliche Erscheinung und zwar eine solche, die ihren Tag gehabt hat. Die Elemente, welche in ihr sich verbunden hatten, haben zum Teile ihre Selbständigkeit wieder erlangt und spielen in mannigfachen neuen Verbindungen ihre Rolle in neuer Weise fort. Man vergleiche, um eine Anschauung davon zu gewinnen, etwa die Beiträge zur sozialen Entwicklungsgeschichte, welche sich in Schriften wie Lotzes Mikrokosmus und Iherings Geist des römischen Rechts oder in den Schriften sozialistischer, bezw. kathedersozialistischer Richtung, oder in denjenigen ethnologischen oder urgeschichtlichen Inhalts finden. Oder diejenigen Bestrebungen im Bereiche unserer Disziplinen, welche sich als „realistische" einer „formalistischen" Behandlungsweise der zu lösenden Probleme gegenüberstellen.

Überall treten uns hier Elemente oder Konsequenzen der historischen Ansicht (gleichviel ob als solche geltend gemacht oder nicht) in neuer Verbindung und Anwendung entgegen. Unter anderem sind von der Entwicklung der Naturwissenschaften Impulse ausgegangen, welche den Charakter jener Bewegung modifizirt haben.

Was von den hier zunächst interessirenden Disziplinen, das gilt in gewissem Sinne von dem ganzen Bereiche der Geisteswissenschaften. Die historische Ansicht hat ihre Rolle bekanntlich auch im Gebiete der Sprachwissenschaft, in dem der Theologie und vor allem in dem der Philosophie gespielt, und die parallelen Bewegungen auf diesen Gebieten, welche hierdurch charakterisirt sind, weisen letztlich auf die nämlichen Quellen hin.

Es würde ein zeitgemäßes Unternehmen sein, wenn einer unserer jüngeren Philosophen, unterstützt durch Vertreter der einzelnen Disziplinen, einen erschöpfenden Bericht über diese gesamten unter sich zusammenhängenden Bewegungen, über ihre allgemeinen Ursachen, über die besonderen Bedingungen und Formen ihres Auftretens innerhalb der einzelnen Disziplinen, über die Ergebnisse und den Verlauf derselben, über ihre Analogien im Gebiete der schönen Literatur und in dem der praktischen Politik erstatten wollte.[1]) Es würde damit ein wichtiger Beitrag zur Lösung einer Aufgabe gegeben sein, welche unsere kritisch gestimmte Zeit sich bereits mit Entschiedenheit gestellt hat, der Aufgabe, in Bezug auf die allgemeineren theoretischen Errungenschaften der Periode, welche dem Zeitalter der Aufklärung gefolgt ist, eine umfassende Liquidirung durchzuführen.

An dieser Stelle soll uns nur die historische Ansicht des staatlichen Lebens beschäftigen. Ihr wesentlicher Gehalt soll hier genauer bestimmt werden. Es gehört dies insofern in den Rahmen dieser Untersuchungen, als diese Ansicht ihren Kernpunkt in einer, eigentümlich beschränkten, Anwendung des Entwicklungsbegriffs auf die staatliche Gemeinschaft hat. Auf diesen Kernpunkt ist bereits unter I. hingewiesen worden. Das dort Gesagte ist hier zu ergänzen und zugleich die Peripherie zu bestimmen, innerhalb deren sich jene Ansicht entfaltet hat.

Der Begriff der Entwicklung schließt den der Abhängigkeit, des Bedingt- und Bestimmtseins in sich. Er weist auf einen Prozeß hin, in welchem souveräne Willkür keine Rolle spielt, in welchem alle beteiligten Faktoren sich abhängig und bestimmt finden und sich in einer gegebenen Richtung in einer gesetzmäßig bestimmten Ordnung umbilden und bethätigen. Dies Moment tritt in den Anschauungen der hier in Betracht kommenden Schriftsteller überall in charakteristischer Weise hervor, wenn auch nicht bei allen der Nachdruck auf die nämliche Seite der Abhängigkeit gelegt wird. Es berühren sich darin die Ansichten Savignys und Hugos, Eichhorns und J. Grimms mit denjenigen Hegels und Stahls, Adam Müllers und Görres u. s. w., sowie mit denjenigen von Roscher und Knies und, um auf Vorläufer der uns beschäftigenden Periode zurückzugreifen, mit denjenigen von Möser und Vico, Montesquieu und Burke u. s. w. Wir können an diesem Charakteristikon die folgenden Beziehungen unterscheiden.

1. Die historische Rechtsschule, welche hier in erster Linie interessirt, betont, wie aus dem sub I Mitgeteilten ersehen werden kann, vor allem die Abhängigkeit der Gegenwart mit ihren Zuständen von

---

[1]) Gestreift wird die bezeichnete Aufgabe u. a. in den Aufsätzen „über das Studium der Geschichte der Wissenschaften vom Menschen, der Gesellschaft und dem Staat", welche W. Dilthey in den philosophischen Monatsheften zu veröffentlichen begonnen hat.

der Vergangenheit. Diese Zustände gehören, unter dem Gesichtspunkte der Entwicklung betrachtet, einer in der Zeit liegenden Reihe an, in welcher jedes Glied durch alle vorausgehenden in seinem Charakter bestimmt ist und deren wesentliche Merkmale als Elemente seines eigenen Wesens in sich trägt, einer Reihe, in welcher für die Aufeinanderfolge der Zustände und deren Hervorgehen auseinander das „natura non facit saltus“ Anwendung erleidet. Daraus scheint zu folgen (die Fehler in der darzulegenden Gedankenreihe werden in der Folge bestimmt werden), daß es die Aufgabe der lebenden Generation niemals sein könne, irgendwo mit der Gestaltung ihrer Verhältnisse schlechthin von vorn anzufangen, daß gewaltsame Neuerungen und überhaupt solche, deren Norm nicht der gesetzmäßigen Entwicklung selbst entnommen oder wenigstens an ihr geprüft und mit ihr im Einklang gefunden wurde, verwerflich seien und lediglich nichtige Ergebnisse liefern könnten. Der Flug einer nicht imaginären Reform bewegt sich in der That nach der Ansicht der Schule an einem kurzen Bande. Versuche, dasselbe zu zerreißen, haben nicht, wie man glaubte, zur Freiheit geführt, sondern zum Beweise einer Abhängigkeit und Ohnmacht, welcher nach Savignys Ausdruck diejenigen, welche sich einbildeten, Könige zu sein, vielmehr als Sklaven erscheinen ließ. Was in der Gegenwart gedeiht und blüht, hat seine tiefreichenden Wurzeln in der Vergangenheit. Das Wachstum aus kleinen Anfängen heraus zu machtvollem Bestehen kann nicht übersprungen werden. Daher ist alles Recht, welches seiner Bestimmung gemäß das Leben wirklich beherrscht, „historisches Recht“. — Dieser Auffassung steht noch heute eine andere, welche den Gedanken der Entwicklung nicht in sich aufgenommen hat, gegenüber. So z. B. in den verbreiteten Schriften von John Stuart Mill über die Freiheit, über Repräsentativverfassungen u. s. w. Sie interessirt an dieser Stelle nicht näher. Dagegen verdient es hervorgehoben zu werden, daß unter denjenigen, welche in der Gegenwart dem Gedanken der Entwicklung huldigen, die Meisten andere, der Autonomie der lebenden Generation günstigere, Konsequenzen aus demselben ableiten. Hierher gehören vor allem diejenigen, welche der sozialen Reform ihre Studien und Sympathien zugewendet haben, mögen sie übrigens einer radikaleren oder einer gemäßigteren Richtung angehören. Sie meinen, dem gesetzmäßigen Gang der Entwicklung gegenüber den Individuen und den Völkern den Anspruch wahren zu können, in ihren Bestrebungen über den

Umkreis der bisherigen Erfahrung hinauszugreifen in dem Gedanken, „daß heute der Tag ist, an welchem ein neues Leben beginnt“ (Lange). Dieser Widerstreit rechtfertigt genügend den Versuch zu einer tiefer dringenden Untersuchung des Wesens der Entwicklung (bezw. der gesellschaftlichen Entwicklung), der gemeinsamen Prämisse jener einander entgegengesetzten Lehrmeinungen anzuregen.

Von dem bezeichneten Standpunkte aus gewinnt das Studium der Geschichte eine wesentlichere Bedeutung für das Leben der Gegenwart. Jenes soll uns den Aufbau und die Fundamente des letzteren selbst kennen lehren. Es klingt paradox und konnte einem Grillparzer als wunderlich erscheinen, daß wir, um die Gegenwart zu erkennen, uns der Vergangenheit zuwenden sollen, da wir sonst dem, was wir zu erkennen suchen, nicht den Rücken zuzuwenden pflegen. Aber die Voraussetzung ist dabei, daß uns die Geschichte im Grunde ein Gegenwärtiges zeige: die beharrenden Kräfte, welche die Gestaltung des gesellschaftlichen Lebens heute wie gestern beherrschen und die Bedingungen, unter welchen sie in der Gegenwart wirksam sind. Denn diese Bedingungen fallen zusammen mit den guten und schlimmen Errungenschaften der Vergangenheit. Diese sind nicht abgethan und zu nichts geworden, sondern bilden das Erbe, mit dem wir haushalten. Es war demgemäß nicht die Meinung, mit der Aufforderung zu historischer Arbeit der Doktrin eine minder praktische Richtung zu geben, sondern sie praktischen Aufgaben auf einem richtigeren Wege zuzuführen. Hier läßt sich jedoch aus den Ergebnissen ein wichtiges Bedenken ableiten. Die überwiegende Pflege des geschichtlichen Studiums seitens der juristischen Disziplinen hat eine Entfremdung von Doktrin und Praxis eingestandenermaßen (Savigny) mit verschuldet. Auch liegt die Thatsache vor, daß die Schule den Veränderungen, welche sich in dem gesamten Gebiete des staatlichen Lebens teils vollzogen, teils vorbereitet haben, sich im ganzen ablehnend und nicht mit zureichendem Verständnis gegenüberstellte. Die geschichtliche Entwicklung hat in ihrem Sinne einen falschen Weg eingeschlagen, indem sie in ihrer Richtung sich mehr im Einklang mit den Forderungen des Naturrechts und der Revolution zeigte, als mit denjenigen der konservativen historischen Schule, damit aber die letztere ad absurdum geführt. Denn indem diese es unternimmt, die Geschichte zu meistern, gibt sie den ihr eigentümlichen Standpunkt auf. Es kann daher dieser letztere ein vollständig richtiger nicht sein. Auch läßt sich die Frage aufwerfen, ob denn die Resultate der gesamten historischen Arbeit dieser Periode die Voraussetzungen bestätigt haben, von welchen man ausgegangen war. Man hatte auf Grund einer bestimmten Ansicht von geschichtlicher Entwicklung sich dem Studium der letzteren zugewendet, und es ist an der Zeit zu prüfen, ob das Ergebnis mit der Antizipation übereinstimmt.

Es ist darauf hingewiesen worden, daß diese Schule, wenn sie den Geist der Geschichte zu meistern unternehme, damit ihren eigenen Geist aufgebe. Dieser für die Charakteristik der ersteren überaus wesentliche Punkt verdient eine nähere Betrachtung. Man hat die Organisation der Gesellschaft, ihre Sitten und Gesetze als einen Gegensatz zu einer in natürlichen Gesetzen begründeten Ordnung betrachtet. Während diese als Ausfluß einer, ihr Recht in sich selbst tragenden, Notwendigkeit erschien, galten jene als Produkte der Willkür und Konvention, welche ebensogut beliebige andere Normen hätten hervorbringen und welche ebensogut dem Irrtume wie der Wahrheit hätten huldigen können. Der unbestimmte Begriff einer idealen Natur, deren Gesetze durch die gewillkürten der Gesellschaft in ihrem Einflusse beschränkt seien, und welcher in gewisser Weise ein Maßstab für die Kritik der letzteren entnommen werden könne, spielt bei den Repräsentanten des Naturrechts und ebenso bei den Vätern der politischen Ökonomie und überhaupt in dem für das 18. Jahrhundert charakteristischen Gedankenkreise eine bedeutsame Rolle. Die historische Schule verwirft diese Auffassung. Die Gesetze der Gesellschaft erscheinen ihr nicht als Äußerungen der Willkür, sondern als Ergebnisse einer gesetzmäßigen Entwicklung. Auch hier besteht ein notwendiger Zusammenhang, auch hier machen sich Kräfte geltend, welchen wir, indem wir uns ihrem Einflusse nicht zu entziehen vermögen, eine „natürliche“ Berechtigung nicht versagen können. Damit wird jener Gegensatz verwischt und der Maßstab einer Kritik, welcher den natürlichen Faktoren und den Gesetzen ihrer Wirksamkeit entnommen werden sollte, wird beseitigt. Das Naturrecht mißt noch mit anderen Maßstäben, welche der historischen Ansicht unerreichbar sind. Die Auskunft darüber, wie die heutigen Einrichtungen zu stande gekommen sind, hat vom Standpunkte des ersteren nur einen geringen Wert. Wir erfahren damit nichts über ihre Brauchbarkeit oder Unbrauchbarkeit und über die Richtung, in welcher sie etwa reformirt werden sollen. Die Geschichte überhaupt ist nur eine Summe von Einzelgeschichten, welche kein rationelles Gesamtergebnis liefert. Wir können dieser Summe keinen Maßstab für die Beurteilung der Einzelheiten entnehmen und ebensowenig diesen Einzelheiten selbst die Gesichtspunkte, nach welchen wir sie zu richten vermöchten. Auf das Gewinnen solcher Gesichtspunkte aber ist das Begehren von Anfang gerichtet. Man beschäftigt sich mit der Frage, wie jene Einrichtungen als entstanden gedacht werden müssen, wenn wir ihnen Geltung und verpflichtende Kraft beilegen sollen. Das Naturrecht verhält sich zu dem gesamten Rechte einer Nation ähnlich wie der Richter zu einem bestrittenen konkreten Rechte. Wie der letztere nach dem legitimen Ursprung des Zustandes frägt, der als ein rechtlicher Anerkennung fordert, so das Naturrecht. Jener legt dabei die Richtschnur des abstrakten Rechts an, das selbst ein geschichtlich gegebenes ist: das Naturrecht aber sieht sich genötigt, seinen Standpunkt außerhalb des geschichtlich Gegebenen und des Prozesses zu nehmen, der diesem zu Grunde liegt. Es geht von irgend einem schlechthin Geltenden aus und prüft, ob die bestehenden Zustände als in ununterbrochenem Einklang mit diesem hervorgebracht gedacht werden können. Diesen Sinn hat unter anderem die Lehre vom Staatsvertrage. Es erscheint hier als zufällig, wenn die Wirklichkeit in Staat und Gesellschaft einen legitimen Ursprung erweisen kann, und ebenso, wenn sie einen vernünftigen Charakter zeigt. Es wäre denkbar, daß die für das Recht eigentlich maßgebenden Kräfte sich bei dessen Hervorbringung bisher gar nicht beteiligt hätten, und nun erst, in den Formeln und Forderungen des Naturrechts, zu Worte kämen. Nach der historischen Ansicht dagegen bedürfen die in der Geschichte sich bethätigenden und den Gestaltungen im Gemeinleben fort und fort zu Grund liegenden Kräfte keiner weiteren Legitimirung und entziehen sich einer von einem außergeschichtlichen Standpunkte ausgehenden Kritik. Nach ihr ist es überhaupt unmöglich, daß ein außerhalb des ununterbrochen fortschreitenden geschichtlichen Prozesses liegender Standpunkt von denjenigen eingenommen werde, welche mit ihrem gesamten Lebens- und Vorstellungsgehalte in diesem Prozesse stehen. Die Vernunft, welche nach einem solchen Standpunkt trachtet, verfolgt ein ebenso chimärisches Ziel, als wenn sie den Punkt außerhalb der Welt suchte, von welchem aus sich diese aus den Angeln heben ließe. Ihre Aufgabe ist es, die Gesetze des wirklichen Lebens zu erforschen, nicht, diesem eine von außen her beigebrachte Weisheit entgegenzusetzen. Demgemäß soll die Wissenschaft des Rechts eine lediglich „positive“ sein, das ist sie soll es mit dem Wirklichen zu thun haben wie die Naturwissenschaft (Puchta). Im Wirklichen hat sie nach Hegels Wort das Vernünftige zu erkennen. Sie ist deshalb ihrer Natur nach nicht der Zukunft zugewendet, sondern hat ihr Objekt in dem, was vollbracht ist. Erst wenn ein Tag seinem Ende zuneigt, in der Dämmerung, beginnt der Vogel der Minerva seinen Flug (Hegel)..... Die Ausbildung und geistvolle Vertretung dieser Ansicht bezeichnet m. E. einen wichtigen Fortschritt in der Geschichte unserer Wissenschaften, und die richtigen Elemente, welche sie einschließt, dürften bestimmt sein, eine noch allseitigere Geltung und unbedingtere Herrschaft zu erlangen, als sie in der Blütezeit der historischen Schule errungen haben. Vorausgesetzt, daß es gelingt, sie aus dem Zusammenhange jener mit einer entschiedenen Einseitigkeit behafteten Anschauung zu lösen. Dieselbe scheidet den kritischen Intellekt und die im Dienste des Ideales stehenden geistigen Kräfte aus der Reihe der aktiven, Impulse gebenden, den Fortschritt bestimmenden, historischen Mächte aus und trägt dabei gewichtigen Thatsachen nicht Rechnung. Sie erklärt nicht den revolutionären Charakter, den die Wissenschaft wiederholt gezeigt hat, und die ihr innewohnende Tendenz, die, über dem vor uns liegenden Gebiete ausgebreitete, Dunkelheit mit den Strahlen ihres Lichtes zu durchdringen und den Pfadfinder für die voranschreitende Menschheit abzugeben.

Es bedarf wohl keiner Ausführung darüber, daß und bezw. wie die hier hervorgehobenen Elemente der historischen Ansicht mit den konservativen Gesinnungen der Schule, auf welche unter I. hingewiesen worden ist, zusammenhängen.

2. Der historischen Ansicht erscheint das Volk nicht als eine Summe von Einzelexistenzen, sondern als ein selbständiges Ganzes und als Subjekt einer eigentümlichen Entwicklung. Diese letztere verknüpft die Individuen in einer zweifachen Richtung. Sie verbindet die einander folgenden Generationen, indem sie den Cyklus der auf- und absteigenden Entwicklung einer jeden zum Gliede einer, in strenger Geschlossenheit sich durch die Zeiten erstreckenden, Kette macht. Sie verbindet ferner die gleichzeitig lebenden Volksgenossen, indem sie die wechselnden Zustände derselben als Elemente eines sie alle umfassenden einheitlichen Prozesses erscheinen läßt. Diese Auffassung des Volkes als eines selbständigen Wesens von (im Verhältnis zu den einzelnen) relativer Unsterblichkeit ist uralt, und findet in dem ge-

meinen Sprachgebrauch, welcher jenem alle menschlichen Qualitäten und eine eigene Geschichte zuerkennt, einen mannigfachen Ausdruck. Eine Formulirung derselben findet sich u. a. in folgenden häufig citirten Worten des Paulus: . . civitates esse immortales, quia scil. populus est in eo corporum genere, quod ex distantibus constat, unique nomine subjectum est, ut habet ἕξιν μίαν, ut Plutarchus, spiritum unum. In dem Zusammenhange der historischen Ansicht hat dieselbe eine erhöhte Bedeutung gewonnen. Den Hauptrepräsentanten derselben handelt es sich hiebei nicht um ein bloßes Bild. Sie denken sich als Träger des oben bezeichneten Prozesses eine selbständige reale Potenz, mögen sie dieselbe als Volksgeist oder als objektiven sich selbst bewegenden Begriff, oder als Lebensprinzip eines selbständigen Organismus u. s. w. fassen. Die letztere Auffassung des Volksganzen als eines Organismus hat sich behauptet und spielt in der Gegenwart, losgelöst von den übrigen Elementen der historischen Ansicht, eine bedeutsame Rolle. Sie soll künftig einer besonderen Betrachtung und Prüfung unterzogen werden. Für die historische Ansicht ist es bezeichnend, daß sie den einzelnen lediglich in diesem Zusammenhange, als abhängigen Träger von Funktionen betrachtet, welche ihr Gesetz aus dem Ganzen heraus empfangen. Auf das Verhältnis, in welchem derselbe sich hier zu diesem Ganzen befindet, als ein Glied, das seine Impulse von jenem erhält, das für seine Wirksamkeit nach Form und Inhalt sein Maß in den Zwecken dieses Ganzen hat, läßt der Aristotelische Satz, daß das Ganze vor den Teilen sei, sich anwenden, und ist von Repräsentanten der historischen Richtung mit Entschiedenheit angewendet und zu Ungunsten der Autonomie des Einzelnen verwertet worden. Dabei blieb unbeachtet, daß die Einzelpersönlichkeit in diesem funktionellen Abhängigkeitsverhältnisse nicht aufgehe, daß sie nicht bloß Glied eines höheren Organismus sei (wenn von einem solchen überhaupt gesprochen werden kann), daß sie, anders ausgedrückt, ihrem Begriff nach nicht zusammenfalle mit dem Begriff des Bürgers, und zumal in der modernen Welt nicht mit diesem zusammenfalle, daß daher der nach Selbständigkeit strebenden Persönlichkeit gegenüber und in Bezug auf deren Verhältnis zum Staate mit jenem Satze nichts anzufangen sei.

Man hatte der Einseitigkeit des Naturrechts gegenüber die Aufgabe, durch die Vertretung der entgegengesetzten Einseitigkeit ein rationelles Gleichgewicht vorzubereiten, und dieser ist man gerecht geworden.

Jenes hatte den Einzelnen aus dem bezeichneten Zusammenhange losgelöst und den gemeinsamen Einrichtungen und Lebensformen als souveränen Autor gegenübergestellt. Die Selbständigkeit und geistige Freiheit, nach welcher derselbe strebt, und für welche die Bedingungen durch die Gemeinschaft gewonnen werden, setzt es als von Anfang gegeben und der Gemeinschaft zu Grund liegend voraus. Das ideale Ziel des Wegs wird von dem Naturrecht an den Anfang gesetzt, von der historischen Schule der wirkliche Anfang zugleich als das Ziel betrachtet. Daraus ergeben sich für beide eine Reihe bedeutsamer Folgerungen, die sich zu Systemen von entgegengesetztem Charakter zusammenschließen.

Das Naturrecht stellt die Einzelnen dem Staate, ihrem Geschöpfe, als Träger ursprünglicher Rechte gegenüber, und fordert für jede Freiheitsbeschränkung eine mit diesen Rechten verträgliche Begründung, die historische Schule sieht dagegen in ihnen dem Staate gegenüber primär Subjekte von Verpflichtungen und erkennt ihnen nur abgeleitete Rechte zu. — Das Naturrecht sieht in der als ursprünglich vorgestellten individuellen Freiheit ein wesentliches, auch ethisch bedeutsames Gut, ja die allgemeine Voraussetzung für die Entfaltung eines menschenwürdigen Daseins, die historische Schule dagegen sieht diese Voraussetzung und zugleich den Kern aller sittlichen Gesinnung in der Anerkennung der Bande, in welchen wir uns von Anfang der in Zeit und Raum sich ausbreitenden Gemeinschaft gegenüber befinden. — Das Naturrecht, welches von den allgemeinen Merkmalen der menschlichen Persönlichkeit ausgeht, kommt naturgemäß zur Aufstellung des Prinzips der Rechtsgleichheit, die historische Schule dagegen, welche ihren Ausgang von dem Leben des Ganzen und bezüglich des Einzelnen von der Stellung desselben zu den für jenes wesentlichen, in sich verschiedenen, Funktionen nimmt, zur Behauptung der Zulässigkeit und Notwendigkeit rechtlicher Ungleichheiten. — Dieselben Ausgangspunkte führen das erstere zur Vertretung, die letztere zur Bekämpfung der kosmopolitischen Richtung in der Entwicklung des Rechts. Dem Naturrecht erscheint der nationale Charakter desselben als etwas Zufälliges und bezw. Nichtseinsollendes, der historischen Schule dagegen, welche das Recht als eine Schöpfung des individuellen Volksgeistes betrachtet, als eine wesentliche und unvertilgbare Eigenschaft desselben. — Mit jenen Ausgangspunkten hängt auf der einen Seite die Vorliebe für solche Formen der Rechtsbildung, bei welchen der auf bestimmte Zwecke bewußt gerichtete individuelle Wille als der entscheidende Faktor sich darstellt (Vertrag, Gesetz), auf der andern Seite die Abneigung gegen diese Formen und die Bevorzugung des Gewohnheitsrechts, bei dessen Hervorbringung der Wille des Einzelnen eine mehr passive Rolle spielt und die für das Volk charakteristischen allgemeinen Bedürfnisse und Instinkte einen unmittelbaren Ausdruck erhalten, zusammen . . . .

3. Die Betrachtungsweise des vorigen Jahrhunderts hatte nicht bloß die Individuen, sondern auch die einzelnen Seiten des Volkslebens isolirt und mit einer imaginären Selbständigkeit ausgestattet.

So hatte sie das Recht völlig losgelöst von den übrigen Elementen des nationalen Lebens, von Sitte, Moral, Wirtschaft und Politik, so das wirtschaftliche Leben und dessen Gesetze als unabhängig von Recht und Sitte u. s. w. vorgestellt, während die historische Betrachtungsweise vor allem den Zusammenhang und das Verhältnis wechselseitiger Abhängigkeit erfaßt, welche zwischen jenen Elementen bestehen. Dabei handelt es sich nicht, bezw. nicht bloß, um eine Verschiedenheit der wissenschaftlichen Methode. Es ist unzweifelhaft ein berechtigtes Verfahren, ein Beobachtungsobjekt zu isoliren, um dessen spezifische Natur exakter bestimmen zu können. Aber es geschah nicht im Sinne einer derartigen bewußten theoretischen Operation, daß man im Naturrechte das Recht und die ihm eigentümlichen Prinzipien, in der politischen Ökonomie die wirtschaftlichen Verhältnisse und die ihnen speziell entsprechenden physischen Kräfte isolirte. Man war sich vielmehr der Abstraktion, von welcher man ausging und bei welcher man verharrte, nicht, oder doch nicht nach ihrem vollen Umfange und nach ihrer ganzen Tragweite, bewußt, und legte den Ergebnissen einer Betrachtung der willkürlich isolirten Objekte eine unmittelbare Anwendbarkeit bei, welche sie offenbar nicht besitzen. Man unterlag hiebei einem ähnlichen Irrtum, wie bei der Beurteilung der Rechtsstellung des Individuums. Wie man hier von den Beschränkungen und Bedingungen, unter welchen der Einzelne eine Selbständigkeit zu erringen und zur Anerkennung zu bringen vermag, abstrahirt und gleichwohl die Resultate einer auf Grund solcher Abstraktion angestellten Untersuchung für unmittelbar verwertbar auf legislativem Gebiete angesehen hatte, so war man dort von der Voraussetzung einer Selbständigkeit und Unabhängigkeit jener verschiedenen Gruppen von Lebensverhältnissen und sozialen Mächten ausgegangen, welche in Wirklichkeit nicht besteht und nie bestand, ohne daß diesem Umstande an irgend einer Stelle entsprechend Rechnung getragen worden wäre. Man würde Recht gehabt haben, wenn der gesellschaftliche Zustand sich in eine Anzahl von Lebensgebieten zerlegen ließe, von welchen jedes durch eine einzelne Kraft absolut regiert und für welches der Inhalt der erforderlichen gesetzlichen Normen je aus einem Prinzip heraus zu deduziren wäre. Aber es machen sich in Wahrheit überall in derselben Sphäre gleichzeitig Interessen und Kräfte verschiedenster Art und insbesondere die Hauptfaktoren des gesellschaftlichen Lebens sich gegenseitig teils unterstützend, teils beschränkend geltend, so daß darin ein Gleichgewichtszustand nur durch Kompromisse zu stande kommen und sich behaupten kann. Es würden indessen Naturrecht und politische Ökonomie den Einfluß auf die herrschenden Vorstellungen und die Gesetzgebung, welchen sie in so ausgedehntem Maße besaßen, nicht erlangt haben, wenn ihre Einseitigkeit nicht Richtungen des wirklichen Lebens entsprochen hätte. In den einzelnen Teilen der gesellschaftlichen Organisation (Sitte, Moral, Religion, Recht, Wirtschaft u. s. w.) macht sich, wie in den einzelnen Wissenszweigen, eine Tendenz zur Selbständigkeit, allerdings neben anderen die Wirkungen der ersteren modifizirenden Tendenzen, geltend. Auf Stufen höherer sozialer Entwicklung, welche immer zugleich Stufen höherer Differenzirung sind, zeigen sich jene Teile durch das Hervortreten der ihnen eigentümlichen Elemente bestimmter unterschieden und die für sie charakteristischen Lebensformen vollständiger ausgebildet. Unterschiede und Gegensätze, welche sich früher nur undeutlich und in verworrener Weise anzeigten, haben sich nun bedeutsam und für alle greifbar ausgeprägt. In dieser Richtung auf deutlichere Unterscheidung und relative Verselbständigung jener Teile der sozialen Organisation hat während der letzten hundert Jahre eine gewaltige Voranbewegung stattgefunden. Naturrecht und politische Ökonomie haben dabei den jener Tendenz zu Grund liegenden realen Faktoren vermöge ihrer erwähnten Einseitigkeit wichtige Dienste geleistet. Dieser Bewegung ist auf verschiedenen Gebieten eine Reaktion gefolgt. Auf wissenschaftlichem Gebiete hat dieselbe ihre vornehmsten Repräsentanten in den Vertretern der historischen Ansicht. Unter anderem hat die historische Rechtsschule den Zusammenhang des Rechts mit Sitte und Moral, in ihren jüngsten Repräsentanten auch den zwischen Recht und Wirtschaft (Arnold, Kultur und Rechtsleben) betont. Das Verhältnis der letzteren zueinander ist das beständige Augenmerk der historischen Schule der

Nationalökonomie. Diejenigen aber, welche jene Einseitigkeit zuerst aufgedeckt haben, sind regelmäßig einer entgegengesetzten Einseitigkeit verfallen. Jene Tendenz, als deren theoretische Repräsentanten die andern ihren Einfluß erlangt haben, wurde von ihnen übersehen bezw. als vorhanden oder als berechtigt bestritten. Und doch ist die oberflächlichste Vergleichung ursprünglicherer Zustände mit den unsrigen genügend, um dieselbe als einen wesentlichen Faktor in der geschichtlichen Entwicklung der Völker erkennen zu lassen.

Dies Verhalten der zuletzt erwähnten Gruppe von Schriftstellern hängt mit ihrer Hervorhebung und einseitigen Vertretung des Nationalitätsprinzips, auf welche bereits hingewiesen worden ist, zusammen. Denn die Abhängigkeit jener gesellschaftlichen Gebilde von einander entspricht ihrer gemeinsamen Abhängigkeit von der nationalen Eigenart, und in dem Maße als dieselben sich aus der alten Ununterschiedenheit der Elemente des nationalen Lebens emporheben und ihre spezifische Natur entfalten, ist es möglich, daß sich eine Annäherung auf internationalem Gebiete vollziehe. Das ältere, mit dem Kultus und den übrigen Bestandteilen des Volksethos noch inniger verbundene römische Recht war so wenig geeignet, Bestandteile eines Weltrechts abzugeben, wie die römische Nationalreligion, sich zur Weltreligion zu erheben. Die Fortschritte in der oben erwähnten Richtung der Differenzirung des gesellschaftlichen Lebens sind daher eine Vorbedingung für das Hervortreten einer kosmopolitischen Richtung in der Entwicklung desselben. Die Vertretung der letzteren aber seitens des Naturrechts ist mit der hier charakterisirten Einseitigkeit desselben durch eine natürliche Logik verbunden.

In der letzterwähnten wie in den zuvorbesprochenen Beziehungen strebt die Gegenwart nach Überwindung entgegengesetzter Einseitigkeiten. Unter anderm strebt man im Bereiche der Jurisprudenz dahin, neben dem nationalen Ausgang und den beharrlichen Einflüssen der Volkseigentümlichkeit auch jener kosmopolitischen Richtung wieder zur Anerkennung zu verhelfen und zwar im Zusammenhange mit der Beobachtung des dem Rechte innewohnenden Selbständigkeitstriebes und seiner geschichtlichen Manifestationen (Ihering).

4. Jener Abhängigkeit der einzelnen Seiten des Volkslebens von einander entspricht ferner die Abhängigkeit des Ganzen von den gegebenen äußeren Lebensbedingungen, wie Klima, Bodenbeschaffenheit, gegebenen besonderen Objekten und Aufgaben für die wirtschaftliche

Thätigkeit, den vorhandenen Mitteln für die Lösung der letzteren u. s. w. Unter denselben Bedingungen, unter welchen jene erstere Abhängigkeit augenscheinlicher hervortritt, nämlich in ursprünglichen Zuständen, ist dies auch bezüglich dieser letzteren der Fall, und in ähnlichem Sinne, wie dort die Erringung einer relativen Selbständigkeit auf dem Wege einer fortschreitenden Entwicklung liegt, ist dies auch hier anzunehmen. Die Repräsentanten des Naturrechts haben auch in dieser Richtung von der gegebenen Abhängigkeit abstrahirt und die menschliche Persönlichkeit von Haus aus den Naturmächten gegenüber als bestimmend und herrschend gedacht, während sie hier aus Zuständen einer vollkommenen Sklaverei nur im Wege einer langsam vorschreitenden Entwicklung sich zu relativer Freiheit emporzuheben vermag. Sie gaben ihr zugleich für die Gestaltung der politischen und sozialen Zustände einen einheitlichen Maßstab an die Hand, welcher seine Berechtigung nicht erst an der Besonderheit der gegebenen Verhältnisse, am wenigsten an jenen äußeren Thatsachen, erproben sollte, während diese Zustände in der Wirklichkeit überall auf gewisse physische und beziehungsweise technische Voraussetzungen hinweisen, unter welchen sie in der gegebenen Zeit an der bestimmten Stelle sich nicht hätten bilden oder behaupten können. Die nächste Aufgabe der Doktrin aber bestimmten Lebensformen gegenüber liegt in der Klarlegung der Bedingungen, an welche ihre praktische Entwicklung überhaupt und an einem gegebenen Orte gebunden ist. Dieser Aufgabe haben sich auch hinsichtlich der hier in Frage stehenden äußeren Bedingungen die Vertreter der historischen Betrachtungsweise vielfach unterzogen. Als einer der ersten Montesquieu, welchen Hegel, hier kompetent, als einen echten Repräsentanten dieser Richtung rühmt. In neuerer Zeit ist es mit umfassenden Mitteln vornehmlich auf dem Gebiete der Nationalökonomie (vgl. hinsichtlich der prinzipiellen Gesichtspunkte vornehmlich Knies, politische Ökonomie) geschehen.

Die sorgfältigen historischen Detailstudien, welche sich unter dem Einflusse der historischen Ansicht in den letzten Dezennien über so viele Gebiete ausgebreitet haben, bestätigen in ihren Resultaten die Annahme einer vielseitigen Bedingtheit aller eingewurzelten Institutionen. Sie haben die Aufmerksamkeit für die Besonderheiten der bei den einzelnen Völkern sich findenden sozialen und politischen Gebilde und zugleich damit die Aufmerksamkeit für die eigentümlichen äußeren und inneren Voraussetzungen ihres Bestandes geschärft.

Diese ganze wissenschaftliche Bewegung ist gekennzeichnet durch eine „grundsätzliche Hingabe an den konkreten Individualismus der empirischen Wirklichkeit und das unterschiedsvolle Leben der geschichtlichen Menschheit" (Knies). Mit ihr ist in der Würdigung jener Besonderheiten eine wesentliche Änderung eingetreten. Während man auf Seiten der Repräsentanten des Naturrechts geneigt war, nur dasjenige als wahrhaft berechtigt anzuerkennen, was sich als Bestandteil einer universellen Gesetzgebung, als für alle Völker und allezeit giltig denken lasse, zeigen die Vertreter der historischen Richtung häufig eine Vorliebe gerade für jene gesellschaftlichen Gebilde, welche mit dem Boden, auf dem sie entstanden sind, unlösbar verwachsen zu sein scheinen, und sind im allgemeinen geneigt, eine solche Unlösbarkeit derartiger Gebilde von ihrem Entstehungsorte von vornherein anzunehmen.

Übrigens ist es unmöglich, hier im einzelnen Sätze aufzustellen, welche für jene große Gruppe von, zur historischen Ansicht in einer näheren Beziehung stehenden, Gelehrten gleichmäßig und uneingeschränkt Geltung in Anspruch nehmen könnten. Denn abgesehen von diesem einen Bande stehen diese Gelehrten in mannigfachsten Gegensätzen zu einander, welche sich u. a. auch in Bezug auf die Würdigung eigentümlicher Einrichtungen und deren Entstehungsgründe geltend machen. Es lassen sich hier wieder verschiedene Hauptrichtungen und bezw. Voreingenommenheiten unterscheiden. Während einige ihre Aufmerksamkeit mit Vorliebe jenen äußeren Einflüssen zuwenden, auf welche hier zuletzt hingewiesen worden ist, suchen andere die entscheidenden Bedingungen und den eigentlichen Erklärungsgrund für solche Einrichtungen überall in dem als nicht weiter ableitbar gedachten nationalen Geist, bezw. der als selbständiger Träger des einheitlichen Volkslebens vorgestellten gleichviel wie benannten Potenz (sub 2 oben). Andere wieder sind im allgemeinen geneigt, das eigentümliche Wesen einer Institution auf eine bestimmte Entwicklungsstufe, wohl auch die gesamte, eigentümliche Kultur der Völker und Zeitalter auf bestimmte Stufen menschheitlicher Entwicklung zu beziehen (Hegel, aus früherer Zeit Vico). Letzteres ist indessen nur bei einer Minderzahl der Fall. Bei der Mehrzahl, zumal derjenigen, deren Forschungen sich auf die Geschichte eines einzelnen Volkes beschränken, spielt die Rücksicht auf die den allgemeinen Gang menschlicher Entwicklung kennzeichnenden und bestimmenden Elemente neben derjenigen auf die Volksindividualität und die besonderen Bedingungen, unter welchen sich dieselbe entfaltet, eine untergeordnete bezw. gar keine Rolle. In der Gegenwart bereitet sich eine vollständigere Erkenntnis der Bedeutung aller dieser Momente und ihres Verhältnisses zu einander vor. Forschungen auf verschiedensten Gebieten vereinigen sich, um uns eine Erweiterung des Wissens in dieser Richtung in Aussicht zu stellen. Arbeiten aus dem Bereiche der Völkerkunde verbinden sich mit rechtshistorischen und nationalökonomischen Arbeiten, welche in immer weiterem Umfange die Erforschung des Zusammenhanges der festgestellten Thatsachen und der Gesetze, unter welchen die Bewegung des in seinen Einzelheiten klargelegten geschichtlichen Lebens steht, sich zur Aufgabe setzen. Dazu treten andere Arbeiten, in welchen der Versuch gemacht wird, aus den vielgestaltigen Bruchstücken unseres Wissens über uns und unser Geschlecht haltbare Grundlage für die Zukunftswissenschaft der Soziologie zusammenzufügen.

5. Naturrecht und ältere politische Ökonomie, sowie überhaupt die im vorigen Jahrhundert herrschende wissenschaftliche Denkweise sind durch eine Eigenschaft ausgezeichnet, welche man den „Absolutismus der Doktrin" genannt hat, eine Eigenschaft, auf welche bereits oben (1.) hingewiesen wurde und welche mit den bisher besprochenen Merkmalen dieser Denkweise in einem nahen Zusammenhange steht. Die letztere ignorirt nämlich die Abhängigkeit, in welcher die gesamte wissenschaftliche Bewegung einer Zeit sich von den jeweils herrschenden Mächten und den die gegebene Entwicklungsstufe charakterisirenden Bestrebungen befindet, und versetzt sich gleichsam auf einen Standpunkt außerhalb der Bewegung des geschichtlichen Lebens. Von diesem aus trachtet sie überall nach der Gewinnung von Lehrsätzen und Maximen von absoluter Geltung, auch in Beziehung auf Gebiete, in welchen die Kompliziertheit der Erscheinungen sowie die fortschreitende Umbildung der sie beherrschenden Faktoren und die zwischen den letzteren bestehenden, in immer neuen Formen hervortretenden und durch keinen Imperativ der theoretischen oder praktischen Vernunft aus der Welt zu schaffenden, Gegensätze solche ausschließen. Niemals zuvor hatte der wissenschaftliche Intellekt sich so mächtig und souverän, so berufen gefühlt, für alle Sphären des Lebens das „Maß der Dinge" aufzurichten. Zwar hat dieses Machtgefühl der Doktrin auch in unserem Jahrhunderte seine Repräsentanten gehabt. Hat es doch seine auffallendste Verkörperung in der Hegelschen Philosophie erhalten. Aber

zugleich ist das Bewußtsein einer Abhängigkeit auch der wissenschaftlichen Erkenntnis von der Entwicklungsstufe des in der Geschichte sich entfaltenden Geistes nie zu schärferem Ausdruck gelangt, als eben bei Hegel. Speziell ist es eine Konsequenz der historischen Ansicht, welche in dem „Prinzip der Relativität" jenem Bestreben, Prinzipien von absoluter Geltung zu formuliren, entgegengesetzt wurde. Auch haben Repräsentanten dieser Ansicht (z. B. Knies) den Zusammenhang bedeutsamer wissenschaftlicher Richtungen (z. B. der älteren politischen Ökonomie) mit bestimmten gesellschaftlichen Zuständen klargelegt.

Jenem „Absolutismus der Doktrin" verwandt ist der „Formalismus" und bezw. „Dogmatismus", der in der Geschichte der Wissenschaften eine so große Rolle spielt, und welcher u. a. auch dem Naturrecht anhaftet, der historischen Richtung aber durchaus widerstrebt. Derselbe ruht auf der Voraussetzung, daß ein bestimmter Besitzstand der Doktrin eine Vervollständigung aus sich heraus zulasse durch die Zergliederung und bezw. Verknüpfung der in ihm enthaltenen Begriffe und Urteile. Durch ein solches Verfahren gestaltet sich, wenn dasselbe einseitig fortgeführt wird, ein theoretisches System, welches den realen Verhältnissen gegenüber sozusagen sein eignes Leben und eine Unabhängigkeit hat, wie sie jenen oben erwähnten Tendenzen entspricht. Ein solches Verfahren würden wir gelten lassen müssen, wenn wir annehmen könnten, daß das Leben in seinem Gange jederzeit mit den Ergebnissen solcher Arbeit sich im Einklang zeigen müsse, was nur der Fall sein würde, wenn jene Begriffe und Urteile die Formeln für die gesetzmäßige Wirksamkeit all derjenigen Kräfte enthielten, welche in den betreffenden Gebieten als die maßgebenden erscheinen. Selbstverständlich aber läßt sich dies von dem Besitzstand der Wissenschaft nirgends behaupten. Auch hat man es im Bereiche der hier in Betracht gezogenen Disziplinen kaum jemals geradezu vorausgesetzt. Aber das Verhalten, welches als formalistisch von uns und andern bezeichnet worden ist, erscheint häufig nur unter der Voraussetzung einer solchen Annahme verständlich und beweist jedenfalls eine große Überschätzung des Begriffsmaterials, mit dem man haushält, und der zergliedernden und deduzirenden Arbeit, der man sich ergibt. Für die Erweiterung unserer wissenschaftlichen Erkenntnis hat es nur eine geringe Bedeutung. Wo es die Herrschaft erlangt, da steht eine Periode der Unfruchtbarkeit in Aussicht. An einem bestimmten Punkte angelangt, bewegt sich die entsprechende wissenschaftliche Arbeit im Kreise. Allerdings hat es im Bereiche der Jurisprudenz mit jenem formalistischen Verhalten eine besondere Bewandtnis. Hier hat es einen technischen Wert, der an dieser Stelle nicht interessirt. Aber in Bezug auf wissenschaftliche Probleme, welche jenseits des bloß Technischen liegen, gilt das Gesagte auch hier.

Aus der hier hervorgehobenen Eigenschaft erklärt sich die Rolle, welche das Naturrecht in der Geschichte des Rechtsstudiums und der Rechtswissenschaft in unserem Jahrhunderte gespielt hat. Während es dem politischen Leben, dem freiheitlichen Geiste entsprechend, welcher es hervorgebracht hat, Fermente für eine Entwicklung in progressistischem Sinne geliefert hat, erscheint es in jenen ersteren Beziehungen eher als ein Element der Trägheit. U. a. führte dasselbe auf österreichischen Universitäten ein konservatives Stillleben und erwies sich der Protektion als würdig, welche ihm unter einem System des Stillstandes zu Teil ward. An dem Aufblühen des Rechtsstudiums und der Rechtslehre daselbst hat es keinen Anteil.

Eindrücke entgegengesetzter Art überraschen uns, wenn wir die Bewegung, die uns hier vornehmlich interessirt, in ihrem Verlaufe verfolgen. Die Anschauungsweise, welche spezieller als „historische Ansicht" bezeichnet worden ist, hat einen wesentlich konservativen Charakter und ihre vornehmsten Repräsentanten haben, insoweit sie einen Einfluß auf die politischen Verhältnisse zu nehmen vermochten, diesen im Sinne der konservativen Interessen geübt. Gleichwohl ist mit ihr in die Wissenschaft ein bedeutsames Element der Bewegung gekommen, das jeder Verknöcherung und jedem definitiven Abschluß sich entgegengesetzt. Denn ihr erscheint, wie wir gesehen haben, jeder gegebene Zustand, auch des geistigen Lebens, in vielseitigster Abhängigkeit von lebendigen Kräften und als ein Moment in einem Prozesse, der in seiner Ausdehnung nicht zu überblicken und dessen Ziel nicht abzusehen ist. Eine solche Auffassung schließt jeden Dogmatismus und jede Beruhigung bei einem Systeme von mehr oder minder sorgfältig bestimmten und in Zusammenhang unter einander gebrachten Begriffen aus. Allerdings sind die Konsequenzen derselben in dieser wie in anderen Beziehungen nicht sofort gezogen worden. Der geistige Zusammenhang, auf welchen am Anfange dieser Studie hingewiesen worden ist, setzte sich dem entgegen. Aber der natürliche Gang der Dinge brachte sie zum Vorschein und verheißt ihnen eine steigende Bedeutung.

(Ende des Aufsatzes.)

Gemeinsame Abhängigkeit der Doktrin und des Parteilebens von realen Interessen und Kräften.

Der Parallelismus der Entwicklung von Theorie und Praxis des politischen Lebens, dessen früher gedacht worden ist, findet seine Erklärung wie der Parallelismus der Entwicklung des theoretischen und des praktischen Lebens überhaupt nur zum Teil in einer direkten wechselseitigen Beeinflussung. Zu ihrem wesentlicheren Teile ist diese Erklärung vielmehr zu suchen in der Gemeinsamkeit der Ausgangspunkte der Bewegungen beider Gebiete und in ihrer fortdauernden Abhängigkeit von gleichartigen und bezw. identischen Verhältnissen und Kräften. Die hierin sich begründende natürliche Verwandtschaft des theoretischen und des praktischen Lebens erklärt zugleich die Erscheinungen, welche im Bisherigen besprochen worden sind; die beständige gegenseitige Beeinflussung würde ihrerseits ohne diese Verwandtschaft nicht zu begreifen sein. Versuchen wir daher, diese letztere uns an geschichtlichen Beispielen zu verdeutlichen.

Es ist wiederholt des Naturrechts gedacht worden und der aktiven und passiven Rolle, welche dasselbe in den Parteikämpfen gespielt hat. In seinen Anfängen, bei den meisten Vorläufern des Hugo Grotius und bei diesem selbst, zeigt dasselbe keine feindliche Tendenz gegen die bestehenden Zustände und keinen Zusammenhang mit Parteibestrebungen auf praktisch-politischem Gebiete. Der Gedanke, daß das staatliche Recht und die obrigkeitliche Gewalt durch eine Übereinkunft zwischen den einzelnen im Staate sich vereinigenden Menschen begründet werden oder als begründet zu denken seien, ein übrigens uralter Gedanke, tritt gleich anderen Elementen des Naturrechts ursprünglich in der Literatur des 16. und des 17. Jahrhunderts als ein unverfänglicher, keineswegs als Bestandteil einer Kriegserklärung gegen das überlieferte Recht und nicht einmal in Verbindung mit irgend einem grundsätzlichen Reformbegehren auf praktischem Gebiet, hervor. Im Gegenteil ist mehrfach die Tendenz bemerkbar, das geltende Recht als ein vernünftiges und ethisch begründetes, als welches es vorausgesetzt wird, zu begreifen und bezw. zu erweisen; eine Tendenz, welche auch in der Folgezeit, während der ganzen Entwicklungsgeschichte des Naturrechts, eine Rolle spielt. Aber freilich weist dies Bedürfnis, sich über die Gründe Rechenschaft zu geben, welche zur Anerkennung der bestehenden Ordnung als einer vernünftigen und notwendigen führen, darauf hin, daß der ursprüngliche Einklang zwischen Empfindungen und Zuständen nicht mehr als ein völlig ungestörter bestehe. Die Richtung, in welcher man diese Gründe mit einer größeren Entschiedenheit sucht, läßt ferner erkennen, daß hier eine Kraft sich rege, welche, von anderem Ursprung als die herrschenden Autoritäten, in ihrer Entwicklung diesen bedrohlich werden müsse. Die Parteien der Reformationszeit bemächtigen sich, wie wir gesehen haben, jener Gedanken und leiten daraus Theorien ab, welche eine Rechtfertigung ihrer Bestrebungen enthielten. Nur scheinbar jedoch verhielten sich die Grundbestandteile dieser vermeintlichen neuen Wissenschaft indifferent in Bezug auf die entgegengesetzten Bestrebungen und Parteimeinungen, für welche sie in Anspruch genommen wurden. Der Geist, der ihnen eine Verbreitung gegeben hatte und der an ihnen als an seinen Erzeugnissen oder wenigstens als seinen Bedürfnissen entgegenkommenden Hypothesen immer aufs neue entwickelnd und begründend sich versuchte, erwies sich mehr und mehr als der natürliche Verbündete bestimmter Parteien und als in nahen Beziehungen stehend zu denjenigen Kräften, welche die staatliche Entwicklung über die Formen des mittelalterlichen Gemeinwesens hinausdrängten. Indem er von der Voraussetzung ausging, daß sich innerhalb der individuellen Vernunft der Punkt finden müsse, von welchem die verpflichtende Kraft aller Satzungen des Rechts sich herleite, und daß die bestehende Ordnung dieser Vernunft gegenüber sich legitimiren müsse können; indem er zu der Konsequenz fortschritt, daß jene verpflichtende Kraft von Gott und seiner Offenbarung unabhängig sei, und daß daher die Rechtslehre mit der Theologie nichts zu schaffen habe; indem er den Staat, um ihn zu begreifen, in seine Bestandteile zerlegte und es unternahm, denselben vom Willen der einzelnen Individuen (seinem vermeintlichen Grundbestandteile) aus und auf dem Grunde der freien Zustimmung dieser Individuen zu rekonstruiren; indem er der Autorität des geschichtlich Gewordenen die Autorität eines vernünftigen Raisonnements entgegenstellte, befand er sich in einem Gegensatze zu den idealen Voraussetzungen der überlieferten Ordnung des öffentlichen Lebens, der ihn zu einem natürlichen Bundesgenossen aller Parteien machte, welche den Kampf gegen diese Ordnung führten. Fortan geht die Entwicklung des Naturrechts der Entwicklung dieses Kampfes parallel, als ein Ausdruck der nämlichen Bedürfnisse, Stimmungen und Zustände, welche auch in den Parteibestrebungen zu Tage traten. Es ist bezeichnend hierfür, daß die Entwicklung des Naturrechts in England bereits im 17. Jahrhundert zu einem gewissen Abschluß gelangte (Locke), in Frankreich erst im 18. (Rousseau), in Deutschland erst im 19. (Rotteck und Welcker.) Die besonderen Formen, welche es in diesen Ländern annimmt, weisen ferner einmal auf die Phasen jenes Kampfes, dann auf die besonderen nationalen Bedürfnisse und Eigentümlichkeiten hin, welche nicht minder in den Parteikämpfen sich geltend machen. So steht das gesamte Naturrecht in einem inneren Verhältnisse zu den Bedürfnissen, Stimmungen und Tendenzen, welche in der ersten französischen Revolution zum Ausdruck gelangten; aber in weit höherem Maße gilt dies für die Gestalt, welche es durch Rousseau, als für diejenige, welche es durch Locke oder durch Kant u. s. w. erhielt.

Die Stimmungen und Zustände, welche der französischen Revolution zu Grunde lagen, haben übrigens auch sonst einen vielgestaltigen Ausdruck gefunden. Es erhob sich und nährte sich auf den verschiedensten Gebieten der Geist einer Sturm- und Drangperiode aus, dem letzten Ausgang nach, identischen Quellen.

Die von ihm beherrschte Bewegung löste dann auf den nämlichen Gebieten eine Gegenbewegung von großartigen Dimensionen aus. Der Niederwerfung der äußeren Revolution durch die verbündeten Mächte ging die wissenschaftliche Bekämpfung des Naturrechts und aller Doktrinen, in welchen jene eine Legitimation für sich und die sie kennzeichnenden Tendenzen finden konnte, zur Seite. Der Politik der heiligen Allianz entsprach die Romantik im Bereiche der schönen und der wissenschaftlichen Literatur, dem Hervortreten der konservativen Interessen und der alten geschichtlichen Mächte auf praktischem Gebiete die Entwicklung der geschichtlichen Weltansicht auf wissenschaftlicher Seite und dem Versuche der Wiederbelebung abgestorbener Verhältnisse die „Restauration der Staatswissenschaften“ (v. Haller). Und als die Kraft der antirevolutionären Strömung auf dem politischen Boden gebrochen war und ein neuer Umschwung hier sich vorbereitete, da kündigte derselbe sich abermals an durch die Sturmvögel der Doktrin. Der historischen Ansicht des Staatslebens stellte sich in Deutschland ein erneuertes und modifizirtes Naturrecht (Rotteck und Welcker, Paul Pfizer u. s. w.) gegenüber, und jene Ansicht selbst begann ihren konservativen Charakter abzustreifen. Die progressistischen Elemente, welche sie in sich schließt, und welche in der Zeit der Restauration unentwickelt geblieben waren, begannen nun, zunächst in den Arbeiten der Junghegelianer, sich zu entfalten. Und weiterhin entwickelte sich eine Denkweise und gewann eine steigende Bedeutung auf literarischem und politischem Gebiete, für welche die Feuerbach'sche Begründung des Materialismus, wobei die gegebene Welt vor allem als die Welt der Sinne gedeutet wird, zur Devise dienen kann. Die Gesellschaft wendete sich in wichtigen Teilen von transzendenten und idealen Interessen ab und mit einer neuen Ausschließlichkeit den elementaren materiellen Bedingungen ihres Bestandes zu. Mit gleicher Energie wendet sich die Forschung der Welt der äußeren Sinne und den elementaren Vorgängen zu und glaubt in den Verhältnissen derselben, dem Schauspiel, das sie darbieten, ihre eigene Begründung zu finden. Vielen erscheint hierbei die Welt der Atome wenn nicht als das allein Reale, so doch als das Prius, dem gegenüber der Welt des Geistes keine Selbständigkeit zukomme, und wohl auch als der einzige Gegenstand einer möglichen Wissenschaft. Und dieser theoretische Materialismus begünstigt den Bestand und das Wachstum jenes praktischen sowohl durch seine Negationen, wie durch seine positiven Schöpfungen. . . . So haben die Ereignisse und Wandlungen, welche die äußere Entwicklung eines Volkes kennzeichnen, ihre theoretischen Vorläufer und Begleiter und ihr theoretisches Gefolge, und die äußeren Kämpfe, durch welche sich jene durchsetzen und welche von ihnen hervorgerufen werden, spiegeln sich im Leben der Doktrin und enthüllen hier ihre tieferen Beziehungen, in welchen ihre wesentliche Bedeutung sich begründet. Ihre geistige Essenz, die hinter der sinnlichen Seite und den mancherlei an sich bedeutungslosen Vehikeln des praktischen Streites vielfach unerkennbar wird, kommt hier zu ihrem Recht. In geistigeren Formen werden hier die gleichen Schlachten geschlagen, meist mit dem nämlichen Ausgange und nicht leicht ohne bedeutsamen Einfluß auf die Hoffnungen der streitenden Parteien und die Chancen für ihre Sache. Den neuen Inhalt, welchen die Doktrin den zu Grunde liegenden Erregungen abgewinnt, verarbeitet sie wohl nach ihren eigenen Gesetzen, aber ihre Abhängigkeit von jenen wird hierdurch nicht aufgehoben. Vielmehr trägt das Ergebnis ihrer Arbeit meist die Spuren ihres Ursprungs an sich, die Theorien, in welche sie ausmündet, lassen, wie lang auch der Weg sein mag, den sie auf theoretischem Boden zurückgelegt hat, die Quellen erkennen, durch welche sie zuerst ihren Inhalt und ihre Richtung empfing. So spielte das Naturrecht, das charakteristische Zeugnis des Zeitalters der Aufklärung, in unserem Jahrhundert und bis zur neuesten Zeit heran auf Kathedern, in Lehrbüchern und in andern Formen eine Rolle fort. Die Arbeit, welche sich ihm zuwendete, gab ihm eine populäre Gestalt, ohne jedoch seine wesentlichen Eigentümlichkeiten, seine charakteristischen Einseitigkeiten und Schwächen aufzuheben, wo sie nicht aus neuen politischen Ereignissen und Kämpfen oder aus neueren, einem anderen historischen Zusammenhang angehörigen philosophischen Systemen neuen Inhalt zu schöpfen vermochte; so weisen die allgemeineren Anschauungen, zu welchen ein Teil unserer Juristen sich bekennt, auf die Zeit der Romantik zurück. Die Gestalt, in welcher die „historische Rechtsansicht" von ihnen vertreten wird, sucht ihre Erklärungen in den Stimmungen und Bestrebungen jener Periode. Der zu Grunde liegende Gedanke kommt darin nur in einzelnen seiner Bestandteile, denjenigen, welche jenen Stimmungen gegenüber eine höhere Bedeutung in Anspruch nehmen, zur Geltung. Die anderen Elemente des gleichen Grundgedankens kamen unter dem Einfluß anderer Strömungen, auf welche schon hingedeutet wurde, zunächst auf anderen Gebieten zu entsprechender Berücksichtigung und Entwicklung. Neue Antriebe, von anderen Seiten kommend, haben in jüngster Zeit den Elementen desselben in anderen Kombinationen zu erneuter Bedeutung verholfen. So weist das bis vor kurzem herrschende System der politischen Ökonomie in seinem Grundcharakter auf die wirtschaftlichen und politischen Verhältnisse und die Stimmungen und Strebungen zurück, inmitten deren es seine Begründung gefunden hatte. Die Aufdeckung und Bekämpfung seiner Einseitigkeit erfolgte nicht ohne Einfluß mächtiger neuer Bewegungen auf dem Gesamtgebiet des nationalen Lebens, und gewisse Konsequenzen des Systems blieben verdeckt, solange nicht jenen ursprünglichen dominirenden Einflüssen andere zur Seite traten.

Übrigens geht schon aus den gegebenen Beispielen, sowie aus früheren Ausführungen hervor, daß es unrichtig wäre, das Verhältnis der jenen verschiedenen Sphären angehörigen verwandten Erscheinungen so zu denken, als wenn die zu Grunde liegenden Kräfte überall sich zuerst auf praktischem Gebiete ausgewirkt haben müßten, ehe sie in der Lage seien, auf theoretischem zu einem adäquaten Ausdruck zu gelangen. Die Voraussetzung ist, daß jene Kräfte durch irgend welche Vorgänge zu einer Bethätigung aufgereizt seien; auf welchem Gebiete sie dann sich zuerst entfalten, das hängt von den Bedingungen ab, welche auf dem einen oder anderen für diese Entfaltung gegeben sind. Handelt es sich um Bedürfnisse, zu welchen sich die gegebenen Verhältnisse in einem tiefgreifenden Gegegensatz befinden, so ist es das Normale, daß jene sich zuerst im Reich der Phantasie und des konstruirenden Verstandes eine entsprechende Welt hervorbringen, nach deren Normen und Formen dann die wirkliche gemessen wird. Diese ideale Welt, mag sie auch anscheinend bloß wie zum Spiele oder nur einem bloß theoretischen oder künstlerischen Interesse zu genügen aufgebaut sein, bietet dann die Angriffspositionen gegen die ihr widersprechende wirkliche. Behauptet sich jene, so muß die letztere untergehen. Früher oder später tritt die Bewegung vom idealen Gebiete über auf das praktische. Wir können hier eine Metamorphose der Formen beobachten, welche sich der Umwandlung und Bewegung kleinster Teile (Wärme) in Bewegung großer Körper (Arbeit) vergleichen läßt. In unserem Falle setzt die Bewegung der feinsten geistigen Elemente sich um in eine Bewegung politischer Parteien, Volksmassen, unter Umständen Armeen. Zur Erklärung kann dienen, was früher über die französische Revolution gesagt worden ist. Von der Philosophie gilt das Gesagte im vollsten Sinne. Es ist daher der bekannte Satz Hegels nicht richtig, daß die Philosophie ihr Grau in Grau nur male, wenn eine Gestalt des Lebens alt geworden sei und mit dem Vogel der Minerva sich nur rege in der Dämmerung des Abends. Wohl gilt dies für hervorragende Repräsentanten ihres Geistes. Bedürfnisse des Gemütes haben dieselben oftmals vor die Aufgabe gestellt, Ergebnisse zu entziffern, nachdem sie geschehen waren, und als Idealbild einer Welt zu entwerfen, welche sich dem Untergange zuneigte. Es genügt, an Plato zu erinnern oder an die Philosophie der Romantiker. Aber weder ihre einzige noch ihre bisher wichtigste Funktion ist damit bezeichnet. Diese letztere lehrt uns jene Philosophie, von welcher hier zuerst gehandelt wurde, kennen. Der Genius dieser Philosophie wie der gesamten Literatur des Aufklärungszeitalters zeigte sich der Zukunft zugewandt; er entfaltete seine Schwingen in der Dämmerung des Morgens. Mit jenem Parallelismus und seiner historischen Bedeutung hängen Erscheinungen zusammen, auf welche noch hingedeutet werden soll. So das Verhalten der Parteien zu Richtungen und Problemen der Wissenschaft, welche keine unmittelbare Beziehung zu den Aufgaben und Zielen der Parteien haben, wie etwa die Stellung, welche die Parteien in der neueren Zeit in Frankreich zur Frage der Urzeugung genommen haben, wo die Konservativen sich leidenschaftlich für die Verneinung, die Liberalen für die Bejahung interessirten. Oder die Stellung der Parteien zur Frage des einheitlichen Ursprungs und der Abstammung des Menschengeschlechtes; oder zur Frage der Entstehung des Rechts und der Nationalität. Auch der Einfluß, welchen in entscheidenden nationalen Kämpfen und Krisen fast immer die Doktrinäre ausgeübt haben, findet in jenem Parallelismus in der Hauptsache, im übrigen in dem früher besprochenen Verhältnis seine Erklärung. Sybel charakterisirt in seiner Geschichte der französischen Revolution Sieyès, den Prototyp aller Doktrinäre, als einen „politischen Charakter von geringer Kenntnis der wirklichen Dinge, welcher die Welt und die Menschen überall nur nach seinem System beurteilte". Aber wie war es möglich, daß derselbe auf den Gang der Dinge, die er nicht kannte, einen Einfluß ausübte, welcher ihn zu einer wahrhaft historischen Persönlichkeit erhob? Wie war es möglich, daß er für das, was die Massen bewegte, wenn er kein Verständnis davon hatte, die einigende und packende Formel schuf? Man kann nur unter Gleich- oder Ähnlichgesinnten wirken, wie Goethe sagt, und nur das Verwandte in Bewegung setzen. Das Mißverhältnis zwischen der Kenntnis der wirklichen Dinge und dem auf dieselben ausgeübten Einfluß, insoweit es in diesem Fall als vorhanden anzuerkennen ist, findet seine Erklärung darin, daß das „System", welches Sieyès aufstellte, mag es auch in der Studirstube sich für seinen Kopf zusammengefügt haben, doch seinen letzten Gründen nach auf dieselben Kräfte zurückzuführen war, wie die Bewegung, die sich der realen Welt bemächtigt hatte. Trotz aller so oft erhobenen Proteste gegen den Einfluß der Doktrinäre wird derselbe in entsprechenden historischen Wendepunkten sich doch immer aufs neue geltend machen. Denn sie haben eine natürliche Mission: Sie sind die vornehmsten Träger der Metamorphose, von welcher oben gehandelt wurde. — In besonderer Weise macht sich die Abhängigkeit der wissenschaftlichen Arbeit von den für das Parteileben bestimmenden Kräften und Gegensätzen im Bereiche der Geschichtsschreibung geltend. Wie sehr dieselbe sich auch vollkommene Objektivität zur Pflicht mache und wie sehr sie bemüht sei, die Thatsachen durch Mittel, welche mit dem Parteiwesen nichts zu schaffen haben, zu erhalten, jene Abhängigkeit wird immer erkennbar bleiben. In der Darstellung der den Gang nationaler Entwicklung bestimmenden Ereignisse läßt sie in der Regel die Farbe jeder unserer großen Parteien wiederfinden. Dies ist nicht bloß hinsichtlich solcher Vorgänge der Fall, unter deren unmittelbarem Einfluß die Generation der betreffenden Schriftsteller noch steht, wie etwa in Deutschland hinsichtlich der Ereignisse des Jahres 1848 oder derjenigen, welche zur Neubildung des deutschen Gemeinwesens geführt haben, sondern auch in Bezug auf weit zurückliegende Vorgänge. So lassen sich in Deutschland in der Darstellung des 30jährigen Kriegs und der damit zusammenhängenden Ereignisse gegenwärtig noch die Parteifarben unterscheiden. So haben die Engländer eine wiggistische und eine toryistische Geschichte der Revolution des 17. Jahrhunderts ..... So erscheint uns der deutsche Bauernkrieg heute in einem anderen Lichte als der älteren Geschichtsauffassung; im wesentlichen nicht infolge erweiterter Forschungsresultate, sondern infolge der Verwandtschaft moderner sozialer Bewegungen mit jenen Kämpfen und wegen des Lichtes, welches von diesen Bewegungen aus in die Vergangenheit fällt. Auch gilt das Gesagte nicht bloß dort, wo der durch alle Perioden sich erstreckende Zusammenhang des Lebens einer Nation in Betracht kommt, sondern auch außerhalb der Grenzen der nationalen Geschichte. So hat die moderne politische Geschichte einen wesentlichen Einfluß auf die Darstellung der Kämpfe der römischen Parteien zur Zeit der Republik und ebenso zum Teil der griechischen Parteien ausgeübt. Grote betrachtete unter den Anregungen des Jahres 1848 die athenische Demokratie anders als Curtius. G. Kaufmann („Inwieweit darf die Geschichtschreibung subjektiv sein?") fragt, ob uns eine spätere Zeit nicht richten wird, wie wir den Papst Gregor.

* * *

Unparteiische Wissenschaft.

Der Nachweis, daß die Wissenschaft in dauernden beeinflussenden Beziehungen zu den praktisch wirkenden Kräften des Volkslebens steht, bildet keine Herabsetzung. Das Verhalten der Wissenschaft entspricht den Bedingungen ihres Ursprungs und der Bestimmung, welche ihr im Kampf ums Dasein und um dessen befriedigende Gestaltung gegeben zu sein scheint. Sie ist von Haus aus ein Kind des Bedürfnisses, der praktischen Interessen und Impulse. In demselben Grund, in welchem die Formen des praktischen Lebens und alle anderen Schöpfungen des menschlichen Geistes die Bedingungen ihrer Entwicklung finden, hat auch sie ihre Wurzeln: in dem Verlangen desselben, inmitten einer Welt teils feindlicher, teils begünstigender

Kräfte sich zu behaupten und den Einwirkungen gegenüber, welchen das Leben beständig unterliegt, ein Gleichgewicht in der Welt des eigenen Bewußtseins zu erringen und beständigen Störungen gegenüber immer aufs neue zu begründen. Wie die ersten Götter nicht dem Quell einer rein theoretischen Wißbegierde, sondern dem Verlangen ihr Dasein verdanken, den Urhebern unserer Geschicke eine Gestalt zu geben, in welcher wir zu ihnen in menschliche Beziehung zu treten, durch Opfer und Bitten sie zu unseren Gunsten zu bestimmen vermöchten, so die Anfänge der Wissenschaft .... In dem Dunkel, in welches die Menschheit sich mit jenen Problemen gestellt fand, hat sie in der Wissenschaft sich eine Fackel entzündet, welche den Weg erhellen soll, der vor ihr liegt, und welche voranleuchten soll, in welchen Richtungen immer sie sich von den in jenem Lebenskampfe entspringenden Affekten getrieben fühle. Es lebt jedoch eine Tendenz zur Unabhängigkeit in ihr, und es ist die Möglichkeit eines Fortschritts in dieser Richtung keineswegs ausgeschlossen. Vielmehr bemißt sich der geschichtliche Fortschritt der Wissenschaft vor allem an den Bedingungen, welche sie für die Lockerung ihrer Abhängigkeit von den sozialen und politischen Zuständen und von den die Gesellschaft jeweils beherrschenden Bedürfnissen, Affekten und Stimmungen gewinnt. Zwar wird sie stets Impulsen zugänglich bleiben, welche von einer zu immer neuen Gestaltungen fortschreitenden Entwicklung des Lebens ausgehen, und es wird hierin eine wechselnde Voraussetzung ihres eigenen Wachstums liegen. Aber es wird ihr, wie wir hoffen dürfen, künftig möglich werden, diesen Anregungen gegenüber eine größere Selbständigkeit zu zeigen, ihnen einen neuen Inhalt abzugewinnen, ohne in gleichem Maße bisher Feststehendes über Bord zu werfen, der Gegenwart zu dienen, ohne ihre eigene Vergangenheit zu verleugnen und wenigstens für die nächste Zukunft gewisse Grenzen vorherzubestimmen, innerhalb welcher der neue Inhalt des fortschreitenden Lebens sich entfalten muß. Sie wird eine gesicherte Stelle haben außerhalb der Strömungen der Tagesgeschichte; sie wird die Widersprüche, welche in dem Verhalten der Gesellschaft hervortreten, nicht einfach widerspiegeln und diesem gegenüber zwar bestimmbar bleiben, aber sich noch mehr als bestimmend erweisen. Die Richtung, in welcher wir voranzuschreiten haben und uns allein jenem Ziel nähern können, ist nichts weniger als allgemein anerkannt und bezw. erkennbar. Für die Wissenschaften, an welche hier zunächst überall gedacht ist, für diejenigen, welche es mit der Gesellschaft zu thun haben, sind damit noch immer Ziele bezeichnet, welche wir in Kürze zu erreichen nicht hoffen dürfen. Noch ist weder hinsichtlich der Richtung, in welcher wir, um uns denselben zu nähern, voranzuschreiten haben, noch überhaupt hinsichtlich der Erreichbarkeit derselben Übereinstimmung. Ich nehme dieselbe an in der Voraussetzung, daß die bedeutsamen Veränderungen in den Formen des gesellschaftlichen Lebens und in den dasselbe beherrschenden Anschauungen und Bestrebungen Momente in einem zusammenhängenden, gesetzmäßigen Entwicklungsprozesse sind, einem Prozesse, dessen Grundphänomene sich wiederholen, weil die entsprechenden Kräfte und die zwischen ihnen bestehenden, für ihre Äußerungen bestimmenden Gegensätze fortbestehen, und daß in der Aufeinanderfolge der sich stetig verändernden Formen, in welcher diese Äußerungen erfolgen, eine gewisse Ordnung erkennbar ist. Mit einer Seite des bezeichneten großen Problems haben wir es hier zu thun. Es soll dasselbe mit Rücksicht auf das besondere Gebiet des Parteilebens in Angriff genommen werden. Selbstverständlich stehen bei einem derart beschränkten Versuche keine umfassenden und finalen Lösungen in Aussicht, aber wenigstens das Problem wird verdeutlicht, in seiner Berechtigung und Bedeutung klargelegt und der ihm entsprechende Standpunkt der Betrachtung für jenes besondere Gebiet definitiv gewonnen und im einzelnen fruchtbar gemacht werden. Ich bin zu meinem Ausgangspunkt, der Bestimmung des Gesichtspunkts, unter welchem von den Parteien gehandelt werden soll, zurückgekehrt. Nicht darum handelt es sich also bei diesen Untersuchungen zunächst und in der Hauptsache, und nicht dies entspricht dem erwähnten Standpunkt, die Bekenntnisse und Theorien der Parteien auf ihre Wahrheit und bezw. Unwahrheit, ihre Forderungen und Bestrebungen auf ihr Verhältnis zu Recht und Gerechtigkeit oder anderen ethischen Kategorien zu untersuchen, sondern dies ist die Aufgabe, nach den beharrenden Kräften zu forschen, welche in diesen Neigungen und Bestrebungen sich kundgeben und nach den Verhältnissen derselben zu den allgemeinen Bedingungen einer fortschreitenden Entwicklung. Ich bin der Ansicht, und dieselbe wird, wie ich glaube, im Weiteren ihre Bestätigung finden, daß in den Gegensätzen, welche in dem endlosen Kampf zwischen den Parteien in wechselnden Formen zur Erscheinung kommen, die allgemeinen Gegensätze, welche die Entwicklung der Gesamtgesellschaft beherrschen, sich kundgeben. Diesen tieferen und beständdigen Grund des Parteilebens will ich versuchen erkennbar zu machen. Endlich sollen die in der nationalen Vergangenheit und den umgebenden konkreten Verhältnissen liegenden Bedingungen derjenigen Äußerungen dieser Kräfte untersucht werden, welche uns in den bedeutsamen Erscheinungen des heutigen Parteilebens entgegentreten . . . . Soll von einer Tendenz dieser Ausführungen gesprochen werden, so würde sie darin zu setzen sein, auf einem Gebiete, auf welchem Vorurteile und Leidenschaften mächtig sind und für ein objektives Urteil ein sicherer Maßstab nicht gewonnen ist, an der Gewinnung eines solchen zu arbeiten und dazu beizutragen, daß ein Standort errungen werde, welcher über die Region der Parteiung emporragt, und wo das Licht der Wissenschaft aufblitzen kann, ohne Gefahr zu laufen, sofort von dem Sturm der Affekte wieder ausgelöscht oder dem Irrlicht gleich hin und her geführt zu werden . . . . . Dieser Standort kann nach dem Gesagten nur errungen werden durch die Darlegung der Beziehungen, welche zwischen den Parteien und den das Leben der Gesellschaft und seine Entwicklung beherrschenden Gesetzen bestehen. Dabei wird es die Hauptaufgabe sein, auf die letzteren selbst einiges Licht zu werfen. In dem Maße, als uns dies gelingt, werden jene Beziehungen von selbst hervortreten. Denn der Kampf zwischen den politischen Parteien ist nur eine Form, in welcher die Gegensätze, welche die gesamte gesellschaftliche Entwicklung beherrschen, auf einem besonderen Gebiete zur Erscheinung kommen. . . . . . Vielleicht erhebt sich dem dargelegten Standpunkte gegenüber das Bedenken, daß angesichts der heftigen, alle gemeinsamen Güter umfassenden Parteikämpfe, welche die Gegenwart erfüllen und unserer in der Zukunft vielleicht noch in erhöhtem Maße harren, es nicht an der Zeit sei, den Standpunkt einer leidenschaftslosen und unparteiischen Betrachtung diesen Kämpfen gegenüber einzunehmen. Ist es doch heute noch wie zu Solons Zeit als Pflicht eines Bürgers anzusehen, Parteikämpfen gegenüber, welche den Staat in Aufregung erhalten, nicht einen neutralen Zuschauer abzugeben, sonderen sich einzugliedern und nach Kräften am Streite zu beteiligen. Dies Bedenken würde als begründet anzusehen sein, wenn jene Betrachtung Motive zu einem passiven Verhalten auf dem praktisch-politischen Gebiete abgeben würde. Dies ist aber keineswegs der Fall, da vielmehr die nähere Untersuchung die Bedeutung dieser Kämpfe für eine aufsteigende Entwicklung des Gemeinlebens erkennen lassen wird und demgemäß für alle diejenigen, welchen diese Entwicklung am Herzen liegt, Motive zur Beteiligung, nicht zum Beiseitestehen abgibt. Gewisse Beweggründe zu thätigem Eingreifen vertragen sich allerdings mit der wissenschaftlichen Betrachtung nicht, und der steigende Einfluß der letzteren würde notwendig die Rolle, welche dieselben im Parteileben bisher gespielt haben, beschränken. Motive des Hasses und des Streites, wie sie, von Unwissenheit und Vorurteil genährt, den Pöbel jeder Partei zum Dreinschlagen geneigt machen, werden durch die Wissenschaft nicht genährt. Um zuverlässige Streitgenossen zu sein, müssen nicht wenige die Sache des Gegners als eine schlechthin verwerfliche betrachten und die Triebfeder seines Verhaltens in schlechten Gesinnungen suchen können. Die Massen überhaupt setzen sich nach ihrem bisherigen Bildungsstande für Parteifragen nicht leicht in Bewegung, wenn nicht das Vorurteil diese Fragen in einen falschen Zusammenhang oder wenigstens in ein künstliches Licht stellt und in Bezug auf ihre mögliche Beantwortung oder deren Konsequenzen täuscht. Das Vorurteil ist eine Macht, deren Einbuße die Stellung jeder unserer großen Parteien gefährden würde. Diese Macht hat in der Wissenschaft ihren natürlichen und gefährlichsten Gegner. Aber es ist keine Gefahr, daß die betreffenden Bevölkerungs- und Parteielemente, so lange nicht ihr Bildungsstand überhaupt erhöht und damit die erwähnte Voraussetzung in Wegfall gebracht ist, dem Einfluß wissenschaftlicher Betrachtung allzusehr unterliegen. Im übrigen wird die Wissenschaft, sofern sie diesen Einfluß zu steigern vermag, die Motive sowie die Formen der Parteithätigkeit zwar modifiziren, nicht aber diese Grundgegensätze ausschließen. Im Verhältnis zu der werbenden Stimme der im Kampfe stehenden Parteien wird ihre Stimme stets einen friedlichen Klang haben und naturgemäß friedliche Formen des Streits begünstigen. Sie wird ihrer Natur nach die Neigung zum Diskutiren steigern im Verhältnis zu der Neigung, zu den Waffen zu greifen. In dem Maße, als das Parteiwesen sich mehr von des Gedankens Blässe angekränkelt und von des Gedankens Kraft zugleich befruchtet zeigt, erscheint es weniger beherrscht durch Rauflust und die Neigung, brennende Streitfragen auf physischem Weg auszutragen. . . . . Die Wissenschaft wird ferner, soweit ihr Einfluß reicht, den Abschluß von Kompromissen unter gegebenen Voraussetzungen moralisch erleichtern und wird stets die Bahn einer fortschreitenden Entwicklung suchen. In anderer Weise haben vordem die uns beschäftigenden Wissenschaften eine Unabhängigkeit den Mächten des Lebens gegenüber zu erringen getrachtet. Auch erschien dieselbe ihnen meist als leicht erreichbares und im wesentlichen längst erreichtes Ziel, an welches der redliche Forscher durch den überlieferten Besitz an theoretischem Wissen oder auch wohl durch das bloße Verlangen nach Wahrheit und die eigene intellektuelle Kraft ohne weiteres herangeführt werde. Der Geist, welcher in einer gegebenen Periode in deren wissenschaftlichen Schöpfungen zum Vorschein kommt und die Literatur derselben beherrscht, erscheint in der Regel als souverän und keineswegs als ein Korrelat zu augenblicklich bestehenden thatsächlichen Verhältnissen ..... Die Parteien sind stets geneigt, den von ihnen vertretenenen Prinzipien eine unbedingte und ausschließliche Geltung beizulegen, oder wenigstens die Grenzen, innerhalb welcher dieselben eine Geltung in Anspruch nehmen können, sich jenseits des Gesichtsfelds und der Sphäre der streitigen Fragen zu denken. Indem die Wissenschaft jene Grenzen erkennen läßt, warnt sie zugleich die in Vorteil befindlichen Parteien vor Maßlosigkeit und Überhebung, und indem sie Illusionen der angegebenen Art zerstört, begünstigt sie die Richtung der Parteithätigkeit auf konkrete Aufgaben, denen gegenüber sie allein Erfolge in Aussicht stellt. .... So sehe ich in der Gestaltung unserer politischen Verhältnisse nichts, was einen derartigen Einfluß und seine Steigerung als bedenklich erscheinen ließe, wohl aber manches, was eine Erhöhung der Macht aller derjenigen Faktoren wünschenswert macht, welche für die in Parteien geschiedenen Teile unseres Volkes eine gemeinsame Bedeutung haben, und deren Einfluß einer Wahrung der zwischen ihnen bestehenden Bande und im Bereiche der Streitfragen einer Verständigung von Fall zu Fall günstig ist. Zu diesen Faktoren aber rechne ich, trotz der hervorgerufenen Beziehung zu den Motiven eines aktiven Verhaltens und trotz der künftig näher darzulegenden Beziehungen zu den großen Parteigegensätzen, die über die Parteien sich emporhebende Wissenschaft. .... Übrigens liegt mir fern — dies sei zur Vermeidung eines Mißverständnisses zum Schlusse noch bemerkt —, die eigene Parteistellung künstlich zu verbergen und eine subjektive Färbung der Charakterisirung von Parteibestrebungen ängstlich zu vermeiden.

* * *

Allgemeine Bedeutung des Parteiwesens.

Mancher friedlich gesinnte Deutsche betrachtete das Parteileben zur Zeit seines Aufblühens bei uns mit ungünstigen Augen. Trug es doch so mancherlei Störungen in die Kreise ruhigen Erwerbslebens und behaglicher Gewohnheiten! Zogen sich doch sorglose Fröhlichkeit und unbefangener Lebensgenuß vor ihm in immer engere Kreise zurück! Enthüllte der Streit der Parteien doch vielfach abschreckende Eigenschaften: Selbstsucht und Eitelkeit an der Spitze, Begehrlichkeit und Fanatismus im Gefolge, und sind doch die Waffen, deren sich die Parteien bedienen, auch wenn es bei einem geistigen Kampfe sein Bewenden hat, nicht immer den höheren Regionen des geistigen Lebens, sondern häufig genug der Sphäre niedriger Leidenschaften und thörichter Vorurteile entnommen! Auch konnte, wer sich in der Geschichte umsah, eine vielfältige Rechtfertigung für seine Abneigung leicht entdecken. Denn die Geschichte des Parteiwesens macht überwiegend einen unerfreulichen, ja vielfach einen furchtbaren Eindruck. Der ihm eigentümliche Geist hat in langen Perioden dieser Geschichte „Unreinheit im Ursprunge, Unfestigkeit im Fortgange, Wandelbarkeit in Zweck und Mitteln zu charakteristischen Merkmalen" gehabt und den hervorragendsten Völkern „in einer langen und dichten Reihe historischer Erscheinungen" die bittersten Früchte dargeboten (Wachsmuth). Diese Erscheinungen können den Eindruck hervorrufen, daß die Wirksamkeit der Parteien wesentlich zerstörender Art sei. Denn bei der Begründung von Sitte und Recht, beim Aufbau der staatlichen Ordnung und aller Werke, welche gemeinsamen Bedürfnissen entsprechen und einem Volke zur Ehre gereichen, treten sie weniger in Vordergrund und erscheinen sie, wenn überhaupt, weniger unmittelbar beteiligt, als bei der Zerstörung dieser Schöpfungen. So steht das Aufblühen des geistigen Lebens der Griechen in keinem direkten Verhältnis zu den Parteien, wohl aber die Vernichtung dieser Blüte. So hat der peloponnesische Krieg mit seinen zerstörenden Wirkungen ein anderes Verhältnis zu ihnen, wie der Perserkrieg mit der geistigen Erhebung, die sich an ihn knüpfte. So finden wir bei der Begründung der alten strengen Sitte und des nationalen Rechts der Römer die Parteien nicht beteiligt, wohl aber bei der Auflösung beider. Die Macht uud Herrlichkeit des alten deutschen Reichs ist durch die Parteien nicht begründet, aber zu Grabe getragen worden. Sie haben das ancien regime in Frankreich zerstört, ohne daß es ihnen gelungen wäre, ein haltbares Regiment an dessen Stelle zu setzen u. s. f. Die Stimmung, welche solchen Wahrnehmungen entspricht, hat manchen prägnanten Ausdruck gefunden. Unter anderen gehört das Goethe'sche „ein garstig Lied, pfui ein politisch Lied" hierher. Und auf die vermeintliche Quelle des anscheinend unfruchtbaren Parteitreibens sind die anderen, unzweifelhaft nicht Wenigen aus der Seele gesprochenen Goethe'schen Worte zu beziehen:

„Doch das Schlimmste find' ich den Dünkel des irrigen Wahnes,
Der die Menschen ergreift, es könne jeder im Taumel
Seines heftigen Wollens die Welt beherrschen und richten.
Hielte doch jeder sein Weib und seine Kinder in Ordnung,
Wüßte sein trotzig Gesinde zu bänd'gen. . . . ."

Die heutige Generation hat sich allerdings an die Parteien und ihren Streit gewöhnt und schöpft aus diesem eine ihr zum Bedürfnis gewordene Erregung. Auch haben die Ringe des Parteikampfes sich in einer Weise ausgedehnt, daß keine Gesellschaftsgruppe mehr außerhalb desselben steht und wenige Individuen noch als völlig unbeteiligte Zuschauer des Schauspiels sich versucht fühlen können, über die Beteiligung an demselben den Stab zu brechen. Gleichwohl dürften die Meisten auch jetzt noch, nach ihrer innersten Meinung über Wert und Bedeutung des Parteiwesens gefragt, einer pessimistischen Auffassung zustimmen und in jenem ein strenggenommen Nichtseinsollendes finden. Sie dürften zu dem Urteil gelangen, daß in der „politischen Zwietracht" auseinanderfalle, was zusammenhalten sollte, daß die Teile eines Volkes, welche zu einheitlichem Wirken berufen sind, sich in den Parteien gegen einander kehren, und daß dies nicht geschehen könne, ohne „die Abweichung eines Teils der Staatsgenossen von dem Platze, der Bahn und Richtung, die ihm zukommt". Ernsthafter und lange fortgeführter Streit scheint überhaupt auf eine durch bösen Willen oder Dummheit herbeigeführte Verwirrung der normalen Verhältnisse eines betreffenden Gebietes und also auf eine Verirrung des Willens oder der Intelligenz bei einem der Streitenden oder bei beiden hinzuweisen. Dort, wo jeder nur das ihm Zukommende in Anspruch nimmt und den andern das Ihre zukommen zu lassen bereit ist, scheint ein solcher Streit nur Mißverständnissen entspringen zu können, welche doch bei gutem Willen und einiger Fähigkeit, sich aufzuklären, sich beheben lassen müssen. Durchweg erscheint uns, zumal zwischen Bürgern, der Friede als der einer sittlichen Gesinnung eigentlich entsprechende Zustand, und wo ein solcher sich nicht verwirklichen oder aufrecht erhalten läßt, suchen wir nach einem Schuldigen. Neuentstehendem Streite gegenüber fragen wir unwillkürlich nach demjenigen, der ihn begonnen habe und dem die Verantwortlichkeit dafür aufzubürden sei. So wird in der Gegenwart die Frage, wer den sogenannten „Kulturkampf" angefangen habe und wer die Schuld an demselben trage, immer aufs neue aufgeworfen. Es ist hier nicht der Ort, die Rolle genauer zu bestimmen, welche dem „Mißfallen am Streite" in der Ethik zukommt, und zu untersuchen, ob die Herbart'sche Schule, welche in ihrem Moralsysteme diesem Mißfallen eine wichtige Stelle einräumt, dasselbe richtig interpretire, auch mag zunächst dahingestellt bleiben, welche Folgerungen sich daraus bezüglich der Parteikämpfe ableiten lassen. Unbestreitbar aber ist, daß ein allgemeiner Zug des menschlichen Gemütes auf die Herbeiführung vollständigen Friedens in der äußeren wie in der inneren Sphäre gerichtet ist, und daß demselben eine ethische Bedeutung, jedenfalls in der Schätzung der christlichen Völker, zukommt. Es entspricht dem, daß die religiösen Überzeugungen den Zustand des Jenseits unter denjenigen, welche als gerecht befunden worden sind, als einen Zustand vollkommenen, durch die Heiligkeit der Gesinnungen verbürgten Friedens voraussetzen. Auch macht das Mißfallen am Streite in den Urteilen der Völker sich beständig als ein wichtiger Faktor geltend. Unter seinem Einfluß sind sie geneigt, dem Ausgang geschichtlicher Kämpfe die Bedeutung eines gerichtlichen Urteils („die Weltgeschichte ist das Weltgericht"), und zwar eines Schuldurteils beizulegen, indem sie davon, daß bei einem der Streitenden eine Verschuldung vorliegen müsse, als von einer selbstverständlichen Voraussetzung ausgehen. Unter seinem Einfluß suchen sie beim Ausbruch von Zwistigkeiten und Kriegen, wie Geyer bei einer Erörterung über den Kampf ums Recht des weiteren ausführt, den Vorwurf des Streitbeginnens ängstlich von sich abzuwehren, da jedes sich bewußt ist, daß es dem öffentlichen Gewissen gegenüber einen schwierigen und auch praktisch bedenklichen Stand begründet, als Friedensbrecher, als derjenige zu erscheinen, der an die Stelle eines friedlichen Zustandes den Streit gesetzt hat.

Einen ethischen Standpunkt der hier angedeuteten Art nimmt in Beziehung auf die Kämpfe der Parteien und speziell diejenigen Kämpfe, welche seit der ersten französischen Revolution den Kontinent erfüllt haben, u. a. Welcker in der Einleitung zu seinem Staatslexikon ein.

Es mag hier einiges aus den betreffenden Ausführungen hervorgehoben sein. Eine Hauptursache des endlosen Haders findet Welcker in dem „anarchischen Abfall“ der in allen denkbaren Richtungen auseinandergehenden Theorien von dem Mittelpunkte des gemeinschaftlichen Lebens, seiner Grundkräfte und seiner Harmonie. Die zweite Hauptursache findet er in dem Kampf der Interessen und in einem Mangel an patriotischer Gesinnung, also in dem praktischen Korrelat zu jenen Gebrechen der Doktrin. Die beiden Elemente haben nach Welcker eine verhängnisvolle Verbindung eingegangen, die Interessen haben die Elemente der einander widerstreitenden Theorien in sich aufgenommen. „Vorher nur wie zur geistigen Unterhaltung gegenübergestellte Theorien, nur einseitige, nebeneinander hingehende Richtungen, gingen nun,“ wie er bemerkt, „über in einen feindseligen Gegensatz, in einen erbitterten, blutigen Vernichtungskrieg.“ Hier sind die Elemente der Gegensätze, welche das moderne Parteileben beherrschen, richtig bezeichnet, insofern dieselben sich in theoretische und praktische Triebe und Richtungen unterscheiden lassen, auch wird der Verbindung dieser Elemente mit Recht eine historische Bedeutung beigelegt. Die ethischen Urteile jedoch, welche mit der Darlegung dieses Sachverhaltes sich verknüpfen, finden bei Welcker keine Begründung und sind einer solchen, was von dem bisher charakterisirten Standpunkte der Beurteilung des Parteiwesens trotz des zu seinen Gunsten Angeführten überhaupt gilt, auch nicht zugänglich.

Wann soll der Sündenfall der Doktrin, auf welchen hier hingewiesen wird, erfolgt sein? Zu welcher Zeit soll sie den Mittelpunkt des gemeinsamen Lebens, seiner Grundkräfte und Harmonie beherrscht haben? Nicht in frivolem Spiele gingen ihre Bestrebungen in einseitigen Richtungen auseinander einem einheitlichen Wirken der nationalen Kräfte gegenüber, sondern unter dem Einfluß des Widerstreites, der zwischen diesen Kräften bestand und sich immer gewaltiger auf allen Gebieten des öffentlichen Lebens entfaltete. Die Doktrin, welche alten und neuen Lebensrichtungen mit ihren Mitteln zu einem prägnanten Ausdruck verhalf, erfüllte einen natürlichen Beruf und kann nicht verantwortlich dafür gemacht werden, daß das Leben, das sie spiegelte, nicht die Einheit zeigte, die in den citirten Worten vorausgesetzt wird. Die Theorien der Revolutionszeit weisen nicht minder wie die der Restaurationszeit, die organische und die historische Rechts- und Staatslehre nicht minder wie die individualistische u. s. w. auf Mächte des wirklichen Lebens hin, welchen es nicht verwehrt bleiben konnte, auch in den Formen der Doktrin zum Worte zu kommen. Weder der Zufall, noch irgend eine Verschuldung hat den Theorien eine dem Kampf der Interessen korrespondirende Entwicklung gegeben, sondern ihre Abhängigkeit von den aus dem Grunde des Volkslebens hervordringenden Impulsen, und die bedeutsame Verbindung, in welche sie eingetreten sind, hat nicht in irgend einem Abfall, sondern in einer natürlichen Verwandtschaft, in dem früher charakterisirten Ursprung der sich vereinigenden Strömungen aus gleichen Quellen und der Übereinstimmung der mit diesem Ursprung gegebenen Richtungen ihren Grund.

Ebensowenig finden die Parteigegensätze ihre Erklärung in einem Mangel an patriotischer Gesinnung oder an Gerechtigkeitssinn. Ohne Zweifel üben diese Tugenden im allgemeinen einen günstigen Einfluß auf die Formen des Parteikampfes und auf die Neigung, unter gegebenen Voraussetzungen Kompromisse einzugehen, aus. Aber sie können nicht das Hervortreten von Gegensätzen und die Bildung von Parteien, sowie nicht von vornherein die Kämpfe zwischen diesen ausschließen. Und auch der ersterwähnte Einfluß ist ein beschränkter. Danton und Robespierre waren gute Patrioten, und gerade die Fanatiker der Parteien pflegen auf das Recht und die Gerechtigkeit der von diesen vertretenen Sache zu pochen. Gerechtigkeit ist der ethische Hauptbegriff im Katechismus der Sozialisten. Das hindert diese nicht, ihre Angriffe gegen die Existenzbedingungen der bestehenden Gesellschaft zu richten, und wird sie gegebenenfalls nicht hindern, die äußersten Kampfmittel zur Anwendung zu bringen.

Da die Parteien nicht lediglich Interessen einzelner, sondern, jedenfalls in ihrem Sinne, wesentlich zugleich allgemeine Interessen vertreten, so kann der Patriotismus keine Garantie gegen ein entschiedenes Eintreten für diese Interessen bieten. Und was die Gerechtigkeit betrifft, so verwirklicht sich dieselbe innerhalb des gesellschaftlichen Lebens nicht ohne den Kampf. Interessen, welche nicht reale Kräfte für sich ins Feld stellen, würden vergeblich erwarten, daß man ihnen den ihrer Dignität entsprechenden Einfluß auf die öffentlichen Angelegenheiten einräume, ohne daß dies in Ungerechtigkeit auf anderer Seite seine Erklärung finden müßte. Denn was das einem jeden in der Gesellschaft Zukommende sei, welcher Einfluß einer jeden der Kräfte, welche sie einschließt, auf die gesellschaftlichen Lebensformen und Einrichtungen gebühre, das ist nicht a priori auszurechnen. Wir können den im Gange der Entwicklung hervortretenden Kräften und Trieben ihr Recht nicht zusprechen, ehe sie sich geltend gemacht und in der Konkurrenz um den Spielraum des Lebens ihre Bedeutung und Tragweite, ihre verwandtschaftlichen Beziehungen und das Maß der in ihnen lebenden Energie ans Licht gestellt haben. Indem sie den Kampf mit den Mächten aufnehmen, welche bisher den von ihnen geforderten Raum besetzt hielten, setzen sie an die Stelle eines Zustandes der Ruhe und des Friedens den Streit. Dieser aber erscheint hier als eine Voraussetzung, nicht als ein Hemmnis der Verwirklichung des „suum cuique". Und dies wird so lange der Fall sein, als in dem Prozeß des Lebens noch neue Kräfte sich ankündigen und dem Bestehenden die Bedingungen für ihre Entfaltung abzukämpfen haben. Auf diesem Gebiete ist daher die ethische Frage, zwar keineswegs identisch mit der Machtfrage, doch enge mit ihr verknüpft. Diese aber findet ihre Beantwortung nicht, ohne daß die konkurrirenden Kräfte sich in irgend welchen Formen des Streits aneinander gemessen haben. Es liegt daher ein nicht haltbarer Optimismus in der Behauptung, daß „in der sittlichen Forderung des freiwilligen Verzichtes von seiten der formal Berechtigten im Falle des heranreifenden Konflikts die leichteste Lösung aller Widersprüche" liege. Wohl mag eingeräumt werden, daß in der „freiwilligen Nachgiebigkeit gegen das geschichtlich werdende Recht" eine „Anforderung der Moral" liege (v. Holtzendorff, Politik), aber es liegt in der Anerkennung derselben mit nichten eine Garantie für eine streitlose Entwicklung des staatlichen Lebens, welche weder irgendwo stattgefunden hat, noch stattfinden wird. In welchem Momente soll das bestehende Recht dem heranreifenden Konflikte gegenüber seinen freiwilligen Rückzug antreten? Bis zu welcher Linie soll es dem werdenden Rechte gegenüber weichen? Wie bestimmen sich die Kriterien, welche das letztere und seine Tragweite vor jeglichem Konflikte mit Sicherheit erkennen lassen? Vergeblich wird man sich bemühen, im Hinblick auf konkrete Verhältnisse den Repräsentanten des bisherigen Zustandes eine exakte und jeglichen Zweifel ausschließende Antwort auf diese Fragen zu geben. Mit Grund vertritt Geyer (Rechtsphilosophie) in Bezug auf die unerfreuliche Kategorie der Prätendenten, welche die neuere Geschichte so sehr bereichert hat, die Pflicht, auf ihre Ansprüche zu verzichten, wenn eine sicher geordnete Herrschaft ihnen gegenübersteht und das Gegenteil zur Zerrüttung der Rechtsordnung und zur Zerstörung sittlicher und materieller Güter des Volkes führen muß. Aber für die Frage, ob dem so sei, wird vor allem die praktische Demonstration des vorausgegangenen Streites und die Machtentfaltung auf gegnerischer Seite in Betracht kommen.

Geyer selbst richtet seine Forderung an den „vertriebenen" Fürsten und geht nicht so weit, einen vorausgehenden Verzicht, der Gefahr, vertrieben zu werden gegenüber, oder um einem auf seine Rechte bezüglichen Streite vorzubeugen, von ihm zu fordern. Vielleicht hätte Napoleon III. nach dem 4. September 1870 auf seine Ansprüche verzichten sollen, aber niemand wird meinen, daß er in Berücksichtigung des Prinzips des freiwilligen Verzichts dem Aufruhr des 4. September hätte zuvorkommen können und sollen.

Die konservativen Parteien haben heute nicht wenige von den Positionen, welche ihnen in einem hundertjährigen Kampfe entrissen worden sind, definitiv aufgegeben. Aber wer wollte ihnen vorhalten, daß sie auf Grund jenes Prinzips das Resultat dieser Kämpfe antizipiren hätten sollen?

Wir gelangen daher auf dem Wege Geyers ebenfalls nur zu einer Endigung bestimmter Kämpfe durch Verzicht oder redlich gemeinte Kompromisse, aber nicht zu deren Vermeidung. Der Imperativ aber, von welchem er ausgeht, jenes „vermeide den Streit" der Herbart'schen Ethik, auf welches ich bereits hingewiesen habe, enthält keine Lösung des uns beschäftigenden Problems: den Streit der Parteien auszuschließen. Denn seine verpflichtende Kraft ist eine beschränkte. Er ist der Ausdruck einer Kraft, welche neben anderen Kräften von gleicher Dignität sich geltend zn machen sucht, durch diese aber mannigfach in ihrer Wirksamkeit gehemmt wird. Auch wenn die sich bekämpfenden Parteien jenem Imperative, insoweit er Geltung in Anspruch nehmen kann, gleichmäßig huldigten, würde ihnen die Fortführung ihrer Kämpfe nicht erspart sein, so lange sie der Überzeugung sind, daß sie legitime Interessen zu vertreten haben, und so lange nicht zwischen diesen Interessen eine vollkommene Harmonie sich herausgestellt hat.

* * *

Aber wie verträgt sich, so könnte man einwerfen, diese ganze Vorstellungsreihe mit der Einheit des Volkswillens und der ihr entsprechenden einheitlichen Gestaltung des öffentlichen Lebens? Schieben die Parteien nicht zwischen den Gesamtwillen der Nation und die zu seiner Ausführung berufenen Organe ein Drittes ein, welches, anstatt jenen in seiner Einheit klarzulegen, worauf es ankäme, denselben vielmehr durch eine Vielheit auseinanderstrebender und sich gegenseitig verneinender Willen und deren hin- und herschwankenden Kampf verhüllt? Dieses Argument wird in der That von dem Hauptrepräsentanten der Lehre von der Volkssouveränität, Rousseau, gegen die Parteien geltend gemacht. Es begegnen sich daher in der Abneigung gegen diese und den Geist ihrer Wirksamkeit die Extreme. Dem einen sind sie verhaßt, weil sie das einheitliche Wirken der Zentralgewalt erschweren und deren Autorität in Frage stellen, dem andern, weil sie die Einheit des Volkswillens nicht zum Vorschein bringen und deshalb der Autorität von diesem nicht günstig sind. Das letztere Motiv fordert hier eine speziellere Beleuchtung, da es für die allgemeine Auffassung des Parteiwesens von entscheidender Bedeutung ist. Die Parteien bringen den gemeinsamen Willen nicht zur Darstellung, weil er in der vorausgesetzten Weise nicht existirt. So tief wir auch herabsteigen mögen nach dem Grunde des Volkslebens, die gesuchte Einheit findet sich nicht. Wenn wir von den hier sich geltend machenden Trieben und Anschauungen im Sinne Rousseau's alles abziehen, was sich gegenseitig negirt, so ergibt sich nicht, wie jener meint, der widerspruchslose allgemeine Wille, der sich im Rechte zu verkörpern berufen ist, sondern das Nichts, der Stillstand des Lebens. Der Antagonismus, welchen die Parteien an der Oberfläche des letzteren zu einer anschaulichen und farbenreichen Darstellung bringen, wurzelt in dem Verhältnis der elementarsten Kräfte, mittelst deren das gesellschaftliche Leben sich aufbaut, zu einander, und die Abfolge von Erscheinungen, welche der soziale Lebensprozeß in auf- und absteigender Linie umfaßt, ist von demselben abhängig. Auf allen Stufen des Lebens zeigen sich Gegensätze, welche sich bei näherer Betrachtung als mit einander verwandt erkennen lassen. Sie werden in bestimmten Formen überwunden, um in anderen, einen reicheren, mehr differenzirten Inhalt umfassenden (so lange es sich um die aufsteigende Linie handelt) wieder aufzuleben. Dies gilt auch für das geschichtliche Leben der Völker und sogar der Menschheit. Wir werden in der Folge solche Gegensätze kennen lernen, welche in neueren Formen hier immer wieder zum Vorschein kommen, so oft auch eine immer aufs neue erstrebte Ausgleichung derselben erreicht zu sein scheint. Immer wieder beginnt das Spiel antagonischer Kräfte, und zwar nicht neuer, jetzt erst, auf dieser Stufe, in die Welt eingetretener, sondern ursprünglicher Kräfte, welche inmitten eines kunstvoller aufgebauten, psychologisch reicher ausgestatteten und mit feineren Mitteln ausgeführten Dramas sich in wohlbekannten und der veränderten Umgebung angepaßten Rollen manifestiren.

Mit einer definitiven Ausgleichung der Gegensätze würde für die Entwicklung zugleich ein definitives Ziel gesetzt sein. Eine weitere Steigerung und zugleich Bereicherung des Lebens, eine fortschreitende Vervielfältigung seiner Formen und eine Vertiefung seines Inhalts würde nicht mehr in Aussicht stehen. Wo wir diesen Prozeß einer progressiven Entfaltung von Lebenskeimen wahrnehmen, da dürfen wir auf das Vorhandensein von Kräften schließen, von welchen jede die betreffende Sphäre mit einem anderen Inhalte zu erfüllen, die gegebenen Bedingungen und Elemente des Lebens in einem anderen Sinne zu erfassen und die Formen desselben in einer besonderen Weise zu gestalten strebt. Dieser Wettbewerb um die Herrschaft über die Materialien des Lebens zwingt dasselbe zur Bewegung in aufsteigender Linie, wie der Zusammenstoß der Winde die Wettersäule sich erheben läßt, wie das Gegeneinanderwirken verschiedenartiger Kräfte die Pflanze nötigt, sich vom Boden zu erheben, den Stamm des Baumes sich senkrecht aufrichten und in erhobener Krone das Leben desselben sich farbenprächtig entfalten läßt.

Eine Idee, welche eine allgemeine und befestigte Herrschaft und in einer widerstrebenden Welt den Ausdruck und die Verkörperung erlangt hat, um welche sie ringt, büßt ihre belebende Kraft ein; der Glaube seine Innigkeit, wenn er sich nicht Zweifeln gegenüber durchzusetzen oder einer widerstrebenden Innen- oder Außenwelt gegenüber zu bewähren hat. Ein Individuum, ein Geschlecht, eine Gesellschaftsklasse oder ein Volk, welche keinen Gegner mehr zu fürchten, keinen Nebenbuhler zu überbieten, keine Hindernisse bei der Befriedigung ihrer Bedürfnisse mehr zu besiegen hätten, und welche in sich selbst nicht durch manigfachen Widerstand bewegt und zum Handeln aufgereizt würden, von denen dürften wir Thaten und Schöpfungen nicht mehr erwarten. Ihr Leben würde einer rückläufigen Metamorphose verfallen sein. Wo diese Voraussetzungen bei Völkern, Ständen, Geschlechtern auch nur bis zu einem gewissen Maße eingetreten sind, da hat die Geschichte von Stagnation und Niedergang, von Zerfall und Auflösung zu berichten. Dagegen wo ein Volk seine Kräfte zu gesteigerten Leistungen zusammenfaßt, da geschieht es im Kampf mit einer feindlichen Macht oder im Ringen um den Vorrang auf irgend einem Gebiete; wenn es neue Triebe und Anlagen kundgibt, wenn ein neuer Schaffensdrang sich in ihm regt, und neue Blüten geistigen Lebens von der Kraft desselben Zeugnis geben, so geschieht es in Begleitung oder unter den Nachwirkungen eines Triumphes über gegnerische Mächte oder solche dem Volke selbst angehörige Kräfte, welche den jetzt sich manifestirenden entgegenwirken. Thaten und Schöpfungen der Begeisterung weisen, wenn nicht auf äußeren Krieg, so auf die Überwindung oder Bekämpfung von Zuständen hin, in welchen bestimmte Seiten der Volksnatur eine einseitige Befriedigung gefunden und die ihnen entsprechenden Machtfaktoren eine ausschließliche und nun als drückend empfundene Herrschaft sich begründet haben, oder auf die Eröffnung eines Spielraums für Bestrebungen, Arbeiten und Genüsse, welchen die frühere Lebensordnung verschlossen gehalten hatte. Die den Fortschritt charakterisirende Bewegung erhält sich hier überall dadurch, daß es den im Gesamtbereiche des gesellschaftlichen Lebens konkurrirenden Kräften, Richtungen, Völkern, Gesellschaftsklassen und Individuen wechselweise gelingt, sich in Vorteil zu setzen und den Zuständen an irgend einem Punkte ihre Eigentümlichkeit einzuprägen.

Nicht immer freilich ist der Widerstreit der Kräfte für deren Entfaltung günstig. Der Krieg erweckt nicht bloß, im Sinne des Heraklit'schen Satzes, er zerstört auch Leben. Oft genug hat auch der Streit der Parteien sich unfruchtbar erwiesen, auch wohl die nationale Entwicklung gehemmt und das Erbe des heranreifenden Geschlechts geschmälert. Stets aber weist eine mächtig aufstrebende Entwicklung auf einen vielgestaltigen Widerstreit manigfaltiger Kräfte als auf ihre Voraussetzung hin. In ihrem Zusammentreffen innerhalb des nämlichen Lebensraumes begründet sich für sie die Nötigung zur Ausbildung immer neuer Formen, immer reicherer und komplizirterer Gestaltungen, auf daß es den heterogenen Elementen möglich werde, sich neben einander auszubreiten und zu bethätigen. —

Damit ist ein Gesichtspunkt für die Betrachtung des Parteiwesens gewonnen, an welchem wir festhalten wollen, wenn die Übel und Gefahren, welche sich mit jenem verbunden zeigen, uns pessimistischen Ansichten, wie wir sie bereits kennen gelernt haben, zugänglich machen sollten. Der Streit unserer Parteien bewegt sich in der Hauptsache um Gegensätze, welche die Entwicklung des gesellschaftlichen Lebens von den untersten Stufen herauf beherrschen, und gewinnt in diesem Zusammenhange eine Bedeutung, welche uns genügende Gegengewichte für alle jene Übel darbietet. Der Volkswille, welchen wir den Parteien gegenübergestellt haben, kommt nicht zu stande ohne deren Wirksamkeit, jedenfalls nicht ohne die Wirksamkeit antagonischer Kräfte, wie sie unter gegebenen Voraussetzungen in der Form von Parteien sich gegenübertreten. In seinem Inhalte sind die Ergebnisse dieser Wirksamkeit überall leicht zu erkennen. Derselbe umfaßt jederzeit eine Summe von Kompromissen zwischen kollidirenden Interessen und Überzeugungen, Kompromissen, welche ein Gegeneinanderwirken der in diesen Interessen nnd Überzeugungen liegenden Kräfte voraussetzen. Die Einheit des der gesellschaftlichen Ordnung zu Grunde liegenden Willens ist daher überall nur eine beschränkte. Sie umfaßt nicht den gesamten Inhalt der zum Ausdruck gebrachten Interessen und Überzeugungen, ist eine vollständige vielmehr nur in formeller Hinsicht, in Bezug auf die Forderung nämlich, daß die Kompromisse geachtet werden, solange nicht andere an ihre Stelle getreten sind. Der Widerstreit zwischen den zu Grunde liegenden Elementen wird durch diese Kompromisse nicht aufgehoben, sondern nur in gewisse Grenzen eingeschlossen und an gewisse Formen gebunden. Den Beweis seiner Fortdauer enthält die Entwicklung, welcher die Formen des öffentlichen Lebens samt den Kräften, in welchen sie ihre Träger haben, unterliegen.

Mit dieser Betrachtungsweise befinden wir uns übrigens in einem Gegensatze nicht bloß zur Lehre von der Volkssouveränität, sondern noch zu anderen Lehren und zwar solchen von weitaus höherer Geltung im Bereiche der Wissenschaft, speziell zu den Theorien unserer neueren Rechtsschule. Diese letzteren sehen im Rechte eine Äußerung des nationalen Geistes, welchen sie sich, ähnlich wie Rousseau, als eine einheitliche Potenz vorstellen, und betonen den innigen Zusammenhang dieser Äußerung mit allen sonstigen Manifestationen dieses Geistes. Für jenes von mir charakterisirte Spiel der Gegensätze ist in ihren Theorien kein Raum. Der Weg der Entwicklung des Rechts ist nach ihnen nicht durch Kompromisse und nicht durch die Herstellung von immer aufs neue aufgehobenen und immer wieder, unter anderen Modalitäten, begründeten Gleichgewichtsverhältnissen, sondern durch den Fortschritt in der Entfaltung der nämlichen nationalen Grnndgedanken bezeichnet, es ist ein Weg friedlichen Voranschreitens, das in jedem

Momente durch eine gemeinsame Überzeugung bestimmt wird. Und diese Überzeugung tritt aus der Volksseele als eine einheitliche und fertige in das geschichtliche Leben heraus, wie Minerva aus dem Haupte Jupiters. Man sieht im Streit wohl den Gegenstand des Rechts, nicht aber dessen Quelle, wohl das Maß für den Ausgleich zwischen den Streitenden, nicht aber die mit diesem Ausgleich selbst erwachsenden Formen desselben. „Nicht der Kampf gebiert das Recht, das Recht ist der Friede." So lautet das Motto einer Schrift von Boas, in welcher die herrschende Auffassung gegen die in Iherings „Kampf ums Recht" enthaltene energische und bedeutsame Anfechtung derselben verteidigt wird. In der That, das Recht ist der Friede, aber ein Friede, welcher den Konflikt voraussetzt, wie der Friedensschluß den Krieg und wie das Gleichgewicht in einem System von Kräften deren Antagonismus. Der Friede, welcher in der natürlichen Einheit der beteiligten Interessen und Überzeugungen sich begründet, bedarf des Rechts nicht, und mit diesem Frieden das Recht zu identifiziren wäre gedankenlos. Freilich ist dies sonst nicht die Meinung. Aber man sieht hinter dem Streit der Individuen und Gesellschaftsklassen, der Beherrschten mit den Herrschenden, der Einzelnen mit dem Ganzen, der Interessen des Beharrens mit den Interessen des Fortschritts, der Interessen der Gleichheit mit denen der Freiheit, der nationalen Tendenzen mit den kosmopolitischen, der kirchlichen mit den staatlichen u. s. w. eine große Gestalt, welche unberührt durch alle diese Gegensätze und Konflikte das Gesetz des gemeinsamen Lebens feststellt, und zwar feststellt als ein einheitliches, als den Ausdruck *ihres* Geistes, nicht des Geistes derjenigen, für welche es aufgestellt ist.

Eine solche Auffassung von der Genesis des Rechts tritt uns in unserer Literatur seit der Zeit der Romantik und des Aufblühens der historischen Rechtsstudien beständig entgegen. Speziell bei denjenigen, welche sich ohne Vorbehalt zur historischen Rechtschule bekennen, sowie bei den meisten Vertretern der sogenannten „organischen" Staatslehre. Zu den letzteren gehört, als einer der jüngsten, Bluntschli. Obgleich seine Auffassungen überall ein individuelles Gepräge haben, dürfte es unbedenklich sein, ihn in Bezug auf den hier besprochenen Gegensatz für jene ganze Richtung reden zu lassen. Bluntschli gründet, im Einklang mit der herrschenden Ansicht, das Recht auf den einigen und harmonischen Gesamtwillen und das Gesamtbewußtsein des Volkes, welchen er den disharmonischen Individualwillen (die Grundlage des

Rechts bei den meisten Vertretern des Naturrechts) entgegensetzt. Dieser Gesamtwille wird von ihm näher als Rassewille und mehrfach als Gewissenswille bestimmt (worin die Eigentümlichkeit der Bluntschli'schen Auffassung sich geltend macht), und bezüglich desselben behauptet, daß er durchweg gerecht und vernünftig, und daß in ihm „Gemeinschaft, Harmonie und Eintracht" sei, wie in dem Individualwillen „Zerstreuung und Widerspruch", und daß er sich in der Rechts- und Staatsgeschichte in organischem Wachstum und geregelten Wandlungen offenbare (Politik, III, 1: „der Gegensatz von Rasse und Individuum").

Der Gegensatz zwischen Gesamtwillen und Individualwillen interessirt an dieser Stelle nicht näher, nur die Einheit des ersteren und seiner geschichtlichen Offenbarungen steht hier in Frage. Es ist einleuchtend, daß ihr gegenüber für die Parteien kein Spielraum bleibt. Denn dieselben repräsentiren eine Vielheit heterogener Willen und können daher an der Äußerung eines einheitlichen Gesamtbewußtseins keinen Anteil haben. Wenn die Parteien einen Einfluß auf den Inhalt und die Entwicklung des Rechts haben, so muß dasselbe, soweit dies der Fall ist, jene Kompromißnatur zeigen, auf welche ich hingewiesen habe. Wo aber diese zum Vorschein kommt, da kann von der Offenbarung eines einheitlichen (Rasse-, Volks-Gewissens-) Willens nicht die Rede sein.

Sehen wir uns nun nach der wirklichen Sachlage um, so tritt uns sofort die Thatsache greifbar entgegen, daß die Parteien nicht vor den Pforten des Rechtslebens stehen bleiben, vielmehr inmitten desselben ihr Lager aufgeschlagen haben. Hier liegen die Hauptobjekte ihres Streits. Derselbe ist im wesentlichen ein Kampf für und gegen die Reform des Rechts. Und umgekehrt ist diese Reform nicht leicht irgendwo in einem wesentlichen Punkte erfolgt, ohne daß die Parteien dazu Stellung genommen und einen ihren Prinzipien entsprechenden Einfluß auf das Daß und Wie der Neuerung zu gewinnen versucht haben, wenn anders Spielraum für eine solche Bethätigung gegeben war. Demgemäß ist die Geschichte der tiefgreifenden Änderungen, welche der Rechtszustand in den meisten Ländern des Kontinents während der letztverflossenen hundert Jahre erlitten hat, aufs engste verknüpft mit der Geschichte der politischen Parteien. Vor allem die Geschichte der Reformen im Bereiche des Staatsrechts. Hier tritt denn auch in dem Ergebnisse, in den Formen der konstitutionellen Monarchie, der Kompromißcharakter und eine dem Stande der Verhältnisse auf dem Gebiete des Parteiwesens entsprechende Verbindung heterogener Elemente deutlich genug hervor. Aber auch in der Geschichte des Strafrechts, des Prozeßrechts, des Verwaltungsrechts machen sich die Parteien beständig als maßgebende Faktoren bemerklich. Vergeblich würde man eine Ansicht, welche in Bezug auf das Recht überhaupt sich augenscheinlich als unhaltbar erweist, wenigstens dem Privatrecht gegenüber aufrecht zu erhalten suchen. Das Erbrecht, das Familienrecht, das Handelsrecht, das Immobiliarrecht u. s. w. schließen eine Fülle von Fragen ein, welche vom Standpunkte der verschiedenen Parteien aus sich in einem verschiedenen Lichte zeigen und teils schon auf der Tagesordnung ihrer Kämpfe erschienen sind, teils früher oder später einmal auf derselben erscheinen dürften. Freilich enthält das Privatrecht eine größere Anzahl fester Bestandteile als das öffentliche Recht, solcher Bestandteile nämlich, welche uns mit den Voraussetzungen eines civilisirten gesellschaftlichen Lebens oder mit den Verhältnissen eines entwickelten und geordneten Verkehrs in unlösbarer Verbindung zu stehen scheinen. Sie sind dem Streite der Parteien entrückt, weil und insofern sie der das Rechtsleben im übrigen beherrschenden Bewegung entrückt sind, und kommen deshalb hier, wo das Verhältnis der Parteien zu dieser Bewegung in Frage steht, nicht in Betracht.

Man darf nicht einwenden, daß auch die Parteien die Merkmale des nationalen Geistes an sich trügen und den letzteren in ihrer Wirksamkeit nicht verleugnen könnten. Denn soweit dies der Fall ist, fällt die Parteiung weg. Soweit die Elemente einer gemeinsamen humanen und nationalen Bildung ihren beherrschenden Einfluß erstrecken, fehlt die Voraussetzung für ein Hervortreten von Gegensätzen, für den Streit und für die Kompromisse der Parteien. Das Argument, das in dem Einfluß der letzteren auf die Fortbildung des Rechts liegt, kann daher durch die Berufung auf die ihnen gemeinsamen humanen und nationalen Eigenschaften nicht abgeschwächt werden. Die Bedeutung dieser Eigenschaften soll hier nicht unterschätzt werden. Bei einem Volke, dessen Bestandteile nicht gewaltsam zusammengehalten werden, sondern durch ethische Bande und durch eine reiche Geschichte sich zu einem freien Gemeinleben verbunden finden, ist das Gebiet der Parteien umgeben von einer neutralen Zone, innerhalb deren eine friedliche Begegnung der Streitenden möglich bleibt und in welcher der Staat seine festesten Bollwerke hat, einer Zone des Gottesfriedens, in welcher der Genius des Volks seine Zeichen aufgerichtet hat. Die

Breite dieser Zone ist von wesentlicher Bedeutung für eine befriedigende Gestaltung der internen Verhältnisse. Vor allem ist das Maß der Gefahren, welche sich in den inneren Parteikämpfen für eine glückliche Entwicklung der öffentlichen Zustände und für den Bestand des Gemeinwesens selbst begründen können, von ihr abhängig. Aber die treibende Kraft, welche kein Stillstehen gestattet und die Entwicklung immer wieder zu neuen Lebensformen fortschreiten läßt, geht nicht von jenen Zeichen und dem von ihnen beherrschten Gebiete aus. Und es gilt hier hinsichtlich des Rechts nichts anderes, wie hinsichtlich der übrigen Formen des gesellschaftlichen Lebens.

Freilich ist nicht jede der bei der Entwicklung des Rechts und der Gesellschaft konkurrirenden Kräfte auf dem Schauplatze der Parteikämpfe ausdrücklich und speziell vertreten. Auch kleidet sich der Streit dieser Kräfte überhaupt nicht überall und nicht immer in die Form bewußter Kämpfe zwischen organisirten Parteien. Aber die Bildung derselben wurzelt nicht in Zufälligkeiten oder in irgend welchen abnormen Zuständen, sondern in Vorgängen von universellster Bedeutung. Wo irgend Raum gegeben ist für eine freiere Bethätigung der an unzähligen Punkten zerstreut wirkenden gesellschaftlichen Kräfte, da macht sich die ihnen innewohnende Tendenz bemerkbar, aus einem Zustande der Vereinzelung und anarchischen Unsicherheit, in welchem sie nur eine unstete, in ihren Folgen unberechenbare und sich zerstreuende Wirksamkeit zu entfalten vermögen, herauszutreten und in festen Verbindungen für ihre Weise eine erweiterte und gesicherte Geltung zu erringen. Zu diesen Verbindungen gehören auch die Parteien, welche also nicht durch Irrtum und Zufall auf die Bühne der allumfassenden Konkurrenz geführt werden, sondern, dem natürlichen Gange des Spiels entsprechend, durch die Gesetze, welche dasselbe beherrschen. „Niemand“, sagt Th. Perthes, „erträgt es als Einzelner neben anderen Einzelnen, als Teil in einer ungegliederten Masse zu stehen. Im Menschen arbeitet und drängt der des Einigens mit dem Einen, des Sonderns von den Andern bedürftige Geist, bis er Gliederungen errungen . . . .“

Jene Tendenz kann nicht aufgehoben werden und wird in Bezug auf die für uns wesentlichsten Gegensätze, so lange der Geist eines Volkes lebendig ist, stets in irgend welchen Formen und auf irgend welchen Gebieten erkennbar zn Tage treten. In diesem Sinne konnte Fr. Rohmer, der einer im ganzen nicht befriedigenden Theorie über die Parteien zahlreiche geistreiche Bemerkungen eingeflochten hat, die

Unzerstörbarkeit derselben behaupten. „Wo das politische Leben", bemerkt derselbe, „zu wenig entwickelt ist, um einer äußeren Darstellung der Parteien Raum zu gestatten, da sind sie auf dem geistigen Gebiete vorhanden. Wenn nicht in öffentlichen Kammern, treten sie doch im Innern des Staats, wenn nicht im Staate, in der Kirche, in der Wissenschaft hervor. Sie sind ungreifbar und unverwüstlich; von einem Gebiete gewaltsam vertrieben, tauchen sie im andern um so heftiger auf: der Staat kann ihnen das offene Licht verschließen, so wirken sie fort im Dunkel der Köpfe und Herzen; in tausendfacher Verwandlung bleiben sie immer dieselben."

Auf jene Formen freilich kann ein entscheidender Einfluß geübt werden. Durch äußeren Druck können betreffende Kräfte auf einem bestimmten Gebiete in relativer Isolirung festgehalten und an einer geordneten und stetigen Wirksamkeit gehindert werden. So kann die Regierung eines Landes auch in der Gegenwart und bei europäischen Völkern der Bildung organisirter und am Tage thätiger politischer Parteien, wenn sie hinsichtlich der Mittel nicht wählerisch ist, mit Erfolg entgegenwirken. Aber zu paralysiren vermag sie die in Betracht kommenden Kräfte nicht. Vielleicht gelingt es ihr, die Bewegung, welche in der Bildung und dem Streite frei sich bethätigender Parteien die ihr entsprechenden Formen finden würde, in andere, für ihre Machtstellung minder bedenkliche Wege abzulenken. Oft genug ist so der freien Regung antagonischer Kräfte im internen staatlichen Leben der äußere Krieg substituirt worden, oft genug hat die Alternative „Freiheit" (und damit energische Wirksamkeit der betreffenden Volkskräfte in der Form der Parteiung) „oder Krieg" eine verhängnisvolle Rolle gespielt. So noch zuletzt unter Napoleon III. in Frankreich. Aber nicht immer traf der Blitz das Haus des Nachbars, auf welches er abgelenkt werden wollte! Machthabern, welche nach einer unbedingten und ausschließlichen Geltung ihres Willens streben, pflegt es, was auch vollbracht sein möge, wohl bewußt zu sein, daß ein definitives Ziel nicht erreicht ist, daß die gegnerischen Elemente, welche sie niedergekämpft haben, sich irgendwo in anderen, zuletzt völlig ungreifbaren Formen wieder aufrichten können, daß die Gefahren, gegen welche sie in bestimmten Richtungen eine Schutzwehr aufgerichtet haben, sich plötzlich in einer anderen Richtung in unheimlicher Nähe erheben können. Gefahren, welche in der Gestalt organisirter Parteien überwunden sind, nehmen vielleicht die Gestalt des Aufruhrs, der geheimen

Anzettelungen mit äußeren Feinden oder auch des Meuchelmordes an und spotten in der einen oder anderen Gestalt der Vorsicht wie der Macht.

Die Garantien, welche gegen ein Übermaß der Willkür und Überhebung möglicherweise in Gefahren der letzteren Art gefunden werden können, dürften gegenwärtig in Deutschland nur von Wenigen denjenigen Garantien grundsätzlich vorgezogen werden, welche in der Wirksamkeit freier, gegebenenfalls zur Opposition entschlossener und möglicherweise nicht bloß für das bestehende Regiment, sondern auch für das Staatsganze gefährlicher Parteien liegen. In älterer Zeit begegnet eine derartige Auffassung dagegen, im Zusammenhange mit der Lehre von der unbedingten Gehorsamspflicht der Unterthanen, nicht selten. Unter anderem gebührt nach der Auffassung der deutschen Reformatoren keinem Christen, „zu rechten noch zu fechten, sondern Unrecht leiden und Übel dulden". Böse Fürsten würden schon durch unchristliche Rotten ins Verderben gebracht werden. Unchristen genug sind in der Welt, meint Melanchthon, welche den Tyrannen gegenüber sich erheben, so daß Gott die Bösen durch die Bösen verdirbt. In diesem Vertrauen auf die Unchristen, die das besorgen würden, was, obgleich es als unentbehrlich erkannt ist, den Christen verwehrt sein soll, werden wir uns den trefflichen Männern nicht anschließen, um so weniger, als sie für das Gebiet ihres eigenen berufsmäßigen Wirkens eine Ausnahme postuliren. Äußerungen solcher Art lassen indessen den Geist erkennen, in welchem der eigentliche Gegensatz zu dem den Parteien gemeinsamen und wesentlichen Geiste gegeben ist: den Geist der Passivität, des Verzichts auf Geltendmachung der eigenen Geistesnatur und des Vertrauens, daß die Gerechtigkeit in menschlichen Dingen ohne eigenmächtiges Eingreifen der Beteiligten durch die göttliche Weltleitung zur Verwirklichung gelange.

* * *

Übel und Gefahren des Parteiwesens.

Der Kampf der politischen Parteien erschien uns bei näherer Betrachtung als eine Form, in welcher unabhängig von ihm existirende Kräfte und Verhältnisse zu einem wirksamen und für die Entwicklung der öffentlichen Zustände bedeutsamen Ausdrucke gelangen. Er begleitet die letztere unter Voraussetzungen, auf welche hingedeutet wurde, in ihrem Vorschreiten und in ihren rückläufigen Bewegungen und unterliegt, von diesen abhängig und zugleich auf sie zurückwirkend, auch seinerseits einem Prozesse der Entwicklung. Einem höheren Zustande der allgemeinen Gesittung und einem günstigeren Verhältnisse der Elemente des Volkslebens zu einander entspricht eine geistigere Physiognomie der Parteien und eine moralischen Rücksichten mehr entsprechende Form ihres Streites; tiefwurzelnde Gebrechen dagegen oder ein Rückgang der allgemeinen Gesittung zeigen sich an in niederen Formen des Parteilebens und bezw. in einer Verwilderung desselben. Zugleich kommen, in dem Maße als es die verschiedenen Teile eines Volkes in seine Kreise zieht, die für dasselbe charakteristischen Zustände und Eigenschaften in ihm zum Vorschein. Der Charakter desselben zeigt sich daher, wie Wachsmuth bemerkt, nach seinem jedesmaligen Substrate wandelbar, aber es folgt daraus, wie ich zu zeigen versucht habe, keineswegs, daß wir es als ein bloßes „Adiaphoron" — als welches der mehrgenannte Gelehrte es im besten Falle gelten lassen will — zu betrachten haben. Es gilt dies weder hinsichtlich seiner positiven Seite, noch hinsichtlich seiner negativen Seite: sein Wesen ist weder dem Nutzen, noch den Übeln und Gefahren fremd, welche wir in der Geschichte mit den Parteikämpfen verbunden finden. Bezüglich dieser Übel und Gefahren soll dies jetzt näher dargelegt werden. Die im vorigen gegebene Charakteristik bedarf nach dieser Seite hin einer Ergänzung, soll für gewisse Seiten in der Geschichte des Parteiwesens eine genügende Erklärung geboten werden. Das Bestreben einer jeden Partei, ihren Einfluß auf die Gestaltung des staatlichen Lebens zu steigern, hat die natürliche Folge, daß sie einer beliebigen Frage gegenüber, welche auf der Tagesordnung erscheint, nicht bloß untersucht, was sie an sich bedeute und welche Erledigung dem eigensten Sinn der Frage entspreche, auch nicht bloß, wie dieselbe samt den in Betracht kommenden Lösungen sich zu ihren besonderen Parteiüberzeugungen und sachlichen Bestrebungen, sondern zugleich, wie sie sich zu den Bedingungen des Einflusses der Partei und der Steigerung ihrer Macht verhalte. Um den von ihr vertretenen Prinzipien zu gesicherter Geltung zu verhelfen, muß sie dafür sorgen, daß die Personen, in welchen jene ihre Vertreter finden, eine einflußreiche Stellung behaupten, und demgemäß ihre Schritte nicht bloß nach jener sachlichen Rücksicht, sondern zugleich nach jener persönlichen bemessen. Leicht geschieht es nun hier, daß das Sachliche hinter dem Persönlichen zurücktritt und der Zweck geopfert wird, um das Mittel zu erhalten. „Für einen politischen Kopf“, sagt Baumgarten in seinem trefflichen Schriftchen über den deutschen Liberalismus, „gibt es kaum eine Einzelheit, und wäre sie die wichtigste, die er, auch nur vorwiegend, nach den in ihr selbst gelegenen Momenten behandelt. Er weiß, daß es darauf ankommt, Herr der Situation zu bleiben . . .“ Baumgarten findet eine Schwäche des deutschen Liberalismus darin begründet, daß er an eine gegenteilige Behandlung politischer Angelegenheiten gewöhnt sei, und meint, daß derselbe hauptsächlich um dieses Umstandes willen so viel kostbare Kraft verschwendet habe. Wir sind nach ihm „Schüler der Theorie, welche ja ihr von allen Umständen ganz unabhängiges Urteil über die Dinge fällt; wir sind Kinder einer religiösen Vergangenheit, und die Religion fragt nicht nach den Verhältnissen; wir sind im stillen Hause aufgewachsen, und da gilt uns mit Recht unbeugsame Tugend mehr als umschauende Klugheit“. In der Politik aber führe ein entsprechendes Verhalten zu den übelsten Mißgriffen. Damit wird es unseren Parteien geradezu zur Pflicht gemacht, die Geschäfte nicht vorwiegend nach den in ihnen selbst gelegenen Momenten oder nicht überall „rein sachgemäß“ zu behandeln, und doch ist es unverkennbar, daß mit der Erfüllung dieser Forderung gewichtige Gefahren sich verbinden, daß hier eine Grenzlinie und zwar keine allzu greifbare bestehe, mit deren Überschreiten wir zu einem Systeme der Lüge und des Humbugs gelangen, zu einem Zustande, wo die politische Debatte, die sich ja notwendig um die in den Dingen selbst, sei es wirklich oder vorgeblich, liegenden Momente bewegt, wesentlich nur dazu dient, den Naiven im Volke Sand in die Augen zu streuen. Dies ist mehr als ein Phantasiebild! Europäische und amerikanische Staaten liefern in ihrer Geschichte und zum Teile auch in ihrer Gegenwart Beweise für die Möglichkeit der praktischen Etablirung eines solchen Zustandes. In Deutschland haben wir allerdings das Äußerste in dieser Richtung nicht zu befürchten, da sachlicher Sinn, Wahrhaftigkeit und Redlichkeit zu stark im Volke vertreten sind, um in den Parteien völlig zurücktreten zu können. Aber in dem Maße als die letzteren der von Baumgarten gerügten, pedantisch sachgemäßen Geschäftsbehandlung entsagen, wird auch die Gefahr sich erheben, daß in ihrem Kampfe der Endzweck hinter den nächsten Zielen verschwinde, und die Gesamtinteressen, die jenem entsprechen, den Parteiinteressen, welche mit diesen zusammenfallen, geopfert werden.

Gleich bedeutsam sind die Gefahren, welche sich an den natürlichen Expansionstrieb der Parteien und ihrer Kämpfe anknüpfen. Die letzteren zeigen überall die Tendenz, ihre Kreise auszudehnen, die Gegensätze, um welche sie sich bewegen, zu vertiefen und dieselben in immer weitere Sphären zu übertragen, damit aber den Riß zwischen den auf beiden Seiten stehenden Bevölkerungsteilen stetig zu erweitern. Hierin begründet sich die Gefahr, daß die Kräfte, welche jene in feindliche Lager scheiden, das Übergewicht erlangen über diejenigen, welche sie als Glieder desselben Volkes verbinden. Diese Gefahr erscheint als eine gesteigerte dort, wo von vornherein eine Mehrheit von tiefgreifenden Gegensätzen in den nämlichen Trägern zusammenfällt, wie etwa spezifisch politische Gegensätze mit einer Verschiedenheit des religiösen Bekenntnisses und einer solchen zwischen den Interessen territorial geschiedener Volksteile, vor allem dann, wenn hierbei als dominirend solche Gegensätze erscheinen, welche die ursprünglichen Grundlagen des Gemeinlebens betreffen. Hierher gehört es vor allem, wenn der Schwerpunkt des Parteilebens in einem Gegensatze zwischen verschiedenen Nationalitäten liegt, wie es dermalen in Österreich-Ungarn der Fall ist. Auch nach dieser Seite hin müssen wir mit dem Nutzen des Parteiwesens dessen Gefahren in Kauf nehmen. Aber es ist einleuchtend, daß ihnen gegenüber alle diejenigen Faktoren eine erhöhte Bedeutung erlangen, welche dem völligen Auseinanderfallen eines Volkes in feindliche Parteien entgegenwirken; Einrichtungen, welche die Einheit des Ganzen in einer glänzenden und populären Weise repräsentiren, Quellen geistigen Lebens, welche für alle Klassen des Volkes gemeinsam fließen, Schöpfungen, in welchen die Eigenart desselben sich in rühmlicher und erhebender Weise ausprägt.

Auch unser deutsches Parteileben schließt die Keime solcher Gefahr in sich, aber es fehlt gottlob nicht an Kräften, welche ihrer Entwicklung entgegenwirken, und nicht an treuen Händen, welche die Bande unserer nationalen Einheit pflegen.

Die Vorgeschichte unserer nationalen Einheit und die wissenschaftliche Richtung Savigny's und der geschichtlichen Rechtsschule.

(Aus Fleischers „Deutscher Revue", 3. Jahrg. 4. Bd. 1879).

Der hundertjährige Geburtstag v. Savigny's, des berühmten Hauptes der geschichtlichen Rechtsschule, welcher kürzlich von den Universitäten Deutschlands festlich begangen wurde (21. Februar d. J.), mag zum Anlaß dienen, einen Blick auf die geistige Vorgeschichte unserer neuen nationalen Einheit zu werfen, und uns das Verhältnis zu vergegenwärtigen, in welchem Savigny selbst und die von ihm zu einer geistigen Macht erhobene Rechtsschule zu dieser Vorgeschichte stehen.

Savigny's Verdienste um das Verständnis des Rechts der Römer und die Wiederentdeckung seiner reinen Gestalt würden für jene Feier keinen genügenden Grund dargeboten haben, wenn seine Wirksamkeit keinen Einfluß geübt hätte auf die Entwicklung des deutschen Rechtslebens und der dasselbe beherrschenden Anschauungen. Diesen Einfluß zum Maßstabe der Beurteilung zu nehmen, liegt uns heute besonders nahe, da wir einem gewissen Abschlusse dieser Entwicklung zuschreiten. Denn wir hoffen auf die baldige Herstellung eines gemeinsamen deutschen bürgerlichen Gesetzbuches, welches in Verbindung mit den bereits geschaffenen großen Gesetzeswerken eine neue Periode im deutschen Rechtsleben einzuleiten bestimmt ist. Dasselbe wird zugleich einen neuen Fortschritt auf dem Wege unserer nationalen Einigung bezeichnen.

Savigny's Verhältnis nun zu diesem Entwicklungsgange ist so eigentümlich wie bedeutsam.

Man hat ihn nicht ohne Grund in eine ehrenvolle Beziehung gebracht zu jenem nationalen Werke der Herstellung eines bürgerlichen Gesetzbuches — man hat ihn mit einiger Übertreibung den Vater des werdenden Gesetzes genannt — und doch hat er gegen die Unternehmung eines solchen Werkes aus der Tiefe seiner Rechtsanschauung heraus protestirt!

Suchen wir uns die Bedeutung dieses anscheinenden Widerspruchs an der Hand jener Vorgeschichte klarzulegen.

Wir können in derselben drei Perioden unterscheiden. Allen gehört das Leben Savigny's an; der ersten durch Geburt und Kindheit, der zweiten durch die Jahre der ersten epochemachenden Wirksamkeit und die ihn am meisten charakterisirenden Ideen und Arbeiten, der dritten durch das spätere Mannesalter und den Abend seines Lebens.[1])

Seine Geburt fällt in die Zeit eines fröhlichen Erwachens des deutschen Volkes zu neuem nationalen Leben aus einem Zustande der Bewußtlosigkeit, der eher auf einen baldigen Todesschlaf als auf die Erneuerung eines jugendlichen Lebens voll Kraft und Reichtum hinzudeuten schien.

Der Nation war das Gefühl von sich selbst in dem Maße verloren gegangen, als aus dem Körper des alten deutschen Reichs die Lebenskraft entwichen war. Als den alten Institutionen, den ehemaligen Stützen des nationalen Selbstgefühls, Sinn und Bedeutung abhanden gekommen war, als das alte gemeinsame Recht seine Wahrheit und die Macht zu wohlthätiger Wirksamkeit eingebüßt hatte, als im Bereiche der Formen des öffentlichen Lebens tausendfach aus Vernunft Unsinn, aus Wohlthat Plage geworden war, und für neue dem gesamten Volke ersprießliche Bildungen nirgends Raum gegeben zu sein schien, da verlor dasselbe für eine lange Zeit mit seiner Lebensfreudigkeit und seinem alten Schaffensdrange zugleich die Fähigkeit, sich als eine Einheit zu betrachten; es hörte auf, als ein Ganzes bewußt zu existiren. Es war die Zeit, da man, wie Wieland sagte, das Wort „deutsch" nicht mit Ehren nennen hörte, von welcher das Wort galt, daß, wenn ein Deutscher vom Vaterland und der Hingebung für dasselbe rede, er dem Bettler gleiche, der seine Freigebigkeit rühme, in welcher es als der Deutschen Status quo bezeichnet werden konnte, ohne Sicherheit für Gut und Leben, als eine hilflose Beute jeder Übermacht, ohne tröstlichen Zusammenhang, ohne ein Gefühl der Solidarität von Interessen und Überzeugungen zu existiren, in welcher nicht bloß auf politischem Gebiete, sondern auch in den höchsten Regionen des geistigen Lebens das Ausland dominirte, und die Ideale,

---

[1]) Er starb 1861.

welchen man huldigte, ihre Vertreter in den geistigen Größen einer feindlichen Nation, wohl auch an den Höfen, in deren Auswürflingen fanden.

Aber unser Volk fand sich wieder in den Schöpfungen unserer klassischen Literatur. Inmitten erbärmlicher äußerer Zustände erhob sich in ungeahnter Weise der Genius desselben in diesen Schöpfungen. Durch sie gewann sein nun nicht mehr verdüstertes Bewußtsein einen neuen edlen Gehalt, der ihm die Fähigkeit wiedergab, sich in seiner Eigentümlichkeit und Einheit, in seiner Kraft und Größe zu erkennen und den bisher in stumpfer Bewunderung kläglich kopirten Nachbarn in stolzem Selbstgefühl gegenüberzustellen. Mit diesem neuen Selbstgefühle erwuchsen Hoffnungen auch auf vollkommenere äußere Zustände, auf ein glücklicheres Zeitalter. Mit dem Sturm und Drang, der sich aus dem deutschen Leben eigentümlichen Quellen erhob, verbanden sich allgemeine Stimmungen, welche sich in jenen von Goethe gerühmten Jahren der Gebildeten aller Nationen bemächtigt hatten. Mit ihnen ein kindlicher Optimismus, welcher unbefangen überall die höchsten Ziele ins Auge faßte, ohne sich um die Wege zu kümmern, welche denselben näher führen konnten.

Aber diese Hoffnungen, wie sie nicht einen ausschließlich nationalen Grund hatten, so haben sie auch keinen spezifisch nationalen Inhalt gewonnen. Sie bezogen sich nicht auf den Wiederaufbau des nationalen Staates. Nicht bloß schienen hierfür nirgends Fundamente gegeben zu sein; die Träger jenes geistigen Aufschwungs hatten sich von vornherein anderen Aufgaben zugewendet. Die Bestrebungen jener zweiten Renaissance galten vor allem dem Menschen, nur in zweiter Linie dem Bürger und dem Angehörigen eines nationalen Verbandes. Den Menschen galt es aus den Banden des Konventionellen, den Fesseln eines sinnlos gewordenen Herkommens und unzähliger Vorurteile zu erlösen. Man wollte ihn auf allen Lebensgebieten wieder einmal in ein unmittelbares Verhältnis zur Natur treten lassen, ihn lehren, überall aus ursprünglichen Quellen zu schöpfen. Man wollte die Einzelpersönlichkeit wieder einmal auf sich selber stellen und der lebenden Generation zur Selbständigkeit verhelfen der erdrückenden Macht der Tradition gegenüber. Bei diesem Bestreben verlor man den Sinn „für die naturgemäße Entwicklung der Völker und Verfassungen". An die Stelle getreten war eine grenzenlose Erwartung von der gegenwärtigen Zeit, die man keineswegs zu etwas Geringerem berufen glaubte, als zur wirklichen Darstellung einer absoluten Vollkommenheit (v. Savigny). Jedes Zeitalter sollte sein Dasein, seine Welt frei und willkürlich selbst hervorbringen können. So auch sein Recht. Der durch das geschichtliche Leben des Volkes begründete eigentümliche Charakter desselben erschien als eine Zufälligkeit; die nationalen Besonderheiten überhaupt als Schranken, aus welchem die Menschheit bestimmt sei, herauszuwachsen. Die Nation ward von Herder definirt als ein ungejäteter Garten voll Kraut und Unkraut. Der Patriotismus erschien Lessing als eine heroische Schwachheit. Der besondere Beruf des Deutschen sollte es sein, eine schöne Menschlichkeit zu verwirklichen und im Kreise der Völker zuerst einen über jene nationale Beschränktheit hinausgreifenden universellen Idealismus zu vertreten.

Die französische Revolution und ihr unerwarteter Verlauf sowie die Ereignisse, welche auf deutschem Boden ihr Gefolge bildeten, führten eine neue Periode im geistigen Leben unseres Volkes mit sich. Die Leiden und Erfahrungen in der Zeit der Revolutionskriege öffneten ihm die Augen über die Erbärmlichkeit der politischen Zustände, in welchen es existirte, und darüber, was es für ein Volk bedeute, eines seine Kräfte zusammenfassenden wirklichen Staates zu entbehren. Der Glanz der neuen Literatur und die geistige Einheit, welche sie darstellte, konnten in dieser Zeit der Drangsale keinen Ersatz bieten für die mangelnde politische Einheit und mußten die zu erduldende Schmach, indem sie einen Maßstab für deren Größe darboten, empfindlicher gestalten. Der weitherzige Kosmopolitismus mußte der Überzeugung weichen, daß „ohne das Volk keine Menschheit und ohne den freien Bürger kein freier Mensch“ sei (E. M. Arndt).

Zugleich sah sich die Nation durch die Art, wie die Revolution auf sie wirkte, und durch den ihr aufgezwungenen Kampf gegen deren Schöpfungen in einen inneren Gegensatz gestellt zu den geistigen Mächten, welche in jener zu Tage traten.

Diesen Verhältnissen entspricht der Umschwung, welcher sich im Anfange dieses Jahrhunderts im Bereiche der wissenschaftlichen und der schönen Literatur bei uns vollzogen hat, und der Charakter der Werke, welche für das Zeitalter der Romantik, das Zeitalter, welchem Savigny's epochemachendes Auftreten angehört, bezeichnend sind. Überall tritt uns in diesen ein Widerspruch gegen die Anschauungen, Empfindungen und Lehren, welche die vorausgehende Epoche beherrscht und in der Revolution eine praktische Illustrirung erfahren hatten, entgegen, überall machen sich in ihnen Kräfte geltend, welche in der geistigen Welt des vorigen Jahrhunderts keinen Spielraum für ihre Entfaltung gefunden hatten.

Zunächst kennzeichnet sie das Verständnis für die Bedeutung gegebener geschichtlicher Bildungen und den Wert eines eigentümlichen, durch eine tausendjährige Geschichte in seiner Besonderheit bestimmten nationalen Gemeinlebens. Das Zwischenglied zwischen der Einzelpersönlichkeit und der Menschheit, die Nation, wird nicht mehr wie ehedem übersprungen, vielmehr tritt diese nun als Mittelpunkt ethischer Anschauung und wissenschaftlicher Betrachtung in entscheidender Weise hervor. Nur aus dem geschichtlichen Leben des eigenen Volks sollten nach der nun herrschenden Auffassung für den Einzelnen die Impulse zu einer würdigen und fruchtbringenden Wirksamkeit entspringen, nur im innigsten Zusammenhange mit ihm sollte sein Leben einen erfreulichen Inhalt gewinnen können. Der Geist aber, der in der nationalen Geschichte zur Erscheinung kommt, ward als eine selbständige und einheitliche Potenz gedacht, welche in den Intelligenzen der Einzelnen ihre abhängigen Werkzeuge hat, als eine solche, welche in allen ihren Schöpfungen mit sich selbst im Einklang steht und auch im Fortgang der Zeit und unter wechselnden Schicksalen ihr Wesen nicht verändert. Sprache und Religion, Dichtung und Kunst, die Sitte und die Formen staatlichen Wirkens sollten nur verschiedene Seiten der Entfaltung dieses einheitlichen nationalen Geistes sein. Diese Auffassung fand für das Gebiet des Rechts in Savigny ihren großen Vertreter. Er lehrt, daß ein unauflöslicher Zusammenhang zwischen den Generationen eines Volkes und den Zeitaltern seiner Geschichte bestehe; daß nur Entwicklung, nicht Anfang oder Ende, zwischen ihnen zu denken sei. Der wesentliche Charakter und Inhalt seines Rechts aber soll durch das Ganze seiner Geschichte bestimmt sein, derart, daß das heute geltende aus dem Rechte von gestern hervorgegangen sei, wie dieses aus dem Rechte der früheren Zeiten: nicht zufällig, sondern mit innerer Notwendigkeit. Diesen Zusammenhang zwischen dem Rechte der Gegenwart und den ursprünglichen Zuständen der Völker zum Bewußtsein zu bringen und auf diesem Wege — dem einzigen zum Ziele führenden — das lebendige Verständnis der gegenwärtigen Zustände zu vermitteln, sei die Aufgabe der Wissenschaft.

Das ist eine Lehre der Pietät gegen nationale Eigentümlichkeiten, welche ihre Wurzeln in der Vergangenheit haben, gegen jedes nationale Besitztum und den gesamten Inhalt der nationalen Geschichte, welche den patriotischen Sinn, von welchem ihre Existenz Zeugnis gibt, ihrerseits beleben mußte. Allein nicht in dem nämlichen Maße wie der Wahrung aller bestehenden nationalen Bande war sie der Herstellung neuer in den hierfür gegebenen Formen günstig. Und auch in jener bloß konservativen Richtung erwies sie sich zunächst weniger fruchtbar, als ihr Begründer und seine Schule hofften. Der Grund von beidem liegt in dem Zusammenhange, in welchem bei ihnen wie bei allen geistigen Vertretern des Zeitalters der Romantik der nationale Gedanke auftritt, einem Zusammenhange, welcher, wie schon erwähnt worden ist, ganz und gar durch den Rückschlag gegen die Gedanken und Stimmungen des Zeitalters der Aufklärung und der Revolution bestimmt war. Ist es für dieses kennzeichnend, daß es den Beruf und die Macht jeder lebenden Generation in Bezug auf Gestaltung ihrer Zustände überschätzt, so für jenes, daß es von Mißtrauen gegen diesen Beruf erfüllt ist. Hoffte das Geschlecht der Aufklärer Unendliches von einer mit der Vergangenheit brechenden, mit der Satzung des Rechts gleichsam von vorn beginnenden, gesetzgeberischen Thätigkeit, so warnte man nun vor jedem Heraustreten aus den bisherigen Bahnen der Entwicklung und vor jeder willkürlichen Einwirkung auf die unbewußt sich vollziehende und kontinuirlich fortschreitende Entfaltung des nationalen Geistes, so sprach man nun der Gegenwart und im Grunde jeder Zeit den Beruf zur Gesetzgebung im großen Stile schlechthin ab. In ungünstiger Stunde erhoben sich diese Warnungen mit spezieller Beziehung auf die Frage der nationalen Gesetzgebuug und stumpften den Eifer patriotisch gesinnter Männer für die Herbeiführung einer solchen ab. Man wies die Freunde der nationalen Sache darauf hin, die Erfüllung ihrer patriotischen Hoffnungen von den „inneren still wirkenden Kräften“ zu erwarten in einer Zeit, wo nur entschlossenes Eingreifen in den Gang der Entwicklung diesen Kräften den nötigen Spielraum zu gunsten einer die Einheit des deutschen Rechts neu begründenden Wirksamkeit sichern konnte. Man predigte Vertrauen in Wind und Wellen zu einer Zeit, wo Wind und Wellen und eine Summe feindlicher Kräfte das nationale Schiff immer weiter von seinem Ziele abzulenken drohten. Im Bereiche des politischen Lebens und in der Sphäre des Rechts feierte der gott- und rechtlose und ungeschichtliche Souveränitätsschwindel des deutschen Kleinfürstentums (Bismarck), das Jahre hindurch stündlich bereit war, das gemeinsame Vaterland um

30 Silberlinge zu verraten, seine Triumphe. Die Entwicklung bewegte sich hier in einer der Strömung in der Tiefe des nationalen Lebens entgegengesetzten Richtung. Ging diese Strömung auf die Einheit des Rechts, so jene Entwicklung auf die Zerstörung der letzten Reste noch bestehender Gemeinsamkeit. Diesem jede Vermittelung ausschließenden Gegensatze gegenüber offenbarte sich die Einseitigkeit der von der geschichtlichen Rechtsschule vertretenen Auffassungen. Hier konnte das unbewußte Walten und Wirken idealer Kräfte keine Lösung, und die Wahrung der Kontinuität im Bereiche des Rechtslebens patriotischen Hoffnungen keine Erfüllung bringen. Sollte der Einklang hergestellt werden zwischen den äußeren Zuständen, in welchen unser Volk nach der Auflösung des alten Reichs existirte, und den Resultaten der geistigen Entwicklung, mit welcher wir uns hier beschäftigen, so mußten den äußeren Gewalten, in welchen jene Zustände ihre Träger hatten, gleichartige zu entscheidenden Kämpfen gerüstete Gewalten entgegengestellt werden, so mußte im Falle des Sieges ein schroffes Ablenken aus den bisherigen Bahnen und ein keckes Eingreifen gesetzgeberischer Macht die Rechtsentwicklung in die nationalen Wege zwingen.

Damit sind wir an die letzte der im Eingange bezeichneten Perioden herangeführt worden.

Für diese erscheint von dem hier eingenommenen Standpunkt aus als charakteristisch das Bündnis der nationalen Bestrebungen und Instinkte mit den revolutionären Neigungen des vorigen Jahrhunderts und das Werben derselben um eiue Macht, welche den soeben bezeichneten Kampf durchzuführen vermöchte.

Die Stimmung in den Kreisen der Höchstgebildeten unseres Volkes zeigt sich seit der Juli-Revolution nicht mehr in dem nämlichen Umfange beeinflußt durch den Rückschlag gegen die Einwirkungen der ersten französischen Revolution. Noch sind allerdings die Romantiker nicht ausgestorben. Stahl's „Philosophie des Rechts nach geschichtlicher Ansicht“ (1. Aufl. 1830) gewinnt noch neue Bekenner für eine den dringendsten Anforderungen der Gegenwart abgewendete und ihr Maß in Zuständen der Vergangenheit suchenden Auffassung des öffentlichen Lebens. Das Jahr 1840 bringt einen Romantiker auf den Thron des mächtigsten deutschen Staates. Gleichwohl verringert sich mehr und mehr die geistige Macht dieses Elementes. Die Vertreter der Rechtswissenschaft geben, auch wenn sie im übrigen der Richtung

Savigny's angehören, ihre ablehnende Haltung gegen eine umfassende und reformatorische gesetzgeberische Thätigkeit auf.

Savigny selbst übernimmt in Preußen das Ministerium für die Reform der Gesetzgebung. Es erhebt sich ein Geschlecht eifriger Politiker, in welchen die nationale Gesinnung sich verbunden zeigt mit liberalen Anschauungen, welche letzteren in der Hauptsache auf die Rechtsphilosophie des vorigen Jahrhunderts als auf ihre Quelle hinweisen. Dasselbe setzt seine Hoffnungen zuerst auf den jungen König von Preußen, von dem man wünscht, daß er die Führerschaft im Kampfe um die Einigung Deutschlands in einem freiheitlich organisirten Gemeinwesen übernehme. Dann wird das Bündnis mit der unorganisirten Kraft der Massen eingegangen, welches beim Ablauf des 5. Dezenniums zu ephemeren Erfolgen führt. Weiterhin tritt in jenem Werben um die Macht zur Ausführung eines nationalen Programms der Gegensatz zwischen der großdeutschen und der kleindeutschen Partei bedeutsam hervor, bis sich endlich die organisirte Macht des preußischen Staates definitiv in den Dienst der nationalen Ideen stellt und den deutschen Staat wieder aufrichtet.

Wir sind am Ziele.

Während des Jahrhunderts, das meine Betrachtung umfaßt, hat der Geist unseres Volkes sich selbst wiedergefunden, sich auf seine Vergangenheit und deren Reichtum und Größe besonnen und darin eine Quelle neuen Lebens für seine Gegenwart erschlossen, endlich sich eine Zukunft gesichert, indem er sich einen einheitlichen und gewaltigen Körper, der ein ihm gemäßes und einheitliches Wirken ermöglicht und verbürgt, gewonnen hat.

Nicht auf den Wegen, auf welche die geschichtliche Rechtsschule uns hinwies, ist diese Erfüllung unserer nationalen Hoffnungen erreicht worden, und nicht auf ihnen gehen wir mit dem inneren Ausbau unseres neuen Gemeinwesens voran. Aber die Ziele, welche erreicht sind und welche wir noch verfolgen, sind auch die Ziele Savigny's und seiner Freunde gewesen. Und wenn wir die geistige Ausrüstung, mit welcher wir die von der Zeit gestellten Aufgaben in Angriff nehmen, uud auf welche sich das Vertrauen gründet, daß dieselben ihre Lösung finden werden, auf deren Bestandteile und ihren Ursprung untersuchen, so weisen sie auf die eigentümlichen Leistungen der drei unterschiedenen Perioden und ihrer geistigen Repräsentanten zurück, nicht in letzter Linie auf die Wirksamkeit Savigny's und seiner Schule.

(Ende des Aufsatzes).

Die Parteien.

Was ist Konservatismus? Was Liberalismus? Diese Worte haben ohne Zweifel eine kennzeichnende Bedeutung. Sie knüpfen nicht an zufällige Äußerlichkeiten an, wie die Namen der französischen Jakobiner, der italienischen Carbonari, der niederländischen Geusen und Kabbeljauws, der Grünen und Blauen der römischen Kaiserzeit u. s. w. Auch stehen sie nicht in derselben Reihe wie der Name der Patrioten in Bayern, der Rechtspartei in Österreich, der Fortschritts(Pokrok)partei in Böhmen. Sie sind weder nichtssagend, noch haben sie etwas von dem „lucus a non lucendo“ an sich. Vielmehr wollen sie die betreffende Parteigesinnung im Ernste charakterisiren. Und daß sie dies Ziel nicht vollständig verfehlen, dafür bürgt die Art, wie die Parteinamen „Konservative“ und „Liberale“ sich in Deutschland und anderwärts eingebürgert und sich trotz mancher Proteste von gelehrter Seite behauptet haben. Selbst in England scheinen sie in der neueren Zeit die daselbst althergebrachten Parteinamen verdrängen zu wollen. Es liegt daher nahe, bei einer Charakterisirung der in Frage stehenden Parteien von ihren Namen auszugehen. Nur wird man sich hier wie sonst zu hüten haben, Namen und Sachen ohne weiteres zu identifiziren und den letzteren zur Last zu legen, was sich aus den ersteren herausdemonstriren läßt. Letzteres ist ein Vorgang, der in der Geschichte der Wissenschaften eine Rolle spielt, von deren Tragweite nur wenige eine Ahnung haben. Auch die Lehre von den Parteien gibt, wie wir sehen werden, Beispiele zu demselben.

Konservativ werden wir im allgemeinen denjenigen nennen, der zu konserviren sucht. Aber mit Recht meint Heinrich Leo, daß wir den Kaufmann, die Hausfrau, welche Waren, Lebensmittel, Kleidungsstücke u. s. w. zu konserviren suchen, um dieses Bestrebens willen nicht zur konservativen Partei zählen dürfen, daß die letztere es nicht mit totem Material, sondern mit lebendigem zu thun habe, daß „politisch konserviren" nur heißen könne: Einrichtungen, Sitten, Rechte erhalten. Dementsprechend setzt Constantin Frantz, der bekannte Publizist, das Wesen konservativer Politik in die **Bewahrung** des politischen status quo und macht auf Grundlage dieser aus dem Parteinamen abgeleiteten Charakterisirung die konservative Partei zum Gegenstande einer schneidigen Kritik, von der es nur zu wundern ist, daß sie von der Partei überlebt werden konnte. Der Konservatismus repräsentirt dementsprechend die vis inertiae, d. i. eine Kraft, welche erst aktiv wird, wenn man sie in ihrer Ruhe stört, je nach Umständen ein schlafender Löwe oder ein anderes Tier. Die natürliche Disposition des Konservativen ist darum nach Frantz das sinnliche Behagen und die Beschaulichkeit des Geistes ..... Aber die Frage **ist** erlaubt, ob diese Charakterisirung sich nicht auf einem imaginären Boden bewege. Werfen wir einen Blick auf das Verhalten der konservativen Partei in der Gegenwart, so ergibt sich, daß dasselbe nirgends der von Frantz entworfenen Schilderung entspricht. Nirgends identifizirt sie sich schlechthin mit dem Bestehenden, im deutschen Reiche so wenig wie in Frankreich, Österreich, Italien, Spanien u. s. w. Nirgends betrachtet sie es als ihre Aufgabe, die Schöpfungen der liberalen Parteien, Konstitution von 1791, Gesetze von 1848 u. s. w., ganz ebenso zu „konserviren" wie ihre eigenen. Sie verzichten nirgends darauf, an bestehende Einrichtungen das Maß ihrer Überzeugungen anzulegen, und wo ihnen die Macht dazu gegeben ist, solche Bestandteile derselben, die mit diesen Überzeugungen in unversöhnlichem Widerstreite stehen, über Bord zu werfen. Freilich werden sie bei solchem Beginnen „ihrem Namen untreu". Aber die argen Konservativen! Wie tadelnswert, daß sie nicht so thöricht sein wollen, wie es ihr Name nach C. Frantz fordert! Aber sie müssen sich die Konsequenzen dieser Benennung gefallen lassen! Wer „Wolf" heißt, der muß nach Frantz es als eine gerechte Behandlung gelten lassen, wenn er meuchlings erschossen wird.

Aber gesetzt, es ergäben sich von dieser Seite keine Schwierigkeiten, wie werden wir den Liberalismus charakterisiren, wenn wir das Wesen des Konservatismus, seines Gegenteils, in der Bewahrung des status quo gegeben finden? Wir werden dann nicht umhin können, das Wesen des Liberalismus in die **Bekämpfung** des status quo zu setzen. Aber kann darin im Ernste dessen Prinzip gefunden werden?

Sind die Liberalen eine Partei von Kindern, welchen Veränderung und Zerstörung an sich Vergnügen machen, welchen sie Beweggrund ihrer Thätigkeit sein können? In den Kinderjahren unserer deutschen liberalen Parteien konnte es vielleicht vorkommen, daß man, wenn auch nur halb unbewußt, das Wesen des Liberalismus darin fand, der Regierung als solcher Opposition zu machen, und daß man auch den aus dem eigenen Schoße emporgestiegenen Gewalten Widerstand entgegensetzte, um nicht vom liberalen Prinzip abzufallen. Gegenwärtig aber findet es niemand prinziplos, wenn eine liberale Partei ihre Aufgabe darin gegeben findet, „die Staatsgewalt für liberale Zwecke zu organisiren und wirken zu lassen“ (v. Sybel im Reichstag), oder wenn sie irgendwo den politischen status quo, den es ihr gelungen ist, ihren Anschauungen entsprechend zu gestalten, zu befestigen bestrebt ist, wenn sie etwa wie in Österreich sich als die berufene Stütze und Sachwalterin einer bestehenden Verfassung betrachtet. Der Liberalismus beherrscht den status quo der heutigen Gesellschaft in weiter Ausdehnung. Wenn die Kurie hierüber Klage führt, können wir ihr eine contradictio in adjecto vorwerfen? Und hat jene Thatsache irgendwo den Gegensatz zwischen konservativen und liberalen Parteien aufgehoben, wie es doch sein müßte, wenn jene ihrem Wesen nach als die Parteien des status quo zu betrachten wären?

Man wendet ein, daß der konservativen Partei nicht die liberale, sondern die progressive, dem Konservatismus der „Fortschritt“ gegenüberzustellen sei. (Roscher, Gesch. d. Nationalökonomie, vergl. Frantz.) Aber erstlich handelt es sich hier nicht um Namen und aus deren Wortbegriff ableitbare Gegensätze, sondern um die wirklichen Faktoren des sich vor uns entfaltenden Parteilebens und spezieller um die großen Parteien, welche, wie sie auch unter sich weiter geteilt sein und welche besondere Verbindungen beliebig benannte Fragmente jeweils eingehen mögen, einen beharrenden Gegensatz bezeichnen und mit ihren Kämpfen und Kompromissen, mit ihren äußeren Wandlungen und ihrer inneren Entwicklung den Inhalt der modernen Geschichte hauptsächlich bestimmen. So gewiß nun hier auf der einen Seite diejenigen stehen, welche in der Betonung der bürgerlichen Freiheit ein sie verbindendes Merkmal haben, mögen sie sich nun Liberale nennen oder eine speziellere Bezeichnung führen, so gewiß kann die Richtung auf die Bewahrung des status quo das Wesen der Gegenpartei nicht ausmachen. Ferner ist mit der Einführung des „Fortschritts“ an Stelle des Liberalismus selbst für die begriffliche Konstruktion der Parteigegensätze im Sinne von Frantz u. a. nichts gewonnen. Denn das Charakteristische des Fortschritts liegt nicht in der Bewegung an sich, welche er mit dem Rückschritte gemein hat, sondern in der Richtung, in welcher seine Bewegung erfolgt. Bildet er daher die Antithese zum Konservatismus, so werden wir uns mit der hier an die Spitze gestellten Definition des letzteren nicht zufrieden geben dürfen.

Wir kehren zu dieser Begriffsbestimmung zurück. In der Richtung auf die Bewahrung des jeweils Bestehenden kann, dies ist gezeigt worden, eine genügende Kennzeichnung der konservativen Parteien und ihrer Politik nicht liegen.

In ihrem Eintreten zu Gunsten des bestehenden Zustandes liegt eine, und zwar die uns am meisten geläufige, Äußerungsform dieses Wesens, aber diese Äußerungsweise ist an Bedingungen gebunden, welche fehlen können und in der Gegenwart nicht selten fehlen. Gleichwohl verschwindet die Partei in solchem Falle nicht vom Schauplatz, und ihr Wesen ändert sich nicht. Dasselbe äußert sich dann nur in anderen Formen. Nur dieser geschichtliche Wechsel der Bethätigungsformen läßt uns das Wesentliche und Bleibende, den eigentlichen Kern der Überzeugungen und Neigungen dieser Partei erkennen. Den Parteien der Reform trat sie von Haus aus überall als die Partei der Bewahrung des Bestehenden entgegen. So lange sie in der Hauptsache siegreich blieb, mochte es schwierig sein, die oberste Richtschnur ihres Verhaltens losgelöst von den bestehenden Zuständen zu denken. Was an diesen für sie das eigentlich Entscheidende sei, welchen Anteil ihre Sonderinteressen an ihrer Haltung hätten, was sie unabhängig von diesen zu Sachwaltern der überlieferten Einrichtungen mache, die Grundsätze, welche ihnen eigentümlich und gemeinsam, die Theorien, welche von ihnen den Lehren des Liberalismus entgegenzusetzen seien, das alles stellte sich für sie selbst und für andere erst im Laufe wechselvoller Parteikämpfe, unter dem Einfluß der Umgestaltung des Bestehenden im Sinne des Liberalismus, bestimmter hervor. Noch heute ist dieser Erkenntnisprozeß nicht abgeschlossen. Längst aber ist es nicht mehr zu entschuldigen, wenn man in den Konservativen, lediglich auf ein Wort gestützt, eine Partei sieht, für welche der status quo als solcher, ganz unabhängig davon, welchen Interessen und Überzeugungen derselbe entspricht, den obersten Maßstab ihres Verhaltens abgebe.

Hören wir wieder Heinrich Leo, den geistvollen Haudegen der konservativ-reaktionären Partei der 50er Jahre. Politisch konserviren heißt, so führt er die vorhin bereits angezogene Begriffsbestimmung weiter aus: „den ganzen Inhalt eines politischen Lebens in kontinuirlichem, gedeihlichem, im wachsenden und werdenden Zustande — im Fortschritte, aber in wirklich gedeihlichem Fortschritte erhalten und den zur Auflösung, zum Zerfall führenden Fortschritt — also das, was eigentlich Rückschritt ist, abwehren". Damit wäre die Ehre der konservativen Partei gerettet. Aber wie steht es nun mit der liberalen, der Fortschrittspartei? Dieser würde hiernach nur der Rückschritt als das Prinzip ihrer Politik übrig bleiben! Damit werden wir uns im Ernste nicht zufrieden geben wollen.

Der Ausgangspunkt, den wir in dem Namen der Konservativen gefunden haben, enthält also keine Bürgschaft dafür, daß der rechte Weg gefunden und festgehalten werde. Diese Parteinamen sind mehrdeutig und die mit ihnen sich verbindenden Begriffe von sehr elastischer Natur. Welche liberale Partei hätte nicht schon durch ihre Redner oder Blätter die Ansicht vertreten, daß sie die wahrhaft konservative sei? Und welche möchte nicht auch im Ernste in dem Sinne der vorher zitirten Definition „politisch konserviren"? Andererseits haben die konservativen Parteien stets behauptet, daß die wahre Freiheit in ihnen ihre Vertretung finde. Kein Wunder daher, daß manche gegen diese Parteinamen selbst polemisiren. Zwar wäre es bedenklich, mit C. Frantz die Unfruchtbarkeit unseres Parteiwesens, ja den Lug und Trug, von welchen es nach ihm beherrscht ist, und die Mißgeschicke der Parteien mit diesen Namen in Beziehung zu bringen. Mit ebenso viel Grund könnte man die Erfolge Bismarcks daraus herleiten, daß er mit seinem Vornamen Otto heißt. Aber verständiger klingt es, wenn Treitschke ausführt, daß die Begriffe: konserservativ, radikal u. s. w. an sich leer und nichtssagend seien, daß die politische Einsicht nur gewinnen werde, wenn diese ganz zufälligen, ganz inhaltlosen Formeln moderner Parteiung dereinst ihr unverdientes Ansehen verlören. Über den Charakter einer Partei entscheide nicht, ob sie erhalten oder zerstören wolle, sondern was sie erhalten oder zerstören wolle, nicht die Form, sondern der Inhalt der Parteibestrebung. Aber gemach! Wenn diese Bezeichnungen ganz inhaltlos sind, wie kommt es denn, daß Treitschke so viel von konservativer Gesinnung, konservativer Richtung, konservativen Mächten u. s. w. redet? Er will doch wohl nichts Inhaltloses vorbringen? In Wahrheit hat es einen bestimmten und bedeutsamen Inhalt, wenn wir einem Staatsmanne eine konservative Gesinnung beilegen oder einer gesellschaftlichen Macht das Attribut einer spezifisch konservativen Macht zuerkennen. Man muß nur aus den Namen keine Theorien spinnen und diesen ohne weiteres eine Geltung hinsichtlich aller Dinge beilegen wollen, welche diese Namen tragen. Dies ist das Einzige, was sich aus den hervorgehobenen Thatsachen folgern läßt. Keineswegs stehen dieselben der Behauptung entgegen, daß der Parteiname der Konservativen (um von dem der Liberalen zu schweigen, wo es vollkommen thöricht wäre, dies zu bestreiten) einer wichtigen Eigenschaft der also benannten Partei entspreche. Die konservative Partei wird im Zweifel immer geneigt sein, dem Bestehenden im Gegensatze zu unerprobten und nicht auf Älteres zurückgreifenden Neuschöpfungen den Vorzug zu geben. Sie findet sich ferner im allgemeinen nur an der Seite der herrschenden Gewalten in vollkommener Harmonie mit sich. Auch sind wir gewöhnt, sie uns im Besitzstand zu denken. Den Herrschenden aber ist es immer Bedürfnis, auch wenn sie durch die liberalen Parteien emporgehoben worden sind, mit ihr Fühlung zu suchen. Denn keine Gestaltung des öffentlichen Lebens hat Aussicht auf Dauer, wenn es nicht gelingt, spezifisch konservative Interessen in irgend welchem Sinne mit ihr zu verknüpfen. Auch zeigen sich konservative Denker und Politiker im allgemeinen mehr als die Repräsentanten der Gegenpartei geneigt und befähigt, in dem Bestehenden ein Vernünftiges aufzusuchen und anzuerkennen. Wie diese Eigenschaften mit dem eigentlichen Wesen konservativer Politik zusammenhängen, das wird in der Folge mit diesem Wesen selbst darzulegen sein.

Aus dem Gesagten erhellt auch, welche Berechtigung der Vorschlag hat, den Walcker (vgl. S. 175) unter Berufung auf Gneist macht, an die Stelle der Einteilung unserer Parteien in Konservative und Liberale die von Tory's und Whig's zu setzen. Wer sich genötigt sieht, seine Anschauungen über unsere Parteien sich nach deren Namen zu bilden, dem würde mit der Änderung wenig geholfen sein. Der Name Tory würde für ihn eine gleiche Quelle von Mißverständnissen abgeben können wie der Name Konservativer. Handelt es sich aber darum die besondere Auffassung des Parteigegensatzes, wie er sich in England an jene Parteinamen anknüpft, auf Deutschland zu übertragen, so ist dem entgegenzusetzen, daß weder der Charakter und die Politik unserer Parteien, noch ihre Auffassung von den eigenen Prinzipien sich ändern würden, wenn wir ihnen englische Namen oktroirten.

Die konservativen und die liberalen Parteien und deren Einfluß auf Staat und Gesellschaft.

(Aus Fleischers „Deutscher Revue", 3. Jahrg. 3. Bd. 1879.)

I.

„Wer sich täglich," bemerkt Herr Klee in seiner Schrift über Fürst Bismarck und unsere Zeit, „mit politischen Fragen beschäftigt, gerät leicht in die Gefahr, mit den Handlungen und Ereignissen auf politischem Gebiete wie mit Buchstaben und Ziffern zu rechnen, ohne sich ihres Wertes und ihrer Bedeutung für die Geschichte und ihrer Beziehungen zu den höchsten Lebensfragen der Menschheit bewußt zu werden." Dieser Gefahr entspricht ein Bedürfnis immer erneuerter Prüfung jenes Wertes und dieser Beziehungen;[1]) ein Bedürfnis, das den verwickelten und verworrenen Verhältnissen des Parteilebens gegenüber als erhöht erscheint.

Vor einigen Dezennien war es für einen Deutschen, der auf dem politischen Kampfplatz Stellung nehmen wollte, nicht besonders schwierig, sich zu orientiren. In den meisten Ländern sah er zwei Parteigruppen, liberale und konservative nämlich, sich gegenübergestellt, mit politischen Programmen und Bekenntnissen, welche alt, verhältnismäßig einfach und jedem ganz und halb Gebildeten bekannt und verständlich waren. Unterdessen sind die Parteiverhältnisse stetig komplizirter geworden. Neben jenen alten Parteigruppen haben sich andere gebildet, welche eine steigende Bedeutung in Anspruch nehmen, und innerhalb jener sind wichtige Änderungen und Umbildungen erfolgt.

---

[1]) Das zitirte Schriftchen unternimmt dieselbe von einem konservativen Parteistandpunkte aus und bemüht sich, den Liberalismus durch Ausführungen, welche „auf wissenschaftliche Erkenntnis gegründet" sein wollen, zu überreden, baldmöglichst seinen Geist aufzugeben. Bis dahin wo dies geschehen ist, lohnt es sich wohl, diesen Geist, sowie denjenigen des Konservatismus auf ihre Herkunft zu untersuchen. Dazu hier einige Beiträge, welche an andrer Stelle ihre Vervollständigung finden sollen.

Die Umwälzungen, welche sich im Bereiche des öffentlichen Rechts unter dem Einfluß der Parteien vollzogen haben, sind an diesen selbst nicht spurlos vorübergegangen. Ausscheidungen, neue Gliederungen und Einigungen haben auf beiden Seiten stattgefunden. Die konservativen Parteien unterlagen unter dem Einfluß der Bismarckschen Politik einem vollständigen Auflösungsprozeß, dem erst jüngst der Beginn eines Prozesses neuer Konsolidirungen gefolgt ist. Gegenwärtig sehen die liberalen Parteien sich von der Gefahr einer Zersetzung bedroht. In dem raschen Wechsel der Ereignisse schwindet das Bewußtsein des Zusammenhangs zwischen den heutigen Kämpfen mit denjenigen der Vergangenheit, und mit der Sicherheit in Bezug auf das „Woher?" wird auch diejenige in Bezug auf das „Wohin?" erschüttert. Neigt sich die Geschichte dieser Parteien etwa ihrem Abschluß zu, haben sie „abgewirtschaftet", wie manche meinen? Zur Beantwortung dieser Fragen und zur Orientirung über den geschichtlichen und psychologischen Zusammenhang, dem die beiden Parteigruppen ihren Gründen, Erfolgen und Wandlungen nach angehören, sollen hier einige Materialien beigebracht werden.

Aber es tritt uns hier sofort die Meinung entgegen, daß eine zusammenfassende Charakteristik der in Aussicht genommenen Art gar nicht möglich sei, weil ein einheitlicher Gegenstand der Untersuchung, wie er dabei vorausgesetzt werde, gar nicht existire. Es soll keine konservativen Parteien schlechtweg und ebensowenig liberale Parteien schlechtweg geben. Man weist auf die Verschiedenheit der politischen Ziele und Überzeugungen der sich so nennenden Parteien verschiedener Länder und Perioden, sowie auf den geringen Inhalt der Begriffe „konservativ" und „liberal" hin, um darzuthun, daß sich über Konservative und Liberale nichts allgemein Giltiges aussagen lasse, und daß theoretische Arbeiten, welche uns über deren Charakter und Bedeutung im allgemeinen unterrichten wollten, nur eitel Hirngespinnste zu Tage fördern könnten. Wir würden uns danach zu bescheiden haben, und etwa auf Einem Blatte von unseren Nationalliberalen, auf einem anderen von den alten Gothaern, auf einem dritten von den Konstitutionellen des 4. und 5. Dezenniums u. s. w., nirgends aber von gemeinsamen Überzeugungen, Existenzgründen oder Bestrebungen dieser liberalen Parteien zu handeln haben.

Bei einigem Besinnen ergibt es sich indessen von selbst, daß wir es hier mit einer übereilten Folgerung aus den veränderlichen Gestaltungen unseres Parteilebens und aus der Individualität seiner Träger und bezw. aus den Parteinamen zu thun haben. Die Begriffe „liberal“ und „konservativ“ ergeben freilich, wenn wir die bestimmten Beziehungen, welche sie in der Entwicklungsgeschichte unserer öffentlichen Zustände angenommen haben, von ihnen abstreifen, einen ziemlich dürftigen Inhalt, aus welchem sich eine brauchbare Parteientheorie nicht ableiten läßt. Allein welchen Sinn hat es, aus den ihrer geschichtlichen Bedeutung entkleideten Namen Folgerungen hinsichtlich der gemeinsamen Natur und Bedeutung der diese Namen tragenden geschichtlichen Parteien abzuleiten? Dies ist doch nur möglich von dem wahrhaft kindlichen Standpunkte einiger Schriftsteller aus, welchen es als selbstverständlich gilt, daß die Natur und Bedeutung eines Gegenstandes vollkommen in seinem Namen ausgedrückt und folglich aus ihm heraus zu bestimmen sein müsse!

Halten wir uns aber an jene geschichtlichen Beziehungen, so ergibt sich zunächst, daß ein innerer Zusammenhang in der Geschichte der deutschen liberalen und konservativen Parteien bestehe, so gewiß ein solcher Zusammenhang in der neueren Geschichte des deutschen Volks, von welcher jene ja eine wesentliche Seite bildet, für jeden erkennbar zu Tage tritt. Ein Blick auf diese unsere jüngste nationale Geschichte läßt ohne weiteres erkennen, daß eine Kontinuität bestehe in der Rolle, welche die auf liberaler Seite auftretenden Parteien unter wechselnden Zuständen gespielt haben, und daß ein einheitliches Ergebnis in der Aufhebung gewisser ehedem bedeutsamer Einrichtungen und Verhältnisse und in der Ausbildung gewisser Seiten unserer heutigen öffentlichen Zustände vorliege; desgleichen, daß eine Kontinuität in der von den konservativen Parteien durchgeführten Rolle existire. Aber eine solche allgemeine Bedeutung kommt den genannten Parteien nicht bloß bezüglich der neueren deutschen Geschichte zu. Wer die zahlreichen gleichartigen Ausgangspunkte der modernen staatlichen und gesellschaftlichen Entwicklung bei den europäischen Kulturvölkern und die vielfach verwandten Zustände, auf welche jene hinausgeführt hat, sowie die Verhältnisse gegenseitiger Beeinflussung, welche darin hervortreten, ins Auge faßt, dem kann es nicht zweifelhaft bleiben, daß eine Verwandtschaft auch zwischen den Parteien bestehen müsse, welche als bestimmende Faktoren an dem Übergang vom mittelalterlichen Staatsleben zum modernen bei diesen Völkern sich beteiligt haben.

Den meisten politischen Schriftstellern ist denn auch in der That diese allgemeine Bedeutung der beiden Parteigruppen hinsichtlich der modernen Geschichte nicht verborgen geblieben. Manche sind sogar weiter gegangen und haben in vollkommenem Gegensatze zu der soeben abgelehnten Ansicht den liberalen und konservativen Parteien eine schlechthin universelle Bedeutung in Bezug auf die Geschichte der gesellschaftlichen und politischen Verhältnisse überhaupt zugesprochen. Man machte die Beobachtung, daß in jeder zur Verhandlung über öffentliche Angelegenheiten berufenen Körperschaft sich unter normalen Verhältnissen eine Scheidung vollziehe, welche in gewisser Weise der Gliederung unserer parlamentarischen Versammlungen in eine „Rechte" und eine „Linke" entspreche. Dabei übersah man nicht, daß dieser Gliederung eine Bedeutung nicht etwa bloß in Bezug auf die äußeren Formen der Abwicklung parlamentarischer Geschäfte, sondern zugleich in Bezug auf den wesentlichen Charakter der Ergebnisse zukomme, sowie daß dieselbe regelmäßig über betreffende Versammlungen hinaus in die Bevölkerung hinein sich fortsetze und hier in heftigen Kämpfen, Interessen, Überzeugungen und Leidenschaften verschiedener Gesellschaftsgruppen in einen Gegensatz zu einander treten lasse. Man schloß hieraus mit Recht auf tiefliegende Gründe dieser Gliederung und meinte, die betreffenden Parteien als „die natürlichen Parteien", welchen eine unvergängliche und durchaus allgemeine Bedeutung zukomme, charakterisiren zu können.

Gegen die Aufstellung dieses Begriffs der natürlichen Parteien zu polemisiren liegt kein Grund vor. Auch kann man die Anwendung desselben auf die modernen Konservativen und Liberalen unter einem Vorbehalte gelten lassen. Sie erscheint als zutreffend, insofern gewisse dabei vorschwebende Eigenschaften auch bei den genannten Parteien vertreten sind, als verfehlt dagegen, wenn man die letzteren damit allseitig charakterisirt zu haben meint. Dieselben gehören ihrem Gesamtcharakter nach einer bestimmten Geschichtsperiode an und werden mit dieser ihr Ende finden. Neben Eigenschaften von allgemeinerer Bedeutung zeigen sie eigentümliche Merkmale, welche mit dem besonderen Lebensinhalte dieser Periode zusammenhängen.

Immerhin nehmen diese allgemeineren Eigenschaften unser Interesse vor allem in Anspruch. Ihr Verständnis allein gewährt uns die Möglichkeit, einen über das Niveau der Parteigegensätze und -Kämpfe sich erhebenden Standpunkt der Beurteilung einzunehmen;

ohne dieselbe gibt es kein Fundament einer wissenschaftlichen Betrachtung.

In allem geschichtlichen Leben wiederholen sich gewisse Vorgänge von typischem Charakter. Auf allen Gebieten und auf allen Stufen geistiger und gesellschaftlicher Entwicklung treten immer aufs neue gewisse elementare Gegensätze hervor, welche in Kämpfen zwischen Einzelnen, zwischen Parteien, Gesellschaftsklassen, Völkern und beliebigen Mächten des öffentlichen Lebens, jetzt in friedlichen auf dem Boden des Rechts sich vollziehenden, jetzt in kriegerischen Kämpfen einen Ausgleich suchen, der, so lange das Leben im Flusse bleibt, stets nur ein provisorischer sein wird. Letzteres, weil der Fortgang der Bewegung selbst von dem fortdauernden Einflusse solcher Gegensätze abhängig ist. Nicht eine die Entwicklung bloß begleitende Erscheinung liegt in der Erneuerung der Gegensätze und Konflikte, sondern eine für dieselbe entscheidende Bedingung.

Wir können eine Mehrheit solcher in immer neuen Formen zum Vorschein kommender Gegensätze unterscheiden, welche sich jedoch einem umfassenden und einen einfachen Ausdruck zulassenden Gesichtspunkte subsumiren lassen. In jedem lebensvollen Ganzen, in jeder Gemeinschaft, sei es politischer, kirchlicher oder anderer, gleichviel wie benannter Art, läßt sich ein Selbständigkeitsstreben der Teile erkennen, welches sich in mannigfacher Weise den auf die Einheit und Macht des Ganzen gerichteten Kräften gegenüber geltend macht. Die Bildung des Ganzen selbst, der Bestand desselben unter wechselnden Verhältnissen, die Wahrung, Erhöhung und Befestigung seiner Einheit und Macht sind abhängig von einer stetigen Wirksamkeit der letzterwähnten Kräfte, die Entwicklung eines in mannigfaltigen Formen auseinandertretenden, in immer größerem Reichthum aufblühenden und sich periodisch verjüngenden Lebens ist abhängig von jenem Selbständigkeitsstreben. Beiderlei Kräfte nehmen daher im allgemeinen in Bezug auf einen erfreulichen Fortgang des Lebens die gleiche Bedeutung in Anspruch. Fiele die Wirksamkeit der einen weg, so würde die Auflösung der Gemeinschaft, fiele die der anderen weg, Stagnation, Erstarrung, vollkommene Ruhe in Aussicht stehen. Der Gegensatz zwischen ihnen ist daher kein absoluter, da wir von ihnen sagen können, daß sie an der Lösung der nämlichen Aufgabe sich beteiligen; nur geschieht dies nicht, ohne daß sie sich an einander messen und bald zu Akkomodationen, bald zu gesteigerter Wirksamkeit nötigen. Wo sie unter glücklichen

Verhältnissen in dieser Weise zusammen- und gegeneinanderwirken, da erhebt sich das Leben auf eine höhere Stufe, indem es unter Wahrung seiner Einheit einen größern Reichtum sich entfalten läßt.

Die Anwendung auf das politische Leben eines Volkes macht sich von selbst. Den Kräften, welche auf die Wahrung oder Herstellung einer möglichst vollkommenen Einheit desselben, einerseits in dem Nebeneinander des gegenwärtigen Lebens, andererseits in dem Nacheinander der Generationen und Zustände, und auf die Macht und Autorität seiner zentralen Organe gerichtet sind, sehen wir überall entgegenwirken den Selbständigkeitstrieb der Individuen, der Korporationen, der mannigfachsten gesellschaftlichen Interessen und Faktoren, sowie jeder jungen Generation, welche, unbekümmert um den Zusammenhang der Zeitalter und die Einheit des in der Aufeinanderfolge der Geschlechter fortexistirenden Volkes, das Leben von vorn beginnen und nach eigenem Belieben gestalten möchte.

Was aber das Verhältnis der politischen Parteien zu diesem vielumfassenden Gegensatze betrifft, so ist dasselbe kein einfaches und unveränderliches. Derselbe kann seine Vertretung niemals vollständig und exact in zwei einander geschlossen gegenüberstehenden Parteien finden. Es hat nie eine Partei gegeben und wird nie eine solche geben, welche in allen ihren Bestrebungen, den verfolgten Zwecken und den angewendeten Mitteln nach, die Selbständigkeit aller Glieder und Elemente des Gemeinwesens vertrete. Ist dies in bestimmten Richtungen der Fall, so begründet sich darin für eine betreffende Partei in der Regel die Nötigung, in bestimmten anderen Richtungen Repräsentantin synthetischer Interessen und Forderungen zu sein. So sind z. B. die Parteien der individuellen Freiheit allwärts zu gunsten des Schulzwangs und damit einer Erweiterung der Gebundenheit des Einzelnen dem Staate gegenüber eingetreten, ohne daß sich darin eine Inkonsequenz finden ließe. Die komplizirte Natur der im Staate zu lösenden Aufgaben, der für diese Lösung in Bewegung zu setzenden Mittel und der bei dieser Lösung beteiligten Interessen bringt es mit sich, daß in dieser Hinsicht prinzipiell einfache und ungemischte Parteien sich nicht bilden oder jedenfalls nicht behaupten können. Gleichwohl ist die Frage, wie sich eine Partei nach ihren zuhöchst maßgebenden Tendenzen zu jenem fundamentalen Gegensatze in seiner Anwendung auf das Verhältnis des Staates zu seinen Gliedern mit den von ihm vertretenen Interessen stelle, für deren Beurteilung bedeutsam. Die

Beantwortung derselben weist uns auf wichtige Verwandtschaftsverhältnisse sowie auf Interessen und Mächte hin, in welchen die Partei gegebenenfalls für sich Stützen finden und bezw. in welchen sie feindlichen Kräften begegnen wird. U. a. würde man, wenn man hierüber besser orientirt gewesen wäre, in der Geschichte des modernen Sozialismus geringere Überraschungen zu erfahren gehabt haben.

Für die Rolle nun, welche die liberalen und die konservativen Parteien in der neueren Geschichte gespielt haben, ist es charakteristisch, daß sie inmiten gewaltiger, alle Lebensgebiete umfassender Kämpfe jenen fundamentalen Gegensatz allseitiger, als es jemals zuvor geschehen ist, zur Erscheinung gebracht haben. Die Konservativen sind ihren wesentlichsten Tendenzen nach als die Partei der Einheit zu betrachten, indem sie in der Hauptsache, gleichviel durch welche besonderen Interessen getrieben, als ein Organ von Bestrebungen erschienen, welche dem synthetischen Zuge des menschlichen Geistes auf politischem, kirchlichem und sozialem Gebiete Befriedigung verheißen konnten, sie haben sich in den verschiedenen Sphären des Volkslebens jeder Auflösung vorhandener Verbände und jedem Bruche mit der Vergangenheit entgegengesetzt und sind überall für die einheitlichste Staatsform (Monarchie im Gegensatz zur Republik, monarchisches Prinzip im Gegensatz zum parlamentarischen u. s. w.) und für diejenige Begründung obrigkeitlicher Rechte eingetreten (theokratische, legitimistische Staatsauffassung u. s. w.), welche für deren Kraft, Umfang und Unverletzlichkeit sich am günstigsten erweisen mochte u. s. f. Die Liberalen erschienen ihnen gegenüber im wesentlichen als die Vertreter des Selbständigkeitsstrebens der Individuen, der gesellschaftlichen Kräfte, der Elemente des geistigen Lebens u. s. w. und, im Zusammenhange damit, der Differenzirung der überkommenen Organisation des gesellschaftlichen Lebens auf allen dessen Gebieten.

Es soll dies im folgenden in Betreff der Hauptbeziehungen unseres Gegensatzes näher dargelegt werden.

Zunächst wende ich mich dem geschichtlichen Ausgang dieser Parteien zu. Dabei wird alsbald eine Seite jenes großen Gegensatzes bedeutsam hervortreten, indem die eine Partei als die Vertreterin des Selbständigkeitsstrebens einer neuen Generation, die andere als die Vertreterin überlieferter Gestaltungen in Recht und Sitte und der Wahrung des Zusammenhanges mit der Vergangenheit in diesem Bereiche auf der Bühne unseres öffentlichen Lebens erschienen ist.

Die Keime, welche sich in unserem Jahrhunderte zu den beiden großen Parteien entwickelt haben, sind in den Zuständen, welche auf sozialem und politischem Gebiete sich im Laufe des 18. Jahrhunderts herausgebildet hatten, leicht zu erkennen. Diese Zustände schlossen einen tiefen Widerspruch in sich. Im deutschen Volke machten sich neue Stimmungen und Bedürfnisse mit wachsender Kraft geltend. Die geistige Verfassung, welche sich als ein unmittelbares Ergebnis der Ereignisse des Reformationszeitalters festgestellt und während eines Jahrhunderts in der Hauptsache unverändert erhalten hatte, vermochte wichtigen Teilen des Volkes fortan keine Befriedigung mehr zu gewähren und unterlag im stillen einer weitgreifenden Zersetzung. Zugleich regten sich Kräfte wieder, welche während eines langen Zeitraums unter schwerem Druck gebannt gelegen hatten, und ein lenzartiges Knospen und Aufblühen kündigte eine neue Periode im geistigen Leben unseres Volkes an. Auch im Bereiche der äußeren gesellschaftlichen Verhältnisse hatten sich unmerklich wichtige Änderungen vollzogen. Ein Mittelstand hatte sich gebildet, der in die alten Gliederungen des Volkes nicht hineinpaßte, und zeigte sich als ein Träger neuer Interessen und ausgestattet mit einem neuen langsam wachsenden Besitze. Diesen Verhältnissen hatten sich die Einrichtungen und Formen des staatlichen Lebens nicht angepaßt. Insoweit hier von einer Entwicklung die Rede sein konnte, hatte dieselbe in einer Richtung stattgefunden, in welcher eine solche Anpassung als ausgeschlossen erschien. Ihr Gesamtresultat war ein verworrener, undurchsichtiger, jeder Zusammenfassung und jeder freien Bethätigung der nationalen Kräfte entgegenwirkender, den Einheitsinteressen so wenig wie den Freiheitsinteressen entsprechender Zustand. In zahlreichen Punkten wies derselbe auf geistige Voraussetzungen hin, welche vorlängst hinfällig geworden waren, nirgend auf jene neuen Thatbestände, auf die mehr und mehr emporwachsenden neuen geistigen und gesellschaftlichen Mächte. Diese befanden sich nicht nur in einem inneren Gegensatze zu jenem, es war ihnen auch die Möglichkeit versperrt, irgend einen unmittelbaren Einfluß auf dessen Umbildung und auf die Erfüllung der alten Formen des öffentlichen Rechts mit einem neuen Inhalte auszuüben. Jener Zustand aber hatte, so sehr er auch als ein veralteter auf die Vergangenheit zurückwies, in der Gegenwart noch immer gewichtige Stützen und nicht bloß im Bereiche der äußeren Machtverhältnisse, sondern vor allem in den Gewohnheiten und Vorurteilen des Volks, in seiner Pietät gegen das

Alte, Überlieferte, in seiner Treue und seiner Anhänglichkeit an die Repräsentanten der bestehenden Ordnung. Dies letztere nicht bloß bei den durch diese Ordnung Begünstigten, sondern auch bei den durch sie Gedrückten und bei den Trägern der neuen Interessen.

Ein derartiger Widerstreit zwischen den Interessen und Ansprüchen einer sich verjüngenden Gesellschaft einerseits und dem überlieferten politischen Zustande und dessen Voraussetzungen andererseits existirte im vorigen Jahrhundert bekanntlich nicht bloß in Deutschland, und eine nähere Vergleichung desselben samt den Ereignissen, welche sich aus ihm entwickelten, mit den analogen Verhältnissen und Vorgängen in anderen Ländern, vor allem in Frankreich, würde des Interesses nicht entbehren. Ich muß mich jedoch an dieser Stelle mit gelegentlichen Hinweisen auf diese letzteren begnügen. Im allgemeinen bemerke ich nur, daß jener Gegensatz in Deutschland sich als ein komplizirterer und vielseitigerer darstellt als in Frankreich trotz des gegenteiligen Scheins, der durch die friedlicheren Formen des Ausgleichs in Deutschland hervorgerufen wird. Der Gegensatz, in welchem das geistige Leben dieser Periode zu dem der vorausgegangenen stand, war in Deutschland tiefer und umfassender als in Frankreich, wie ein Vergleich der Literaturen des 18. und 17. Jahrhunderts bei beiden Völkern erkennen läßt. Das Leben unseres Volkes ging einer Erneuerung auf allen Gebieten, auf dem der Politik, der Wirthschaft und des Rechts nicht minder wie auf dem der Sitte, der Religion, der Wissenschaft, des Geschmacks und des Unterrichts entgegen, während in Frankreich auf manchem dieser Gebiete nur eine Fortbewegung in bisher schon und stetig verfolgten Wegen stattfand. So hatten die staatlichen Verhältnisse sich hier bisher schon in sehr entschiedener Weise in zentralistischer Richtung, d. i. in einer Richtung entwickelt, in welcher die Revolution unter dem entscheidenden Einflusse des dritten Standes die Entwicklung weiterführte, sie zeigten sich also in einem wichtigen Punkte von Haus aus den Bedürfnissen der neuen Gesellschaftsklasse verwandt ... Mit alledem hängt der komplizirtere Charakter des späteren deutschen Parteiwesens zusammen.

Ausschließlicher als anderwärts übernahmen in Deutschland Repräsentanten des Mittelstandes die geistige Führung der Nation und entwickelten eine Weltanschauung, welche trotz ihrer hohen allgemein menschlichen Bedeutung sich doch in vollkommenerer Harmonie mit den Existenzbedingungen gerade dieses Standes als mit denjenigen der anderen Gesellschaftsklassen befand. In Übereinstimmung mit ihr verbreiteten sie, ohne im unmittelbaren Dienste praktisch-polemischer Tendenzen zu stehen, eine Summe von Anschauungen in Bezug auf die richtige Gestaltung des privaten und des öffentlichen Lebens, welche mit dem überlieferten Zustande nicht im Einklang standen und diesem eines Tages gefährlich werden mußten. Denn die ideale Welt, welche man sich entworfen hatte, und welche aus dem angegebenen Zusammenhange eine wachsende Lebens- und Expansionskraft schöpfte, konnte nicht dauernd einer mit ihr kontrastirenden Wirklichkeit gegenüberstehen, ohne daß die letztere ernsten Experimenten im Sinne einer Ausgleichung des Widerspruchs unterworfen wurde. Es ist der normale Verlauf großer Umwälzungen, daß die sozialen Triebe, welche in der überlieferten Organisation der Gesellschaft eine Befriedigung nicht finden, sich zunächst im Bereiche der Vorstellungen die Elemente und Formen eines in ihrem Sinne erhöhten Daseins hervorbringen. Diese gestalten sich dann zu einem Maßstabe, an dem das Bestehende gemessen wird, und verleihen dem vorhandenen Mißbehagen und Unmute einen höheren Charakter. Was zuvor nur als ein faktisches Übel erschien, das gilt nun als Willkür und Unrecht und wird in dieser Eigenschaft zwiefach schmerzlich empfunden. Auch verbindet sich mit der Vorstellung des Unrechts naturgemäß die weitere Vorstellung, daß dasselbe beseitigt werden könne und solle. Unter solchen Verhältnissen geschieht es wohl, daß die sittlichen Kräfte eines Volkes in weitem Umfange mit dem Triebe der Selbsterhaltung und dem Verlangen nach einer Steigerung der Macht und Freiheit der zunächst betheiligten Gesellschaftsklassen sich verbünden und das Andrängen derselben unwiderstehlich machen.

Ein solcher Prozeß hat sich in Deutschland wie in Frankreich, hier rascher dort langsamer, vollzogen; in beiden Ländern unter dem entscheidenden Einflusse der heimischen, durch die bisherige nationale Geschichte begründeten Zustände. Doch ist dasselbe in Deutschland begünstigt, beschleunigt und auch in einzelnen Beziehungen inhaltlich bestimmt worden durch den Vorgang Frankreichs, indem bald dessen mit dem gleichen Prozesse zusammenhängende Geisteserzeugnisse, bald dessen dem gleichen Ursprung angehörige politische Thaten und Schöpfungen in der bezeichneten Weise auf die Entwicklung der Anschauungen in Deutschland einwirkten.

Zu einem Einflusse auf die bestehenden Einrichtungen gelangten die neuen Vorstellungen und die zu Grund liegenden Interessen zuerst durch den „aufgeklärten Despotismus“. Jene Vorstellungen erlangten in bestimmten Richtungen ihrer Entwicklung eine Herrschaft auch im Kreise der gekrönten Häupter, und diese Interessen trafen den Resten des mittelalterlichen Staatswesens gegenüber vielfach mit den fürstlichen Interessen zusammen. Auch war „die Kraft, welche das Tote begraben, das Lebendige groß ziehen“ konnte, vorläufig nur hier zu finden. So geschah es, daß die unbeschränkte fürstliche Gewalt sich zum Träger einer Reformbewegung machte, welche in ihrer späteren Ausbreitung und Vertiefung über sie selbst hinwegführte. In ausgedehntem Maße war jenes, was die deutschen Länder betrifft, im Staate Friedrichs des Großen, und nach der Auflösung des Reichs in den Rheinbundstaaten der Fall. Durch die Beseitigung zahlreicher, die Wege des modernen Lebens sperrender Bestandteile des alten Rechts, durch die Vereinheitlichung der politischen Verfassung und der gesamten Verwaltung, durch die Schaffung einheitlicher umfassender Gesetzeswerke, durch die Trennung der Justiz von der Verwaltung, durch die Milderung des geltenden Strafrechts, die Beseitigung oder Beschränkuug des Zunftzwanges, die Emanzipation des Bauernstandes, die Beförderung der Industrie, die Regelung des Unterrichtswesens, die grundsätzliche Ordnung der Verhältnisse des Staates zu den kirchlichen Gemeinschaften u. a. vervollständigte man die Grundlagen des modernen staatlichen Lebens und bereitete man zugleich die Szene für das Hervortreten und die Wirksamkeit der modernen Parteien vor.

Die Elemente der zuerst erscheinenden liberalen Parteien waren im vorigen Jahrhunderte auch in Deutschland bereits gegeben, aber die Verbindung derselben zu einer stetigen politischen Wirksamkeit war durch die staatlichen Zustände ausgeschlossen. Unter solchen Bedingungen sind die Formen der Sekte und des Geheimbundes die natürlichen Einigungsformen für die Gesinnungsgenossen. Der Illuminaten-Orden bietet für Deutschland das Hauptbeispiel eines solchen Bundes. Erst am Ende des Jahrhunderts erhoben sich auf dem linken Rheinufer kurzlebige politische Parteien, welche unter der Herrschaft der französischen revolutionären Regierung eine auf Umsturz des Bestehenden gerichtete verworrene Wirksamkeit äußerten. Überwog bei ihnen der Einfluß Rousseaus und der französischen Revolution, so hatten die patriotischen Vereinigungen zur Zeit der Napoleonischen Herrschaft und ihres Sturzes ein entschieden nationales Gepräge. Es zeigen sich hier Ansätze zu einer politischen Partei, welche die berechtigten Reformbestrebungen der Zeit in einer dem deutschen Genius am meisten entsprechenden Weise zusammengefaßt und vertreten haben würde. Die Gesinnungsgenossen der Scharnhorst und Gneisenau forderten die Freiheit vom Standpunkte der Machtinteressen des neu zu gründenden deutschen Gemeinwesens aus, sie wollten alle geistigen und sittlichen Kräfte des Volkes mobilisiren im Dienste der nationalen Idee. Dies ist der Geist, dem die Steinschen Reformen entsprangen, der Geist, der die Erhebung des Jahres 1813 erzeugt und ihr seine Züge geliehen hat. Aber die nachfolgende Reaktion drängte diese Bewegung aus der geraden, nur allzu kurz offen gewesenen Bahn heraus und verdarb ihren einheitlichen und großen Charakter. Für ein halbes Jahrhundert ward die Bildung einer den Intentionen der „Patrioten" entsprechenden Partei durch die Politik der Kabinete unmöglich gemacht. Von anderen Ausgangspunkten aus, als sie in den Bestrebungen jener Männer gegeben waren, beginnt die zusammenhängende Geschichte unserer deutschen liberalen Parteien. Sie eröffnen ihre folgenreiche Wirksamkeit als permanente politische Organe der neuen Ideen und Interessen nach den Freiheitskriegen in den ehemaligen Rheinbundstaaten, in welchen der geistige Einfluß Frankreichs beständig bemerkbar blieb. Die Affekte, welche die vorausgehende Zeit in Deutschland geweckt hatte, bilden auch hier ein Ferment der Bewegung, aber in veränderter Färbung und unter dem Einfluß anderer Ideenverbindungen. Die Hoffnungen, welche sich allerwärts in Bezug auf Reformen im liberalen und nationalen Sinne erhoben hatten, wandelten sich in Unmut über die Vereitelung derselben um und begünstigten die Ausbreitung radikaler Bestrebungen.

Das nächste große Ziel, das die liberalen Parteien nun verfolgten, lag in der Einführung konstitutioneller Verfassungen. Feierliche Verheißungen gaben ein wertvolles Fundament für diese Bestrebungen ab. Mit jenem Ziele erreichten die Parteien zugleich für sich den Besitz der Bühne, deren sie für eine größere und konstante Wirksamkeit bedurften. Im konstitutionellen Staate erscheint der Einfluß derselben nicht als etwas Zufälliges und dem Geiste des geltenden Rechts Fremdes, sondern als von diesem gefordert und damit zugleich als von ihm sanktionirt. Es ist die Eigentümlichkeit der konstitutionellen Verfassung, daß sie die Parteien zu legitimen Faktoren des politischen Lebens in dem Sinne, in welchem es in älteren deutschen Staatswesen die Stände waren, erhebt. In solcher Stellung nun ward es den liberalen Parteien möglich, den neuen sozialen Elementen eine allseitige und immer aktionsbereite Vertretung zu geben und trotz aller Schwankungen in Erfolgen und Niederlagen im ganzen und großen doch einen der natürlichen Macht dieser Elemente entsprechenden Einfluß auf die Gesetzgebung der einzelnen Staaten auszuüben. Daß unter diesen Elementen zunächst die neuen geistigen und materiellen Interessen, sowie die Anschauungen und Stimmungen des gebildeten Mittelstandes verstanden seien, ergibt sich aus dem Bisherigen. Doch sind damit die Stützen der liberalen Parteien durchaus nicht vollständig bezeichnet. An den von dem genannten Stande gebildeten Kern schloß sich von Haus aus der große Schweif aller mit den überkommenen Zuständen Unzufriedenen an, welche von einer Aufräumung mit diesen Zuständen, gleichviel von welchem Punkte aus der Beginn gemacht würde, irgend eine Besserung ihrer Lage erhofften. Endlich erstreckte sich der Einfluß der liberalen Theorien im Sinne des oben geschilderten Prozesses weit über jenen Stand hinaus und begünstigte in mannigfacher Weise die zunächst diesem zu gut kommenden Reformen.

Den Parteien der Reform gegenüber organisirten sich die konservativen Parteien. Den ersten Kern derselben bildeten die Interessenten der alten Zustände, gegen welche die königliche Gewalt den Kampf eröffnet hatte. Sobald die Reformbestrebungen eine bestimmtere Richtung gegen die bisherige Ausdehnung der letzteren nahmen, verbündeten sich mit jenen die aus sehr verschiedenen Elementen bestehenden weltlichen und kirchlichen Parteigänger fürstlicher Machtvollkommenheit. Diesen Gruppen schlossen sich in wechselndem Umfange Bevölkerungsteile an, in welchen die Anhänglichkeit an das Hergebrachte, die Ehrfurcht vor den Autoritäten in Kirche und Staat oder der Sinn für eine stabile Ordnung bestimmend wirkte. Die politischen und geistigen Strömungen der Restaurationszeit führten diesen Parteien noch andere Bundesgenossen und mancherlei Machtmittel zu. Sie lieferten ihnen zugleich die intellektuellen Waffen, deren sie bedurften, um unter den Bedingungen des modernen öffentlichen Lebens den liberalen Parteien gegenüber sich zu behaupten. Die allgemeine Reaktion gegen die Einflüsse der französischen Revolution und die in ihr zu Tage getretenen Kräfte ließ konservative Interessen, Stimmungen und Anschauungen, welche in der bisherigen deutschen Literatur keinen entsprechenden Ausdruck gefunden hatten, im Bewußtsein der Gebildeten unseres Volkes hervortreten, und verhalf ihnen zu einer wissenschaftlichen Formulirung und Vertretung. Durch die letztere ward ein tieferes Verständnis für die überlieferten Einrichtungen und die sie tragenden Kräfte und für die alten Grundlagen unseres Gemeinlebens verbreitet. Im Zusammenhange damit traten denjenigen, welche die bestehenden Zustände um ihres besonderen Inhalts willen zu erhalten suchten, Männer zur Seite, welche auf Grund ihrer Einsicht in die Bedeutung der Kontinuität des Volkslebens und das Bedenkliche jeder willkürlichen oder nach allgemeinen Theorien erfolgenden Neuerung jene Zustände verteidigten. Mit Hilfe dieser Elemente und im Bunde mit den Kabineten haben diese Parteien den Umbildungsprozeß, dem jene Zustände unterlagen, in einer nicht überall wohlthätigen Weise verlangsamt und das ihrige dafür gethan, daß demselben nicht wertvolle Bestandteile der überlieferten Einrichtungen zum Opfer fielen. Im übrigen blieb ihre Wirksamkeit im wesentlichen unfruchtbar und unerfreulich. Es war ihr Los, unhaltbare Positionen zu verteidigen. Trotz jener Unterstützung, welche die Wissenschaft und die schöne Literatur ihnen liehen, bewegten sie sich doch in der Hauptsache außerhalb der Bahnen des modernen geistigen Lebens und befanden sich gleichmäßig im Widerspruch mit den freiheitlichen und mit den nationalen Interessen. Sie haben deshalb das Schicksal wohl verdient, welches ihnen durch einen der ihrigen bereitet worden ist. Erst nachdem der deutsche Staat gegründet und mit modernen und liberalen Einrichtungen unwiderruflich ausgestattet worden ist, findet sich in Deutschland ein Boden für die Bildung einer konservativen Partei von nationalem Gepräge und für eine fruchtbare Wirksamkeit derselben, für eine Partei, welche keine Verwandtschaft mehr zeigt mit jenen Koterien, welche der Haß gegen den ersten Repräsentanten einer groß gedachten deutschen Politik, der Haß gegen Stein, dereinst verbunden hatte.

Indessen handelt es sich hier nicht um eine allgemeine Würdigung der beiden Parteigruppen, da hier zunächst nur das formale Verhältnis derselben zu dem Überlieferten und dessen Reform ins Auge gefaßt worden ist, für jene Würdigung aber selbstverständlich der wesentliche Charakter der Einrichtungen und Zustände, welche die einen zu erhalten suchten, und derjenigen, welche die anderen zu begründen suchten und bezw. begründet haben, in Betracht kommt. Mit ihnen soll sich ein zweiter Artikel beschäftigen. Jenes formale Verhältnis aber verdient noch eine nähere Betrachtung, da ihm eine allgemeinere in der Natur der Gesellschaft und den Bedingungen ihrer Entwicklung begründete Bedeutung zukommt und da ohne das Verständnis dieser Bedeutung das Verständnis einer wesentlichen Seite der Geschichte und der Wirksamkeit unserer Parteien nicht gewonnen werden kann.

Der Konflikt zwischen dem alten und dem neuen, zwischen den Ablagerungen und Fixirungen der bisherigen Entwicklung und Interessen, Bedürfnissen, Trieben, welchen jene hemmend, den geforderten Spielraum sperrend, entgegenwirken, erzeugt sich immer aufs neue — wenn er auch in einem gegebenen Momente häufig nur innerhalb begrenzter Kreise bemerkbar hervortritt, jetzt etwa auf dem staatlichen, jetzt auf dem kirchlichen Gebiete, jetzt im Bereiche des Herkommens und der sittlichen Gewöhnungen und Überzeugungen, jetzt im Bereiche des wirtschaftlichen Lebens u. s. w. und gibt damit immer aufs neue Anlaß für eine Parteithätigkeit, welche, gleichviel in welchen Formen sie sich bewegen möge, den Kämpfen zwischen den liberalen und den konservativen Parteien unter dem hier zunächst hervorgehobenen Gesichtspunkte verwandt ist. In jene Gegenwart ragt die Vergangenheit als ein gewaltiges Erbe hinein, ohne welches jene nicht hauszuhalten vermöchte, dem gegenüber das lebende Geschlecht aber eine wenn auch beschränkte Selbständigkeit zu erringen berufen ist, damit das Goethesche Wort: „wir alle leben vom Vergangenen und gehen an ihm zu Grunde“ sich nicht in seinem vollen Umfange an ihm erfülle. Diese Aufgabe aber ist nach den das gesellschaftliche Leben beherrschenden Gesetzen nicht ohne Kampf zu lösen.

Zu allen Zeiten tritt in der Gestaltung des gesellschaftlichen und des geistigen Lebens ein Zug zur Stabilität, zur Bewahrung einmal ausgebildeter Einrichtungen, Formen und Zustände hervor. Auch bedarf dieses Leben einer gewissen Summe wenigstens in einem relativen Sinne stabiler Elemente, soll es sich nicht in ein wüstes Chaos und einen Kampf aller Elemente unter einander auflösen. In tausend Formen bewußten und unbewußten Wirkens richtet sich der soziale Selbsterhaltungstrieb auf die Schaffung und Erhaltung solcher stabiler Verhältnisse und Formen und auf die Mehrung ihres Einflusses und der Bürgschaften für dessen Dauer. Unter seiner Herrschaft bilden sich und behaupten sich scharf bestimmte Verhältnisse der Ueber- und Unterordnung und breitet sich eine Macht vielnamiger Normen, Gewohnheiten und Vorurteile über alle Lebensgebiete aus, durch welche dem Gesamtdasein eines Volkes, trotz des Auseinanderstrebens der individuellen Kräfte und des vielseitigen Widerstreites unter ihnen, unter günstigen Bedingungen der Charakter eines einheitlichen, in harmonischen Formen und festen Rythmen sich bewegenden Lebens verliehen wird. Zugleich verbindet der Fortbestand dieser Macht des Lebens jeder neuen Generation mit dem der vorausgegangenen Geschlechter des nämlichen Volkes und gibt einer jeden die (freilich trügerische) Zuversicht, den einmal aufgesammelten geistigen und materiellen Besitz, wie sie ihn selbst von den Vorfahren ererbt hat, so den eigenen Nachkommen ungemindert und unverändert zu überliefern. Die einmal begründete Ordnung aber wird nicht bloß durch die Macht der ursprünglich bei ihrer Begründung beteiligten Interessen getragen. Vielmehr gestalten sich ihre Bestandteile unabhängig von solcher Beteiligung zu Stützpunkten materieller und idealer Interessen und gewinnt in diesen neue Vertreter ihres Fortbestandes. Dazu kommt der Umstand, daß die Macht der Gewohnheit eine natürliche Tendenz zu fortschreitendem Wachstum hat, daß für die Autorität von Satzungen und Meinungen nicht bloß die Zahl der gleichzeitig existirenden Menschen, welche ihnen eine Geltung beilegen, sondern ebenso die Zahl der einander folgenden Generationen, welche ihnen huldigten, maßgebend ist, daß ferner der Trieb zur Idealisirung beständig geschäftig ist, das Althergebrachte mit höheren Attributen auszustatten, und daß die Volksphantasie sich stets geneigt zeigte, den Ursprung von Einrichtungen, für dessen Erforschung die Volkserinnerung keine Anhaltspunkte bietet, auf das Eingreifen höherer Mächte zurückzuführen.

Jede gesellschaftliche Organisation aber, wie sie auch immer gestaltet sein möge, ist unvermeidlich von Hause aus in bestimmten Beziehungen unzweckmäßig und ungerecht und wird es in anderen Beziehungen unvermeidlich im Laufe der Zeit. Es schwebt mir dabei nicht das unbestimmte und triviale Argument der Unvollkommenheit aller menschlichen Schöpfungen vor, sondern eine doppelte Gruppe bestimmter und bedeutungsvoller Thatsachen.

Zunächst kommen hier in Betracht die inneren Gegensätze, welche jedes Volksleben wie jedes individuelle Leben einschließt, und der Widerstreit, welcher zwischen den Bedingungen einer vollen Entfaltung des menschlichen Lebens in verschiedenen Teilen des Volks und hinsichtlich der verschiedenen Seiten dieses Lebens in einem gegebenen Zeitpunkte besteht. Daher ist die Aufgabe, von welcher wir annehmen, daß sie für jene Organisation im Ganzen und für das Recht insbesondere gestellt sei, allen legitimen Interessen gleichmäßig gerecht zu werden, in ihrer Unlösbarkeit der Quadratur des Zirkels zu vergleichen. Ein Recht, welches allzusehr dem damit bezeichneten Ideale sich anzunähern strebt, ist notwendig ein widerspruchsvolles und deshalb schwaches Recht, ein einheitliches und starkes Recht dagegen ist notwendig in hohem Maße einseitig und folgeweise in bestimmten Richtungen ungerecht und unzweckmäßig (summum jus summa injuria). Bezüglich anderer Teile jener Organisation gelten analoge Sätze.

Das Zweite ist, daß Recht, Sitte u. s. f. die Resultate der bisherigen geschichtlichen Entwicklung des Volkes fixiren und der erwähnten Tendenz gemäß zu Gunsten eines unveränderten Fortbestandes derselben wirken, während jene Entwicklung in ihnen bei einem lebenskräftigen Volke keinen natürlichen und definitiven Abschluß erreicht hat, sondern über sie hinausdrängt, und auch abgesehen davon die Bedeutung und Wirkungsweise einer unverändert fortbestehenden Organisation sich unvermeidlich ändern. Der Inhalt des Volkslebens unterliegt stetigen Abänderungen, wenn auch vielleicht so geringen, daß sie sich dem Bewußtsein der Beteiligten völlig entziehen. Immer findet eine Erhöhung oder eine Abschwächung der dasselbe bestimmenden Kräfte oder, wie es der gewöhnlichere Fall sein dürfte, gleichzeitig in verschiedenen Richtungen ein Wachsen und ein Absterben statt, sowie eine Veränderung der Bedingungen, unter welchen die sich erhaltenden Kräfte bestimmte Leistungen zu vollbringen vermögen. Nun fordern wir wohl, daß Recht und Sitte u. s. w. jenen im Stillen sich vollziehenden Abänderungen entsprechend sich selbst fortbilden, aber es setzt sich dem im Allgemeinen keine geringe Kraft entgegen. Es ist ein normaler Fall, daß Einrichtungen sich behaupten, deren Ausbildung einem längst verschwundenen Zusammenhange angehört und welche den ursprünglichen Grund ihres Daseins überlebt haben, ohne daß ein anderer rationeller Existenzgrund an dessen Stelle getreten wäre. In immer neuen Formen wiederholt sich, was von den Parsen in Bombay hinsichtlich ihres Verhaltens zu dem Genuß des Fleisches erzählt wird. Vor Zeiten nämlich waren dieselben von den Hindufürsten geduldet worden unter der Bedingung, daß sie sich des Genusses von Ochsenfleisch enthielten. Später war ihnen von den muhamedanischen Erobern eine gleiche Beschränkung hinsichtlich des Schweines auferlegt worden. Nun ist seit lange der Grund dieser zwiefachen Enthaltsamkeit weggefallen, aber die letztere behauptet sich unverändert als eine von der Sitte aufgenommene und geheiligte Maxime. Dieser Vorgang hat eine typische Bedeutung hinsichtlich der von Sitte, Religion und Recht gewissen Volksteilen oder Gesellschaftsklassen oder auch sämtlichen Volksgenossen auferlegten Beschränkungen. Aber der vorangestellte Satz gilt in gleichem Maße bezüglich aller anderen Bestandteile der Ordnung des gemeinsamen Lebens. Politische Verfassungen behaupten sich unter Verhältnissen, wo sie zu den gegebenen Zuständen und Bedürfnissen passen, wie Kinderkleider zum Körper eines Mannes oder Sommer-Anzüge zu den Bedürfnissen des Winters. So hielt Rom an Einrichtungen fest, welche dem Kleinstaat angepaßt waren zu einer Zeit, da es sich zur Weltbeherrscherin erhoben hatte. So behauptete sich das Verfassungsrecht des alten deutschen Reichs unter Verhältnissen, unter welchen es Sinn und Bedeutung im Wesentlichen eingebüßt hatte.

Ein Bild möge hier die abstrakten Erörterungen unterbrechen.

In der Nähe eines dem russischen Kaiser gehörigen Palastes stand seit unvordenklicher Zeit an öder Stelle eine Schildwache. Den Zweck der Ausstellung des Postens wußte niemand anzugeben, bis ein Zufall über den Zusammenhang Aufschluß gab. An jener Stelle nämlich hatte vor mehr als hundert Jahren eine wundervolle Rose geblüht und eine Schildwache war ausgestellt worden, um den Raub derselben zu verhüten. Die Rose verwelkte, der Garten, in welchem sie stand, verschwand samt dem Rosenstrauche der sie getragen hatte, aber die Schildwache ward immer aufs Neue ausgestellt und behütete den leeren Platz . . . . Nun, die Schildwache, das sind im Sinne dieser Erörterungen die Machthaber und Privilegirten, die ein Volk erhebt, und die Ämter und Satzungen, welche es begründet, die Rose aber, das lebendige Interesse, welches durch jene gewahrt werden sollte. Gar häufig verschwindet die Rose samt der Erinnerung an dieselbe, die Schildwache aber bleibt auf ihrem Posten. Ein Glück, wenn Institutionen, welche in dieser Weise ihren Zweck überlebt haben, bloß unnütz geworden sind. Meist aber ist das Gegenteil der Fall und nur damit haben wir es hier zu thun. Der in jenen liegende Ausdruck vergangenen Lebens setzt sich regelmäßig der Entfaltung neuen Lebens entgegen. Die Wiederholung dieses Vorgangs erfüllt die Geschichte des wirtschaftlichen wie die des geistigen Lebens. Kein Teil derselben aber ist mehr von ihm durchflochten als die Religionsgeschichte. Wenn die Völker von neuen Überzeugungen ergriffen werden, so sind sie bemüht, das in ihnen liegende ideale Gut sich in beharrenden Formen zu sichern und ihm in befestigten öffentlichen Institutionen einen greifbaren und imponirenden Ausdruck und die Gewähr für einen dauernden Einfluß auf das gemeinsame Leben zu verschaffen. Wenn dann der Geist, der die erste Botschaft gebracht hat, zur Erneuerung derselben wieder erscheint, so findet er sich den Mauern und Waffen des Rechts gegenüber. Von solchem Rechte gilt dann das Wort Mephistos:

„es erben sich Gesetz und Rechte
wie eine ewige Krankheit fort . . .
Vernunft wird Unsinn, Wohlthat Plage,
Weh' Dir, daß Du ein Enkel bist."

Jene Tendenz zur Stabilität aber umfaßt nicht bloß die Richtung auf Bewahrung der einmal zur Geltung gelangten Satzungen und Einrichtungen, sondern zugleich die andere auf Erweiterung ihres Herrschaftsgebietes und auf Fixirung der Entwicklung, insoweit von einer solchen die Rede sein kann, in der Richtung, welcher die Ausbildung jener Satzungen und Einrichtungen angehört. Zu der Beharrung bei den gegebenen Institutionen tritt hier die Beharrung in der Bewegung, welcher dieselben ihren Ursprung danken. Insbesondere die Geschichte des öffentlichen Rechts in Staat und Kirche bietet unzähligemal das Schauspiel, daß Prinzipien, welche an einem entscheidenden Punkte eine gesicherte Geltung erlangt haben, über die Grenzen, in welchen dies ursprünglich geschehen war, allmählig vordringen und sich einer unumschränkten Herrschaft innerhalb des betreffenden Rechtsgebiets annähern, daß Einrichtungen, welchen es im Laufe der Zeit gelang, feste Wurzeln zu fassen, in einen Prozeß des Wachstums und der Ausbreitung eintreten, welcher alle heterogenen Einrichtungen zu ersticken droht. Die Entwicklung ganzer Rechtsteile wird auf diese Weise in einer einseitigen Richtung bis zu einem extremen Punkte festgehalten, bis es den von ihr zurückgedrängten Kräften unter einem Übermaße des Druckes gelingt, sich Luft zu schaffen und nun mit einer dem bisherigen Drucke entsprechenden Energie die Entwicklung in die entgegengesetzte Richtung zu drängen. Freilich ist es auch möglich, daß unter solchem Drucke eine Seite des Volkslebens völlig und für immer verkümmert. Es macht sich hierbei ein Zug zu einer widerspruchslosen Gestaltung des öffentlichen Lebens geltend, der auf allen Gebieten desselben konstatirt werden kann. Aber jede Annäherung an das Ziel führt zu Unwahrheit und Einseitigkeit, weil die dabei vorausgesetzte innere Harmonie der Zustände und Interessen nicht existirt. So finden wir, daß die Rechtsentwicklung bei den modernen Völkern Jahrhunderte hindurch in der Richtung auf Ausprägung aller im Volksleben hervortretenden Unterschiede und Eigentümlichkeiten, auf die Gruppirung und Gliederung der Gesellschaft in eine Summe von durch Sonderrechte unterschiedenen Körperschaften beharrte, und daß sie dann in die entgegengesetzte Richtung auf Verwischung aller Sonderrechte und Auflösung der Gesellschaft in eine Summe von der nämlichen Gewalt und den nämlichen Satzungen ausschließlich und gleichmäßig unterstellten Individuen umschlug, um auch in dieser Richtung wenigstens in den meisten Ländern bis zu einem Extreme fortzuschreiten. So bewegte sich dieselbe Entwicklung in manchen Ländern in der Richtung auf die völlig uneingeschränkte Herrschaft Eines Menschen, um dann nach Erreichung dieses Ziels die Richtung auf eine unbeschränkte Demokratie einzuschlagen u. s. w. Ein solches Beharren in der einmal gegebenen Richtung wird keineswegs sofort dadurch ausgeschlossen, daß das Volksleben außerhalb der Sphäre des Rechts sich in einer geradezu entgegengesetzten Richtung entwickelt. So bildeten sich die Privilegien der oberen Stände in Frankreich in einer Periode vollständiger aus, wo die gesamte sonstige Entwicklung des öffentlichen Lebens sich in einer Richtung bewegte, welche die ganze Summe jener Vorrechte täglich mehr als „Unsinn und Plage" erscheinen ließ. So bildete sich das Recht der deutschen Staaten Dezennien hindurch in einer dem nationalen Gedanken entgegengesetzten Richtung weiter, nachdem dieser Gedanke im Bewußtsein des Volkes wieder erwacht und zu einem dies Bewußtsein mehr und mehr erfüllenden, durch die mannigfachsten Interessen getragenen Leben gelangt war. Der großen Schöpfung unserer klassischen Literatur, in welcher dieser Gedanke eine gewaltige Stütze gefunden hatte, folgte die Auflösung des deutschen Reichs, die Konstituirung des Rheinbundes, die Verdrängung des gemeinen Rechts durch die Gesetzgebung der einzelnen Länder. Betreffende Institutionen unterliegen hier gleichzeitig einem Prozesse der Fortbildung und des Absterbens. Jenes in Bezug auf ihren äußeren Körper, dieses hinsichtlich ihrer Stützen im sittlichen Bewußtsein und in den wesentlichen Interessen des Volkes. Soviel hier über den Zug zur Stabilität, über seinen wohlthätigen Einfluß und die Kehrseite desselben.

Als Repräsentanten desselben in sämtlichen hier unterschiedenen Beziehungen traten die konservativen Parteien in Deutschland wie anderwärts auf, und die hierin sich begründenden Eigenschaften dieser Parteien blieben lange Zeit hindurch die am meisten hervortretenden. Dem entspricht der Parteiname („Konservative"), welchen sie mit Erfolg für sich in Anspruch genommen haben. Die Kräfte, durch welche innerhalb der uns beschäftigenden Periode jene Tendenz sich geltend zu machen vermochte, sind von ihnen zu einer geordneten und konzentrirten Wirksamkeit zusammengefaßt worden. Auf die verschiedene Beschaffenheit derselben ist oben hingewiesen worden. Neben solchen, welche, wie die Sonterinteressen der ehemals Privilegirten, nur in einem gleichsam zufälligen Verhältnisse zu dem Grundsatze der Beharrung bei gegebenen Einrichtungen und gegebenen Entwicklungsrichtungen stehen, finden sich die natürlichen Stützen jeder Politik der Beharrung darunter. Diese letzteren sind für die ethische Physiognomie dieser Parteien, von den an anderer Stelle erwähnten negativen Charaktermerkmalen abgesehen, in erster Linie bestimmend gewesen. Nicht minder haben sie auf die allgemeinen Parteibekenntnisse und Theorien einen wichtigen Einfluß ausgeübt.

Gleich diesen Parteien erscheinen ihre Gegner im Sinne unserer Ausführungen als Repräsentanten allgemeiner Prinzipien einer besonderen geschichtlichen Situation gegenüber. Sie haben innerhalb der ins Auge gefaßten Periode die Tendenz zur Ausgleichung der überlieferten Ordnung mit dem in beständigem Fluß begriffenen Leben und der Überwindung der in dieser Ordnung stets enthaltenen und unter dem Einfluß jener Tendenz zur Beharrung sich naturgemäß — falls die Gegenwirkung ausbleibt — häufenden Unwahrheit vertreten. Auch sie haben Kräfte in ihren Dienst gezogen, welche in einem nicht bloß zufälligen und vorübergehenden Verhältnis zu jenen Tendenzen stehen, wie ex. c. die bei allen Völkern begegnende Sinnesart, welcher jeder Tag dafür gut zu sein scheint, um ein neues und besseres Leben zu beginnen, und die Schiffe, welche zu dem Punkte geführt haben, an dem man angelangt ist, zu verbrennen. Auch sie haben ferner Theorien ausgebildet, in welchen die allgemeine und dauernde Bedeutung des von ihnen eingenommenen Standpunktes einen entschiedenen und einseitigen Ausdruck gefunden hat.

Wenn es dem konservativen Standpunkt entspricht, den Wertmesser des Rechts in seiner Geschichte zu suchen und in der Größe der Rolle, welche seine Institute in dieser gespielt haben, gleichviel ob die dabei vorausgesetzte Bedeutung der Geschichte auf die in ihr gefundenen Offenbarungen des göttlichen Willens oder des Volksgeistes zurückgeführt oder in anderer Weise begründet wird, so entspricht es dem liberalen Standpunkte, dies Wertmaß des Rechts in der Übereinstimmung desselben mit den in der Gegenwart hervortretenden Bedürfnissen zu suchen und dem Rechte, das seine verpflichtende Kraft und seine Heiligkeit aus der eigenen Vergangenheit herleitet, das Recht entgegenzusetzen „das mit uns geboren."

Mit den letzten Worten ist auf einen Zusammenhang von Ideen hingewiesen, der uns noch einen Moment beschäftigen soll.

Der Autorität der überlieferten Lebensformen, welche für ihre Unantastbarkeit das Zeugnis der vorangegangenen Geschlechter geltend machen konnten, durfte man nicht lediglich eine Berufung auf unbefriedigte Interessen gegenüberstellen. Man bedurfte der Autorität gegenüber einer anderen Autorität, dem politischen Glauben gegenüber, der jene stützte, eines neuen Glaubens und den Idealen der alten Zeit gegenüber neuer Ideale. Als die Parteien der Reform auftraten, fanden sie alles dies bereits gestaltet vor in jener idealen Welt, von welcher ich früher geredet habe. Die Philosophie des Zeitalters hatte den alten Autoritäten die souveräne Vernunft gegenübergestellt und die Aussprüche derselben in Bezug auf Staat und Recht hatte nach der Meinung der Zeitgenossen die herrschende Rechtsphilosophie zusammengefaßt. Diese hatte es unternommen, den verwickelten geschichtlichen Zustand auf seine Elemente zurückzuführen und mit denselben von den natürlichen und ursprünglichen Ausgangspunkten des Rechtslebens aus einen rationellen Neubau herzustellen. Das geschichtlich Gewordene ward dabei als das Zufällige und Willkürliche, das Vernünftige zugleich als das Ursprüngliche und Natürliche betrachtet. Es schien sich gleichsam nur darum zu handeln, die Marschroute, auf welche Natur und Vernunft von Haus aus die Menschheit hingewiesen habe, und von welcher sie offenbar abgeirrt sei, sowie den von Natur und Vernunft entworfenen Grundriß für die Herstellung des Staates wieder aufzufinden, und man zweifelte nicht, daß man diese Aufgabe bereits gelöst habe.

Selbstverständlich befand man sich dabei in Bezug auf das Ursprüngliche und die angeblich allgemein giltigen Aussprüche der Vernunft im Irrtum. Der vermeintlich wiederentdeckte Grundriß entsprach den Bedürfnissen der modernen Gesellschaft und den in ihrer Geistesverfassung wurzelnden Idealen, stand aber dem Ursprünglichen so fern wie der geschichtliche Zustand. Aber jene Täuschung entsprach der allgemeinen Stimmung der gebildeten Gesellschaft vor der Revolution. Einrichtungen, welche ihren ursprünglichen Sinn verloren hatten, eine Tradition, welche den aufstrebenden Geist des Zeitalters überall beengte und hemmte, und der politische Zustand hatten überall eine Sehnsucht nach dem Natürlichen und Ursprünglichen erwachen lassen. Die einfache Rückkehr zu ihm schien Erlösung von mannigfachstem Drucke zu verheißen. Es schien nur darauf anzukommen, das Leben von vorn zu beginnen und die natürlichen Kräfte zwanglos walten zu lassen, um ein neues goldenes Zeitalter heraufzuführen. Als die Revolution in Frankreich sich erhob und daselbst jenem Verlangen gemäß die alten Fesseln sprengte, die künstlichen Abstufungen der Gesellschaft und die mannigfachen Satzungen beseitigte, welche den Einzelnen mit seiner Arbeit und seinen Genüssen überall in bestimmte Kreise und Formen zwang, da schien der erste Morgen dieses goldenen Zeitalters angebrochen zu sein, und dem trunkenen Sinne der besten Männer auch des deutschen Volkes erschien die Welt einen Augenblick lang eingetaucht in zauberisches Morgenlicht, wie sie dem Wanderer erscheint, der auf hohem Berge die Sonne erwartet, wenn das erste Licht Gebirg und Thal und das ausgebreitete Land für einen flüchtigen Moment in die Farben der Phantasiewelt kleidet.

Auch ist dies Zurückgreifen auf das wirklich oder vermeintlich Ursprüngliche typisch; es findet sich in Zeiten großer Umwälzungen, gleichviel auf welchem Gebiete des gesellschaftlichen und geistigen Lebens, regelmäßig bei den Parteien der Neuerung als ein Element des in anderer Richtung bereits charakterisirten Prozesses. Mit dem Ankämpfen gegen die Macht der Vergangenheit erneut sich periodisch das Bestreben, auf die lebendigen Quellen der Überlieferung zurückzugehen, und zu dem Wesen der Dinge, an deren Stelle für eine Weile in den Vorstellungen eines Volkes, eines Standes u. s. w. Dogmen des Rechts, der Sitte und öffentlichen Meinung, des Glaubens oder der Wissenschaft getreten waren, sich wieder in ein unmittelbares Verhältnis zu setzen. Auch ist dies Bestreben im Wesentlichen kein illusorisches. Es führt freilich nicht, wie die Zeitgenossen Rousseaus bezüglich ihrer Reformwünsche meinten, zu dem Ursprünglichen zurück, aber doch zu den Quellen des gegenwärtigen Lebens. Die Rechtsformen, welche unter dem Einflusse des Natur- und Vernunftrechts sich ausgebildet haben, zeigen eine geringe Verwandtschaft mit den

Rechtszuständen der sog. Naturvölker, aber sie stehen in einem näheren Verhältnisse zu den thätigen Kräften der heutigen Gesellschaft, sie sind nicht dem ursprünglichen, aber dem heutigen Inhalte des geistigen Lebens besser angepaßt als die Rechtsformen, an deren Stelle sie getreten sind.

In einem gewissen Sinne führen übrigens jene Bestrebungen regelmäßig auch zu einem Alten, schon Dagewesenen zurück. Denn jene thätigen Kräfte, welche in ihnen zu Tage treten, sind nicht schlechthin neuen Ursprungs, sie haben vielmehr zu anderer Zeit, in anderem Zusammenhange, an anderer Stelle und vielleicht unter anderen Namen, bereits eine geschichtliche Rolle gespielt, welche von ihrem jetzigen Hervortreten durch eine Periode gehemmter und zerstreuter Wirksamkeit getrennt ist. Daher zeigen die Gestalten, welche sich aus den revolutionären Bewegungen erheben, bei näherer Betrachtung dem Geschichtskundigen wohlbekannte Züge. Zugleich ergibt sich ihm, wenn er deren Herkunft erforscht, eine Kontinuität des geschichtlichen Lebens auch in Bezug auf sie, trotz des von denselben im Bereiche der äußeren Einrichtungen und Formen des öffentlichen Lebens begründeten Bruchs mit der Vergangenheit. Dem Forscher, der den letzten Quellen einer betreffenden Bewegung nachgeht, geschieht es wohl, daß er von einem Lebensgebiet auf das andere und aus einer Periode in die andere übergeführt wird, ohne daß es ihm gelingt, die ersten Ausgangspunkte festzustellen. Dies gilt auch für die geistige Bewegung, aus welcher die liberalen Parteien hervorgegangen sind. Ihre Geschichte führt uns, wenn wir die einzelnen Strömungen, welche in ihr zusammentrafen, rückwärts verfolgen, überall nur zu relativen Anfängen. Die geistigen Kräfte, welche den Charakter des Aufklärungszeitalters bestimmt haben, und welche zu einem Einfluß auf die Formen und den Inhalt der Staatsthätigkeit u. a. durch Vermittlung jener Parteien gelangten, zeigen sich vor Allem verwandt mit den Kräften, welche dem Zeitalter der Renaissance seine besondere Bedeutung verliehen haben. Manche für dieses charakteristische Regungen und Bestrebungen verschwinden in der folgenden Zeit von der Oberfläche des öffentlichen Lebens, um nach einem langen unterirdischen Laufe in den Formen des Rationalismus und Liberalismus wieder zu Tage zu treten. Den Zeitgenossen, welche den zerstörenden Einwirkungen einer solchen gewaltsam hervortretenden Bewegung auf die überlieferten Einrichtungen unmittelbar nahe stehen, kann es scheinen, als wenn durch sie das geschichtliche Leben ganz aus der Bahn aller bisherigen Entwicklung herausgedrängt werde, während es den späteren offen liegt, daß nur eine Bewegung innerhalb der Breite dieser Bahn stattgefunden habe. Dies gilt denn auch bezüglich der Revolution, welche sich mit Hilfe der liberalen Parteien bei uns und bei unseren Nachbaren in Staat und Gesellschaft vollzogen hat.

Ich rede von der Vergangenheit, denn diese Revolution ist abgeschlossen. Jener tiefgehende Gegensatz, in welchem dereinst die bestehende Organisation des politischen und sozialen Lebens zu dem wesentlichen Inhalte des letzteren und den Bedingungen einer fortschreitenden Entwicklung desselben gestanden hatte und in welchem der Ursprung unseres modernen Parteiwesens gefunden wurde, existirt nicht mehr. Seine Überwindung aber bildet den Inhalt jener Revolution. Mit ihrem Abschluß büßten die liberalen Parteien diejenige Eigenschaft ein, welche hier zunächst ins Auge gefaßt worden ist. Sie hörten auf, Organe des Selbständigkeitsstrebens der modernen Gesellschaft einer veralteten Organisation gegenüber zu sein. Wie viele der in ihren Programmen für einzelne Richtungen der inneren Politik aufgestellte Ziele auch unerreicht geblieben sein mögen, in der erwähnten Eigenschaft haben sie ihre Aufgabe im Wesentlichen gelöst. Das nationale Leben ist der Fesseln ledig, in welchen das Erbe einer unglücklichen politischen Geschichte es gefangen gehalten hatte, den thätigen Kräften des Volkes ist Spielraum für eine fruchtbare Wirksamkeit gegeben, das öffentliche Recht befindet sich im Einklang mit den Anforderungen der modernen Kultur und den Trägern der letzteren ist ein Einfluß auf die Verwirklichung und die Fortbildung desselben nicht verwehrt. Die liberalen Parteien stehen im Zusammenhange damit den konservativen nicht mehr wie Besitzlose den Besitzenden gegenüber. Sie sind vielmehr auch ihrerseits in der Lage, gewonnene Positionen zu verteidigen, wie die jüngsten Vorgänge im Bereiche der politischen, wirtschaftlichen und Strafgesetzgebung zur Genüge illustriren. Bezüglich derselben erscheinen sie daher ihrerseits als „Konservative" in dem engeren, buchstäblichen Sinne dieses Wortes. Der Gegensatz zwischen ihnen und ihren Gegnern ist nicht mehr ein Gegensatz zwischen Innen- und Außenstehenden, sondern ein Gegensatz zwischen den Elementen und Trägern unseres Rechtszustandes selbst.

Durch den letzteren Umstand ist natürlich der materielle Charakter weder der liberalen noch der konservativen Politik geändert worden. Die Interessen, welche jene ehedem in den Formen des Angriffs, neuerdings in den Formen der Verteidigung vertreten, sind die nämlichen, nur die Mittel und Wege dieser Vertretung erscheinen als modifizirt.

In anderer Richtung hat sich allerdings auch der materielle Charakter ihrer Politik geändert. So lange nämlich die von ihnen in erster Linie vertretenen Gesellschaftsklassen und Interessen in dem erwähnten Gegensatze zur überlieferten Ordnung standen, mußte die Wahrung auch derjenigen Grundlagen dieser Ordnung, welche eine fortdauernde Bedeutung für das nationale Leben hatten, im Wesentlichen den antiliberalen Parteien und Mächten überlassen bleiben. Dies aber ist seit geraumer Zeit anders geworden, und es hat sich daher hinsichtlich der Wahrung dieser Grundlagen eine Solidarität zwischen den ehemaligen Gegnern, oder wenigstens zwischen Teilen der beiden Parteigruppen herausgebildet, welche zur Signatur des heutigen deutschen Parteiwesens gehört und für die Zukunft desselben wohl noch eine höhere Bedeutung in Anspruch nehmen dürfte.

II.

Die modernen Gleichheitsbestrebungen.

Der Kampf zwischen den beiden großen Parteigruppen der konservativ und der liberal gesinnten Politiker ist in einer früheren Abhandlung unter dem Gesichtspunkte eines Widerstreits zwischen den in Recht und Sitte, Staat und Kirche, wirtschaftlichem und geistigem Leben überlieferten Gestaltungen und den modernen Elementen unserer Gesellschaft betrachtet worden. Dabei ist auf den besonderen Charakter der Zustände und Einrichtungen, welche man auf der einen Seite zu bewahren, auf der andern zu begründen bemüht war, sowie auf die Eigenschaften und Schicksale und die Einwirkungen unserer Parteien auf Staat und Gesellschaft, welche damit zusammenhängen, nicht näher eingegangen worden. Dies soll in einigen weiteren Abhandlungen nachgeholt werden; an dieser Stelle zunächst in Bezug auf eine einzelne Seite jener Zustände und Ereignisse, diejenige nämlich, welche uns in der Geschichte der modernen Gleichheitsbestrebungen entgegentritt.

Der Zustand, gegen welchen sich die liberalen Bestrebungen auf dem Kontinente von Haus aus richteten, war u. a. charakterisirt durch die Stellung der privilegirten Stände.

Der mittelalterliche Staat hatte die Gliederungen und die Sonderrechte der Stände zu seiner Grundlage und das Leben der mittelalterlichen Gesellschaft bewegte sich zwanglos in den eigentümlichen Formen, welche die Teile des locker verbundenen nationalen Ganzen für sich ausgebildet hatten. Gesellschaftliche und politische Zustände, Gestaltungen des öffentlichen und des Privatrechts standen dabei in einer vollkommenen Harmonie; in den allgemeinen Anschauungen waren sie überhaupt nicht durch bestimmte Grenzen geschieden. Die Ungleichheiten aber, welche darin eingeschlossen waren, bildeten keinen Gegenstand von grundsätzlichen Angriffen, da sie mit dem Gesamtzustande untrennbar zusammenhingen, dieser aber in einer einheitlichen Welt- und Lebensanschauung seine Stütze fand.

Diese Einheit war im Beginn der Periode, welche uns beschäftigt, bereits zerstört. Von jenem Gesamtzustande existirten gegen Ausgang des 18. Jahrhunderts mancherlei Fragmente, welche in einer veränderten Umgebung ihre Bedeutung auch verändert hatten und sich in einem vielfältigen Widerspruche mit verbreiteten Anschauungen und allgemeineren Interessen befanden. Vor allem gehörte dazu eine Summe von Privilegien des Adels und der Geistlichkeit und mit ihnen zusammenhängender Lasten und Abhängigkeiten auf Seiten der anderen Stände. Deren rationelle Voraussetzungen waren hinfällig geworden und selbst die Erinnerung an die Verhältnisse, in welchen ehedem der Beweis einer berechtigten Existenz für sie gefunden werden konnte, war, wenn nicht erloschen, doch verblaßt. Jene Vorrechte bildeten nicht mehr die Kehrseite von überwiegenden Pflichten und Leistungen und hatten überhaupt kein greifbares Verhältnis mehr zu den staatlichen Bedürfnissen und den Bedingungen ihrer Befriedigung. Auch auf dem gesellschaftlichen Gebiete waren die wichtigsten Voraussetzungen einer unangefochtenen Überordnung: zweifellose Überlegenheit in Bezug auf Intelligenz, Bildung und Besitz teils in Wegfall gekommen, teils im Schwinden. Der Adel insbesondere bildete nicht mehr wie einstmals die Ritterschaft ein selbständiges, auf eigener Kraft ruhendes und mit besonderen wichtigen Leistungen für die Gesamtheit betrautes Ganzes; ein abhängiger Hofadel nahm die Stelle dieses letzteren ein, welcher der Kraft der Nation aus Eigenem wenig oder nichts zubrachte, aber an dieser Kraft als ein vielbedürfender und anspruchsvoller Konsument zehrte und ihrer Entwicklung in den nicht privilegirten Teilen des Volkes sich hemmend entgegensetzte. Seine Privilegien entmutigten die Ausgeschlossenen, verdarben die Begünstigten und minderten als Teile der bestehenden Rechtsordnung, Teile von einer mehr und mehr empfundenen Ungerechtigkeit, die moralische Macht dieser Ordnung. Diese Schilderung entspricht vor allem den

Zuständen Frankreichs, welche der den europäischen Kontinent bald überflutenden Gleichheitsbewegung ihren Ursprung gegeben haben. Sie trifft aber unter gewissen Einschränkungen und Modalitäten auch für Deutschland zu. Zu den letzteren gehört es, daß den Privilegirten hier die Masse der kleinen Dynasten einzureihen ist, sowie daß ein Bewußtsein von den bezeichneten Zuständen sich langsamer, zum Teile erst im Laufe unseres Jahrhunderts, und in ungleicher Weise, nicht wie in Frankreich als ein die Nation in allen ihren Teilen gleichzeitig ergreifendes Phänomen, entwickelte.

Den Privilegirten stand in dem Mittelstande eine Masse rechtlich nicht speziell verbundener Individuen gegenüber, welche den konventionellen Rechtstiteln der ersteren die natürlichen Titel der Menschen- und Bürgerqualität und der dem Staate nützlichen Arbeiten privater und öffentlicher Natur entgegenstellten. Dieselben sind, indem sie sich zu politischen Parteien zusammenschlossen, zu neuen Einheitsformen gelangt, Einheitsformen, welche im modernen Staatsleben die Stelle der alten korporativen Verbände einnehmen. Das sie verknüpfende Band aber hat einen Teil seiner Stärke dem Haß und dem Kampfe gegen die Privilegirten zu danken.

Für diesen Kampf bot die zu großem Ansehen unter den Gebildeten Frankreichs und Deutschlands gelangte Rechtsphilosophie des 18. Jahrhunderts, das alte „Naturrecht", bequeme Stützpunkte, da es in seinen Deduktionen die gleiche Geltung des Willens der zum Staate verbundenen Individuen zur Voraussetzung nahm, und dem geschichtlichen Rechte in diesen Deduktionen das Recht gegenüberstellte, „das mit uns geboren", ein Recht, in dessen System sich für Privilegien der hier in Frage stehenden Art keine Stelle fand. Wohl läßt es zu, daß um der gemeinsamen Interessen willen eine höhere Macht auf Einzelne übertragen werde, aber nur im Sinne einer Vollmacht, welche die rechtliche Gleichheit zwischen Vollmachtgebern und Bevollmächtigten nicht aufhebt. Und nicht bloß vorübergehend lieferte diese Lehre für die modernen Gleichheitsbestrebungen geistige Fermente. Die Anschauungen, in welchen jene bis zur Gegenwart herauf ihren Halt suchen, enthalten überall, zum Teil allerdings verquickt mit neuen Einsichten oder Vorurteilen, Bruchstücke dieser Lehre. Die dogmatische Einkleidung und Begründung derselben interessirt hier natürlich nicht. Dagegen verdient ihr wesentlicher Kern mit Rücksicht auf die hervorgehobenen Thatsachen eine kurze Betrachtung.

Bei der Beurteilung der Grundformen, in welchen die staatliche Wirksamkeit sich entfalten kann, macht sich immerfort ein Gegensatz darin geltend, ob wir von den Ansprüchen der Einzelnen unseren Ausgang nehmen oder vom staatlichen Ganzen. Im ersteren Falle gibt das natürliche, bei entwickelteren Individuen vom Rechtsgefühl getragene Verlangen, in dem Staate, welchem wir angehören, unsere Geltung anerkannt und geschützt und unser besonderes Interesse als ein Element des allgemeinen gewahrt zu sehen, den nächsten Maßstab des Urteils an die Hand. An dieses Verlangen schließt sich das weitere naturgemäß an, bei der Bildung des Staatswillens selbst in irgend einer, sei es schöpferischen, sei es nur kontrolirenden Weise teilzunehmen, um so für die Erfüllung jener ersten Forderung wirksam sein, und zugleich von der kostbaren Selbstbestimmung, der Gestaltung des Lebens nach eigenem Maße und durch eigene Kraft, auch dort noch den Schein und vielleicht ein wenig Wirklichkeit festzuhalten, wo wir als Teile eines größeren Ganzen erscheinen und an dessen Ordnungen gebunden sind. Da nun derlei Ansprüche sich auf die allgemeine Menschennatur gründen, so gelangen wir in ihrer Vertretung naturgemäß zur Forderung einer gleichen Geltung Aller im Rechte und einer Beteiligung Aller an dessen Gestaltung. Hier haben wir jenen Kern des Naturrechts, soweit er an dieser Stelle in Betracht kommt. — Im anderen Falle, wo wir vom staatlichen Ganzen unseren Ausgang nehmen, fällt jede Art der Beteiligung an der Staatsthätigkeit mit Einschluß der Wahlthätigkeit unter den Gesichtspunkt einer Funktion, welche sich an den Zwecken des Ganzen und den Bedingungen ihrer Verwirklichung mißt, und jedes öffentliche Recht zugleich und primär unter dem Gesichtspunkt der Pflicht, da bei seiner Ausübung niemals bloß die Interessen des Einzelnen, sondern stets allgemeine Interessen im Spiele stehen. Die Frage nach der Verteilung dieser Rechte beantwortet sich hier nicht nach einer allgemeinen Schablone, sondern dahin, daß diejenigen, welche nach Lage der gegebenen Verhältnisse die meisten Garantien für eine pflicht- und zweckgemäße Ausübung derselben darbieten, vornehmlich damit zu betrauen seien. Daß hier von einer Gleichheit nicht die Rede sein könne, ist offenbar. Nicht bloß kommen die Verschiedenheiten der Begabung und gesamten geistigen Ausrüstung in Betracht, sondern ebenso die Verschiedenheiten der gesellschaftlichen Zustände, in welchen die Einzelnen existiren, und der damit zusammenhängenden Bedingungen einer unabhängigen und erfolgreichen Wirksamkeit. Wer diesen Standpunkt einnimmt, der wird es gefährlich und verwerflich finden, die Verwertung jener für den Staat bedeutsamen Verhältnisse und Eigenschaften überall von den Zufälligkeiten periodischer Wahlen und den schwankenden Stimmungen einer Vielheit von Berechtigten abhängig zu machen; er wird es für geboten erachten, daß solche Verhältnisse und Eigenschaften durch dauernde Einrichtungen für die Gesamtheit fruchtbar gemacht werden. Damit aber ist der Wert aristokratischer Institutionen anerkannt und die Berechtigung der eben erwähnten Gleichheitsforderungen in Frage gestellt. Die neuere Lehre von Staat und Recht hat in Deutschland fast durchweg diesen letzteren Ausgang genommen. Während daher die naturrechtliche Auffassung sich in die Denkweise der mittleren und unteren Volksschichten mit tiefreichenden Wurzeln einsenkte und sich als ein wichtiges Element in deren Bestrebungen fortwährend geltend machte, ward sie im engeren Bereiche der Wissenschaft durch eine Auffassung von entgegengesetztem Charakter verdrängt. Die letztere legt an die bestehenden politischen Einrichtungen und die in ihnen enthaltenen Verletzungen des Prinzips der Gleichheit, dem bezeichneten Ausgangspunkte gemäß, überall den Maßstab der Bedingungen unseres Staatslebens und der Erfüllung seiner Zwecke und leitet die Rechtsqualität jener Einrichtungen weder von der wirklichen noch von einer vorauszusetzenden Zustimmung der Einzelnen, sondern unmittelbar aus ihrer Bedeutung für das Ganze her.

Unsere modernen Reformparteien haben, wie schon erwähnt wurde, von dem zuerst charakterisirten Standpunkte aus ihre Angriffe gegen die Stellung der Privilegirten geführt. Im Einklang mit demselben forderten sie, daß die Einzelnen im privaten Verkehre und dem Staate gegenüber an sich als gleichwertig behandelt würden. So bei der Anwendung der Civil- und Strafgesetze, in Bezug auf staatlichen Schutz, Freiheit des Erwerbs und Zugänglichkeit der öffentlichen Ämter. Sie verlangten ferner die Beseitigung der zahlreichen wirtschaftlichen Rechte der Privilegirten, welche sich nicht auf Leistung und Gegenleistung unter Gleichberechtigten, wenigstens nach Erinnerung und Urteil der Lebenden, zurückführen ließen. Endlich forderten sie eine Mitwirkung der Gesellschaft bei der Entscheidung über ihre Schicksale nach einem Maßstabe, der nicht von vornherein eine Verneinung jener Gleichwertigkeit der Individuen in sich schlösse. In dieser Richtung wirkten die genannten Parteien lange Zeit hindurch als eine einheitliche Macht. In den Vertretern jener älteren, ihrer Begründung nach in dem mittelalterlichen Staatswesen wurzelnden Privilegien bekämpften und überwanden sie einen gemeinsamen Gegner, und wo derselbe in gesonderten Gebieten unseres Staatslebens noch einen Platz behauptet, da finden sich die sonst geschiedenen Elemente derselben, sobald eine Gelegenheit zum Angriff gegeben ist, in der Regel wieder zusammen. So geschah es in neuerer Zeit hinsichtlich der Privilegien der Rittergutsbesitzer in Preußen, so wiederholt, wenn auch bisher ohne Erfolg in Bezug auf die Reste feudalen Wesens in Mecklenburg u. s. w. In diesen Kämpfen habeu sie das ihrige zur Vollendung des Prozesses beigetragen, welcher an die Stelle des Staates der Sonderrechte und Privilegien den modernen Staat treten ließ. In ihm ist die Kraft der alten Verbände auf das einheitliche Ganze übergegangen, welchem die Gesellschaft als eine Summe koordinirter Individuen gegenübersteht. Diesen aber ist die grundsätzlich gleiche Geltung vor den Gesetzen und den Organen dieses Ganzen gewährleistet.

In diesem modernen Staate sehen die Privilegirten von ehemals sich zu einer sekundären Rolle verurteilt. Dies gilt für Deutschland natürlich nur insofern, als wir von dem Kleinfürstentum absehen, welches die bisherigen Katastrophen in unserem politischen Leben überdauert und im neuen Reiche neue Garantien für seine Forterxistenz, sowie eine Stellung gewonnen hat, welche den Begriff eines hohen Adels deutscher Nation, um mit Treitschke zu reden, in neuer Weise als erfüllt erscheinen läßt. Im Übrigen ist nicht daran zu denken, daß sich aus den Elementen der ehemaligen Aristokratie eine neue entwickeln könnte, welcher eine mächtige Mittelstellung zwischen Krone und Bürgertum und eine Summe eigentümlicher Aufgaben zufiele. Manche haben in jüngster Zeit bedauert, daß bei dem Aufbau der deutschen Verfassungsstaaten nicht darauf Bedacht genommen worden sei, eine den neuen Verhältnissen angepaßte Stellung solcher Art einem erneuerten deutschen Adel zu sichern, wohl auch die Hoffnung geäußert, daß die Zukunft Gelegenheit bieten werde, das Versäumte nachzuholen. Sie sehen in der Dreigliederung der Gesellschaft und der staatlichen Einrichtungen in monarchische, aristokratische und bürgerliche Elemente im Einklang mit hervorragendsten politischen Schriftstellern alter und neuer Zeit eine wesentliche Bedingung stetiger Entwicklung und eines gesicherten Bestandes politischer Freiheit, und können sich die aristokratischen Elemente nur in der Form eines mit erblichen Vorrechten ausgestatteten Adels denken. Aber die Bewegung, welche über feudale Einrichtungen hinausgeführt hat, und die Idee der Gleichheit in den verschiedenen Schichten des Volkes Wurzeln schlagen und ihre politischen Anschauungen durchdringen ließ, schließt künstliche Neuschöpfungen dieser Art aus. Unter den im heutigen Staate gegebenen Bedingungen aber aus eigener Kraft eine solche Mittelstellung, wie sie hier vorschwebt, zu erringen, dazu fehlen bei unserem Adel sowohl die wirtschaftlichen wie die geistigen Voraussetzungen. Ein mächtiger Grundbesitz ist nicht in seiner Hand, einer von Geschlecht zu Geschlecht sich vererbenden politischen Weisheit kann er sich nicht rühmen. Die Rolle, welche die Masse seiner Angehörigen in der Geschichte des deutschen Volkes gespielt hat, war keine solche, woraus sich eine Anwartschaft auf eine bevorzugte Stellung innerhalb unseres neuen Gemeinwesens herleiten ließe.

Ihre Stellung ist vielfach nicht auf der Seite der nationalen Interessen gewesen. Hat doch auch Bismarck seine nationale Politik im Widerspruch mit den Neigungen und Vorurteilen der Mehrheit seiner Standesgenossen durchgeführt. Das Gesamtverhalten derselben in den ersten Kammern der deutschen Länder hat ein zureichendes Verständnis für die Bedingungen unseres modernen nationalen Gemeinlebens nicht erkennen lassen. Wo sie eigene politische Wege zu verfolgen unternahmen, da zeigten sie sich meist in engen Traditionen befangen. Eine Bedeutung haben sie immerhin auch für unser heutiges politisches Leben, aber nicht in dem Sinne eines selbständigen politischen Faktors, sondern kraft ihrer Anlehnung an das Königtum und als dessen bevorzugtes Gefolge. Die Ziffern, mit welchen sie in den Ergebnissen der politischen Wahlen erscheinen, sind in der Hauptsache nur ein Ausdruck für eine Seite der königlichen Macht. Wo sie dieser zu folgen sich nicht entschließen konnten, da tauchten sie in der Regel in diesen Ergebnissen unter. Eine Ausnahme trat nur dort ein, wo Glieder des Standes sich in den Dienst ultramontaner oder kleinstaatlich-partikularistischer Bestrebungen stellten . . . .

Eine Dreigliederung der Gesellschaft und zwar eine solche von verwandter Bedeutung, wie die oben vorausgesetzte, ist übrigens in Deutschland — was hier beiläufig und anticipando bemerkt sein mag — bereits vorhanden. Dem Fürstentum mit seinem soeben bezeichneten Gefolge stellt sich zunächst der ehemalige dritte Stand — die „Bourgeoisie" — gegenüber. Innerhalb desselben haben sich freilich seit der Revolution große Veränderungen vollzogen — wir werden in anderem Zusammenhange uns mit solchen zu beschäftigen haben — und es sind in seinem eigenen Bereiche tiefe Gegensätze und bedeutsame Abstufungen hervorgetreten. Aber die zahlreichen Gruppen, welche hier in Betracht kommen, stellen sich gleichwohl unter wichtigen Gesichtspunkten noch immer als eine Einheit dar. Und zwar mit Rücksicht auf ihr natürliches, in ihren wesentlichen Interessen begründetes, Verhältnis zu den Grundfragen der gesellschaftlichen Organisation. Denjenigen, welche unterhalb dieser Gruppen existiren, und sich von ihnen durch einen abwärts zwar leicht, aufwärts dagegen schwer zurückzulegenden Weg getrennt sehen, erscheinen sie mehr und mehr, wie tägliche Kundgebungen erkennen lassen, im Lichte einer Aristokratie. Dabei sind es nicht einzelne Privilegien, durch welche sie die bevorzugte Stellung derselben begründet und gewährleistet finden, sondern die Gesamtordnung des gesellschaftlichen Zustandes. Seit die ehemals Privilegirten zurückgedrängt worden sind und von dem ehemaligen dritten Stande der breiteste Platz in Staat und Gesellschaft eingenommen worden ist, hat sich hier ein Gegensatz aufgethan, dessen Tiefe derjenigen des alten zwischen Privilegirten und Nichtprivilegirten überlegen ist, und welcher jenem zuerst erwähnten Faktor in unserem deutschen Gemeinleben, d. i. dem Königtum, eine neue Bedeutung verleiht. Auf diese Verhältnisse, speziell auf die aristokratische Stellung des Bürgertums ist im Verlaufe dieser Abhandlung zurückzukommen. Hier ist zunächst das Vordringen der Gleichheitsbestrebungen über die oben bezeichneten Ergebnisse hinaus und zwar zunächst auf dem politischen Gebiete ins Auge zu fassen.

Die Übereinstimmung der Reformparteien in Bezug auf eine fortschreitende Verwirklichung der Gleichheitsidee konnte sich bei der Verschiedenheit der von ihnen vertretenen gesellschaftlichen Gruppen und Interessen nicht auf die Dauer behaupten. Es schied sich hier zunächst der Liberalismus im engeren Sinne von der (nicht sozialistischen) Demokratie. Ihr Gegensatz gehört im Wesentlichen dem rein politischen Gebiete an; er betrifft mehr die Formen der Staatsthätigkeit als deren Inhalt, mehr die Verteilung der politischen Macht als die Aufgaben, welche mittelst derselben zu lösen sind. Beide setzen, was die Begrenzung der letzteren betrifft, den liberalen Staat voraus, der das gesellschaftliche Leben in einem gewissen Umfange sich selbst überläßt und damit für Ungleichheiten im Bereiche dieses letzteren einen beträchtlichen Spielraum bestehen läßt. Es ist daher die politische, nicht die soziale Gleichheit, zu welcher sie eine grundsätzlich verschiedene Stellung einnehmen. Hier zunächst vom Liberalismus, der in einem bestimmten Verhältnisse zu den gebildeteren und den vermögenderen Teilen des städtischen Bürgertums steht, und die einflußreichsten Parteiführer in Deutschland stets aus den Vertretern der sog. gelehrten Berufsarten gewonnen hat.

Von dieser Seite her konnten weitervordringende Gleichheitsbestrebungen auf dem politischen Gebiete nur eine beschränkte Unterstützung finden. Jenen Gruppen war im modernen Verfassungsstaate alsbald ein Anteil an der politischen Macht zugefallen, welchen sie im Kampfe mit dem an den Traditionen der Alleinherrschaft festhaltenden Fürstentum zu behaupten und stetig zu vergrößern bemüht waren. In diesem Kampfe konnten sie durch eine Erweiterung des Kreises der politisch Vollberechtigten im Sinne jener Bestrebungen neue Kräfte und einen Rückhalt an breiteren Volksmassen gewinnen. Dies jedoch nicht, ohne Einbuße an der Macht zu erleiden, die Gesetzgebung ihren Sonderinteressen dienstbar zu machen, und nicht, ohne Interessen von allgemeinem Charakter, welche in ihnen ihre natürlichen Vertreter haben, zu gefährden. Unter anderem mußte sich bei ihnen die Erkenntnis Bahn brechen, daß Freiheits- und Gleichheitsbestrebungen nicht in der einfachen und notwendigen Harmonie stehen, wie sie die alte revolutionäre Devise — Freiheit, Gleichheit, Brüderlichkeit — annehmen läßt, und wie sie das Naturrecht in seinen einflußreichsten Repräsentanten voraussetzt, daß im Gegenteil die Existenz rechtlicher Ungleichheiten und aristokratischer Einrichtungen eine entscheidende Bedeutung für den Bestand der bürgerlicher Freiheit haben können. Alte und neue Geschichte enthalten Thatsachen genug, welche demjenigen den Beweis dafür in die Hand geben, welcher geneigt ist, denselben für sich oder andere zu führen. Unter anderem erwies sich jener Bestand bisher als ein gesicherterer in dem aristokratischen England als in dem Vorzugslande der Gleichheit: Frankreich. Jene Geneigtheit aber, in diesem Punkte sich durch Wissenschaft und Erfahrung belehren zu lassen, konnte bei Gesellschaftsgruppen nicht ausbleiben, für welche jener gesicherte Stand einen bedeutenden materiellen und, wenigstens in Deutschland, einen lebhaft empfundenen idealen

Wert hat. Ebenso mußte das Interesse an der wirtschaftlichen Freiheit sich bei diesen Gruppen einer rücksichtslosen Vertretung der Gleichheitstendenz entgegensetzen.

Daher denn in den politischen Programmen des deutschen Liberalismus das Gleichheitsprinzip fortan eine ziemlich untergeordnete Rolle spielte. Wenigstens gilt dies für die gemäßigten Fraktionen auf dieser Seite. Hier hat man von der Herrschaft der alten Rechtsphilosophie sich allmählich frei gemacht und mit den Resultaten der geistigen Arbeit unseres Jahrhunderts in einem fortschreitenden Maße Fühlung gewonnen. Man ist demgemäß dazu gelangt, die zweite der oben unterschiedenen Auffassungen als berechtigt neben der ersten anzuerkennen und in Übereinstimmung damit eine Begründung bestehender rechtlicher Ungleichheiten aus den Bedingungen des heutigen Staatslebens heraus zuzulassen. Unser Liberalismus hat auf diesem Wege eine Neigung zu Kompromissen und ein entschieden konservatives Element in sich aufgenommen. Dieses letztere macht sich unter anderem in der aufrichtigen Bevorzugung der monarchischen Staatsform, sowie in der Begünstigung des Zweikammersystems und einer aristokratischen Besetzuug der ersten Kammer geltend. Nicht wenige unter unseren Liberalen würden sich eine Aristokratie von dem Charakter und der Stellung der englischen Pairie, wenn die Bedingungen dafür in Deutschland gegeben wären, gern gefallen lassen. Ja sie treten wohl gar, wie oben erwähnt wurde, für die Schaffung einer solchen ein. Der Kampf gegen die Aristokratie, der zeitweise von dieser Seite in einem allgemeineren Sinne geführt worden war (vgl. die Verfassung des deutschen Reiches von 1849, § 137), schrumpfte so zu einem Kampfe gegen diejenigen Formen der Aristokratie, welche mit dem Inhalte unseres modernen Volkslebens in keinem verständlichen Zusammenhange stehen, ein. Unsere Liberalen sind ferner zu einem beträchtlichen Teile Freunde des aristokratischen Systems der Ehrenämter, welches soziale Macht in ein festes Verhältnis zu wichtigen staatlichen Funktionen setzt und damit — eine nicht bezweckte aber offenbare Nebenwirkung — bestehende Ungleichheiten in Bezug auf Besitz und gesellschaftliche Stellung in ihrer Bedeutung erhöht und befestigt.

Bezeichnend für unseren Liberalismus, in welchem heterogene Grundsätze, Bestrebungen und Einsichten zu einer bedeutsamen Verbindung gelangt sind, ohne daß dabei die Verhältnisse dieser Elemente zu einander sich bestimmt fixirt hätten, ist unter anderem sein Verhalten zur Reform des politischen Wahlrechts. Seinen alten Zielen gemäß hat er sich jeder Unterscheidung von Wählergruppen, im Sinne einer ständischen Gliederung der Bevölkerung, widersetzt. Auch trat er vielfach zu Gunsten einer Verbreiterung der Basis unserer Abgeordnetenhäuser durch eine Reform sowohl des aktiven wie des passiven Wahlrechts ein. Andererseits sind Einschränkungen und Abstufungen des ersteren, insofern sie sich auf die Bedingungen einer zweckmäßigen Ausübung desselben in der Person des Einzelnen oder auch auf das verschiedene Maß der Leistungen für den Staat gründen ließen, vielfach von ihm gutgeheißen worden. Jene im Einklang mit der erwähnten konservativen Seite, diese im Einklang mit den Interessen der liberalen Klassen und im Sinne einer Anwendung des Gerechtigkeitsprinzips. Mit der letzteren befand er sich wieder auf dem oben zuerst bezeichneten Standpunkte. Dabei fanden die Geldleistungen eine einseitige Berücksichtigung, wie denn die verteilende Gerechtigkeit hier nicht selten in einem allzuengen Bündnis mit den Interessen der Besitzenden erschien.

Auch drängt die Gleichheitsbewegung mit Macht über die betreffenden Schöpfungen hinaus. In Frankreich sind sie auf dem staatlichen Gebiete seit geraumer Zeit durch das allgemeine Stimmrecht verdrängt, und schwerlich dürfte man dort in einer absehbaren Zukunft auf das System des Zensus und der Kapazitäten oder ein beliebig charakterisirtes System von Einschränkungen und Abstufungen des aktiven Wahlrechts zurückkommen. In Deutschland aber sind wir dem französischen Vorbilde, wie auf so manchem anderen Wege so auch hier, zunächst in Bezug auf unseren wichtigsten Vertretungskörper gefolgt. Damit ist nun auch bei uns die Linie überschritten, innerhalb deren diese Bewegung vornehmlich den Interessen des liberal gesinnten Bürgertums diente, von ihm getragen wurde und von ihm vornehmlich sich abhängig zeigte. In der Gestalt des allgemeinen Stimmrechts tritt sie in den Dienst neuer Mächte, möglicherweise, nach Lage der Umstände, in den Dienst der gefährlichsten Feinde jener Interessen. Die Wahlergebnisse, welche das allgemeine Stimmrecht bisher in Deutschland geliefert und die bedeutsamen Einflüsse, welche es auf die Wählermassen ausgeübt hat, bekräftigen in diesem Punkte bereits in einer greifbaren Weise, was die reicheren Erfahrungen anderer Länder lehren. Aber einer Bewegung gegenüber, welche von ihm selbst ausgegangen und durch welche es selbst emporgehoben worden war, zeigte sich unser liberales Bürgertum naturgemäß schwach (vgl. das Reichstags-Wahlgesetz von 1849 §§ 1 und 14). Wo seine Vertreter sich dem Fortschreiten derselben entgegenstellten, da hatten sie alte Bundesgenossen sich gegenüber und sahen sich genötigt, Theorien und Auffassungen zu bekämpfen, welche ihnen ehedem zu Stützpunkten des Angriffs gegen die alte Ordnung gedient hatten, und welche in den von ihnen vertretenen Klassen selbst keineswegs vollkommen überwunden waren. Dazu kommt, daß bei jenen Abstufungen des Wahlrechts wahrhaft natürliche und den Rechtssinn durchaus befriedigende Unterscheidungsmerkmale nicht zur Anwendung gekommen waren. Die bisherigen Ergebnisse haben allerdings viele Liberale zu entschlossenen Gegnern des allgemeinen Stimmrechts gemacht. Auch mag es gelingen, die Übertragung desselben auf die Bundesländer für längere Zeit — schwerlich aber auf die Dauer — zu verhindern, auch wohl, das bestehende gewissen Modifikationen zu unterwerfen. Aber mit der Aufhebung des letzteren wird es gute Wege haben. Für die Freunde, die es auf einer Seite einbüßt, erwirbt es neue auf einer andern. Es ist keine Zufälligkeit, daß Fürst Bismarck sich in Deutschland zum Patron des Instituts gemacht hat, wie das Verhältnis der Napoleons zu demselben nicht als zufällig erscheint. Demokratische Institutionen, welche ihren Gegensatz nicht in aristokratischen Einrichtungen alten Stils, sondern in liberalen Einrichtungen modernen Charakters haben, besitzen eine natürliche Anwartschaft auf eine Unterstützung seitens konservativer oder antiliberaler Faktoren. Vor allem aber schöpft das allgemeine Stimmrecht eine bedeutende Kraft zur Behauptung und Erweiterung seines Herrschaftsgebiets aus seiner Übereinstimmung mit der im Verlaufe näher zu charakterisirenden Gesamtrichtung unserer sozialen Entwicklung.

Hier ist zunächst der Partei zu gedenken, welche sich als die besonders bestellte Sachwalterin für dies Institut und verwandte Einrichtungen betrachtet und welche oben den Liberalen im engeren Sinne gegenübergestellt worden ist.

Die Demokratie vertritt die jedes Compromiß ablehnende Gleichheitstendenz auf dem politischen Gebiete. Mit der Begründung dieses Verhaltens steht sie auf einem den alten Parteien der Opposition dereinst gemeinsamen Boden und kann sich rühmen, ihrer alten Fahne durchaus treu geblieben zu sein und inmitten der reichen Geschichte unseres geistigen Lebens im Wesentlichen „nichts gelernt und nichts vergessen“ zu haben. In ihrer Literatur strömt noch heute ungemischt das alte, kosmopolitische, abstrakte Naturrecht. Dem Vertragsstandpunkt gemäß, welcher für dasselbe charakteristisch ist, verlangt sie, daß die Staatsthätigkeit aus dem Willen der Einzelnen als aus seiner einzigen Quelle und zwar nach dem Princip des gleichen Maßes hervorgehe und beständig durch denselben bestimmt und gestaltet werde. Dabei hält sie indessen an der alten Inkonsequenz fest, welche die Weiber bei dieser Teilung der politischen Rechte übergeht, obgleich dieselben dem geltenden Rechte, falls dies für die Männer zutrifft, auch ihrerseits nur kraft ihrer Zustimmung unterworfen sein können, woraus denn bezüglich ihrer die gleichen Rechtsforderungen abzuleiten sein würden wie für die Männer. Im Übrigen liegt eine gewisse Stärke dieser Partei in der Einfachheit ihres Prinzips und der Art, wie sie ihre Forderungen daraus herleitet, beides, insofern sie sich im Bereich der politischen Formen, in welchen allein sie völlig heimisch ist, bewegt. Unter jenen Forderungen spielt gegenwärtig die auf „Durchführung des allgemeinen gleichen direkten Wahlrechts in allen staatlichen und Gemeindeangelegenheiten“ vornehmlich eine Rolle. Weitergehende Konsequenzen ihres Prinzips in ihren Wahl- und sonstigen Aktionsprogrammen geltend zu machen, ist ihr in Deutschland dermalen durch die bestehenden Zustände schwer gemacht. Dafür treten sie in den Programmen der auswärtigen Demokratie, sowie in der Literatur, deren schon gedacht worden ist, hervor. So die Einführung der unmittelbaren Gesetzgebung durch das Volk, „das obligatorische Referendum“, welches augenblicklich in der Schweiz zu einem Gegenstand der Agitation gemacht wird. Das Prinzip, aus welchem diese Konsequenzen fließen, wird dabei als ein Prinzip der Ethik geltend gemacht. Wir haben es in ihm wie in der Rechtsphilosophie Kants mit einem kategorischen Imperativ zu thun. Die Partei anerkennt, wie es in einer jüngsten Kundgebung von dieser Seite heißt, „als obersten Grundsatz der Gerechtigkeit die Forderung, gleiches Maß für Alle“, und aus diesem leitet sie alle wesentlichen Punkte ihres Programms als einfache Folgerungen ab. Die letzteren nehmen folglich eine gleichmäßige Giltigkeit für jedes Volk und für jede Entwicklungsstufe und Lage desselben in Anspruch. Ihre Erfüllung trägt zugleich einen absoluten Wert in sich, sie führt zur Verwirklichung des „Rechtsstaats“, der sich keiner Zweckmäßigkeits- und Erfahrungsinstanz gegenüber zu legitimiren braucht. Die Partei rühmt sich demgemäß, „den Boden ewiger Prinzipien unter den Füßen“ zu haben. Ihr Glaubensbekenntnis ist in der Äußerung Bakunins enthalten, daß „das demokratische Prinzip das innerste, allgemeinste und umfassendste, das einzige sich in der Geschichte bethätigende Wesen des Geistes“ sei. Es hat sich in diesen Kreisen ein naiver Dogmatismus behauptet, der seinem Ursprunge nach der geistigen Verfassung des Aufklärungszeitalters, einer spezifisch jugendlichen Geistesverfassung, angehört, und welcher in der Gegenwart vor Allem dort noch eine Macht über die Gemüter besitzt, wo diese Verfassung sich in wesentlichen Bruchstücken, wie in Frankreich — die ältere Kultur daselbst schließt dies nicht aus — erhalten hat.

Sehen wir übrigens von jenen wissenschaftlichen Prätentionen und der ganzen an sich wertlosen — obgleich der bezeichneten Geistesverfassung angepaßten und daher nicht wirkungslosen — theoretischen Einkleidung ab, in welcher die Forderungen dieser Partei zu erscheinen pflegen, so tritt uns in ihnen der oben zuerst charakterisirte Standpunkt entgegen. Es ist die Funktion dieser Partei, ihn zu Gunsten derjenigen Volksklassen zu vertreten, welche einen diesem Standpunkte entsprechenden Anteil an der politischen Macht bisher nicht gewonnen haben. Dabei hat sie mächtige Bundesgenossen und vertritt auch in Deutschland, wie unbedeutend sie selbst sich hier auch darstellen möge, eine nichts weniger als verlorene Sache. Es ist bereits oben zu derselben Stellung genommen worden. Die Demokratisirung unserer Gesellschaft, von welcher noch zu handeln sein wird, schließt meines Erachtens die Möglichkeit aus, die unteren Volksschichten dauernd von jedem Anteil an den wesentlichsten politischen Rechten fern zu halten oder aus dem schon errungenen Besitze eines solchen zu verdrängen. Für unser modernes Staatsleben gilt in diesem Punkte, was Aristoteles bezüglich des antiken behauptet, daß kein anderer Ausweg sei, als die Massen zur Beteiligung an den Wahlen zuzulassen, da andernfalls ein fürchterlicher Zustand gegeben und der Staat voll von Feinden sein würde.

Die Bedeutung dieser Zulassung aber kann, wie sie im Übrigen auch beurteilt werden möge, nicht leicht überschätzt werden. Halten wir uns zunächst an die positive Seite, so ist einleuchtend, daß die Beteiligten durch jene Zulassung bei den gegenwärtig bestehenden Gegensätzen in der Gesellschaft und dem verbreiteten Bewußtsein von ihrer

Existenz eine wichtige Waffe für den Kampf um ihre Klasseninteressen gewonnen haben. Mit der von ihnen errungenen Fähigkeit, derartige Waffen festzuhalten und zu gebrauchen, ist ihnen zugleich ein aktiver Anteil an der künftigen Entwicklung unseres nationalen Lebens und eine wachsende Beteiligung an dem geistigen Gehalte desselben gesichert. Jedenfalls wird es in Zukunft unmöglich sein, ganze Schichten des Volkes aus der Einheit dieses Lebens hinauszudrängen, um sie als abgesonderte Kasten einer geistigen und physischen Verkümmerung zu überliefern. Auch liegt in der Aufnahme aller Klassen in die Arena der entscheidenden politischen Kämpfe eine Bürgschaft dafür, daß Gegensätze innerhalb der Volksgemeinschaft sich frühzeitig nach ihrer vollen Bedeutung ankündigen und sich nicht über gewisse Linien hinaus erweitern und vertiefen können, ohne auf Vermittlung gerichtete und der Gefahr eines Bürgerkrieges entgegenwirkende Bestrebungen hervorzurufen. Wohl mögen innerhalb der zivilisirten Welt sich künftig (wie J. Fröbel meint) neue kastenartige Verhältnisse auf Grund neuer Volksmischungen bilden; wenigstens weist in Amerika Manches auf diese Eventualität hin; aber die hier in Frage stehenden politischen und sozialen Verhältnisse schließen meines Erachtens die Gefahr aus, daß der alte Bestand der Kulturvölker selbst in seiner Einheit durch solche Bildungen getroffen werde. Dieselben bilden in der Gesamtheit ihrer Genossen gegenwärtig schon eine Aristokratie unter den Völkern, ähnlich wie einst die Träger der klassischen Kultur, und der Gang der Entwicklung, welcher darauf gerichtet scheint, die Gesamtheit der Nationen enger und enger zu einer in sich zusammenhängenden Gesellschaft zu verbinden, wird diesem Verhältnisse eine wachsende praktische Bedeutung verleihen.

Minder einfach stellt sich die negative Seite des uns beschäftigenden Thatbestandes dar.

Bei den demokratischen Parteien selbst können wir bezüglich derselben natürlich keine genügende Auskunft finden. Eine schwer zerreißbare Kette von Irrtümern schließt bei ihnen das Verständnis der Gefahren aus, welche sich an ihre Bestrebungen und die fortschreitende Ausbildung der demokratischen Seite unserer Einrichtungen knüpfen. Indem wir diese Irrtümer uns vergegenwärtigen, werden uns jene Gefahren von selbst entgegentreten.

Unter anderem gehören Selbsttäuschungen hierher, welche mit dem Optimismus aller modernen Reformparteien zusammenhängen.

Sie alle gehen in Bezug auf die durchschnittliche Begabung der Menschen, speziell nach der Seite ihres politischen Verhaltens, von zu günstigen Voraussetzungen aus. Die Demokratie vor Allem in Bezug auf die Verbreitung der hier in Betracht kommenden Fähigkeiten. Die Menschen werden von ihr nicht bloß als gleich hinsichtlich ihres allgemeinen Wesens und des hieraus abgeleiteten Wertes vorgestellt, worauf der Liberalismus das entscheidende Gewicht legt, sondern in der Hauptsache als gleich auch in Bezug auf ihre Fähigkeit und ihren Willen zu einer dem Ganzen nützlichen öffentlichen Wirksamkeit und folgeweise in Bezug auf die Ansprüche, welche sich hieraus herleiten lassen. Speziell werden diese Eigenschaften als von Besitz und höherer Bildung unabhängig gedacht. Zugleich wird hierbei mehr oder minder bewußt vorausgesetzt, daß eine Vereinigung Vieler eine Summirung dieser Eigenschaften mit sich führen müsse, so daß die größere Zahl an sich die Vermutung eines höheren Maßes von Einsicht und richtigem Wollen, sowie einer größeren Einheitlichkeit und Konsequenz in ihren Entschließungen für sich habe. Es entspricht dies der Auffassung, welche im Sinne der griechischen Demokratie von Aristoteles entwickelt worden ist, wonach, wenn Viele zusammentreten, Jeder etwas von Tugend und Einsicht mitbringe, und, wie die Menge gleichsam ein vielfüßiger, vielhändiger und mit vielen Sinneswerkzeugen ausgestatteter Mensch werde, dasselbe auch hinsichtlich der Charaktere und der Geisteskraft stattfinde, woraus sich eine Überlegenheit über die Weisheit eines Einzelnen ergebe, ähnlich derjenigen eines Picknicks über die auf Kosten eines Einzelnen bestrittene Mahlzeit. Es ist nicht eben schwer, das Unzutreffende dieser Vergleiche einzusehen. Wenn wir die Entscheidungen der öffentlichen Angelegenheiten einer Menge übertragen, so wird der Maßstab, nach welchem dieselben gefällt werden, naturgemäß dem Allen am meisten Gemeinsamen entnommen werden; daher in der Summe der Entscheidungen die in größter Stärke bei ihr vertretenen Leidenschaften, Vorurteile und Bedürfnisse am meisten hervorleuchten werden. Und zwar wird dies um so ausschließlicher der Fall sein, je mehr die Einzelnen sich von Autoritäten unabhängig zeigen und nach ihrem eigenen Wesen geltend machen.

Das am meisten Gemeinsame aber liegt nicht in dem, was in intellektueller und moralischer Hinsicht der höchsten geistigen Ausstattung eigentümlich ist, sondern in dem, worin die Inhaber derselben sich mit den Vertretern der niedrigsten Ausstattung auf dem gleichen

Boden begegnen. Gibt jenes daher den allgemeinen Maßstab für die Ordnung des Gemeinlebens an die Hand, so enthält dieselbe weder ein Element des Fortschritts noch eine Garantie für die Bewahrung der bereits zur Entwicklung gelangten Kulturelemente. Soll ein Volk sich über das zu einer gegebenen Zeit bestehende durchschnittliche Niveau des geistigen Lebens emporheben oder auch nur dasselbe behaupten, so bedarf es einer beständigen Einwirkung und Leitung seitens der vorzüglicheren Kräfte und der in Bezug auf die Pflege der dauernden Volksinteressen günstiger ausgerüsteten oder situirten Männer. Die Demokratie aber gibt, so weit sie zur Herrschaft gelangt, diese Einwirkungen dem Zufall preis, und mit nachhaltiger Kraft können dieselben nur Platz greifen im Widerspruch mit ihrem Prinzip, nur dort nämlich, wo sich der Mehrheitsherrschaft die Autorität der vorzüglicheren Kraft substituirt und so eine neue Aristokratie, wenn auch nicht in den Formen des öffentlichen Rechts, herstellt. Damit steht es im Einklang, daß in Demokratien das Mißtrauen gegen die hervorragenden Individuen beständig im Streite liegt mit dem Autoritätsbedürfnis, das naturgemäß bei den Massen am stärksten ist. Dabei enthalten die demokratischen Einrichtungen keine Garantie dafür, daß nicht jenes Mißtrauen sowohl wie dieses Autoritätsbedürfnis beständig auf Irrwege gerate. Die Parteidoktrin verweist derartigen Erwägungen gegenüber auf die zu fordernde Aufklärung der Massen, indem sie naiver Weise voraussetzt, daß dieselben die wünschenswerte Aufklärung stets an der rechten Quelle suchen und das Wahre vom Falschen stets zu unterscheiden wissen würden. Bei dieser Hoffnung, welche auf die Volksaufklärung gesetzt wird, macht sich ein weiterer bedeutsamer Irrtum geltend.

Die demokratische Partei stellt sich seit je als die Partei der Menschheitsinteressen den übrigen Parteien als den Parteien der Sonderinteressen und Privilegien gegenüber. Der Begriff der Menschheitsinteressen erhält hierbei seinen Inhalt durch das gleiche Recht und das Wohl aller Einzelnen. Das letztere wird als einfach und im Wesentlichen gleich vorgestellt. Hiernach wäre in den Menschheitsinteressen ein einheitlicher und leicht zu handhabender Maßstab für das politische Urteil gegeben, nach welchem wir einen Jeden auf Grund seines politischen Bekenntnisses ohne Weiteres entweder auf die Seite des Rechts und der Wahrheit oder auf diejenige des Unrechts und der Unwahrheit stellen könnten. Auch der Masse diesen Maßstab im Wege der Aufklärung vertraut zu machen, könnte nicht schwer halten. Da ferner die Gesamtheit nicht wohl etwas Anderes wollen kann als das Wohl Aller, so würde es genügen, alle ihre Glieder an dieser Aufklärung Teil nehmen zu lassen und sie zum alleinigen Herrn ihrer Geschicke zu machen, um alle Gegensätze und Konflikte aus dem öffentlichen Leben verschwinden zu lassen. Dazu würde es natürlich gehören, daß alle Einrichtungen in Wegfall kämen, in welchen das allgemeine Stimmrecht, wenn auch nur zeitweilig, ein Hindernis für die Durchsetzung der Volkswünsche finden könnte. Man verlangt demgemäß die Beseitigung des Zweikammersystems und in Frankreich selbst die des Präsidenten der Republik, man verlangt ferner das imperative Mandat, die Wählbarkeit der Richter u. s. w., kurz eine dem einheitlichen Zweck und der Einheit des Volkswillens entsprechende streng einheitliche Gestaltung des öffentlichen Rechts im demokratischen Sinne.

In Wahrheit würde diese einheitliche Gestaltung des Rechts die Gegensätze und Konflikte nicht verschwinden lassen, sondern nur die Garantien beseitigen, welche in den bestehenden Einrichtungen für einen friedlichen Austrag derselben gegeben sind. Ebensowenig könnte die Durchführung der Aufklärung jenes Wunder bewirken. Und zwar deshalb nicht, weil die vorausgesetzte Harmonie der Einzelinteressen und die vorausgesetzte einheitliche Natur der Menschheitsinteressen nicht existiren. Die letzteren sind nicht, wie es hier vorgestellt wird, identisch mit einer Summe, welche sich aus einer einfachen Addition der Einzelinteressen gewinnen ließe, da Dinge, welche sich widerstreiten, keine Addition zulassen. Ihrerseits umfassen sie alle Seiten der in sich komplizirten und durchaus nicht schlechthin harmonischen Menschennatur, sowie die sämtlichen Bedingungen einer fortschreitenden Entwicklung derselben, zwischen welchen ebenfalls die vorausgesetzte Harmonie nicht besteht. Eine Verfassung, welche dem gesellschaftlichen Zustande angepaßt sein und den für ihn bestimmenden Kräften die Formen einer geordneten Bethätigung bieten und sichern will, wird deshalb notwendig komplizirt sein und Einrichtungen von heterogenem, ja entgegengesetzten Charakter in sich schließen müssen.

In dem Widerstreite zwischen diesen Elementen der Verfassung wie in den politischen Kämpfen überhaupt stellen sich jeder Zeit Teile des Ganzen gegenüber, von welchen jeder die ihm zunächst liegenden Interessen vertritt. Eine nachhaltige Kraft und eine dauernde Bedeutung kann er aber nur aus dem Zusammenhange dieser besonderen

Interessen mit allgemeinen Menschheitsinteressen schöpfen. Dies gilt für die Parteien der Gleichheit wie für die Parteien der Ungleichheit. Beides geht aus dem bisher Gesagten hervor. Es mag dem Schlusse der Abhandlung vorbehalten bleiben, darauf zurückzukommen, inwiefern auch die „Aristokraten" sich auf Menschheitsinteressen berufen können. Diejenige Seite der letzteren, auf welche die Demokratie sich stützen kann, ist oben im Allgemeinen bezeichnet worden. Es steht damit im Einklange, daß das nächste Ergebnis der Einführung des allgemeinen Stimmrechts bei uns dieses gewesen ist, daß die unteren Volksschichten mit wachsender Selbständigkeit und Energie den Maßstab der Masseninteressen an alle bestehenden Einrichtungen legen. Wird die Frage aufgeworfen, wie sie dieselben bestimmen und wohin uns dieselben führen mögen, so scheint es naheliegend, bei der alten Vertreterin des allgemeinen Stimmrechts und der Volksinteressen, bei der Demokratie, die Antwort zu suchen. Aber es kann leicht geschehen, und geschieht in der That, daß die Anwort, die wir hier erhalten, von den Massen selbst, wo sie zu Wort kommen, Lügen gestraft wird.

Während sie voraussetzt, daß die von ihr geforderte Form der Staatsthätigkeit ohne Weiteres den von ihr geforderten Inhalt derselben mit sich führen müsse, stellte sich in der Praxis meist das Gegenteil heraus. Unsere westeuropäische Demokratie predigt den Haß gegen das Priestertum und die Kirchen, das allgemeine Stimmrecht hat dagegen an zahlreichen Orten ein lebhaftes kirchliches Interesse bei den durch es zur Wahl gerufenen Klassen hervortreten lassen. Von altersher steht die Abschaffung der Todesstrafe auf den Parteiprogrammen der Demokratie, das allgemeine Stimmrecht hat sich soeben in der Schweiz zu Gunsten dieser Strafe ausgesprochen. Unsere Demokratie ist die grimmigste Gegnerin jeder Art von Einherrschaft und bekennt sich zum Evangelium der bürgerlichen Freiheit, das allgemeine Stimmrecht dagegen zeigt in dem Hauptlande der Demokratie eine bedenkliche Neigung zum autokratischen Kaisertum, und ist nicht über den Verdacht erhaben, daß es bei Gelegenheit wieder einmal das ideale Gut der bürgerlichen Freiheit für ein Linsengericht materieller Vorteile hingeben könne. Die Demokratie war bei uns bisher gleich dem Liberalismus im Allgemeinen freihändlerisch gesinnt, das allgemeine Stimmrecht begünstigt dagegen eine nationale Schutzzollpolitik. Man war überhaupt für wirtschaftliche Freiheit und sah die Arbeitermassen, auf welche man sich stützen zu können meinte, den radikalsten Feinden aller wirtschaftlichen Freiheit folgen. In Deutschland will das allgemeine Stimmrecht von der demokratischen Partei im Gegensatze zur Sozialdemokratie, von welcher bisher abgesehen wurde, überhaupt wenig wissen und gibt ihr damit deutlich genug zu verstehen, daß sie zu den tiefer empfundenen Bedürfnissen der Volksteile, welchen sie dienen will, von dem formalen Interesse an der Gewinnung politischer Rechte abgesehen, kein festes Verhältnis gewonnen habe.

Es hängt dies mit dem Ursprung der Partei auf dem Boden spezifisch-politischer Kämpfe zusammen. Den vornehmsten Gegenstand der Aufmerksamkeit bildeten während eines langen Zeitraums die auf diesem Boden gesetzten Ziele. Die beteiligten sozialen Interessen blieben im Hintergrunde der Debatte. Man dachte, daß, wenn nur erst die rechten politischen Formen zur Durchführung gelangt wären, die wahren Volksinteressen sich überall die Wege zu ihrer Befriedigung geöffnet finden und sich eben dadurch als die rechten erweisen würden, daß sie durch die Thore der errungenen gleichen Rechte ihren Einzug halten. Ein derartiges Verhalten hatte ehedem bei den Vertretern des dritten Standes einen guten Sinn. Der Gesamtcharakter der öffentlichen Zustände im Anfange dieser Periode ließ es als ein erstes Bedürfnis erscheinen, die in den staatlichen Einrichtungen liegenden Hemmungen für die Entfaltung der gesellschaftlichen Kräfte zu beseitigen und die politischen Formen in Übereinstimmung mit dem wahren Gehalte des nationalen Lebens zu bringen. Vor Allem sahen die Mittelklassen sich darauf hingewiesen, eine ihnen überall im Wege stehende und durch den Staat künstlich aufrecht erhaltene Macht aus dem Wege zu räumen und durch die politische Gleichstellung mit den Privilegirten freien Spielraum für die Geltendmachung ihrer Bedürfnisse und Machtmittel auf dem sozialen Gebiete zu erlangen. Erfolge auf diesem mußten sich dann von selbst ergeben. Sobald die erwähnten Klassen aufhören, für das Feld und den Gegenstand der inneren Kämpfe vornehmlich bestimmend zu sein, muß der spezifisch-politische Charakter der letzteren verschwinden. Die rein politischen Konflikte und Probleme müssen in Hintergrund treten neben den sozialen. Die unteren Klassen brauchen mehr als Freiheit der Bewegung, und die Erringung politischer Rechte, so wichtig sie im Übrigen für sie ist, bezeichnet keinen Abschluß, sondern den Beginn der selbständigen Rolle, welche sie zu spielen berufen sein mögen.

Die Aufgaben, welche die Klasseninteressen ihnen stellen, treten nun rein hervor, aber das freie Spiel der Kräfte bringt sie nicht von selbst zur Lösung. Eine Partei, welche die Massen dauernd an ihre Fahnen fesseln soll, wird daher ihren festen Standort nicht auf dem Gebiete der politischen Formen, sondern auf dem der sachlichen Interessen nehmen, und von hier aus soziale Zwecke und politische Mittel in ein logisches und auch jenen verständliches Verhältnis zu einander bringen müssen. Dies ist seitens der alten Partei der politischen Gleichheit nicht geschehen. Kein Wunder, daß die neue Partei der sozialen Gleichheit ihr den Rang abgelaufen hat.

Der Fortgang von dem Problem der politischen Gleichheit zu dem der sozialen ist übrigens in mannigfacher Weise seit längerer Zeit vorbereitet gewesen.

Mit der Demokratisirung der staatlichen Einrichtungen ging in gewissen Grenzen die Demokratisirung der Gesellschaft Hand in Hand. Die Idee der Gleichheit, einmal festgewurzelt in den Anschauungen und Empfindungen auch der unteren Volksschichten, mußte hier unvermeidlich neue Verbindungen eingehen und eines Tages die Formen sprengen, in welchen die alte Rechtsphilosophie, von Rousseau abgesehen, und der politische Katechismus der liberalen Parteien sie in die Volksanschauungen eingeführt hatten. Der Einfluß dieser Parteien selbst, sowie der mit ihnen verbündeten geistigen Mächte war einer solchen Umwandlung und bezw. Vertiefung der Gleichheitsbewegung günstig.

Der Liberalismus hat dieselbe befördert, indem er die Einzelnen aus den bisherigen Gliederungen löste und daran gewöhnte, sich auf dem Grunde eines Alle gleichmäßig tragenden und umfassenden Rechts als der Staatsgewalt gegenüber einfach koordinirt zu betrachten; indem er gleichsam Alle in die nämliche Arena rief und die gleichen Ziele für sie aufstellte, auf diese Weise einem Jedem Anlaß gebend, sich mit Jedem zu vergleichen und darauf zu achten, ob er in Bezug auf die Bedingungen des Erfolges auf der gemeinsamen Bahn nicht ungünstiger als Andere gestellt sei; indem er den Geist der Kritik ausbreitete und auch den unteren Klassen Mut machte, an die bestehende Ordnung in Staat und Gesellschaft das Maß ihrer Bedürnisse anzulegen; indem er den Autoritäten und der Macht des Herkommens, welche jene Zustände stützten, die Lehre entgegenstellte, welche die oberste Norm des Urteils in der individuellen Vernunft gegeben findet; indem er die Entwicklung des Rechtsbewußtseins von Haus aus in dem Sinne jenes oben zuerst charakterisirten Standpunkts beeinflußte, welcher dem Ganzen gegenüber die Ansprüche der Einzelnen, nicht deren Pflichten hervorkehrt, und das Verlangen derselben, sich bestimmend und aktiv zu zeigen, nicht deren natürliche und mannigfache Abhängigkeit von gegebenen Verhältnissen zum Ausgang nimmt; indem er ferner durch die Hebung des Volksunterrichts, die Entwicklung der Presse, die Beförderung einer alle Seiten des gesellschaftlichen Lebens beleuchtenden populären Literatur und die von ihm herbeigeführte Freiheit der Vereinigung zu vorübergehenden oder dauernden Zwecken im Sinne einer Ausgleichung des geistigen Niveaus, der Bedürfnisse und der Lebensformen wirkte, und im Zusammenhange mit einer von ihm beständig genährten politischen Bewegung sowie der von ihm ihre Impulse empfangenden rastlosen gesetzgeberischen Arbeit überall die im Volksleben eingeschlossenen Kräfte weckte und zur Bethätigung aufreizte.

Nicht in allen Richtungen freilich hat der Liberalismus die Entwicklung unserer Zustände im Sinne einer Nivellirung derselben beeinflußt. Gewisse wichtige Ungleichheiten und Gegensätze auf dem sozialen Gebiete hat seine reformatorische Wirksamkeit weder beseitigt noch gemindert, vielmehr hat unter seinem Einflusse eine weitere Ausbildung derselben stattgefunden und zugleich sind dieselben für die Beteiligten beständig fühlbarer geworden. Die Beseitigung der Schranken, in welchen sich einst das wirtschaftliche Leben bewegte, hat für den Kampf um die wirtschaftlichen Bedingungen des Lebens und um wirtschaftliche Macht ein einheitliches Gebiet von gewaltiger Ausdehnung hergestellt, in welchem sich die Glieder der modernen Menschheit in einer allumfassenden Konkurrenz einander gegenübergestellt finden, ohne daß die Ausgleichung der Mittel zum Kampfe mit der Ausdehnung seines Gebietes und der Steigerung seiner Energie gleichen Schritt gehalten hätte. Das Anwachsen der Bevölkerung innerhalb dieses Gebietes und die Entwicklung der technischen Seite des wirtschaftlichen Lebens erhöhten die Bedeutung dieser Thatsachen. Die Großindustrie bildete sich zu einem für die Physiognomie unserer Gesellschaft hauptsächlich bestimmenden Faktor aus. Dieselbe schuf eine enorme Vermehrung der beweglichen Werte. Diese aber verlieh der zentralistischen Tendenz, welche in der Bewegung dieser Werte unverkennbar hervortritt, ein erhöhtes Gewicht. Die Anhäufung der letzteren in den Händen Einzelner ließ neue Mittelpunkte sozialer Macht entstehen, um welche sich in wachsender Anzahl abhängige Existenzen unter gleichartigen Existenzbedingungen gruppirten. Keine Organisation verband dieselben unter sich und gewährte ihnen die Möglichkeit, sich jener Macht gegenüber als eine andere Macht geltend zu machen. Die Ohnmacht aber, in welcher sie hier und den Fluktuationen des Marktes gegenüber sich befanden, kontrastirte mehr und mehr mit der Größe der beteiligten Bruchteile des Volkes, mit den in ihnen geweckten Bedürfnissen und Anschauungen und mit der Stellung, welche ihnen das allgemeine Stimmrecht auf dem politischen Gebiete verliehen hat. In Deutschland speziell haben diese Verhältnisse eine erhöhte Bedeutung dadurch gewonnen, daß sie sich hier innerhalb eines verhältnismäßig kurzen Zeitraumes im Zusammenhange mit einer allgemeinen Steigerung der Bewegung im ganzen Umfange des politischen und gesellschaftlichen Lebens ausgebildet haben.

Das Zusammentreffen der beiden bezeichneten Entwicklungsreihen mit dem darin begründeten Gegensatze zwischen der staatsbürgerlichen Freiheit und Gleichheit und der auf ihrem Grunde erwachsenen Ansprüche, Überzeugungen und Vorurteile einerseits und der durch jene Freiheit bekräftigten wirtschaftlichen Abhängigkeit einer besitzlosen, vor Allem in den Großstädten zusammengedrängten Masse andererseits, bezeichnet den Punkt, von welchem eine neue Wendung in der Geschichte unseres Parteiwesens ausgeht. Es liegen darin die hauptsächlichsten Gründe der mannigfach verzweigten sozialpolitischen Bestrebungen, welche für das gegenwärtige Parteileben charakteristisch sind. Insbesondere ist dadurch der Boden für die Entwicklung des Sozialismus bereitet worden. Wem es gelang, in jenen Massen das Bewußtsein einer Interessensolidarität zu wecken, ihnen den Glauben an die Möglichkeit einer Abschwächung oder gar Beseitigung jener Abhängigkeitsverhältnisse beizubringen und nächste Zielpunkte für eine gemeinsame Aktion aufzustellen, dem mußte sich die in diesen Kreisen vorhandene geistige Kraft von selbst zur Verfügung stellen. Wir haben es erlebt, wie man ein Parteibekenntnis schuf, das die Möglichkeit und Notwendigkeit einer Beseitigung jener sozialen Gegensätze mit ihren Konsequenzen und nach ihren letzten Gründen behauptet, und wie man diesem Glauben in den Massen Verbreitung schaffte. Da die fraglichen Gegensätze in den Grundlagen der bisherigen sozialen Ordnung wurzeln, so nahm man seinen Standpunkt außerhalb dieser Grundlagen und lehrte, daß in den bisher für unwandelbar angesehenen lediglich geschichtliche Bildungen zu erkennen seien, welche eines Tages — eines nicht fernen Tages — anderen Bildungen weichen müßten. Jene überlieferten Bildungen bekämpft man, wie ehedem die politischen Einrichtungen, im Namen einer natürlichen Gerechtigkeit, mit welcher jene in einem nicht ausgleichbaren Gegensatze stehen sollen, während von der künftigen Organisation der Gesellschaft deren vollständige Verwirklichung erwartet wird. Und wieder ist es die Idee der Gleichheit, welche mit diesem Namen in die engste Verbindung gebracht wird. Aber staatsbürgerliche und politische Gleichheit treten hierbei in Hintergrund neben der sozialen Gleichheit, deren Bedingungen den obersten Maßstab für die Neuordnung des Volkslebens bilden sollen.

In den Programmen dieser Partei sehen wir so das letzte Ziel der Gleichheitsbewegung aufgerichtet. Wenden wir von ihm den Blick nochmals auf die Ausgangspunkte der Bewegung zurück, so finden wir daselbst ihre Ausbreitung auf das soziale Gebiet bereits angekündigt. Das Naturrecht umfaßt mit seinen verschiedenen Gestaltungen als das große theoretische Programm zu den Reformbestrebungen der modernen Zeit neben den hier zuerst besprochenen liberalen und demokratischen auch sozialistische Tendenzen. Die letzteren, wie schon angedeutet wurde, in der Gestalt, welche es bei Rousseau erhalten hat. Dieser predigte die Gleichheit im Sinne unserer heutigen Sozialisten und mit ihrem Pathos. Nur steht der bewegliche Besitz nicht so wie bei diesen im Vordergrund der Anklagen. Wer, so behauptet er, zuerst ein Stück Land einschloß, wer zuerst behauptete, der Boden ist mein, und Leute fand, einfältig genug, das zu glauben, der war der Gründer der bürgerlichen Gesellschaft. Im Übrigen lag jedoch der Schwerpunkt des Interesses auch bei ihm in den Fragen der politischen Organisation. Auf politischem Gebiete ließ die französische Revolution in ihren verschiedenen Phasen die Motive erklingen, welche in breiterer Ausführung die Geschichte unserer Zeit erfüllen. Die Folge aber, in welcher diese Motive zur Ausführung gelangen, ist nicht zufällig. Es ist oben darauf hingewiesen worden, weshalb die Epoche der rein politischen Kämpfe derjenigen der sozialpolitischen vorausging. Die modernen Ideen ändern den Sitz ihrer Macht in der Richtung nach dem Grunde der Gesellschaft, indem sie zugleich der veränderten Umgebung sich anpassen. Mit ihnen verändern sich die jeweils Lösung fordernden Probleme, auf welche sie hinweisen. So traten die Gleichheitsbestrebungen in eine andere Sphäre über und veränderten hier ihren Charakter. Den Gleichheitsbestrebungen des dritten Standes folgten die des vierten. Das Auftreten der letzteren in der uns bekannten Form setzte die Verwirklichung der ersteren samt der sonstigen Wirksamkeit der Parteien jenes Standes, von welcher oben geredet wurde, voraus.

Es ist daher nicht unbegründet, wenn in der Geschichte der modernen Reformbestrebungen eine Kontinuität und in der Abfolge der liberalen, demokratischen und sozialistischen Bestrebungen eine natürliche Logik gefunden werden will. Auch besteht, um dies zu wiederholen, ein Bedingungsverhältnis zwischen Liberalismus und Sozialismus, das jedoch nicht mit einer Verwandtschaft zwischen ihnen verwechselt werden darf. Zahlreiche Schriftsteller haben allerdings beides nicht auseinander zu halten vermocht. Sie haben aus den geschichtlichen Thatsachen sogar auf eine Wesensgleichheit zwischen Liberalismus und Sozialismus schließen zu können gemeint. Dieselben sollen nur in dem Maße der Konsequenz ihrer Bestrebungen, nicht nach deren prinzipiellem Gehalte verschieden sein. Dieser bei konservativen Beurteilern überaus häufig begegnende Fehlschluß beruht auf einer Mehrzahl von Mißverständnissen und falschen Schätzungen, von welchen hier einige näher dargelegt werden sollen, wobei die Bedeutung der in Rede stehenden Metamorphose der Gleichheitsbestrebungen von selbst hervortreten wird.

Die liberalen Parteien ließen, indem sie ihren Bestrebungen die oben erwähnten Grenzen setzten, Staat und Gesellschaft in einer gewissen Selbständigkeit sich gegenüberstehen. Die Voraussetzung war und ist dabei, daß das freie Spiel der sozialen Kräfte eine natürliche Tendenz habe, die menschliche Arbeit in die rechten Bahnen zu lenken, ihre Fruchtbarkeit und die Qualität ihrer Erzeugnisse auf das höchste erreichbare Maß zu steigern und auch die Verteilung dieser Erzeugnisse in einer den Gesamtinteressen und der Gerechtigkeit im Ganzen entsprechenden Weise zu bewirken. Als gerecht aber gilt die Verteilung nach dem Prinzip der relativen Gleichheit, welches einem Jeden gibt nach seiner Würdigkeit und nach dem Werte seiner Leistungen. Diese Auffassung schließt nicht aus, daß jene Tendenz im Einzelnen durch den Staat in mannigfacher Weise unterstützt werde und einer solchen Unterstützung unter gewissen Voraussetzungen bedürftig sei; daß insbesondere für die wirtschaftlich Schwächeren ein gewisser Schutz gegen eine inhumane Ausbeutung seitens der überhaupt oder in einer gegebenen Situation Stärkeren zu fordern sei. Aber betreffende Maßregeln sind von ihnen, wenigstens insofern es sich um die Verhältnisse innerhalb des modernen Rechtsstaates handelt, nur gutgeheißen im Sinne von Ausnahmen, bezw. einer Förderung der im freien Verkehre sich bethätigenden und auf die Herstellung gesunder Zustände von selbst hinzielenden Kräfte. Und dies ist nicht etwa ein zufälliger Bestandteil des liberalen Bekenntnisses, sondern ein Stück von dem Kern desselben, mit welchem der Liberalismus steht und fällt. Der Sozialismus aber enthält hierzu die vollkommenste Antithese. Er leugnet, daß jene Tendenz bestehe, behauptet insbesondere, daß jenes freie Spiel der Kräfte auf dem Grunde der heutigen Rechtsordnung zu einer schlechthin ungerechten Verteilung der Arbeitsfrüchte führe und führen müsse. Ein Beweis hierfür ist nach ihm in den Ungleichheiten gegeben, deren oben gedacht worden ist, Ungleichheiten, welche sich, wenn man sie heute durch gewaltsames Eingreifen beseitigen wollte, morgen in einer unabwendbaren Weise wieder bilden würden, so lange das alte Prinzip der Verteilung festgehalten wird. Er verlangt deshalb, daß jenes blinde Spiel aus der Rolle der verteilenden Gerechtigkeit gänzlich verdrängt und die organisirte Gesellschaft an seiner Stelle zum alleinigen Träger derselben gemacht werde. Damit aber würde jene Selbständigkeit der Gesellschaft dem Staate gegenüber aufgehoben, sie würden in eins zusammengeflossen sein. Die neue Organisation aber wäre das Gegenteil einer Verwirklichung des liberalen Ideales.

Zugleich stellt der Sozialismus für die Verwaltung jenes großen Amtes einen neuen Maßstab auf. Das Prinzip der verteilenden Gerechtigkeit erhält einen anderen Inhalt. Die Verschiedenheit der Leistungen und ihres Verhältnisses zu den unter sich in einem Rangverhältnis stehenden Bedürfnissen und der Macht, mit welcher diese sich jeweils geltend machen, soll nicht mehr bestimmend sein für das Maß der zuzuteilenden Güter. So lang an diesem Maßstabe festgehalten würde, bliebe geistiger Begabung und Energie die Möglichkeit gewahrt, die Verteilung der Güter mit größtem Erfolge zu beeinflussen, und würde die Verschiedenheit der geistigen Ausrüstung der Einzelnen stets ihren Ausdruck in sozialen Ungleichheiten finden.

Diese aber würden auf die Verschiedenheit jener Ausstattung, dieselben erhöhend und befestigend, wie es immer geschehen ist, zurückwirken. Der Sozialismus beugt dem vor, indem er jenen engen Zusammenhang zwischen der individuellen Leistung und dem, was der Leistende zurückempfängt, aufhebt und den Grundsatz aufstellt, daß das Arbeitsprodukt den Individuen zuzuteilen sei „nach gleichem Recht", einem Jeden „nach seinen vernunftgemäßen Bedürfnissen". Er trifft auf diese Weise neben der Aristokratie des Besitzes zugleich die der Intelligenz und der höheren Begabung überhaupt. Es wird damit ein neuer Wertmesser für die menschlichen Dinge eingeführt, und zwar ein solcher, der dem Wesen des Liberalismus durchaus widerspricht. Die Qualität verliert ihre Geltung, sie soll für die Ansprüche der Arbeitenden nicht mehr bestimmend sein, und selbstverständlich würde diese Verringerung ihres Preises ein Sinken der Qualität selbst nach sich ziehen. Auch überträgt sich diese Änderung des Werturteiles auf die Personen selbst. Die Würdigkeit derselben soll sich künftig allein in ihrer allgemeinen Menschenqualität begründen, eine reichere und edlere geistige Ausstattung ebensowenig wie die höhere Qualität der Leistungen bestimmend für jenes Urteil sein. Hier haben wir eine neue Form für den Kampf der Gattung gegen das über das allgemeine Niveau sich erhebende Individuum. Der Liberalismus hatte die gleiche Behandlung der Menschen seitens des Rechts, insoweit als der Mensch als solcher in Betracht kommt, gefordert, aber dies Gebiet, auf welchem die Gattungsmerkmale den Ausschlag geben sollen, verhältnismäßig eng begrenzt zu Gunsten des vorzüglichen Individuums. Er verwarf die künstlich aufrecht erhaltenen Gliederungen der Gesellschaft, nicht um zu einer allgemeinen Nivellirung zu gelangen, sondern zu Gunsten solcher Gliederungen, welche im freien Wettbewerb um die Güter des Lebens sich zu Gunsten der vorzüglicheren Kraft von selbst gestalten sollten. Der Sozialismus beseitigt jene Grenzen, er will den Einzelnen der Gesellschaft gegenüber überhaupt nur als Gattungswesen gelten lassen. Die verschiedene Begabung der Individuen wird nicht von ihm übersehen, aber als eine Wirkung der ungleichen Zustände betrachtet, in welchen die Einzelnen, die Individuen und die Gesellschaftsklassen, existiren. Indem er diese Ungleichheit bekämpft, hofft er zugleich jene Wirkung zu treffen. „Das zukünftige Geschlecht wird" nach ihm „so sein, wie wir es schaffen werden." Er will gleichartige Zustände und um dieser willen und zugleich durch ihre Vermittlung gleichartige Menschen. Ist dies nun eine Konsequenz des Liberalismus? Es entspricht einer sehr verbreiteten Auffassung, so zu argumentiren: weil der Liberalismus die allgemeine Menschenqualität respektirt haben will, so würde es konsequent von ihm sein, nur sie und in keiner Weise die Eigentümlichkeit des Einzelnen gelten zu lassen; weil er die staatsbürgerliche Gleichheit vertrat, so würde es konsequent sein, auch die soziale zu vertreten und die derselben widerstreitenden Interessen, deren Anwalt er bisher gewesen ist, preiszugeben. Aber diese Art zu urteilen, ist nur ein Beweis dafür, daß ein Verständnis dieser Dinge, auch den bescheidensten Anfängen nach, wenig verbreitet ist. Für die großen Parteien ist das Verhältnis charakteristisch, in welchem die vielfach mit einander kollidirenden menschheitlichen Interessen, oder was auf dasselbe hinausläuft, die Grundprinzipien des gesellschaftlichen Lebens in ihren Programmen und Bestrebungen neben einander vertreten sind. Die ausschließliche, jedes Kompromiß und jede Konzession ablehnende Vertretung eines einzigen Prinzips gehört nicht dem Reich einer rühmenswerten Konsequenz, sondern dem der Narrheit an.

Mit jener verschiedenen Stellung zu dem Problem der Gleichheit ist zugleich eine verschiedene Stellung zu den Bedingungen der sozialen Entwicklung gegeben. Im Sinne des Liberalismus hat die Ungleichheit der sozialen Zustände eine zweifache Bedeutung jenen Bedingungen gegenüber. Die bevorzugte Lebensstellung kommt hier sowohl als Ziel der Bestrebungen wie als gesichertes Ergebnis in Betracht. Jenes, weil in ihm das mächtigste Motiv für die Anspannung und die höhere Ausbildung der geistigen Kräfte und damit zugleich (im Zusammenhang mit dem Prinzip der Vererbung) eine Garantie für eine in gewissen Grenzen sich vollziehende aufsteigende Entwicklung der menschlichen Kräfte liegt. Dieses, weil die Ausbildung höherer Lebensformen und edlerer Genüsse, sowie die Schaffung der den Stolz der Völker begründenden Werke der Kunst und der Wissenschaft nach dem Zeugnisse der bisherigen Geschichte der Menschheit als abhängig erscheinen von der Existenz solcher bevorzugter und über ein reiches Maß von Arbeitsmitteln und menschlicher Kraft verfügender Stellungen und von dem Einflusse derselben auf die Anschauungen und Sitten, Fähigkeiten und Bestrebungen. Der Sozialismus nimmt an, daß es, nachdem er die Gesellschaft reformirt haben wird, solcher Vehikel nicht mehr bedürfen werde. Aber es besteht kein innerer Zusammenhang zwischen dieser Voraussetzung und der von ihm angestrebten Verwirklichung der sozialen Gleichheit.

Genug, der uns beschäftigende Gegensatz, der hier überdies nur nach einzelnen Seiten hin bestimmt worden ist, steht rücksichtlich seiner prinzipiellen Tiefe keinem in der Geschichte des öffentlichen Lebens hervorgetretenen nach. Speziell nicht, wie schon hervorgehoben worden ist, demjenigen zwischen dem Liberalismus und dem Konservatismus der ehemals Privilegirten.

Aus dem Gesagten erhellt aber zugleich, daß die geschichtliche Analogie zwischen dem früheren Kampfe gegen die letzteren und dem jetzigen Kampfe gegen den ersteren nur innerhalb bestimmter Grenzen, so wie sie oben dargelegt worden sind, besteht. Im übrigen sind hier bedeutsame Verschiedenheiten vorhanden, welche von denjenigen übersehen oder unterschätzt werden, die aus dem Verlaufe der Kämpfe des ehemaligen dritten Standes Schlüsse auf den künftigen Verlauf der Kämpfe des vierten Standes ziehen zu können meinen. Jene Privilegirten vertraten eine altgewordene Ordnung, deren ursprüngliche Gründe hinfällig geworden waren und die zu den thätigen Kräften der Nation im Wesentlichen nur noch in einem negativen Verhältnisse stand. Wohl stützten sie sich zugleich auf eine allgemeinere Staatsansicht, aber diese fiel nicht mit ihnen. Sie waren in einer gegebenen Zeit Repräsentanten konservativer Interessen, aber nicht Vertreter der konservativen Volksinteressen überhaupt. Auch in dem neuen Staate der staatsbürgerlichen Gleichheit ist für diese die Möglichkeit einer Befriedigung gegeben. Überhaupt ist kein allgemeines Menschheitsinteresse zu bezeichnen, dessen Verwirklichung von dem Bestande solcher Formen des öffentlichen Lebens, wie sie von jenen vertreten wurden, oder auch nur verwandter Formen dauernd abhängig wäre. Anders verhält es sich mit dem dritten Stande in seiner Verteidigung der liberalen Gesellschaftsordnung gegen die Bestrebungen des vierten. Mit einer altgewordenen Ordnung haben wir es hier nicht zu thun. Ist dieselbe doch kaum erst zur Ausbildung gelangt, unter dem Einfluß einer Summe von thätigen Kräften, die durch nichts gebrochen sind. Auch handelt es sich dem Sozialismus gegenüber nicht um bestimmte liberale Einrichtungen, welche durch andere ersetzt werden könnten, sondern um den Liberalismus schlechthin, und folglich um die Seite der allgemeinen Interessen, welche in ihm einen Ausdruck findet.

Daß dies freilich nicht die Menschheitsinteressen überhaupt sind, sondern nur eine Seite derselben, und zwar eine Seite, welche in einem näheren Verhältnisse zu den Sonderinteressen einer Minderheit stehen, daß speziell die Gleichheitsbestrebungen der liberalen Parteien andere Wirkungen für die Mittelklassen als für die unteren Klassen gehabt haben, das ist im Laufe unserer jüngsten Geschichte vielen auch auf der liberalen Seite klar geworden. Mit diesem Verständnis hat sich bei ihnen zugleich die Bereitwilligkeit zu Konzessionen und Akkomodationen an die Bedürfnisse der letzteren Klasse, soweit solche mit dem Wesen des Liberalismus sich irgend vertragen, eingestellt. Solche Konzessionen wird der Gang der Entwicklung, auf welchen eben hingewiesen worden ist, ohnedies unvermeidlich machen. Das hellere Licht, welches die sozialpolitischen Bestrebungen der Gegenwart auf theoretischem und praktischem Gebiete auf jene Verhältnisse fallen lassen, wird die durch die bestehende Gesellschaftsordnung begünstigten Klassen sich selbst als eine Aristokratie erscheinen lassen, als eine solche freilich, welche, indem sie sich zu behaupten sucht, im Bunde mit höchsten Menschheitsinteressen steht, deren Schicksal aber gleichwohl davon abhängig ist, daß sie die Pflichten und Aufgaben einer Aristokratie nach deren vollem Umfange zu erfüllen und zu lösen weiß.

(Ende des Aufsatzes.)

Ergänzendes über die konservativen und liberalen Parteien.

Die Voranbewegung auf der Bahn, welche wir die Bahn des Fortschritts nennen, ist durch den Einfluß der konservativen Parteien häufig verlangsamt worden. Sie haben sich der Begründung und der Erweiterung bürgerlicher und geistiger Freiheit unter verschiedenen Verhältnissen erfolgreich widersetzt. Die Anerkennung bestimmter Rechte des Individuums in seinem Verhältnisse zur Regierung und die gesetzliche Begrenzung der Rechte dieser letzteren, die Freiheit des religiösen Bekenntnisses, des Gedankenaustauschs durch Vermittlung der Presse, die Freiheit der Wissenschaft und die der Arbeit und so vieles Andere, was wir zu den Resultaten einer fortschreitenden Entwicklung zu zählen pflegen, ist nicht ohne mannigfache Kämpfe errungen worden, und diese Kämpfe fanden statt mit Mächten und Parteien, welche wir als die konservativen Mächte und Parteien der betreffenden Zeitalter gelten lassen müssen. Aber die Konservativen von heute haben das Erbe dieser ihrer Vorfahren nur in einem beschränkten Umfange angetreten. Sie lassen, wenigstens in einigen Ländern und ihrer Hauptmasse nach, jene Freiheiten heute in weitem Umfange gelten. In weiterem Umfange vielleicht, als vor 100 oder mehr Jahren die Liberalen oder Progressisten sie zu fordern wagten, ja sie für zulässig und wünschenswert hielten. Unsere heutigen Konservativen nehmen zum Teil in Bezug auf bürgerliche und geistige Freiheit eine Haltung ein, welche sie vor Zeiten in ein innerlich nahes Verhältnis zu den Überzeugungen der extremsten Fortschrittsmänner und der verwegensten Freidenker gebracht haben würde. Der Gang der Entwicklung hat ihre Partei daher anscheinend auf einen Platz gestellt, den vor ihr in einer gegebenen Zeit die Liberalen und zwar zuerst der vorgeschrittenste Teil derselben, dann successive die gemäßigteren und vorsichtigeren Teile eingenommen haben. Dies gibt uns eine Vorstellung, derjenigen verwandt, welche das Aufrücken der Schuljugend aus den unteren in die oberen Klassen darbietet, indem die mittelmäßig begabten und die faulen Schüler zwar in gleichem Abstande von den fleißigen und talentvollen bleiben, gleichwohl aber der Mehrzahl nach mit in die höheren Klassen aufrücken. Entsprechender ist vielleicht noch das Bild einer Heeressäule, deren sämtliche Glieder irgendwann den Punkt berühren müssen, an welchem uns jetzt der Kopf erscheint. „Es ist ein wohlthuender Gedanke“ meint Macaulay, indem er einer solchen Vorstellung Ausdruck gibt, „daß nach einiger Zeit die letzten von denen, welche sich jetzt in dem großen Zuge der Menschheit ganz hinten befinden, auf dem Platze stehen werden, den gegenwärtig die äußersten Vorposten einnehmen.“ Der Gedanke wird von dem genannten Historiker mit Beziehung auf das Verhältnis zwischen Torys und Whigs und unter Polemik gegen Lord Mahon behaglich ausgesponnen. Ein Tory der Gegenwart möchte, nach ihm, ziemlich dasselbe sein, was ein Whig vor 140 Jahren war, gleichwohl sei der Whig dem Tory heute noch so weit voraus wie damals. Jener könne von diesem so wenig überholt werden, wie der Vorderlauf des Hirsches von dessen Hinterlauf. Während des ganzen Verlaufs der Bewegung, von welcher der Freibrief Johanns, die Gründung des Unterhauses, die Aufhebung der Leibeigenschaft, die Trennung von Rom, die Vertreibung der Stuarts, die Reform des Wahlsystems nur auf einander folgende Staffeln seien, habe es unter dem einen oder dem anderen Namen zwei Gruppen von Menschen gegeben, Menschen, welche ihrem Zeitalter voraus gewesen und solche, die hinter ihm zurückgeblieben seien, hier die Weisesten ihrer Zeitgenossen, dort solche, welche damit groß gethan hätten, daß sie nicht mehr Verstand als ihre Urgroßväter besäßen.

Hiernach würden wir die eigentliche Quelle konservativer Anschauungen und Bestrebungen in geistiger Trägheit und Apathie zu suchen haben, und würden mit C. Frantz von der konservativen Partei behaupten dürfen, daß ihr unheilbares Übel die Denkfaulheit und Gedankenarmut sei. Der Erziehung aber würde die Aufgabe zu setzen sein, dieser Partei die Wurzeln ihrer Existenz nach Thunlichkeit abzugraben, und den Staatsmännern wäre aufzugeben, ihren Einfluß so weit nur möglich im ganzen Bereiche des politischen Lebens zu unterdrücken. Es scheint jedoch nicht, daß Macaulay selbst diese Konsequenz gezogen hat.

Übrigens steht er mit seiner Auffassung keineswegs isolirt, zumal nicht in England. Hier stellt sich dem größten unter den neueren englischen Historikern u. a. der berühmteste unter den neueren Philosophen Englands, Stuart Mill, zur Seite. Der letztere bezeichnet die Konservativen geradezu als „die nach den Bedingungen ihres Daseins dümmste Partei". Die Begründung dieses Urteils ist, wie ich glaube, in einer ausführlichen Erörterung über das Verhältnis des Begriffes der Erhaltung zu dem Begriffe des Fortschritts zu suchen. Mill zeigt nämlich, daß der Begriff des Fortschritts den der Erhaltung sowie den der Ordnung einschließt, während das Umgekehrte nicht der Fall ist. Wer den Fortschritt, d. h. die Mehrung der bestehenden Güter, will, der will eo ipso damit auch die Erhaltung der schon bestehenden. Denn wenn er diese preisgäbe, so würde ihre Mehrung offenbar nicht zu erreichen sein. Fortschritt ist daher gleich Erhaltung und noch etwas dazu. Dementsprechend sind die Erfordernisse des Fortschritts und der Ordnung nach Mill die nämlichen, nur setzt der erstere diese Erfordernisse in einem höheren Grade voraus. Ferner dienen die gleichen Thätigkeiten und Tugenden dem Fortschritt wie der Erhaltung, nur ist der erstere von einem höheren Grade dieser Thätigkeiten und Tugenden abhängig. Hiernach würde, da Fortschritt Ordnung enthält, eine selbständige Partei der Ordnung überflüssig, die Partei des Fortschritts allein berechtigt sein, und eine allgemeine Steigerung der patriotischen Thätigkeiten und Tugenden müßte notwendig dahin führen, die Konservativen samt und sonders in Fortschrittsmänner umzuwandeln. In Bezug auf unsere konkreten Parteien kommt Mill indessen zu einem anderen Ergebnis, von welchem alsbald die Rede sein soll.

Vom liberalen Standpunkte aus beurteilt, lassen diese Theorien offenbar wenig zu wünschen übrig. Es ist sehr erfreulich, sich im Heereszuge der Zivilisation als den Kopf betrachten oder den Gegnern demonstriren zu können, daß man sich zu ihnen verhalte wie 2 zu 1! Wie angenehm für unsere liberalen Philister, unter Berufung auf einen der scharfsinnigsten Denker des Jahrhunderts behaupten zu dürfen, daß sie als Mitglieder der Partei des Fortschritts die Vermutung für sich hätten, gescheidter und überdies fleißiger und rechtschaffener zu sein als ihre Gegner.

Aber diesen ihren Gegnern fehlt es nicht an Trost. Auch für ihre Überlegenheit und sogar für ihre ausschließliche Berechtigung gibt es Zeugnisse. Wenn die Kreuzzeitung das Wesen des Konservatismus gelegentlich in das „volle Verständnis der Zustände der Vergangenheit und der Gegenwart" setzt und dem Liberalismus Oberflächlichkeit und Halbwisserei neben andern Mängeln vorwirft, so kann sie mehr als einen gelehrten Gewährsmann für sich anrufen. In einer gewissen Richtung ist man sogar auf dieser Seite noch weiter gegangen als auf der liberalen Seite. Betonen die Denker von liberaler Richtung vorzugsweise die Inferiorität der Konservativen hinsichtlich des Verstandes, so betonen die Denker von konservativer Richtung vorzugsweise die Inferiorität der Liberalen in sittlicher Hinsicht. Sie sind zum Teile geneigt, das Prinzip des Liberalismus in eine nahe Beziehung zu bringen zu dem Prinzip der Selbstsucht, also im Grunde zu dem Prinzip des Bösen. Dahin gehörte z. B. der letzte liberale Premierminister von England, Gladstone, zu der Zeit da er sein Buch „über den Staat in seinem Verhältnis zur Kirche" schrieb. Nicht weit entfernt sich hiervon die Auffassung Stahls, von welcher künftig ausführlicher zu handeln sein wird. An dieser Stelle begnüge ich mich damit, einen der neuesten Bearbeiter der Lehre von den Parteien, den Panegyrikus der Gneistschen staatspolitischen Theorien, Walcker*), zu Gunsten der Überlegenheit der konservativen Parteien ins Feld zu führen. Der „Toryismus" (dies Wort setzt er an die Stelle des Wortes „Konservatismus") steht ihm in ethischer Beziehung ungleich höher, als der „Whigismus" (will sagen Liberalismus). Jener vertritt nach ihm die ewigen Menschenrechte des Gemeinwesens, dieser den Egoismus und Unverstand des natürlichen Menschen. Auf wissenschaftlichem und politischem Gebiete hält er die Überlegenheit des Toryismus noch für augenscheinlicher. Die liberale Partei besteht nach ihm ihrer großen Masse nach aus politisirenden Dilettanten, „philisterhaften Politikastern"; die konservative ist dagegen die Partei der Staatsmänner. Speziell gilt dies von der gemäßigt toryistischen Partei, als deren Mitglied er selbst sich sofort mit fröhlicher Naivetät dem Leser vorstellt. Auch hier liegt der Gedanke nahe, daß nur e i n e Partei, nämlich die toryistische, wahrhaft berechtigt sein könne. Denn offenbar ergeht an jeden sich selbst achtenden Mann die Anforderung, sich in ethischer Hinsicht und ebenso in wissenschaftlicher Hinsicht nicht auf einen niedrigen, sondern auf den höchsten für ihn erfaßbaren Standpunkt zu stellen. Wenn es daher wahr ist, daß der konservative Standpunkt der höhere ist, so kann es nur darauf ankommen, den Liberalen dies zu erweisen. Ist dies geschehen, und Walcker dürfte wohl glauben, daß er den Beweis geliefert habe, so

*) „Rudolf von Gneist" in „Deutsche Denker u. ihre Geistesschöpfungen", hrsg. v. Hinrichsen, H. 1, 1888.

bleibt den Liberalen ehrenhafter Weise nichts übrig, als so rasch als möglich ihren Standpunkt aufzugeben und mit dem sittlich und wissenschaftlich höheren der Gegner zu vertauschen. Aber Walcker zieht selbst diese Konsequenz nicht. Er hält beide Parteien für wesentlich, wie auf der Gegenseite Mill. Der Liberalismus ist ihm zwar eine „Trivialität", aber eine notwendige. Die Art, wie dies ausgeführt wird, lasse ich hier bei Seite.

Es gilt mir an dieser Stelle nur, durch einige bemerkenswerte Beispiele gewisse Thatsachen zu illustriren, welche in dem Gebiete des Parteilebens und dem entsprechenden Gebiete der Doktrin von einer weitreichenden Bedeutung sind. Wie der im Feuer des politischen Kampfes Stehende, zumal der politische Neuling sich meist geneigt zeigt, seine Gegner für Schwachköpfe oder für Schurken zu halten, so hat auch die Doktrin bisher in ihren jugendlichen Anläufen meist einen Standpunkt gewonnen, von dem aus die eine oder die andere der großen Hauptparteien sich als eine Partei der geistigen oder der moralischen Schwäche darstellen mußte. Auch ist nichts begreiflicher. Wer sich mit seinen geistigen Interessen dem politischen Leben zuwendet, der wird nicht parteilos bleiben können. Wenn er nun die Anschauungen, in welchen seine Parteinahme ihre Rechtfertigung findet, theoretisch vertieft und zum Systeme erweitert, so werden sie sich ganz naturgemäß zu einem wissenschaftlichen Vernichtungsurteile der gegnerischen Bestrebungen gestalten. Aber in den unmittelbaren Erfahrungen des praktischen Lebens und in der unbefangenen Auffassung des Verlaufs der Dinge liegt Etwas, was sich dem Geltendmachen der äußersten Konsequenzen jenes Urteils widersetzt. Auch dem erbittertsten Parteimann und dem einseitigsten Theoretiker drängt sich gelegentlich die Wahrnehmung auf, daß der gleichmäßige, Überstürzungen meidende Gang der Entwicklung des gesellschaftlichen Lebens abhängig ist von der Wirksamkeit einander entgegengesetzter Kräfte, daß speziell, was auf die uns beschäftigenden Parteien zurückführt, „die retardirenden Kräfte so unentbehrlich sind wie die beschleunigenden" (C. Frantz), oder wie Grillparzer es geistreich ausdrückt:

„Daß an der Uhr, in der die Feder drängt,
Das Kronrad wesentlich, so wie die Triebkraft,
Damit nicht abrollt eines Zugs das Werk,
Und sie in ihrem Zögern weist die Stunde."

Demgemäß erklärt man, nachdem das Prinzip des Konservatismus in die geistige Trägheit gesetzt worden ist, die Konservativen für unentbehrlich, nachdem man die Rechtsbetonung der Liberalen mit dem Unverstand des natürlichen Menschen in Zusammenhang gebracht hat, die Geltendmachung der politischen Rechte seitens der Liberalen für vollkommen berechtigt. Man läßt sich wohl auch besondere politische Einrichtungen, durch welche beiderlei in Betracht kommenden Kräften ein gewisser Einfluß gesichert wird, gefallen oder befürwortet sie sogar. So soll durch das Zweikammersystem nach einer verbreiteten Auffassung ein Gleichgewicht zwischen jenen Kräften hergestellt werden. Wir können wohl sagen, daß der allgemeine politische Instinkt Einrichtungen günstig ist, welche diesen Zweck verfolgen, trotzdem, daß sich die Einzelnen zählen lassen dürften, deren theoretische Ansichten damit harmoniren, deren politisches Glaubensbekenntnis im Grunde nicht auf eine ausschließliche Berechtigung bloß *ihrer* Parteibestrebungen und der *diesen* günstigen Kräfte hinausführet.

Wer nun aber von der Unentbehrlichkeit, sowohl der konservativen, wie der progressistischen Elemente sich überzeugt hat, dem sollte die Vermutung nahe liegen, daß bei den unterschiedenen Parteien ein Vorwalten, zwar verschiedener, aber an sich gleichberechtigter geistiger Kräfte stattfinde, sowie die Einsicht, daß eine genauere Erforschung dieser Kräfte der Aufstellung einer Theorie über den durch sie begründeten Gegensatz vorangehen müsse.

Ich habe vorhin, in Anlehnung an C. Frantz, von retardirenden und von beschleunigenden Kräften gesprochen. Damit ist auf eine Wirkung hingewiesen, welche die in Frage stehenden Kräfte auf den Gang der politischen Entwicklung auszuüben pflegen. Aber ein Aufschluß über das Wesen dieser Kräfte ist damit nicht gegeben. Es bleibt hier unter anderem die Frage zu beantworten, weshalb denn die konservativen Faktoren einen verzögernden Einfluß auf die Entwicklung ausüben. Die Antwort, daß dies aus Trägheit oder Dummheit geschehe, habe ich bereits zurückgewiesen. Es muß ein berechtigtes Element in unserer geistigen Natur nachgewiesen werden, mit dessen Wirksamkeit sich jener verzögernde Einfluß entweder notwendig oder doch häufig verbindet. Hören wir hierüber Stuart Mill. Es gibt, sagt derselbe, einige Gemüter, in denen Vorsicht, andere, in denen Kühnheit vorherrscht; in einigen ist der Wunsch, das was bereits im Besitze ist, nicht zu gefährden, das stärkere Agens, bei anderen die Richtung auf die Erwerbung neuer Vorteile. Er findet also den Gegensatz zwischen Erhaltung und Fortschritt, welchen er hinsichtlich der Einrichtungen und Maßregeln, wie wir gesehen haben, als gar nicht vorhanden betrachtet, in den Charakteren begründet, und legt ihm in dieser Gestalt eine Bedeutung für das politische Leben bei. Daß dies nur einen Sinn habe unter der Voraussetzung, daß dieser Gegensatz auch in den Maßregeln und Einrichtungen einen Ausdruck finden könne, scheint dem großen Logiker entgangen zu sein. Doch lasse ich dies hier auf sich beruhen. Genug, er betrachtet das Verhältnis zwischen Konservativen und Liberalen wie das Verhältnis zwischen zwei Kompagnons, von welchen der eine durch Vorsicht, der andere durch Unternehmungslust ausgezeichnet ist, deren Zwecke aber vollkommen gemeinsam sind, und welche auch hinsichtlich der Mittel und Wege in keinem grundsätzlichen Gegensatze sich befinden. Aber diese Charakteristik ist nicht befriedigend. Sie läßt eine große Summe wichtiger Erscheinungen des Parteilebens unerklärt.

Man mache nur einen ernstlichen Versuch, das geschichtliche Verhalten der Konservativen in irgend einer Periode aus überwiegender Vorsicht abzuleiten, und man wird bald bemerken, daß der Schlüssel des Verständnisses, welchen uns Mill anbietet, versagt. Fassen wir z. B. die tapferen Landedelleute zur Zeit Karls I. von England ins Auge, von welchen Macaulay eine so anziehende Charakteristik entwirft. Sie waren zu ihrer Zeit die opferwilligsten Vertreter des konservativen Prinzips, entschiedene Anhänger der erblichen Monarchie und noch entschiedenere Anhänger der englischen Kirche. Über ihr Verhältnis zu der letzteren bemerkt Macaulay, daß ihre Anhänglichkeit nicht das Resultat des Nachdenkens oder des Studiums gewesen sei; er reiht sie den Menschen ein, welche im Stande sind, für eine Religion, deren Glaubenssätze sie nicht verstehen und nach deren Vorschriften sie so gut wie gar nicht handeln, bis zum letzten Atemzuge zu kämpfen und die Gegner derselben erbarmungslos zu verfolgen. Was kann der Grund eines solchen Verhaltens sein? Vorsicht? Ich glaube das Eintreten jener kriegerischen Kavaliere zu Gunsten von Königtum und Kirche ist in keiner Richtung mit der Eigenschaft der Vorsicht in irgend eine Beziehung zu bringen. Und nun wenden wir uns ihren heutigen konservativen Nachkommen zu. Sie sind fortgeschritten ohne Zweifel. Sie wissen eine bessere Rechenschaft zu geben über ihre Anhänglichkeit an Königtum und Kirche, kümmern sich mehr um die Satzungen der letzteren und sind minder geneigt, einen Andersgläubigen dem Kerker zu überliefern. Aber sie sind in der gleichen

Bahn geblieben. Ihre Neigungen sind nicht identisch mit denjenigen der Liberalen irgend einer vorausgehenden Zeit. Sie sind im Zweifel geneigt, zu Gunsten der bestehenden Autoritäten einzutreten gleich ihren Vorfahren, und im Gegensatze zu den Liberalen von heute und von gestern, und ihre bewußten Gründe für ein solches Verhalten haben im Allgemeinen ebensowenig Zusammenhang mit überwiegender Vorsicht, wie die unbewußten Gründe der Royalisten des 17. Jahrhunderts.

Der Gegensatz zwischen Konservativen und Liberalen ist daher ebensowenig erschöpfend zu bestimmen mittelst der Begriffe der Vorsicht und Kühnheit, wie durch die im Anfange besprochenen der geistigen Trägheit bezw. der Dummheit und ihres Gegenteiles. Er ist ein tieferer als Mill annimmt. Es handelt sich dabei um verschiedene Ausgangs- und Zielpunkte der politischen Bestrebungen.

Kritik fremder Parteienlehren.

Rohmer-Bluntschli.

Die Parteienlehre von F. Rohmer nimmt unsere Beachtung in besonderem Maße in Anspruch, einmal als erster Entwurf einer umfassenden Theorie über diesen Gegenstand, dann und vornehmlich wegen der Bedeutung des Vertreters, welchen sie unter den heutigen Publizisten hat, nämlich Bluntschlis, und wegen der Verbreitung, welche sie durch mehrere Schriften des Genannten erlangt hat. Diese Theorie entstand während und unter dem Einfluß der Parteikämpfe im Kanton Zürich im Jahre 1842 und Bluntschli rühmt ihr nach, daß sie damals als ein neues geistiges Ferment auf die Presse und das Leben eine starke Wirkung ausgeübt habe. Auch behauptet er, daß manche Gedanken derselben von den englischen und französischen Staatsmännern entlehnt und benützt, andere zum Gemeingut der Gebildeten in ganz Europa geworden seien, daß gleichwohl ihre bisherige Wirkung geringer gewesen sei als der innere Wert ihrer Prinzipien und die Kraft der Rohmerschen Darstellung erwarten ließen. Die Hindernisse, welche nach seiner Ansicht der allgemeinen Anerkennung dieser Theorie hauptsächlich im Wege standen, werden von ihm bezeichnet und bekämpft, und das von ihr ausgehende Licht, für welches die Augen der deutschen Nation im Anfange der 40er Jahre keine Empfänglichkeit gezeigt haben, wird für dieselben auf den weithin sichtbaren Höhen der Bluntschlischen Publizistik aufs Neue angezündet.

Die höchste Erscheinung des menschlichen Geistes in der Zeitlichkeit ist nach Rohmer der Staat; der Staat muß deshalb im menschlichen Geiste enthalten sein. Die Gründe und die Ordnung des Staates können nur in dem Bau und der Anlage des menschlichen Geistes gesucht werden. Aus dessen Organismus ist der ganze Organismus des Staates zu begreifen. Um den Körper desselben und dessen Bestandteile zu erkennen, muß ich die Bestandteile der menschlichen Seele — um das Leben des Staates zu begreifen, die Gesetze ihrer Entwicklung suchen. Nun unterliegen die verschiedensten Individuen, obwohl jeder in seiner Art, doch im Wesentlichen nur einer und der nämlichen allgemeinen Entwicklung. Ebenso unterliegen die verschiedensten Staaten, obwohl in sehr mannigfacher Färbung, doch im Wesentlichen nur einer und derselben Bewegung des Lebens. Die Parteien sind deren Träger. Der Ursprung der Parteien geht somit aus der organischen Entwicklung des Menschen, d. h. aus den Lebensstufen des menschlichen Geistes hervor. Diese Lebensstufen sind ausgedrückt in den Lebensaltern. Die Entwicklung selbst, wie sie in der Aufeinanderfolge der verschiedenen Stufen sich abspinnt, ist die Geschichte. Die Stufen aber, als selbständige Gestaltungen für sich und nebeneinander bestehend, sind die Parteien.

Das ganze Leben des Menschen, wird weiter ausgeführt, gleicht zur einen Hälfte einer aufsteigenden, zur andern einer absteigenden Linie. Bis zur Mitte des Lebens geht in unaufhörlicher Steigerung die Zeit des Wachstums; hat das Wachstum seine Spitze erreicht, so folgt Stillstand und allmählich Abnahme. Dort ist Alles Thätigkeit, Bewegung, schaffende Kraft; hier Alles gemessen, gehalten, ruhende Kraft.

In die aufsteigende Linie fällt der Knabe und der Jüngling, in die absteigende der Mann und der Greis. So ergeben sich vier Entwicklungsstufen, entsprechend dem Gesetz, welches die Natur in ihren gesamten Schöpfungen eingegraben hat. Diesen vier Entwicklungsstufen des menschlichen Geistes entsprechen die vier spezifisch politischen Parteien, welche das öffentliche Leben dauernd begleiten. Es sind dies: die radikale Partei — sie entspricht dem Knabenalter —, die liberale Partei — sie entspricht dem Jünglingsalter —, die konservative Partei — sie entspricht dem Mannesalter —, die absolutistische Partei — sie entspricht dem Greisenalter.

In jedem der vier Lebensalter treten andere Seelenkräfte bestimmend und leitend hervor. Die gleichen Kräfte beherrschen die ihnen entsprechenden Parteien.

Verweilen wir hier einen Moment um zu prüfen, ob die Nebeneinanderstellung der vier Lebensstufen und der bezeichneten vier Parteien das Ergebnis einer folgerichtigen Entwicklung sei. Wenn das Leben des Staates verglichen werden kann mit dem Leben des Einzelnen und wenn, wie ich glaube, die gleichen Gesetze die Entwicklung des einen und des andern beherrschen, so ist es ohne Zweifel gerechtfertigt, Vergleichungspunkte aufzusuchen zwischen den Parteien, welche die Entwicklung des Staates beeinflussen, und den seelischen Kräften, welche die Entwicklung des Einzelnen beherrschen. Nun mag es allerdings gestattet sein, die Entwicklungsstufen auf der einen Seite zu vergleichen mit den Entwicklungsstufen auf der andern. Rohmer aber vertauscht die Glieder dieser beiden Gleichungen. Er stellt den Entwicklungs*kräften* auf der einen Seite, nämlich den Parteien, die Entwicklungs*stufen* auf der anderen Seite, nämlich die Lebensalter, gegenüber. Daß dies willkürlich sei, ist leicht einzusehen. So bildet ein Sophisma die Eingangspforte zu dieser Lehre von den Parteien.

Folgen wir indessen der Charakteristik, welche von den vier Lebensstufen und den entsprechenden Parteien gegeben wird. Der Knabe und der Greis stehen sich äußerlich fern, denn sie bezeichnen die Endpunkte der Linie des Lebens. Innerlich aber sind sie verwandt. Bei beiden walten die passiven Kräfte vor, bei dem radikalen Knaben die der aufsteigenden, bei dem absolutistischen Greise die der absteigenden Linie. Beide sind daher verhältnismäßig weiblich geartet. Der Knabe hat mit dem Weibe die Empfänglichkeit, das wesentlich receptive Verhalten gemein. Der Greis die Reizbarkeit, die Fertigkeit seines Verfahrens, die Schnelligkeit der Auffassung und den Mangel an Produktion. Er ist gleich den Weibern von Feinheit und Haltung, handhabt die Schranken der Sitte und der Etikette, liebt die Intrigue gleich ihnen, versteht es, unbemerkt Andere zu lenken u. s. w. Dementsprechend ist sowohl die radikale (der Stufe des Knabenalters entsprechende) Politik wie die absolutistische (der Stufe des Greisenalters entsprechende) weibisch und klein. Das radikale Prinzip ist ferner gehaltlos wie der Knabe, das absolutistische leblos wie der Greis. Ihnen kommt daher im Verhältnis zu Liberalismus und Konservatismus überall nur die Stellung dienender Elemente zu. Das männliche Prinzip hat seine eigentlichen Vertreter im Jüngling und im gereiften Mann. Beide sind im Vollgenuß der aktiven männlichen Seelenkräfte. Im Jüngling wirkt vor Allem die zeugende Kraft, der Mut und das Feuer der Thatkraft, sodann der sichtende und organisierende Verstand und die Gewalt der Sprache. Der gereifte Mann verarbeitet das Geschaffene mit bewahrender Kraft. Ihn zeichnet der Umfang des Forschens und die Klarheit des Wissens aus. Dementsprechend sind Liberale und Konservative die Parteien der männlichen, d. h. der allein berechtigten Politik. Während man sonst geneigt ist, in den extremen Parteien vorzugsweise die Vertreter männlicher Kraft und Entschlossenheit zu finden, werden hier im Gegenteil den Mittelparteien diese Eigenschaften zuerkannt und die ersteren zu Parteien der Schwäche degradirt.

Dabei ist natürlich nicht gemeint, daß die absolutistische Partei nur aus Greisen, die radikale aus Knaben bestehe u. s. w. Rohmer nimmt an, daß die unterschiedenen Lebensstufen sich ihren wesentlichen Merkmalen nach auch in der Natur der Individuen ausprägen. Es gibt, bemerkt er, Menschen, die als Knaben geboren sind, an Geist und Charakter und ihr Leben lang Knaben bleiben. Andere sind wieder Jünglings-, andere Männernaturen; und noch andere sind alt und greisenhaft von Geburt an. Diese ihre Eigenart ist vornehmlich entscheidend für ihren Anschluß an die eine oder die andere Partei. Die Masse der Menschen aber ist von Natur entweder knabenhaft oder greisenhaft. Die Mehrheit liegt daher immer auf der Seite der falschen Prinzipien; die wahren sind nur sehr spärlich, oft scheinbar gar nicht vertreten. Ihre Herrschaft beruht entweder auf der Tradition und dem traditionellen Instinkt oder auf der Herrschaft des Geistes über die Masse ..... Da übrigens der Gegensatz der Parteien auf der Verschiedenheit der individualen Naturanlage beruht, so folgt daraus ihre Notwendigkeit und zugleich ihre relative Berechtigung.

Mit dieser Art, die Grundtypen der Parteien, ihren Ursprung und ihr Recht zu bestimmen, erweitert sich nach der Ansicht von Bluntschli die Rohmersche Theorie zu einer Lehre von dem politischen Charakter und Geist in seinen naturgemäßen Hauptarten und Hauptformen, zu einer psychologischen Wissenschaft der Politik überhaupt. Nicht bloß auf die Parteien lassen sich jene Kategorien anwenden, sondern auch auf die Individuen und nicht minder auf die über beiden stehenden Völker. So ist nach Bluntschli in dem französischen Nationalcharakter der absolutistische, in dem französischen Geist aber der radikale Zug von besonderer Stärke; im russischen Volke verbindet sich umgekehrt ein radikales Gemüt mit absolutistischem Geist. Die Engländer sind liberal im Charakter, konservativ im Geist u. s. w. Übrigens kommen neben der individuellen Anlage die Lebensstufen der Völker und bezw. der Menschheit in Betracht. In der Höhe des Lebens bewähren sich die männlichen Richtungen. Die Menschheit aber hat nach Bluntschli ihren Höhepunkt noch nicht erreicht, nähert sich jedoch demselben an. Im Großen ist daher ihre Entwicklung dermalen liberal. In den einzelnen Zeitaltern durchläuft jedoch die Geschichte wiederholt den Kreislauf der Altersstufen. Auf dieser notwendigen Bewegung beruht zum Teil die göttliche Erziehung der Völker ....

Damit sind die Hauptsätze der Rohmerschen Parteienlehre wiedergegeben. Eine eingehende Prüfung wird in ihnen die Lösung der gestellten Aufgabe nicht enthalten finden. Ehe ich mich indessen einer solchen zuwende, will ich aus den Einzelheiten, welche bei der Besprechung der vier Parteien von Rohmer und bezw. von Bluntschli vorgebracht werden, mehreres hervorheben. Vielleicht haben wir den Schwerpunkt der Ausführungen beider gerade in diesem Detail zu suchen.

Wie dem Knaben der Geist des Widerspruchs eigentümlich ist, so ist in Glaube und Wissenschaft, in Staat und Kirche „der Geist der stets verneint,“ die Opposition um der Opposition willen nach Rohmer der Grundzug des Radikalismus. „Neuerung und Fortschritt“ sind die Losungsworte desselben in demselben Sinne, in welchem der Knabe Wechsel und Veränderung fordert und in welchem das Kind fliegen möchte, ehe es gehen kann. Er ist ferner gleich dem Knaben untauglich zum Regieren; gleich ihm leer an Erfahrung, gering an Inhalt. Gleich dem wißbegierigen Knaben legt er ein übertriebenes Gewicht auf formale Bildung und abstrakte Theorien. Die Nichtbeachtung der realen Lebensmächte und der geschichtlichen Verhältnisse und der Glaube, daß der abstrakte Begriff, z. B. der der „Gleichheit“ oder der „Freiheit“, das Leben beherrsche, sind Kennzeichen seiner Denkart. Die Welt soll sich nach seinen Theorien richten. Aber er vermag nur niederzureißen, nicht zu bauen. Wenn in dem Leben der Menschheit, sagt Bluntschli, eine große Wandlung vor sich geht, und eine neue Weltperiode in ihre erste jugendliche Phase eintritt, dann erhebt sich der Radikalismus mit ungewöhnlicher Kraft und hilft die morsch und faul gewordenen Institutionen der alten Zeit niederreißen und die Entwicklung vorbereiten. In diesem Zustande befindet sich die zivilisirte Menschheit seit ungefähr der Mitte des vorigen Jahrhunderts, seitdem in dem Lichte neuer Ideen die moderne Weltperiode die Neugestaltung des gemeinsamen Lebens anstrebt. In solchen Zeiten hat der Radikalismus eine natürliche Berechtigung als Bahnbrecher und Vorläufer der neuen Zeit . . . Vertreter desselben in der neueren Zeit sind u. a. Joseph II., Rousseau, die Helden der ersten französischen Revolution, Bentham, die Sozialisten, in eingeschränktem Maße Stuart Mill, Mazzini u. s. w. So viel bezüglich des Radikalismus.

Ihm steht gegenüber der Absolutismus, die Politik, welche dem zweiten Kindesalter, der Neige des Lebens entspricht. Sie repräsentirt gleich dem alten Mann die Unfähigkeit der Weiterbildung, ein System der Übertragung, welches vom Himmel auf die Erde herabreicht, mit arithmetischer einfacher Konsequenz, aber diese Einfachheit ist die Einfachheit des Todes. Weil das Alter den Zug der Auflösung in sich trägt, kann der Absolutismus nur durch die strengste Wahrung der Formen zusammengehalten werden; dies ist das Wesen der legitimistischen Monarchie. Hier ist alles Form, von der Verfassung bis zu den Sitten, von der Literatur bis zum Zeremoniel... Man administrirt hier um zu administriren; statt die Beamten auf die Stellen zu setzen, schafft man die Stellen für die Beamten u. s. w. Der Absolutismus will Ruhe und Stabilität. Wenn die Nationen ermüdet sind von den Aufregungen der Revolution, von den Leiden schwerer Kriegszeiten oder von großen Arbeiten und Anstrengungen, dann kommt oft eine ruhebedürftigere Stimmung über sie und sie sehnen sich nach Schlaf. Das ist die für den Absolutismus günstigste Zeit. In dieser Stimmung war Europa nach der großen Zeit der Reformationen, es war die Zeit des obrigkeitlichen Staates im schärfsten Sinne, — in verwandter Stimmung nach der Bewältigung der französischen Revolution. In unserer Zeit, einer Zeit jugendlichen Strebens haben die absolutistischen Parteien einen reaktionären Charakter. Ihre Gedanken sind rückwärts gerichtet, nach dem verlorenen Paradies des klerikalen und aristokratischen Mittelalters. — Die furchtbarste Darstellung des Absolutismus in seiner gefährlichsten und geistig bedeutendsten Gestalt ist der Jesuitenorden.

Nun zu den männlichen Parteien. Der Liberalismus ist

das bildende Prinzip alles Daseins in Wissenschaft und Glauben, in Kirche und Staat; er begründet ferner die Herrschaft der Individualität im Gegensatz zu der durch den Radikalismus angestrebten Herrschaft der Abstraktion. Der Liberalismus erkennt in der Welt eine tausendfach abgestufte Mannigfaltigkeit — er sieht überall das Gesetz der Über- und Unterordnung, eine ungeheuere Stufenleiter aufeinander wirkender, in Art und Wesenheit verschiedener Kräfte. Der Staat des Liberalismus ist deshalb nach Rohmer ein ständisch-organischer Staat. Bei Bluntschli dagegen ist der liberale Staat Volksstaat mit Repräsentativverfassung. Der Liberalismus ist bei ihm liberaler geworden. Der Liberale liebt nach ihm die Freiheit über Alles, zuhöchst die Geistesfreiheit, weil sich in ihr vornehmlich die gottähnliche Natur des Menschen offenbare. Überhaupt wird der Liberalismus von ihm mit den glänzendsten Gaben geschmückt und mit Vorliebe geschildert. Es ist nur natürlich, daß man sich selbst in der besten Gesellschaft sehen will, daher werden von dem Liberalen Bluntschli die erlauchtesten Gestalten der Geschichte unter dem Banner des Liberalismus versammelt. So wird von Christus gesagt, daß er in der Art, wie von ihm die Formen der hergebrachten Volksreligion geschont und dennoch von Grund aus geistiger umgewandelt worden seien, der Welt das ewig jugendliche Bild des höchsten Liberalen zurückgelassen habe. Ein naher Zusammenhang zwischen Liberalismus und Christentum wird im Übrigen daraus hergeleitet, daß die höchste politische Idee des ersteren die Humanität, das Christentum aber die Religion der Humanität sei. Auch die Idee der Nationalität wird für den Liberalismus in Anspruch genommen. Luther und die Reformation gehören ihm ebenfalls an. Vor allem ist die moderne Weltbewegung ihren Grundzügen nach liberal. Aus dem Antlitz der modernen Menschheit leuchtet nach Bluntschli jene jugendfrische und blühende Heiterkeit, welche von dem glücklichen jungen Manne auszustrahlen pflegt. Soviel über den Liberalismus.

Sache des älteren Mannes und folgeweise des Konservatismus ist nach Rohmer: nichts Neues anzustreben, sondern festzuhalten, was er hat. Neigung zum Erhalten und Geschicklichkeit im Verbessern sind ihm charakteristisch. Nur er ist unbedingt zum Regimente berechtigt. Er nimmt die Welt wie sie ist, mit Vorzügen und Gebrechen, und setzt niemals die Prinzipien dem politischen Leben gegenüber. Den Zwang der Gesetze, die Macht der Sitten und Gewohnheiten und die Schranken der Konvention achtet er strenger als der Liberalismus. Sein Grundcharakter ist die Herrschaft des traditionellen Rechts, vermittelt durch Rasse und durch den Besitz. Nach Bluntschli steht der konservative Geist selbst der höchsten Potenz hinter dem liberalen an Genialität zurück, aber er übertrifft den letzteren an Weisheit. Spezifisch konservativ ist nach ihm die Pietät sowie die Treue. Der Geist des Konservativen ist vorzüglich der Geschichte zugewendet. Der Freiheit gegenüber betont er das Recht, den Ideen gegenüber die Macht, der Liebe gegenüber die Pflicht.

Nach Rohmer ist das normale Verhältnis der Parteien dieses: der Liberalismus führt die Welt, der Konservatismus regiert sie, während an den Flanken der Radikalismus opponirt, der Absolutismus intriguirt.

Mein Referat ist zu Ende.

Es bleibt die Aufgabe, den theoretischen Wert dieser Theorie zu prüfen. Niemand wird verkennen, daß sie im Einzelnen zahlreiche Elemente der Wahrheit in sich schließe. Die Charakteristik der Parteien ist vielfach treffend. Auch mutet die Architektonik des Ganzen an. Jedoch ist die Grundlage desselben unsicher und die Bestandteile sind mangelhaft verbunden. Wenn die tastende Hand der Kritik die Festigkeit des Gefüges einer Prüfung unterzieht, stürzt das Gebäude in sich zusammen, und es bleiben nur die wertvollen Materialien übrig, die einer neuen und festeren Verbindung auf solideren Grundlagen harren.

Von vornherein ist die Art, wie die zu lösende Aufgabe in Angriff genommen wird, nicht richtig. Es sind hier zwei Fragen zu unterscheiden. Erste Frage: Was ist das Wesen des Liberalismus, Konservatismus u. s. w.? Zweite Frage: Was ist für die Einzelnen bestimmend, sich den Vertretern des Liberalismus oder des Konservatismus u. s. w. anzuschließen? Die zweite Frage wird sich offenbar leicht beantworten lassen, wenn wir bezüglich der ersten im Reinen sind. Rohmer und Bluntschli nun überspringen die erste, das ist die Hauptfrage, und wenden sich sofort dem Charakter derer zu, welche der liberalen, der konservativen u. s. w. Politik sich anschließen. Statt zunächst die Prinzipien zu untersuchen, wenden sie sich sofort den Personen zu, welche diese Prinzipien bekennen und glauben, indem sie den Charakter dieser Personen bestimmen, auch die Prinzipien entwickelt zu haben. Ähnlich würde der verfahren, der bei einer Charakteristik der verschiedenen Philosophenschulen nicht von einer Darlegung der unterscheidenden wissenschaftlichen Prinzipien und Grundlehren ausginge, sondern sich seinen Weg etwa in der folgenden Weise bahnte. Die Philosopheme haben ihren Grund in den intellektuellen Bedürfnissen und den Grundrichtungen des menschlichen Geistes. Die Äußerungsformen dieser letzteren sind abhängig von der individuellen Eigenart der Denker. Bei einer Einteilung der Menschen mit Rücksicht auf diese Eigenart fordern aber vornehmlich die verschiedenen Temperamente Beachtung. Die Hauptrichtungen der Philosophie werden daher den vier Temperamenten entsprechend sein müssen. Dem cholerischen Temperament entspricht so offenbar die pessimistische Weltansicht und die entsprechende Schule. Wie der Choleriker geneigt ist, überall schwarz zu sehen, so hält sich der philosophische Pessimist ausschließlich an die dunkle Seite des Lebens. Schopenhauer war ein entschiedener Choleriker. In seiner Philosophie ist daher eine Äußerungsform des cholerischen Temperaments zu finden. Wir charakterisiren das letztere und geben damit zugleich eine genügende Kennzeichnung der schopenhauerschen Philosophie. Wer so vorgehen wollte, dem würden wir wohl entgegenhalten können, daß er einen falschen Weg eingeschlagen habe.

Bluntschli erkennt, daß für die Wahl einer Partei weniger die Altersstufe des Einzelnen als seine geistige Eigenart entscheidend sei, und daß neben dieser noch andere Dinge einen Einfluß ausüben (Staatswörterbuch 31). Er erkennt, daß Jemand im Widerspruch mit seiner Individualanlage ein konservatives oder liberales Ideal verehren könne, daß er auf Grund von Erfahrungen und Studien andere Grundsätze gutheißen könne, als seine Naturanlage erwarten läßt. Darin liegt, daß liberal und jugendlich nicht identisch seien und daß das Wesen des Liberalismus durch den Vergleich mit der Altersstufe des Jünglings nicht gekennzeichnet sei, und ebenso nicht das Wesen des Konservatismus durch den Vergleich mit der Altersstufe des reifen Mannes. Denn wäre ihr Wesen damit vollkommen bestimmt, so wäre es nicht denkbar, daß ein Mensch von jugendlicher Denkart konservativ, ein Mensch von ältlicher Denkweise liberal gesinnt sei. Da nun Rohmer und Bluntschli sich mit jenem Vergleiche begnügen, so haben sie auf die Frage nach dem Wesen der Parteien sich offenbar eine befriedigende Antwort nicht gegeben. Daher das Willkürliche, das sich der Charakteristik der Parteien bei ihnen überall eingemischt findet, und der Eindruck des Spielenden, der uns nicht vollständig verläßt, auch wo wir das Treffende der einzelnen Bemerkungen anerkennen müssen.

Treten wir dieser Charakteristik selbst näher, so erweckt sofort die Unterscheidung von Parteien der aufsteigenden und der absteigenden Linie Bedenken. In einem Staate, welcher sich selbst in aufsteigender Linie bewegt, können Parteien des Niedergangs keine Berechtigung haben. Die Berechtigung einer jeden Partei bestimmt sich nach dem Maße, in welchem sie die Lösung der in einem gegebenen Zeitalter gestellten Aufgaben begünstigt. Heißt die Aufgabe: bergan fahren, so können diejenigen kein Berechtigung haben, welche nach abwärts ziehen, am wenigsten können gerade sie zur Lenkung des Wagens berufen sein. Der Parallelismus der Lebenslinien des Einzelnen und des Staates würde ferner in seiner unmittelbaren Verwertung bei der Beurteilung der Parteien, wie sie besonders bei Bluntschli hervortritt, dahin führen, in der Periode des ersten Wachstums der Staaten die Partei der knabenhaft Gesinnten, das ist der Radikalen, als die eigentlich berufene Lenkerin erscheinen zu lassen — eine bedenkliche Konsequenz! — und würde im Übrigen jede allgemeine Rangordnung unter den Parteien ausschließen. Gerade darauf aber legen Rohmer-Bluntschli Gewicht.

Sehen wir aber von jenem Parallelismus ab und halten uns einfach an die Voraussetzungen für eine richtige Leitung und Beeinflussung der staatlichen Angelegenheiten, welche bei den verschiedenen Altersstufen gegeben sind, so gelangen wir zwar zu einem völlig anderen Ergebnis, aber wiederum nicht zu dem von Rohmer-Bluntschli abgeleiteten. Wir kommen dann nämlich mit Aristoteles zu dem Satze, daß es Sache der Männer sei, zu befehlen, Sache der Jünglinge, zu gehorchen. Damit aber wäre die Partei des Jünglingsalters, das ist die liberale Partei, zu einer sehr viel bescheideneren Rolle verurteilt, als ihr von Rohmer-Bluntschli zugedacht ist.

Was das V e r h ä l t n i s der vier P a r t e i e n zu einander betrifft, so wird das entscheidende Gewicht auf den Gegensatz zwischen den extremen Parteien Radikale und Absolutisten einerseits und den Mittelparteien Konservativen und Liberalen andererseits, gelegt. Konservative und Liberale werden als einander verwandt und als die gleichen Ziele verfolgend dargestellt. In Wahrheit besteht ein prinzipieller Gegensatz, eine Verschiedenheit der Grundanschauungen und wesentlichen Neigungen gerade zwischen Konservativen und Liberalen, während der Gegensatz von Gemäßigten und Radikalen nicht die Ziele, sondern die Mittel und Wege betrifft. Offenbar ist aber der Gegensatz der Prinzipien, zumal für den Standpunkt einer wissenschaftlichen Betrachtung, richtiger als der Gegensatz der Mittel, welche zur Verwirklichung der Prinzipien dienen sollen.

Was spezieller den **Radikalismus** betrifft, so ist eine allgemeine Charakteristik desselben, wie sie Rohmer-Bluntschli geben, ganz unzulässig. Wohl paßt ihre Schilderung auf gewisse konkrete Parteien oder Parteifragmente. Wohl gibt es zu allen Zeiten Politiker, welche, den Kindern gleich, geneigt sind, nach den Sternen zu greifen und Regenbogen für fahrbare Straßen anzusehen, wohl gibt es in jeder der großen Parteien Leute, welche die äußersten Mittel im Zweifel für die besten halten, und die prinzipielle Einseitigkeit ihrer Parteigenossen zur Karrikatur verzerren. Aber der Radikalismus ist kein politisches Prinzip, und überhaupt keine einheitliche Potenz in dem von Rohmer-Bluntschli vorausgesetzten Sinne. Die Frage des Radikalismus ist, wie schon bemerkt, eine Frage der anzuwendenden Mittel. Diese Frage aber beantwortet sich für jede Partei nach der jeweiligen politischen Lage verschieden. Jede wird unter Umständen, wenn sie nicht ihre Sache preisgeben will, zu radikalen Mitteln greifen müssen. In solcher Lage aber sind es nicht die knabenhaft Gesinnten, welche die Aufnahme einer radikalen Politik fordern, sondern die wahrhaft männlich Gesinnten. Es ist ein wesentliches Merkmal des politischen Charakters, und eine Eigenschaft aller wahren Staatsmänner, daß sie in ernster Lage sich das Entweder — Oder klar machen, vor das sie gestellt sind, und, während Schwächlinge einen Mittelweg suchen, der nicht zu finden ist, entschlossen Alles wagen, um Alles zu gewinnen. Bluntschli zählt Cavour zu den Liberalen. Aber gab es zu irgend einer Zeit einen Staatsmann, der leichteren Herzens die Schiffe hinter sich verbrannte, der beharrlicher eine Bahn verfolgte, welche durch eine Kette der denkbar radikalsten Maßregeln bezeichnet ist? Fürst Bismarck wird von Bluntschli, und nicht ohne Grund, den Konservativen zugezählt. Aber ist er nicht gleichwohl der Vertreter einer wahrhaft radikalen Politik gewesen der überkommenen politischen Gestaltung Deutschlands und verschiedenen Souveränitäten von Gottes oder auch von Napoleons Gnaden gegenüber? Wenn wir in diesen Männern weder etwas Knabenhaftes noch etwas Weibisches zu finden vermögen, so muß wohl in der Schilderung, welche Rohmer-Bluntschli von dem Radikalismus geben, etwas fehlerhaft sein.

Abt.

Die Parteilehre F. Rohmers hat bereits in den 40er Jahren, in dem Rotteck-Welckerschen Staatslexikon, eine scharfe Kritik erfahren. Ein Vertreter des Kindesalters in der Politik, um in Rohmers Sinne zu reden, der Demokrat Abt hat daselbst diese Parteilehre eingehend behandelt und das Unzulängliche und Willkürliche in der von Rohmer gegebenen Begründung dargelegt. Zugleich hat derselbe vom demokratischen Standpunkt aus eine eigene Theorie zu begründen versucht und der Rohmerschen entgegengestellt.

Diese Abtsche Theorie würde bei der Dürftigkeit ihres Inhalts und der Gewaltsamkeit in ihrer Begründung eine Berücksichtigung nicht verdienen, wenn sie nicht im Zusammenhange mit Anschauungen stünde, welchen eine historische und praktische Bedeutung zukommt, und wenn sie nicht im Bereiche der Lehre von den Parteien die einzige Vertreterin von Irrtümern wäre, welche wesentliche Bestandteile des Glaubensbekenntnisses gewisser Parteien oder wenigstens wichtiger Parteifragmente bilden und nur mit diesen selbst sich vollständig bewältigen lassen würden.

Den Maßstab für die richtige Beurteilung der Parteien gewinnen wir nach Abt durch die Antwort auf die Frage, was ist unmittelbar der Zweck der Parteikämpfe, was will zunächst jede Partei sich erringen? Die Antwort lautet nach Abt: eine jede Partei strebt danach, den Staat ihren Begriffen und Wünschen gemäß zu organisiren. Und wenn die Partei dies ermöglicht hat, welches Prinzip, so wird weiter gefragt, welcher leitende Gedanke bedingt diese Organisation? Nichts anderes, nach Abt, als das Interesse. Jede Partei will den Staat in ihrem Interesse organisiren, der Gesellschaft eine Form geben, die ihren Interessen am entsprechendsten ist. Die verschiedenen Interessen sind es, um welche sich alle Parteikämpfe drehen, welche den Mittelpunkt für alle Regungen und Bewegungen auf dem Gebiete des Staates bilden. Die Natur dieser Interessen bedingt auch die Natur der Parteien, gibt ihnen ihren Inhalt, ihr Prinzip und unterscheidet sie von einander.

Dieser Ausgang hat etwas Bestechendes. Die Interessen bilden in Wahrheit die hauptsächlichste bewegende Kraft im Leben der Parteien, und es ist einer der Mängel der Rohmer-Bluntschlischen Theorie, daß sie dieser Kraft nicht gerecht wird. Die Prinzipien, zu welchen eine Partei sich bekennt, würden ihre Reihen nicht füllen und ihrer Thätigkeit keine nachhaltige Kraft verleihen, wenn nicht die Interessen größerer oder kleinerer Teile des Volkes an der Verwirklichung dieser Prinzipien beteiligt wären. Diese Sonderinteressen sind für die Partei, was für die Pflanze der Boden, in welchem sie wurzelt und aus welchem sie ihre hauptsächlichste Nahrung zieht. Aber diese Sonderinteressen müssen in einem bestimmten und positiven Verhältnis zu den allgemeinen Interessen einer Nation und bezw. der Menschheit stehen, wenn für die Partei irgend Aussicht vorhanden sein soll, einen tiefgreifenden und nicht bloß vorübergehenden Einfluß auf die Entwicklung der politischen Zustände auszuüben. Abt verkennt nicht die Bedeutung dieses Verhältnisses. Er behauptet vielmehr, daß in dem Verhältnis der Parteibestrebungen zu dem „allgemein Menschlichen" der richtige Maßstab für die Beurteilung der Parteien liege. Hierin sei das Allgemeine gegeben, nach welchem das Besondere, d. i. die Parteien, gemessen werden müssen. So weit also können wir mit Abt gehen. Aber seine Logik, von der Parteileidenschaft gesteuert, verläßt allzurasch die Bahn einer vernünftigen Deduktion.

Es gibt nach ihm zwei Arten von Interessen; Sonderinteressen und allgemeine Menschheitsinteressen. Jenen entsprechen die Privilegien, diesen das Recht. Merkmal der Privilegien ist die Benachteiligung der Gesamtheit zu Gunsten Einzelner, Merkmal des Rechts die Achtung der Rechte und Bedürfnisse jedes Einzelnen. Entsprechend diesen zwei Arten von Interessen gibt es nach Abt zwei Arten von Parteien, Vertreter der Privilegien und Vertreter der Menschheitsinteressen. Die Parteien der Privilegien haben ihr gemeinsames Merkmal in der Vertretung von Interessen, die den Interessen der Gesamtheit entgegengesetzt sind. Sie sind konservativer Natur, d. h. sie suchen mit allen Mitteln dahin zu wirken, daß der ihren Interessen entsprechende Zustand des Bestehenden, den sie entweder vorgefunden oder geschaffen haben, aufrecht erhalten werde. Nicht die Vernünftigkeit ist ihnen maßgebend für die Erhaltung des Bestehenden, sondern die Thatsache, daß es besteht, die leere Form, die Äußerlichkeit, sie machen den Kultus der Form, des formellen, positiven Rechtes zum höchsten Zweck. Im Übrigen scheiden sich diese Parteien der Privilegien mit Rücksicht auf die von ihnen angewendeten Mittel in die kirchliche Partei, die Partei des politischen Absolutismus und die Partei des Kapitals. Die kirchliche Partei erreicht ihren Zweck durch das religiöse Gefühl der Menschen. Dieselben sollen mittelst dieses Gefühls in einem Zustand erhalten werden, in welchem sie geneigt sind, im Interesse dieser Art von Privilegienbesitzern zu arbeiten. Die politisch-absolutistische Partei benutzt unmittelbar die Staatsgewalt, um die Gesamtheit zu zwingen, in ihrem Interesse thätig zu sein. Die Partei des Kapitals benutzt die Anstalten der Produktion und des Verkehrs (speziell das Geld), um die Gesamtheit in ihrem Dienste arbeiten zu lassen.

Den Gegensatz zu diesen drei Parteien der Privilegien bildet die Partei der allgemeinen Menschheitsinteressen, d. i. die demokratische Partei. Da dieselbe jedem Einzelnen sein Recht wahren will, sucht sie die Gesamtheit dieser Einzelnen, das Volk, in die Lage zu bringen, die Form des Staates seinen, d. h. den Interessen der Gesamtheit anzupassen. Diese Partei ist wesentlich reformatorisch und schöpferisch; sie repräsentirt die organische Entwicklung vom Alten zum Neuen, den ewigen Verjüngungsprozeß der Abstreifung obsolet gewordener Formen, sie kennt als höchsten Zweck nur das Wohl aller Einzelnen und was diesem entgegensteht, das vernichtet sie.

Die demokratische Partei bildet das dirigirende Prinzip in den politischen Kämpfen. Sie weist den übrigen Parteien ihre Stellung zu einander und ihr selbst gegenüber an. So lange sie schlummert, kämpfen die übrigen um die Suprematie. So stritten anfangs politischer Absolutismus und Kirche mit einander um die Herrschaft, die demokratische Partei zwang sie, Frieden zu schließen; so bekämpften in Frankreich die Vertreter des Kapitalismus den politischen Absolutismus, die demokratische Partei oder vielmehr ihr Prinzip führte beide Gegner einander in die Arme und ein gemeinschaftliches Regiment, die Herrschaft der Bourgeoisie herbei u. s. w. Ferner ist es die demokratische Partei, welche, als den übrigen prinzipiell gegenüberstehend, diesen ihr eigenes Prinzip zum Bewußtsein bringt und sie auf dessen Konsequenzen hindrängt. So war es die demokratische Partei auf kirchlichem Gebiete, welche aus der katholischen Kirche gewissermaßen das Prinzip des Katholizismus herauspreßte und in dem Jesuitismus sich zu verkörpern zwang . . .

So weit Abt. In den letzterwähnten Ausführungen liegt etwas Richtiges. Es ist wahr, daß die demokratische und bezw. die liberale Partei den Konservativen ihr eigenes Prinzip zum Bewußtsein gebracht haben. Aber war das also erfaßte konservative Prinzip das von Abt angegebene? Ist den konservativen Parteien, wie es darnach geschehen sein mußte, das Bewußtsein aufgegangen, daß ihr Prinzip in „der Unterordnung der Menschheitsinteressen unter die Sonderinteressen“ liege? Den unmittelbaren Inhalt konservativer Bestrebungen hat allerdings häufig die Bewahrung von Privilegien gebildet. Und der Bemühung um diese lagen stets vor Allem egoistische Motive zu Grunde. Die römischen Patrizier dachten wohl, indem sie ihre Vorrechte geltend machten, vor Allem an sich. Aber es darf bezweifelt werden, ob Rom ohne seinen bevorrechteten Stand sich zur Weltbeherrscherin erhoben hätte. Die Geschichte der Vorrechte und der privilegirten Geschlechter und Klassen bleibt unverständlich, wenn wir keinen Zusammenhang wahrnehmen zwischen den auf eine aristokratische Gliederung der Gesellschaft oder auf die Bewahrung einer solchen Gliederung gerichteten Bestrebungen und den allgemeinen Volksbedürfnissen und speziell den Bedingungen eines geordneten, die wesentlichen Güter der Menschheit bewahrenden und ihre Erweiterung verbürgenden Gemeinlebens. Diesen Zusammenhang hat neuerdings Treitschke in seiner Streitschrift gegen Schmoller betont. (Polemik in den preußischen Jahrbüchern gegen Schmoller.) Da die demokratische Partei mit diesem Recht eines jeden Einzelnen zugleich in gewissem Umfange Interessen aller Einzelnen vertritt, die Menschheit aber aus Einzelnen zusammengesetzt ist, so scheint die Folgerung nahe zu liegen, daß sie die Sache der Menschheit führe. Auch geschultere Denker als Abt sind einem derartigen Fehlschlusse verfallen. Ich erwähne Einen statt Vieler: Lassalle, der irgendwo für die Arbeiterpartei aus dem Umstande, daß es ihr nicht um Privilegien zu thun sei, einen Beruf zur Herrschaft ableitete. Ohne Zweifel hat die Betonung der wesentlichen Gleichheit der Menschen und der Kampf gegen die Befestigung und Ausbeutung der überall und immer aufs Neue sich entwickelnden Ungleichheiten eine allgemeinere Bedeutung. Er hängt an einem bestimmten Punkte mit dem allgemeinen Interesse der Menschheit zusammen. Aber nicht in einem anderen Sinne wie die aristokratischen Bestrebungen auf der Gegenseite. Auch die demokratische Partei verhält sich zu dem Ganzen des Volkes und der Menschheit nur wie ein Teil; sie vertritt zunächst die Sonderinteressen großer Bevölkerungsklassen. Diese Sonderinteressen entsprechen einer bestimmten Richtung der allgemeinen Menschheitsinteressen, allein sie sind nicht mit diesen identisch. Gewiß gibt es keine schlimmere Ungleichheit als die zwischen Herrn und Sklaven bestehende, kein schlimmeres Privilegium als das den Sklaveneigentümern in dem Eigentum über ihres Gleichen gegebenen. Deshalb erscheinen sich empörende Sklaven als Vertreter eines unverjährbaren natürlichen Rechts. Auch liegt es im Interesse der Menschheit, über diese Form der Ungleichheit definitiv hinauszukommen. Und doch! Würde es im Interesse der Menschheit gewesen sein, wenn es etwa in der Zeit Solons den griechischen Sklaven gelungen wäre, sich dauernd der Herrschaft zu bemeistern — kein Perikleisches Zeitalter hätte dann geblüht, das reiche Erbe des griechischen Geistes wäre der Menschheit nicht zu gut gekommen — oder wenn die Sklavenkriege in Italien der römischen Weltherrschaft ein frühes Ende bereitet hätten?

Aber es ist hier nicht am Ort, diese Gedanken weiter zu verfolgen, und die Berechtigung des Gleichheitsprinzips sowie die Schranken dieser Berechtigung zu untersuchen. Die Abtschen Ausführungen bewegen sich um einen Gegensatz, der mit dem uns zunächst beschäftigenden nicht zusammenfällt, nämlich mit dem Gegensatze zwischen den Parteien der politischen und sozialen Gleichheit und den Vertretern der aristokratischen Gliederung der Gesellschaft. Davon ist der Gegensatz zwischen den liberalen Parteien und ihren Gegnern, also unser gegenwärtiges Thema, zu unterscheiden. Abt hat für die liberale Partei, für die Partei der individuellen Freiheit, als solche in seiner Theorie keinen Platz. Umgekehrt haben Rohmer und Bluntschli in ihrer Theorie keinen Raum für die prinzipiell selbständigen Parteien der Gleichheit. Demokratische und sozialistische Parteien erscheinen bei ihnen nur als Zerrbilder der liberalen, als liberale Parteien von radikalem Gepräge. Aber wie der Begriff der Gleichheit sich nicht dem Begriff der Freiheit unterordnet, auch nicht als eine bloße Verzerrung des letzteren sich darstellt, so lassen die Parteien der Gleichheit sich nicht als bloße Arten oder Abarten der liberalen Parteien betrachten. Allerdings hatten beide Parteigruppen während langer Zeit einen gemeinsamen Gegner: in der Partei des geschichtlichen Rechts und der alten Gliederung der Gesellschaft. Auch hat eine lange Waffengemeinschaft zwischen ihnen bestanden, sowohl auf praktischem wie auf theoretischem Gebiete. Eine Zeit lang konnte es scheinen, als wenn der Liberalismus Freiheit und Gleichheit als gleichberechtigte oberste Prinzipien nebeneinanderstelle. So lange es galt, Institutionen zu bekämpfen, welche unter dem Gesichtspunkte des Freiheitsinteresses in dem nämlichen Maße verwerflich erschienen wie unter dem Gesichtspunkte des Gleichheitsinteresses, trat die Verschiedenheit zwischen diesen beiden Tendenzen nicht hervor. Unter derselben Fahne kämpften die Einen gegen die Hemmung der freien Entfaltung und Verwertung ihrer individuellen Kräfte, die Anderen gegen die Privilegien, in welchen jene Hemmung ihren Grund hatte. Oder vielmehr sie kämpften gemeinsam gegen Beides, ohne sich eines Unterschiedes, der zunächst als ein praktischer nicht existirte, bewußt zu sein. Unter den Flugschriften, welche den Beginn der ersten französischen Revolution bezeichnen, zeigt sich bald die Freiheitstendenz, bald die Gleichheitstendenz als die beherrschende. Mirabeau schreibt für die Freiheit der Presse, Sieyès gegen die Vorrechte; beide als Vertreter des dritten Standes und seiner noch einmütigen Bestrebungen. Im höheren Gebiete der eigentlich wissenschaftlichen Literatur zeigen sich die Strömungen ebenfalls verbunden. So hängt die Lehre von der Begründung des Staates durch einen Vertrag zwischen den Einzelnen einerseits zusammen mit der demokratischen Lehre von der Volkssouveränität, andererseits mit der liberalen Theorie von den unveräußerlichen Rechten des Individuums. Seitdem ist eine Auseinandersetzung zwischen jenen beiden Tendenzen erfolgt, sowohl im Bereiche der Ideen wie im Bereiche der Parteikämpfe, ohne daß jedoch auf einem dieser beiden Gebiete ein Abschluß dieses Prozesses bereits eingetreten wäre. In dem Gefolge der errungenen bürgerlichen Freiheit sind neue Ungleichheiten aufgetaucht und haben den Freunden der Gleichheit den Beweis vor Augen gestellt, daß die Erweiterung der individuellen Freiheit durchaus nicht gleichbedeutend sei mit der Annäherung an einen idealen Zustand in ihrem Sinne. Und die Freunde der individuellen Freiheit haben sich allmählich überzeugt, daß die größte Gefahr für die letztere nicht mehr von der Seite der alten konservativen Gegner, sondern von sozialdemokratischer Seite, d. i. von der Seite einer Partei der Gleichheit drohe. Es entspricht daher längst nicht mehr der historischen Sachlage, das Verhältnis zwischen liberalen und demokratischen bezw. sozialdemokratischen Parteien als ein Verhältnis von Art und Abart oder von verschiedenen Stufen in der Entwicklung des gleichen Prinzips darzustellen.

Bezeichnend für die Unklarheit, in welcher der Liberalismus der 30er und 40er Jahre noch diesem Gegensatze gegenüber sich befand, ist der Umstand, daß die Abtsche Theorie, auf deren Verwandtschaft mit den Anschauungen Lassalles ich bereits hingewiesen habe, in dem

Rotteck-Welckerschen Staatslexikon sich ausgeführt findet, welches doch den freiheitlichen Bestrebungen jener Tage zu dienen bestimmt war. Charakteristische Merkmale dieses Liberalismus lassen sich auch sonst an der Abtschen Theorie erkennen. Demselben entspricht es, gleich dem Naturrechte, von welchem er sein Glaubensbekenntnis hat, an die gesellschaftliche Organisation das Maß unbedingter Forderungen anzulegen, welche überall nur Raum lassen für die strikte Alternative Recht oder Unrecht, und welche im Gebiete der Parteienlehre naturgemäß dahin führen, eine Partei des Rechts, d. i. die Partei der unbedingten Vernunftforderungen, einer Partei des Unrechts, d. i. der Vertreterin der bestehenden, jenen Forderungen nicht entsprechenden Einrichtungen, in der Weise, wie es von Abt geschieht, gegenüberzustellen. Dieser Standpunkt war im vorigen Jahrhundert der Standpunkt der Philosophen, im Anfange dieses Jahrhunderts der Standpunkt der philosophirenden Liberalen, heute ist es der Standpunkt der demokratischen Massen.

Soviel in Betreff der Abtschen Theorie und der Bedeutung, welche sie vermöge ihrer Irrtümer in Anspruch nehmen kann.

In dem zuletzt hervorgehobenen Punkte berührt sich der ältere Liberalismus mit gewissen Richtungen des Konservatismus, speziell mit dem auf theologischem Grunde stehenden. Auch dieser behauptet Prinzipien von absoluter Geltung zu vertreten und gelangt naturgemäß zu einer Unterscheidung von Parteien des Rechts und Parteien des Unrechts. Nur ist das Maß, das er anlegt, ein anderes.

Stahl.

Den Theorien liberal und demokratisch gesinnter Politiker stelle ich gegenüber diejenige eines Konservativen. Enthält dieselbe auch „die Wahrheit über die Parteien“ ebensowenig wie die ersterwähnten, so doch von dem, was den konservativen Parteien als Wahrheit gilt, oder, wenn sie sich von den Voraussetzungen ihres Verhaltens Rechenschaft geben wollten, als Wahrheit gelten würde, sowie überhaupt von den Elementen einer auf die letzten Gründe zurückgehenden Parteienlehre ein reicheres Maß. Deshalb mag ein etwas ausführlicheres Referat über dieselbe gerechtfertigt sein.

Stahl scheidet die politischen Parteien „nach ihrem fundamentalen Gegensatze in die Parteien der Revolution und die Parteien der Legitimität." Das Wort „Revolution" bezeichnet ihm hierbei die „Umkehrung des Herrscherverhältnisses selbst", „daß Obrigkeit und Gesetz grundsätzlich und permanent unter den Menschen stehen, statt über ihnen." Damit ist nach ihm gegeben: „die Souveränität des Volkswillens, die Entgliederung der überkommenen Gesellschaft, die Unterordnung der Institutionen unter die Menschenrechte, statt der Bemessung der Menschenrechte nach den Institutionen." Zu den Parteien der Revolution in diesem Sinne zählt er die liberale, die liberal-konstitutionelle, die demokratische und die sozialistische Partei. Zu den Parteien der Legitimität dagegen zählt er diejenigen, „welche ein Höheres, unbedingt Bindendes, eine gottgesetzte Ordnung anerkennen über dem Volkswillen und über den Zwecken der Herrscher, gegebene Autorität, geschichtliches Recht, natürliche Gliederungen, welche noch einen Grund und Maßstab der Staatsordnung gelten lassen außer dem Rechte und Nutzen des Menschen und der Freiheit des Volkes oder der mechanischen Sicherung der Gesellschaft." Speziell zieht er hierher die englischen Torys, die französischen Legitimisten, die deutschen Hallerianer, alle geschichtlich konservativ Gesinnten unter jeder Verfassung, insbesondere aber alle monarchischen Parteien, auch die Konstitutionellen, welche das monarchische Prinzip festhalten. Die Revolution hat nach ihm dem Begriffe und der Sache nach „nicht vollständig existirt vor 1789. Seitdem aber ist sie eine Weltmacht geworden..." Sie ist „in ihrem Abschluß enthalten in der Denkart von 1789." Mit dieser Denkart „kam ein mehr als hundertjähriger Gang der Gedanken zu Vollendung und Erfolg und es ist nur sie, die bis zu dieser Stunde die politische Bewegung erfüllt." Sie enthält das System der Revolution noch „in seiner Ungetrenntheit, ja in dem Wahne seiner Einigkeit." Die erzeugenden Ursachen derselben sieht Stahl in der Lehre des Naturrechts und in derjenigen von der Volkssouveränität. Die Wurzel aber von alledem findet er in dem „Prinzip der Bildung, das wir jetzt Rationalismus nennen." Dieser ist: „Emanzipation der menschlichen Vernunft von jeder gegebenen Wahrheit," „Emanzipation des menschlichen Willens von jedem gegebenen Ansehen." Mit den politischen Parteien des göttlichen und des menschlichen Rechts bilden nach Stahl die kirchlichen Parteien des Glaubens und des Unglaubens ein untrennbares Ganzes. „Der verworrene Kampf, der sich jetzt über das kirchliche, politische und soziale Gebiet als über seine verschiedenen Schlachtfelder verbreitet, ist in letzter

Instanz nur Ein Kampf um Eine Entscheidung, um die Entscheidung, wer der Herr der sittlichen Welt sei, die Ordnung Gottes oder der Wille des Menschen." Die Scheidung nach dem angegebenen fundamentalen Gegensatz soll übrigens nach Stahl nicht ausschließen, daß Annäherungen und Vermittlungen möglich seien. In den praktischen Resultaten nämlich, in den Fragen über konkrete Zustände können sich nach ihm die Gemäßigten und Wohlmeinenden beider Seiten sehr nahe kommen. Eine wissenschaftlich-grundsätzliche Vermittlung aber kennt er nur in dem Sinne, daß von den Prinzipien der Legitimität aus die berechtigten Impulse der Revolution zu befriedigen, daß in Erhaltung der alten Fundamente der Gesellschaft ihren neuen Bedürfnissen zu genügen sei.

Stahl anerkennt also berechtigte Impulse der Revolution. Hierher gehört vor Allem die Betonung des Rechts der Individualität. Auch sieht er in dem Fortschritt der Freiheit, welchen sie fordert, ebenfalls die Aufgabe des Zeitalters. Aber er findet, daß der Begriff der Freiheit, wie ihn die Revolution zum Ausgang nehme, ein irrtümlicher sei.

„Was ist Freiheit"? Diese Frage stellt, nach Stahl, „der Genius unserer Zeit, und gleich der Sphinx erwürgt er die Generationen, die sich sie falsch beantworten." Hören wir, wie er selbst die große Frage beantwortet. Freiheit ist nach seiner Definition: „nach seinem innersten Selbst zu leben und zu handeln. Nun ist das Selbst des Menschen allerdings Individualität, die kein Maß und Gesetz von außen empfangen kann, und darnach ist das Recht der Individualität ein wesentliches Moment vollständiger politischer Freiheit. Aber das innerste Selbst des Menschen ist nicht bloß Individualität, sondern auch sein sittliches Wesen, und nach diesem ist er der sittlichen Welt und ihrem Urheber gebunden und eins mit ihnen, und es ist nicht Freiheit, sondern Unfreiheit, wenn er gegen das eigene sittliche Wesen oder gegen die sittliche Gestalt des Gemeinwesens handeln kann." Politisch frei sind daher „die Bürger eines Gemeinwesens, in welchem Zucht und Sitte gehandhabt wird, das so der Ausdruck und die Erfüllung ihres wahren Selbst ist, nicht die Bürger eines solchen, in welchem die Unsitte, Konkubinat, Willkür der Ehescheidung, Blutschande u. s. w. freigegeben ist." Stahl setzt also dem Rechte der Individualität, zu handeln nach eigenem Belieben, entgegen den sittlichen Inhalt des öffentlichen Lebens.

Während die Parteien der Revolution die Steigerung jenes Rechtes der Individualität zum unbedingten alleinigen Ziel machen, handelt es sich den legitimistischen Parteien vor Allem um die Bewahrung jenes sittlichen Inhaltes, um die Erhaltung der sittlichen und natürlichen Güter der Nation. Während es jenen z. B. nur um die Religions freiheit des Individuums zu thun ist, handelt es sich diesen um die Religion selbst und um die religiöse Erziehung des Volkes. In dem Besitze dieser Güter besteht nach ihm die höchste Freiheit, weil die höchste Befriedigung der Völker.

Dies also sind die geistigen Mächte, welche die Zeit bewegen, die in jedem Verhältnis, politischem, sozialem, kirchlichem um die Führerschaft streiten: die Freiheit, die an Gottes Weltordnung gebunden, von ihrem Inhalte erfüllt ist, und die Freiheit, die von Gottes Weltordnung gelöst, rein auf sich selbst gestellt ist. Jenes die vis vitalis, dieses die materia peccans des Zeitalters. Von dem Sieg der einen oder der anderen hängt es ab, ob die Völker Europas zu einer höheren Stufe emporsteigen, oder ob sie in die Nacht der Barbarei versinken..... —

Ich habe die Parteienlehre Stahls ihren wichtigsten Bestandteilen nach dargelegt. Sie unterscheidet zwei Gruppen von Parteien, von welchen die eine als die Vertreterin der Legitimität und der auf den göttlichen Willen gegründeten Rechtsordnung, die andere als die Vertreterin der Revolution und der auf den Willen der Menschen gegründeten Ordnung charakterisirt wird.

Ein Liberaler wird diese Charakterisirung nicht leicht gelten lassen. Sie stempelt seine Partei, der es doch nach ihrem Wissen und Wollen nur um friedlichen Fortschritt und keineswegs um Revolution zu thun ist, willkürlich und nicht eben in freundschaftlicher Gesinnung zur Partei der Revolution, und stellt auf die Gegenseite nicht bloß die Sache der Könige und des historischen Rechts, sondern mit ihnen zugleich die Sache Gottes. Wenn diese in der einen Wagschale liegt, so muß ja wohl die andre in die Höhe schnellen! Wenn Gott sich auf der Seite der Konservativen, als der Vertreter seines Willens und seiner Ordnung, befindet, so können die Liberalen schlechterdings nur unter der Führung des Teufels zu Feld ziehen. In den Kämpfen der Parteien im heutigen konstitutionellen Staate ist es guter Stil, sich nicht öffentlich auf den Willen des Monarchen zu berufen, aber die Berufung auf den Willen des obersten Monarchen wird von einer Seite noch nicht als gegen die Regeln des politischen Kampfspiels verstoßend angesehen.

Indessen liegt hierin kein Grund, über die Meinungen, welche unter solcher Berufung vorgebracht werden, hinauszugehen, ohne sie auf ihren sachlichen Gehalt geprüft zu haben. Für die wissenschaftliche Betrachtung gibt es selbstverständlich nur ein menschliches Maß. Vor ihrem Forum muß der Konservatismus das priesterliche Gewand ablegen, in das Manche ihn zu kleiden lieben und in das er sich vor Zeiten in der Regel hüllte, und sich in seiner natürlichen Gestalt zeigen. Sein Schicksal hängt an dieser Stelle schlechterdings nur von dem Maß der menschlichen Kräfte und Interessen ab, als deren Repräsentant er sich zu erweisen vermag.

Stahl bemüht sich denn auch, diese Interessen und Kräfte zu bestimmen und ihren Zusammenhang mit dem Wesen konservativer Politik klarzulegen. Aber er hat dies Wesen selbst, obgleich er es von wichtigen Seiten her beleuchtet, nicht in exakter Weise bestimmt. Daher denn auch die Frage nach jenen Kräften nicht in befriedigender Weise beantwortet wird.

Der Begriff von konservativer oder, wie er sagt, legitimistischer Politik, mit welchem er operirt, ist bald ein engerer bald ein weiterer. Der letztere ist nach ihm wesentlich die Zurückführung der gegebenen Ordnungen in Staat und Gesellschaft auf den Willen Gottes, und zwar der konkreten Gestaltungen, welchen wir uns, ohne unser Zuthun, gegenüber befinden. Er polemisirt gegen die Jesuiten, weil diese nur den Bestand von Staat und Obrigkeit überhaupt auf Gottes Gebot zurückführen, nicht aber die jeweils vorhandene bestimmte Gestalt des Staates, nicht die bestimmte Obrigkeit, welche von uns Gehorsam verlangt. Da haben wir eine Auffassung, welche wir füglich als eine theokratische bezeichnen können, welche aber nicht identisch ist mit konservativer Auffassung und keineswegs von allen Parteien geteilt wird, welche nach Stahl als legitimistische in seinem Sinne angesehen werden sollen. Er zieht u. a. alle monarchischen Parteien hierher. Aber monarchisch sind Viele gesinnt, welche sich dagegen verwahren würden, wenn man sie zu den Anhängern der entwickelten Lehre zählen wollte. Stahl zieht ferner alle geschichtlich-konservativ Gesinnten hierher. Aber die Vertreter des geschichtlichen Rechts und der geschichtlichen Ansicht begründen ihren Standpunkt zum Teil in einer von Stahl sehr abweichenden Weise. Würden wir die Politiker, welche die Rechte des deutschen Reichstags bilden, und welche daher nach Stahl zur legitimistischen Partei gehören, um ihr Glaubensbekenntnis befragen, so würde ohne Zweifel nur eine bescheidene Minderheit sich zu jener theokratischen Lehre bekennen. Viele unter ihnen sind wahrscheinlich geneigt, das „von Gottes Gnaden", das unsere Souveräne ihren Titeln beifügen, in einem ernsten Sinne gelten zu lassen, aber doch nur in dem Sinne, in welchem Plato die Kraft und Geltung aller menschlichen Gesetze zuhöchst aus dem Einen göttlichen Gesetze ableitet, aber nicht in dem Sinne, in welchem es einen Gegensatz begründet zwischen den aus alter Zeit stammenden Rechten und beliebigen, sich als zweckmäßig bewährenden rechtlichen Neuschöpfungen, oder in dem Sinne, in welchem es naturwüchsige Verfassungen unter göttliche Sanktion stellt im Gegensatze zu Verfassungen, welche durch freie Vereinbarung begründet worden sind. Stahl aber ist es mit diesen Gegenüberstellungen ernst. Er gibt überall dem unbewußt Gewordenen den Vorzug vor dem bewußt Geschaffenen. In jenem Werden sieht er das Walten der Gottheit, in diesem Schaffen menschliche Überhebung. Die modernen Konstitutionen und vereinbarten Verfassungen werden deshalb entschieden verworfen. Durch die Konstitutionsurkunde, behauptet er u. a. „wird Alles vernichtet und unmöglich gemacht, was naturwüchsig oder geschichtlich durch Gottes Fügung entsteht." Deshalb haben diese modernen Verfassungen keine Dauer. „Dagegen die Verfassungen des alten deutschen Reichs und Englands, die naturwüchsigen, die nicht die freie menschliche Vernunft und Reflexion ausgedacht, die alle historische Eigentümlichkeit und Zufälligkeit und Mißbräuchlichkeit an sich tragen, sie bestanden und, bezüglich, bestehen durch Jahrhunderte zu aller Befriedigung in dauernder Herrlichkeit." Das ist eine Konsequenz seines Standpunktes. Auch können wir zugeben, das dies konservativ gedacht sei.

Aber in der Lehre von den Parteien handelt es sich nicht darum, eine konservative oder auch eine liberale Anschauungsweise zu entwickeln und zu begründen, sondern darum, die charakteristischen Anschauungen aller konservativen Parteien einerseits, aller liberalen andererseits zusammenzufassen und auf ihren einheitlichen Grund zurückzuführen. Das aber ist Stahl bezüglich der konservativen Parteien nicht gelungen.

Diejenigen Bestandteile der konservativen Parteien, welche in der Stahlschen Theorie die einheitliche Zusammenfassung und Begründung ihrer Ansichten wiederfinden könnten, haben auf dem Strome der jüngsten Geschichte in einer Weise Schiffbruch gelitten, daß sie bei einer Berechnung der für die politische Zukunft, wenigstens Deutschlands, maßgebenden Faktoren kaum in Betracht kommen. Aber keineswegs hat mit ihnen die gesamte konservative Partei Schiffbruch gelitten. Diese vielmehr behauptet ihren Einfluß und wird eine um so größere Rolle zu spielen berufen sein, je weniger sie sich legitimistischen Schwärmereien im Sinne der Stahlschen Lehre von der Heiligkeit des Rechts der Obrigkeit im Gegensatze zur Profanität des Rechts der Unterthanen hingibt.

In der Zeit, als Stahl seine Parteienlehre ausbildete, in der Mitte der 50er Jahre, da konnte es ihm möglicherweise scheinen, als ob seine legitimistische Fraktion das Ganze der konservativen Partei zwar nicht sei, aber werden könne. Damals konnte es einen Augenblick scheinen, als wenn die romantische Zeit der heiligen Allianz, deren legitimistischen Tendenzen in den Werken Stahls ihren vollendeten theoretischen Ausdruck gefunden haben, mit ihren Erfolgen wiederkehren werde. Aber die Geschichte hat einen anderen Weg genommen. Sie hat eine Anzahl Throne von zweifelloser Legitimität umgestürzt und andere aufgerichtet, deren Macht nicht darunter leidet, daß der Vorgang kein naturwüchsiger war. Die besten konservativen Elemente der beteiligten Völker aber haben an der Aufrichtung dieser Throne sich beteiligt und halten Wache vor ihnen, unbekümmert darum, ob das Fundament, auf dem sie ruhen, ein tadellos legitimes sei oder nicht.

Also werden wir für das Wesen konservativer Politik einen allgemeineren Ausdruck suchen müssen. Es würde möglich sein, denselben aus Stahls Ausführungen selbst abzuleiten. Unter anderem aus dem, was er über die Gegenparteien, die von ihm sogenannten Parteien der Revolution vorbringt. Dabei aber würde es sich von selbst herausstellen, daß diese Gegenparteien nicht richtig bezeichnet und nicht richtig gewürdigt seien.

Die Parteien der Revolution und vorab der Liberalismus vertreten nach ihm das Recht der Individualität, d. i. ein Prinzip, das Stahl als ein relativ berechtigtes gelten läßt. Der anzustrebende Fortschritt enthält auch nach ihm als ein wesentliches Element die Steigerung dieses Rechts. Diese Steigerung aber kommt nur zu

Stande durch die Kräfte, welche dafür wirksam sind. Wenn wir daher jene Steigerung billigen, so müssen wir auch die Kräfte gelten lassen, welche sie herbeiführen. Nun ist es Sache des Liberalismus, diese Kräfte zu organisiren, und dadurch das Recht der Individualität zu sichern und zu erhöhen. Folglich ist der Liberalismus eine berechtigte Potenz. Das ergeben die Stahlschen Prämissen.

Aber Stahl zieht diesen Schluß nicht. Ihm ist der Liberalismus ja gleichbedeutend mit dem Abfall von Gott und seiner Ordnung! Was vermag er für diese Abweichung von der logischen Linie vorzubringen? Er sagt, das innerste Selbst des Menschen sei nicht bloß Individualität, es sei zugleich gebunden an die sittliche Ordnung. Der individuellen Freiheit sei deshalb gegenüberzustellen der sittliche Inhalt des öffentlichen Lebens. Aber daraus folgt doch nur, daß der Liberalismus, wenn er das Recht der Individualität vertritt, damit nicht das Ganze aller menschlichen Interessen wahre, daß die Aufgabe, deren Lösung speziell ihm zufällt, nicht alle Aufgaben umfasse, welche im öffentlichen Leben zu lösen sind. Bewiesen kann auf diesem Wege nur werden, daß der Liberalismus nicht Alles ist, wie es der Konservatismus nicht ist.

In ähnlicher Weise erledigt sich die ganze Beweisführung Stahls, insoweit sie gegen die Parteien der Revolution gerichtet ist. Er stellt sich einen Zustand vor, in welchem lediglich die den Liberalismus charakterisirenden Kräfte und Tendenzen sich geltend machen, und entwickelt nun mit logischer Schärfe die Übel, die sich hier ergeben müßten. Allein in derselben Weise könnten wir die Verderblichkeit des Konservatismus erweisen, ja die einer jeden für das politische Leben bedeutsamen Kraft. Wenn wir uns eine solche Kraft, z. B. die königliche Gewalt oder die kirchliche Macht oder den nationalen Machttrieb oder das Freiheitsinteresse isolirt wirksam denken, von jeder ergänzenden und ermäßigenden Kraft abstrahirend, so läßt sich leicht vorstellig machen, daß sie gewisse Übel hervorbringen und am Ende verderblich wirken müsse. Der Fortschritt im öffentlichen Leben ist durchaus davon abhängig, daß eine jede politische Macht gewisse Kräfte sich gegenüber habe, welche unter gewissen Voraussetzungen eine Gegenwirkung gegen sie äußern und sie zwingen, innerhalb der ihr zukommenden Grenzen zu bleiben.

Nach Allem werden wir bei dieser Theorie nicht stehen bleiben können; nicht wegen der Parteifarbe, die sie trägt, sondern wegen der angedeuteten theoretischen Gebrechen. Was dagegen jene Parteifarbe betrifft, so läßt dieselbe sich verwischen, ohne daß der Kern der Theorie berührt wird. Das eigentliche Prinzip der Parteien der Revolution ist nach ihm nämlich der Rationalismus. Diesem wird u. a. oder insbesondere das Prinzip der Autorität gegenübergestellt, das bei Stahl ein spezifisch-religiöses ist. Wenn nun auf diese Weise rationalistische Parteien von Parteien der Autorität unterschieden werden, so könnte dieser Gegensatz ebenso gut zur Grundlage einer liberal gefärbten Parteienlehre gemacht werden. Eine neuere Schrift von Jean Chasseriau gibt dafür den Beweis. Dieselbe handelt in der That in diesem Sinne „du principe autoritaire et du principe rationnel". Der Verfasser versucht es, eine Geschichte der beiden Prinzipien zu geben, und gelangt am Ende zu dem Schluß, daß die ersehnte Einheit des staatlichen Lebens in keiner anderen Weise hergestellt werden könne, als dadurch, daß der Staat in seinem Bereiche das Prinzip der Autorität völlig abthue und es zu ausschließlicher Verwertung der Kirche überlasse, welche letztere von dem Staate, damit die beiden Prinzipien nicht wieder in Konflikt mit einander geraten, völlig getrennt werden müsse. Dies ist ohne Zweifel ein kindliches Räsonnement. Aber in dem, was im Übrigen über die Bedeutung des Gegensatzes bemerkt wird, und in den historischen Ausführungen ist Manches beachtenswert. Ich erwähne ihn aber hauptsächlich als einen von unzähligen Schriftstellern, welche die Bedeutung des Gegensatzes, der Stahl vorschwebt, und welchen dieser in seiner Weise interpretirt, erkennen und zu einem erschöpfenden Ausdruck zu bringen suchen.

Treitschke.

Zu diesen Schriftstellern gehört auch Treitschke, obgleich gewisse Ausführungen von ihm das Gegenteil zu besagen scheinen. Es dürfte angemessen sein, die Stellung, welche er zu den uns beschäftigenden Fragen einnimmt, genauer darzulegen. Ich habe dabei vornehmlich seine Abhandlung über „Parteien und Fraktionen" im Auge, welche sich im 3. Bande seiner historisch-politischen Aufsätze findet.

Treitschke verhält sich hier wesentlich ablehnend gegen theoretische Versuche, wie wir sie kennen gelernt haben. Die Lehre Stahls von dem Kampf der Revolution gegen die Autorität erscheint ihm als eine dürftige, doktrinäre Behauptung neben der lebendigen Fülle des historischen Lebens. In der Parteienlehre Rohmers sieht er nur ein willkürliches Spiel mit Bildern. Den Versuch, die ewig wechselnden Parteibildungen der Geschichte in feste wissenschaftliche Kategorien einzupferchen, ist nach ihm eine bloße Verirrung der Schulweisheit. In jedem Staate müßte eine Partei bestehen, welche den überlieferten Zustand zu erhalten suche, also eine Partei des Beharrens. Dieser wird naturgemäß eine Partei der Bewegung gegenübertreten, aber dieser Gegensatz ist nach Treitschke von untergeordneter Bedeutung, da es darauf ankomme, bei welchem Zustand man stehen bleiben wolle und, beziehungsweise, über welchen man hinausstrebe. Staatsmacht und Volksfreiheit, Einheit und Sondergeist, Pietät und Neuerungslust, politische und religiöse Glaubenssätze, Standesgesinnungen und wirtschaftliche Interessen, alle die zahllosen Gegensätze des politischen und sozialen Lebens, die sich mannigfach durchkreuzen und verbinden, rufen nach ihm immer neue Parteiungen hervor. Die bewegende Kraft der Parteiung sei nicht das Bekenntnis, sondern der Drang nach Herrschaft. Nicht das idem sentire de republica schaare die Parteien zusammen, sondern das idem velle.

Aber die von Treitschke betonte Fülle des historischen Lebens gibt mit nichten einen Beweis ab gegen die Herrschaft bestimmter und erkennbarer Gesetze in den wechselnden Erscheinungen des Parteikampfes. Die Mannigfaltigkeit der Kräfte, welche auf dem Schauplatz auftreten und eine wechselvolle und mehr oder minder ephemere Rolle in diesem Kampfe spielen, steht nicht im Widerspruch mit der Annahme, daß in demselben gewisse allgemeine Gegensätze eine dauernde Rolle spielen; ganz so wenig wie die Verschiedenheit der Planeten einen Beweis abgibt gegen die Einheit des Mittelpunktes, um welchen sie sich bewegen, oder die Verschiedenheit ihrer Bahnen gegen die Gleichheit der Gesetze, welche ihre Bewegung beherrschen.

Auch setzt sich Treitschke dieser Auffassung nicht durchaus entgegen. Er anerkennt wenigstens von einem in dem Inhalte der Parteibestrebungen hervortretenden Gegensatze, daß er nicht eine bloß vorübergehende Bedeutung habe. Es gibt, bemerkt er, einen Gegensatz der Staatsgesinnungen, der sich durch alle politischen Kämpfe freier Völker hindurchzieht; er wurzelt nicht in einem fließenden formalen Unterschiede größerer oder geringerer Bewegungslust, sondern in einer notwendigen, unvertilgbaren Meinungsverschiedenheit über den Staatszweck. Jederzeit bestand und besteht eine starr politische Staatsgesinnung, die den Staat als Selbstzweck behandelt und zunächst darauf sieht, die Einheit seines Willens zu behaupten, seine Macht zu sichern gegen den bösen Willen der Vielen, die Verwaltung fest und schlagfertig auszurüsten. Sie betont den Gedanken der politischen Pflicht, stellt die höchstmöglichen Anforderungen an die Steuerkraft und Arbeitskraft des Volkes. Wenig geneigt, dem Staate neue Aufgaben zu setzen, prüft sie vor jedem Schritte behutsam die Kräfte des Widerstandes, die Gefahren, die der Einheit des Staatswillens drohen. Dieser politischen Staatsgesinnung steht die soziale gegenüber. Sie sieht im Staate die Mittel für die Kulturzwecke der vielköpfigen Gesellschaft und verlangt darum eine leicht bewegliche Staatsverfassung, auf daß jede soziale Kraft die Möglichkeit erhalte, ihren Willen zu äußern und durchzusetzen. Sie wird nicht müde, dem Staate immer neue Ziele zu bezeichnen, tritt mit hohen theoretischen Forderungen und rücksichtslosen sozialen Begehren an ihn heran. Sie fordert, daß er das Höchste für die Gesellschaft leiste, und will zugleich die Steuern und die Dienstpflicht des Volkes auf das geringste Maß beschränken. Diese Staatsanschauungen, beide gleich einseitig und gleich berechtigt, bekämpfen sich in jedem freien Staate, und jenem Volke gebührt der Preis der Staatsweisheit, das beide zu versöhnen, beiden gerecht zu werden weiß. Die politische Ansicht betrachtet den Staat von oben, ist die natürliche Gesinnung der Regierenden; die soziale sucht ihn von unten, entspricht den Durchschnittswünschen der Regierten.

Mit diesem Gegensatz der Staatsgesinnungen ist, nach Treitschke, der Gegensatz der konservativen und fortschrittlichen Parteien verwandt. Die Gesellschaft bewegt sich nämlich stets rascher als der Staat und gibt den Anstoß für seine Wandlungen. Daher der Zusammenhang der sozialen Ansicht mit dem Fortschritt und der Fortschrittspartei, während bei den Vertretern der politischen Staatsgesinnung naturgemäß ein starker konservativer Zug hervortritt.

Diese Verwandtschaft zwischen den beiden Gegensätzen ist jedoch, nach Treitschke, nur eine entfernte. Der Gegensatz zwischen der sozialen und der politischen Staatsansicht wirkt nicht parteibildend und ruft den Kampf der Parteien nicht hervor. Für die Charakteristik der Parteien ist aus diesem Zusammenhange wenig zu gewinnen . . .

Die Wendung, welche Treitschke mit den letzterwähnten Behauptungen seiner Ausführung gibt, muß überraschen. Jener unvertilgbare Gegensatz der Staatsanschauungen, der sich durch alle politischen Kämpfe freier Völker hindurchzieht, soll für die Beurteilung der Parteien eine so geringe Bedeutung haben? Diese Staatsanschauungen sollen sich in jedem freien Staate bekämpfen und doch der Parteibildung im freien Staate fremd sein? Wo sind denn die Kämpfer, welche auf dem Gebiete des politischen Streites für jene beiden Ansichten eintreten, wenn sie nicht in den Parteien gegeben sind? Und wenn diese Kämpfer in den Parteien gegeben sind, wie könnten die von ihnen vertretenen und bekämpften Ansichten belanglos sein für ihre Beurteilung? Darin scheint ein grober Widerspruch zu liegen. Der Gegensatz wird in Bezug auf den Kampf als entscheidend, in Bezug auf die Kämpfer als relativ gleichgiltig behandelt, quod absurdum est. Doch hören wir Treitschke.

Eine politische Partei, sagt derselbe, in jenem starren Sinne, welche ohne jeden sozialen Sondergeist allein die Einheit des Staatswillens zu wahren suchte, kann niemals entstehen, sie widerspräche der Gebrechlichkeit der menschlichen Natur. Es heiße daher den Konservativen zu viel Ehre anthun, wenn man sie als eine Partei betrachten wollte, welche keine sozialen Sonderzwecke habe. Kein Unbefangener könne z. B. leugnen, daß die Interessen des großen Grundbesitzes in den Parteilehren der Konservativen deutlich hervortreten. Umgekehrt seien die Liberalen nicht lediglich durch soziale Sonderzwecke bestimmt; es fehle auch ihnen nicht das Verständnis für den Gedanken der politischen Pflicht, wie u. a. das Eintreten der Liberalen für die pflichtenreiche Selbstverwaltung beweise.

Aber wenn zwischen den einander gegenüberstehenden Parteien in der angegebenen Hinsicht eine wesentliche Verschiedenheit nicht besteht, so müssen wir abermals fragen, wie denn der Gegensatz zwischen der sozialen und der politischen Staatsansicht gleichwohl das beharrende und vor Allem wesentliche Element der Parteikämpfe bilden könne. Offenbar ist hier eine Unklarheit vorhanden. Überhaupt liegt hier keine ausgebildete Ansicht vor, sondern nur eine gelegentliche Abfindung mit Problemen, denen Treitschke nur ein mäßiges Interesse zuwendet.

Der von ihm bezeichnete Gegensatz besteht und hat die Bedeutung, welche ihm Treitschke zuerkennt. Es gibt Politiker, welche vor Allem die *Einheit des Staatswillens* vertreten, Andere, welche vor Allem *Spielraum fordern für die freie Bewegung der gesellschaft-*

lichen Kräfte. Aber dieser Gegensatz ist nicht identisch mit dem zwischen egoistischen Sonderbestrebungen und dem Verständnis politischer Pflichten. Treitschke interpretirt hier den in Frage stehenden Gegensatz falsch, daher jene auffallenden Ergebnisse, auf die ich hingewiesen habe. Er verwechselt die Beweggründe, welche die Parteigenossen zusammenführen, mit der Richtung ihrer gemeinsamen Bestrebungen und den Lehren, welche dieser Richtung entsprechen. Jene Beweggründe sind überall die verschiedenartigsten und bezüglich ihrer besteht kein allgemeiner Gegensatz zwischen den Parteien. So kann sich der konservativen Partei Jemand anschließen, weil er der Lage des Landes und den zunächst zu lösenden Aufgaben eine konservative Politik entsprechend findet, ein Anderer, weil er als Großgrundbesitzer seine Sonderinteressen am besten gewahrt findet durch eine solche Politik, ein Dritter, weil in seiner Familie die Anhänglichkeit an das Königtum traditionell ist, oder weil er zu einem Stande gehört, den die bestehende Ordnung begünstigt, oder weil eine religiöse Stimmung ihm die überkommenen Einrichtungen als unter einer höheren Sanktion stehend erscheinen läßt u. s. w. Egoistische Motive spielen hier neben ethischen, Klasseninteressen neben individuellen Sonderinteressen ihre Rolle. Gleichwohl zeigen die konservativen Bestrebungen eine bestimmte und konstante Richtung, welche sich von der Richtung liberaler Bestrebungen bestimmt und konstant unterscheidet. So können die Reisenden, welche auf einer bestimmten Straße zusammentreffen und sich in der gleichen Richtung voranbewegen, durch sehr verschiedene Beweggründe auf diese Straße geführt sein. Ebenso können sehr verschiedene Sonderinteressen verschiedene Liberale in den Dienst der bürgerlichen Freiheit stellen. Dies schließt nicht aus, daß die Idee der bürgerlichen Freiheit eine einheitliche sei und den festen Punkt bezeichne, in welchem beständig und unter den verschiedensten Zuständen die mannigfachsten Überzeugungen und Interessen zusammentreffen und sich verketten. Der Beweis also, daß die einzelnen Konservativen sich durch sehr verschiedenerlei Zwecke an die konservative Partei gebunden sehen, schließt nicht aus, daß diese Partei die Einheit des Staates vertrete und daß sie als Partei durch diese Vertretung charakterisirt sei. Ebenso schließt die Verschiedenheit der Zwecke und Beweggründe der einzelnen Liberalen nicht aus, daß der Liberalismus die politischen Angelegenheiten in einer Weise beeinflusse, welche der von Treitschke sogenannten sozialen Staatsansicht entspreche. Der Zusammenhang zwischen dem von Treitschke bezeichneten Gegensatze der Staatsansichten und dem Gegensatze der Parteien ist daher als ein bloß entfernter und wenig bedeutsamer von Treitschke nicht erwiesen; vielmehr ist anzunehmen, daß er ein sehr naher und wesentlicher sei.

Aber der von Treitschke bezeichnete Gegensatz ist nur eine besondere Erscheinungsform eines allgemeineren Gegensatzes. Wenn jene Verschiedenheit der Staatsansichten eine notwendige und unvertilgbare ist, so muß sie mit divergirenden Grundrichtungen des menschlichen Geistes und des gesellschaftlichen Lebens zusammenhängen. Verständlich wird sie uns dann nur werden, wenn wir diese Richtungen uns klar gemacht haben. Ich habe dieselben bereits früher bezeichnet und werde künftig darauf zurückkommen. Es wird sich dann u. a. ergeben, daß es nur andere Erscheinungsformen des nämlichen fundamentalen Gegensatzes seien, welche Stahl und welche Treitschke vorschweben. Der tiefe Grund desselben erschöpft sich nicht in der Gegenüberstellung von Staatseinheit und gesellschaftlichen Interessen. Er treibt vielmehr in allen Lebensgebieten verwandte Gegensätze hervor. So im Bereiche des kirchlichen Lebens, wo Vertreter der unbedingten Einheit des Glaubens und kirchlichen Lebens sich sondern von den Vertretern des individuellen Gewissens und des subjektiven religiösen Bedürfnisses. So im Gebiete des gesellschaftlichen Lebens im engeren Sinne, wo die Macht der öffentlichen Meinung und der einheitlichen überlieferten Sitte dem Freiheitsbedürfnis der Einzelnen gegenübertritt. Der Vorwurf der Schulweisheit darf uns daher nicht abhalten, die Aufgabe, mit welcher Treitschke allzu leicht sich abgefunden hat, in einem umfassenderen Sinne aufzunehmen.

Auch wenn wir uns auf das staatliche Leben und die politischen Parteien beschränken, werden wir die Bestimmung des Gegensatzes, wie sie Treitschke gibt, nicht als vollkommen befriedigend gelten lassen können. Die „starr politische Staatsansicht" gibt uns z. B. keinen Aufschluß über das historisch so sehr bedeutsame, charakteristische Verhältnis der konservativen Parteien zu den religiösen und kirchlichen Interessen. Ferner gibt die soziale Staatsansicht keinen Aufschluß über das charakteristische Verhältnis des Liberalismus zum Rationalismus. Daß der Konservatismus seiner geschichtlichen Erscheinung nach ein näheres Verhältnis zum Glauben, der Liberalismus seiner geschichtlichen Erscheinung nach ein näheres Verhältnis zur Wissenschaft habe, ist unbestreitbar. Eine vollständige Charakteristik des einen und des andern wird uns erkennen lassen müssen, wie sich dies erkläre.

Treitschke kann hier freilich entgegnen, daß er eine solche Charakteristik nicht habe geben wollen, sie vielmehr durch den Hinweis darauf abgelehnt habe, daß Liberalismus und Konservatismus einen bestimmten Charakter überhaupt nicht hätten. Es sind ihm dies an sich inhaltlose Begriffe, welche je nach Zeit und Ort einen verschiedenen Inhalt annehmen können. Aber ich habe gezeigt, daß er sich damit im Irrtum befinde und daß er in Wahrheit mit seinen Auseinandersetzungen einen Beitrag zu jener Charakteristik geliefert habe, der nur der Ergänzung bedürftig ist. Vielleicht würden sich die Elemente hierzu aus den anderen Schriften Treitschkes schöpfen lassen, Schriften, in welchen er ein mannigfaches Zeugnis ablegt gegen die Richtigkeit seiner letzterwähnten Ansicht. Unter anderem würde hierbei sein Aufsatz über die Freiheit zu berücksichtigen sein. Dort würde sich insbesondere der Beweis dafür finden, daß der Begriff des Liberalismus kein inhaltloser und daß die von ihm zu lösende Aufgabe keine ephemere sei. Dort heißt es u. a.: „Alles Neue, was dies 19. Jahrhundert geschaffen, ist ein Werk des Liberalismus.“ Er wird geschildert als ein mächtiger Gedankenstrom, der gegen einen festen Damm absolutistischer Einrichtuugen brande und sich durch tausend und tausend Ritze seinen Weg bahne. Paßt dies auf einen inhaltlosen Begriff?

Die Treitschkesche Auffassung von dem Gegensatz zweier Ansichten vom Staate zeigt sich nahe verwandt mit der Auffassung, welche Gneist wiederholt in Bezug auf den Gegensatz der großen englischen Adelsparteien entwickelt hat. Bei beabsichtigten Änderungen des Rechts, bemerkt Gneist in einem Vortrag über das englische Oberhaus, treten notwendig zwei Grundanschauungen hervor, je nachdem man von oben nach unten oder von unten nach oben sieht. Es bildet sich danach eine Regierungs- oder Verwaltungs- und eine Verfassungspartei, Torys und Whigs, je nachdem man die Einheit der Staatsgewalt oder das politische Recht des Einzelnen als das Letztentscheidende ansieht.“ Diese Unterscheidung einer Verwaltungspartei (Torys) von einer Verfassungspartei ist, wie angegeben wird, zuerst von L. v. Stein aufgestellt worden. Walcker hat die ihr zu Grunde liegende Ansicht in seinem bereits früher von mir erwähnten Buche weiter entwickelt.

* * *

Der Gegensatz zwischen liberalen und konservativen Parteien.

Der Gegensatz zwischen Liberalen und Konservativen ist, wie ich bereits nachgewiesen habe, nicht bloß von einer lokalen und nicht bloß von einer temporären Bedeutung. Das Verhalten dieser Parteien ist zwar überall abhängig von den besonderen Aufgaben, welche in einem bestimmten Land an einem gegebenen Tage zu lösen sind, und von den Mitteln, welche für diese Lösung vorliegen. Allein, was sie einer gegebenen Aufgabe gegenüber in zwei Heerlager scheidet, was sie ein verschiedenes Maß an die zu lösende Aufgabe legen läßt, das ist ein Allgemeineres, das nicht erst dieser besonderen Aufgabe und nicht lokalen Bedürfnissen oder einer vorübergehenden Sachlage entnommen wurde; und das Band, das die Glieder einer Partei zusammenhält so mannigfach verschiedenen Aufgaben und wechselnden Situationen gegenüber, das ist nicht von gestern auf heute gewoben worden, daran haben vielmehr viele Generationen mehr als eines Volkes während mehr als eines Jahrhunderts gearbeitet.

Da also der Gegensatz zwischen Liberalen und Konservativen seine Erklärung nicht findet in irgend einer besonderen Aufgabe, so werden wir ihn zu beziehen haben auf die im politischen Leben möglicherweise gestellten Aufgaben überhaupt und auf eine verschiedene Stellung, welche der Gesamtheit dieser möglichen Aufgaben gegenüber eingenommen werden kann. Da ferner der Gegensatz unter den verschiedensten Formen des öffentlichen Lebens und auf den verschiedensten Entwicklungsstufen sich geltend macht, so liegt es nahe, ihn mit den allgemeinen Gesetzen der politischen und beziehungsweise der sozialen Entwicklung in Zusammenhang zu bringen.

Wollen wir diesen Zusammenhang genauer bestimmen und auf diesem Wege für das Wesen und den letzten Grund des Parteigegensatzes einen umfassenden und zugleich einfachen Ausdruck gewinnen, so wird es geboten sein, sich die Hauptformen zu vergegenwärtigen und neben einander zu stellen, in welchen derselbe in der Geschichte der

Kulturvölker eine Rolle gespielt hat. Ich werde eine solche Zusammenstellung hier versuchen. Dabei wird es unvermeidlich sein, wesentlich Zusammengehöriges zu trennen. Um so leichter wird, worauf es hier ankommt, die innere Einheit der neben einander gereihten Gegensätze zur Anschauung zu bringen sein.

I. Form des Gegensatzes. In der Entwicklung des politischen und gesellschaftlichen Lebens tritt überall eine Tendenz der Stabilität, der Befestigung bestehender Einrichtungen und der Herstellung von Garantien für einen dauernden Bestand derselben hervor. Ist es gelungen, eine politische Einrichtung auf eine feste Grundlage zu stellen, so zeigt sie gleichsam eine Kraft der Behauptung und der Assimilation. Sie zieht weitere Kräfte in ihren Dienst, und wenn ihr nicht ein unüberwindlicher Widerstand entgegengesetzt wird, erweitert sie stetig ihren Machtbereich. Versuche der Auflösung und der Fortbildung begegnen einer mehr oder minder starken Gegenwehr. Ähnliches gilt von Lebensformen, welche sich eingebürgert haben. Ich werde in der Folge diese Erscheinung speziell mit Rücksicht auf das Recht eingehender berücksichtigen. Daß die konservativen Parteien im Allgemeinen in einer nahen Beziehung zu ihr stehen, braucht nicht erwiesen zu werden. Haben sie doch ihren Namen daher. Dieser Name besagt, daß sie im Allgemeinen oder im Zweifel geneigt sind, das, was in Staat und Kirche und Gesellschaft geworden ist, zu konserviren. Den überkommenen und befestigten Einrichtungen und Formen gegenüber macht sich aber zugleich bei jedem Volke, das nicht völliger Stagnation verfallen ist, ein gegenteiliges Bestreben geltend. Ein Bestreben, diese Einrichtungen und Formen auszuweiten oder auch zu durchbrechen, um neuen Interessen und Kräften Raum zu schaffen, ein Bestreben, das je nach Lage der Umstände in den Formen der Reform oder in denen der Revolution sein Ziel erreichen mag. Dabei zeigt sich auf dieser Seite häufig eine Neigung, von den überkommenen Einrichtungen aus auf die Quellen zurückzugehen, aus welchen jene ursprünglich ihre Existenz und ihre Geltung herleiteten, um von da her für sich einen Maßstab für die Kritik und einen etwaigen Neubau zu gewinnen. Daß der Liberalismus in einem Zusammenhang stehe mit dieser Tendenz der Neuerung und der Kritik ist augenscheinlich und wird in der Folge mehrfache Bestätigung finden.

II. Form. Wenn es dem Liberalismus gelungen ist, Raum zu schaffen für neue Einrichtungen, so wird bei der Bildung derselben der weitere Gegensatz hervortreten, daß die Einen vor Allem darauf bedacht sind, das Neue dem befestigten Alten anzupassen und mit dessen Geist zu tränken, während die Andern ihr Augenmerk vor Allem darauf richten, das Neue so zu gestalten, daß es den neuen Bedürfnissen und Kräften, um deren willen es geschaffen ist, entspricht.

III. Form. Mit dem bisher Erwähnten hängt es nah zusammen, daß die Einen, die Konservativen, bei der Beurteilung und Begründung bestehender Einrichtungen sich auf den historischen Standpunkt stellen und in der geschichtlichen Grundlage des Bestehenden zugleich die Grundlage seines Rechts gegeben finden, während die Andern, die Liberalen, die Berechtigung jeder Einrichtung nach den Interessen bemessen, welche in der Gegenwart durch sie befriedigt werden.

IV. Form. Dem erwähnten historischen Standpunkt ist es entsprechend, eine Vorliebe jenen Formen zuzuwenden, welche nicht durch bewußte Vereinbarung oder Satzung ins Leben gerufen wurden und zur rechtlichen Geltung gelangt sind, sondern gleichsam in organischer Weise, durch die nicht planmäßige Arbeit mannigfaltiger Kräfte und auf einander folgender Generationen; während es dem entgegengesetzten, liberalen Standpunkt entspricht, der vertragsmäßigen und überhaupt der bewußten Ordnung des Gemeinlebens den Vorzug zu geben.

V. Form. In dem bisher Gesagten liegt es bereits, daß der Gegensatz zwischen dem Autoritätsprinzip und dem rationalistischen Prinzip mit dem uns beschäftigenden Parteigegensatze zusammenhängt. Die Konservativen haben überall die Neigung, die überlieferte Ordnung als unter einer höheren Sanktion stehend zu betrachten. Zu ihnen gehören alle diejenigen, welche in dem unbewußten Schaffen der historischen Mächte eine Kundgebung des göttlichen Willens sehen, also die legitimistischen Parteien im Sinne Stahls. Überhaupt aber diejenigen, welche in dem geschichtlichen Werden eine dem Einzelwillen und der Einzelvernunft übergeordnete Potenz sich manifestiren sehen, gleichviel welchen Namen sie derselben beilegen, sowie diejenigen, welche mit Hegel in dem Wirklichen das Vernünftige gegeben finden. Die Liberalen dagegen sind als die Vertreter des Rationalismus auf dem politischen Gebiet zu betrachten. Sie lassen im Allgemeinen nur gelten, was sich dem individuellen Verstand gegenüber als zweckmäßig zu erweisen vermag. Tiefer noch fassen wir den Gegensatz, wenn wir der Autorität gegenüberstellen die Autonomie des Individuums, für welche die liberalen Parteien auf den verschiedensten Gebieten des gesellschaftlichen und geistigen Lebens eingetreten sind.

VI. Form. In den Kämpfen, welche an die Stelle der mittelalterlichen Ordnung des öffentlichen Lebens die moderne haben treten lassen, nahmen Glauben und Wissenschaft im Großen und Ganzen eine gegensätzliche Stellung ein. Die Wissenschaft, das läßt sich nicht leugnen, hat wesentlich dazu beigetragen, daß die Grundlagen der alten Ordnung erschüttert und im gewissen Umfang zerstört worden sind, während der Glaube eine der Grundlagen dieser Ordnung bildet. Demgemäß steht, wie ich früher schon erwähnt habe, der Liberalismus geschichtlich in einem näheren Verhältnisse zur Wissenschaft, der Konservatismus in einem näheren Verhältnisse zum Glauben. Auch in der Gegenwart finden wir spezifisch gläubige Naturen in der Regel, wenn nicht besondere, in dem Verhältnis von Kirche und Staat wurzelnde, Gegengründe vorliegen, auf konservativer Seite, während der Liberalismus überall dort, wo Glaube und Wissenschaft sich in einen Gegensatz zu einander gestellt finden, die Sache der letzteren zu der seinigen macht. Im Grunde handelt es sich hierbei um das Nämliche, wie bei dem Gegensatze zwischen Autoritätsprinzip und rationalistischem Prinzip.

VII. und VIII. Form. Was über Glauben und Wissenschaft in ihrem allgemeinen geschichtlichen Verhalten gesagt wurde, schließt indessen nicht aus, daß innerhalb der Sphäre sowohl des Glaubens wie der Wissenschaft verschiedene Richtungen hervortreten, von welchen je eine in einem näheren Verhältnisse zum Konservatismus, die andere in einem näheren Verhältnisse zum Liberalismus steht. So wird innerhalb des Katholizismus, obgleich dieser im Ganzen als eine spezifisch konservative Macht erscheint, von einer liberalen Richtung gesprochen. Daß innerhalb des Protestantismus sich konservative Parteien von liberalen (ich erinnere an den Protestantenverein) scheiden, ist bekannt genug. Im Judenthum steht eine liberale Reformpartei den Strenggläubigen, beziehungsweise Konservativen gegenüber u. s. f. Was die Wissenschaft betrifft, so tritt innerhalb ihrer verschiedenen Gebiete ein verwandter Gegensatz in mannigfachen Formen hervor. Sie werden später eine speziellere Erwähnung finden. Insoweit sie sich mit dem staatlichen Leben beschäftigt, machen sich in ihr — nur dies sei hier hervorgehoben — zwei Hauptrichtungen geltend. Ein Teil der staatswissenschaftlichen Doktrinen nämlich geht von dem Ganzen der Gemeinschaft beziehungsweise dem Staate aus und sucht für diesen eine selbständige Bedeutung zu erweisen, ein anderer Teil dagegen geht von den einzelnen Individuen aus und erkennt dem Staate und überhaupt aller Gemeinschaft nur eine abgeleitete Bedeutung zu. Die ersteren hängen mit der Vertretung des vorhin erwähnten historischen Standpunkts zusammen, und ihre Konsequenzen zeigen sich im Allgemeinen den Forderungen der konservativen Parteien günstig. Das Entgegengesetzte gilt von den letzteren.

IX. Form. Das zuletzt erwähnte Verhältnis zwischen dem Staat und den Einzelnen bildet auf praktisch politischem Gebiete einen Hauptgegenstand der Kämpfe zwischen konservativen und liberalen Parteien. Wo die Staatsgewalt mit ihrem naturgemäßen Bestreben, ihre Machtmittel zu behaupten und zu erweitern, in Konflikt gerät mit dem Freiheitsstreben der Einzelnen, da neigen die konservativen Parteien im Zweifel der Staatsgewalt, die liberalen im Zweifel der Gegenseite zu. In Zeiten heftiger Konflikte dieser Art haben die Konservativen die Lehre von der Pflicht des unbedingten Gehorsams der Unterthanen ausgebildet und zur Geltung zu bringen gesucht. Ihre Schriftsteller haben meist der Obrigkeit ein Recht von höherer Art zuerkannt als den Privaten. Sie wenden den Begriff des Rechts überhaupt mit Vorliebe auf den Staat oder dessen Organe an, und haben für die Unterthanen nur die Pflicht. Einer gesetzlichen Abgrenzung der obrigkeitlichen Befugnisse haben sie sich meist widersetzt, einer Herstellung von gesetzlichen Garantien gegen einen Mißbrauch solcher Befugnisse oder einer Überschreitung ihrer Grenzen nur zögernd zugestimmt, einer Gewährleistung der Freiheit von Person und Eigentum, der Freiheit, des Glaubens und des Bekenntnisses und überhaupt sogenannter Grundrechte im Allgemeinen sich abgeneigt gezeigt. Einer Abschwächung der obrigkeitlichen Strafgewalt und einer Verengerung ihres Gebietes haben sie sich in der Regel widersetzt; bevormundenden und polizeilichen Beschränkungen der Einzelnen in der Regel günstig gezeigt. In allen angegebenen Beziehungen haben die liberalen Parteien das entgegengesetzte Verhalten beobachtet.

X. Form. Ein dem letzterwähnten analoges Verhalten beobachten die Parteien in Bezug auf das Verhältnis der mannigfachen gesellschaftlichen Verbände und Gliederungen zu den einzelnen Individuen. Die Konservativen haben überall die Einfügung des Individuums in feste Verbände wie Kirche, Innung und dergl. und die womöglich unauflösliche Verkettung desselben mit solchen Verbänden vertreten. Ihren Neigungen entspricht es, an die Stelle des individuellen Lebens in möglichst weitem Umfange gemeinschaftliches Leben zu setzen. Die Liberalen dagegen haben überall an der Lockerung dieser Verbände gearbeitet. Ihr Augenmerk ist überall darauf gerichtet, dem Individuum freien Spielraum zu verschaffen für die Bethätigung seiner Kräfte. Ihren Bestrebungen entspricht eine beständige Steigerung der Eigentümlichkeit, Kraft und Selbständigkeit des individuellen Lebens. Eine besondere Bedeutung hat dieser Gegensatz auf dem wirtschaftlichen Gebiete erlangt. Die liberale Partei, welche hier im Laufe dieses Jahrhunderts erstaunliche Erfolge erzielt hat, stellt den Einzelnen grundsätzlich auf sich selbst und fordert nur vollkommenste Freiheit für seine Thätigkeit. Die konservative Gegenpartei vertritt das Prinzip der Solidarität und hat die alten Gliederungen und Schranken nur gezwungen preisgegeben.

XI. Form. In Bezug auf die erwähnten gesellschaftlichen Verbände und Gliederungen vertritt die konservative Partei die möglichst enge Verknüpfung derselben mit dem Staate, die liberale Partei dagegen im Zweifel die Loslösung des Staates von denselben. So in Bezug auf die Kirche. Wo konservative Parteien für die Trennung von Kirche und Staat eintreten, da ist dies eine Folge davon, daß der Liberalismus einen maßgebenden Einfluß auf die staatliche Verwaltung gewonnen hat. Der Konservatismus strebt im Allgemeinen ferner darnach, eine möglichst enge und konstante Verbindung herzustellen zwischen gesellschaftlicher Macht, gesellschaftlichem Ansehen, großem Besitze einerseits und staatlichem Dienst andererseits.

XII. Form. In Bezug auf die Organisation der Staatsgewalt selbst vertreten die Konservativen überall das Prinzip der Einheit, der möglichsten Konzentration politischer Macht und politischer Funktionen an einem Punkte, während die Liberalen einer Teilung der Macht und einer Scheidung der Funktionen sich günstig zeigen. Demgemäß geben die Konservativen der Monarchie im Allgemeinen den Vorzug vor anderen Staatsformen. In der Monarchie selbst treten sie für die möglichste Machtfülle des Königtums ein; in der Republik für die möglichste Machtfülle des Präsidenten ein u. s. w. Hinsichtlich der staatlichen Funktionen sind sie Gegner der Trennung von Verwaltung und Justiz gewesen. Die Liberalen dagegen haben beständig entgegengesetzte Neigungen an den Tag gelegt.

XIII. Form. Was den ethischen Gehalt des Volkslebens betrifft, so geht die Sorge der Konservativen überall auf die Bewahrung seiner Einheit, auf die Erhaltung der gemeinsamen Sitte, der gemeinsamen Überzeugungen, vor Allem, wo noch ein solcher besteht, des gemeinsamen Glaubens. Das Volk soll in seinem inneren Verhalten nach ihnen einer Persönlichkeit gleichen, in deren Bewußtsein die Elemente des geistigen Lebens in gesichertem Gleichgewicht um einen festen Mittelpunkt sich in harmonischer Wirksamkeit bewegen. Die Liberalen dagegen legen größeres Gewicht auf die Freiheit als auf die Gemeinschaft, größeres Gewicht auf die Selbständigkeit als auf die Einheit. Nach ihnen soll der sittliche Inhalt des nationalen Lebens sich erhalten und entwickeln in den Formen der Freiheit, und sie glauben nur an die Möglichkeit seiner Entwicklung in diesen Formen. „Wer freisinnig ist, sagt Keller, traut sich und der Welt etwas Gutes zu und weiß mannhaft von nichts Anderem, als daß man hierfür einzustehen vermöge." Vielen unter den Konservativen bedeuten geistige Güter, mit Einschluß der Wahrheit selbst, nur Etwas, insofern sie in ihrer Geltung und in ihrem Werte eine Beglaubigung finden in dem Verhalten des Ganzen oder der im Volke anerkannten Autoritäten, wenn sie in öffentlichen Einrichtungen einen Ausdruck gewonnen haben oder wenn ein höheres Zeugnis sie über die Schwankungen des individuellen Urteils hinaushebt. Dagegen entspricht es einer liberalen Anschauung, vor Allem darauf zu achten, ob solche Güter auf dem eigenen Grunde einer Persönlichkeit erwachsen sind, und der Überlieferung und jeder äußeren Sanktion setzen sie entgegen das Werturteil, das dem selbständigen und eigentümlichen Wesen des eigenen Geistes entspringt.

Den Wert des Überlieferten lassen sie nur gelten mit dem Vorbehalte, der in dem Goetheschen Satze liegt: „Was Du ererbt von Deinen Vätern hast, erwirb es, um es zu besitzen."

XIV. Form. Zuletzt mag noch auf ein verschiedenes Verhalten der Parteien in Bezug auf die äußere Politik hingewiesen werden. Die erfolgreiche Vertretung des nationalen Machtbedürfnisses erweist sich in der Regel der Konzentration der nationalen Kräfte im Innern und also den konservativen Bestrebungen günstig. Deshalb sind die Konservativen ihrerseits in der Regel einer Politik der bezeichneten Art gewogen. Daher ferner die Entgegensetzung von „Freiheit und Krieg", welche in der neueren Zeit wiederholt eine Rolle gespielt hat.

Der Krieg hat seine theoretischen Vertreter unter den Konservativen gefunden. Es erklärt sich dies aus dem angedeuteten Zusammenhang, sowie daraus, daß derselbe das Gefühl der Zusammengehörigkeit und Solidarität aller Glieder einer Nation zugleich mit dem Gefühl der Abhängigkeit und Hinfälligkeit des individuellen Lebens sowie die über dasselbe hinausreißenden synthetischen Kräfte des menschlichen Gemütes in hohem Maße, wie die Geschichte bezeugt, zu beleben vermag.

Dies sind die Hauptformen, in welche sich der Gegensatz zwischen konservativen und liberalen Parteien in der Geschichte der neueren Zeit auseinander gelegt hat. Für uns ist die Aufgabe gestellt, sie zu einer Einheit zusammenzufügen und mit einem einfachen Ausdruck zu umspannen. Diese ist nach Allem leicht zu lösen.

Bei sämtlichen Formen des Gegensatzes, welche hier zusammengestellt worden sind, tritt auf jeder Seite immer wieder ein und dasselbe Moment, nur in einer anderen Verbindung, hervor. Halten wir uns zunächst an die konservative Seite. In allen hervorgehobenen Beziehungen erscheinen die Konservativen als die Vertreter der synthetischen Kräfte in Staat und Gesellschaft. Immer handelt es sich ihnen um die Einheit eines Ganzen und die feste Verknüpfung seiner Teile; um die Herstellung oder die Wahrung, oder die Erhöhung und Befestigung einer solchen Einheit. Konservativ ist jede Politik, jede Parteibestrebung insofern und lediglich insofern, als sie dem synthetischen Zuge des menschlichen Geistes auf politischem, religiösem oder sozialem Gebiete Befriedigung zu gewähren, als sie eine der Bedingungen oder der Formen solcher Befriedigung herzustellen, zu erhalten oder zu befestigen unternimmt. Hierbei handelt es sich einerseits um das Nebeneinander in der Breite des gegenwärtigen Lebens, andererseits um das Nacheinander der Generationen und Zustände. In beiden Richtungen liegt den Konservativen die Wahrung des Zusammenhangs ob, womit jedoch nur zwei Seiten einer unteilbaren Aufgabe bezeichnet sind. Denn es kann die Einheit im gegenwärtigen Leben eines Volkes nicht gewahrt werden, wenn der innere Zusammenhang mit seiner Vergangenheit gebrochen ist.

Bei den Liberalen findet sich in allen hervorgehobenen Beziehungen das dem Prinzip der Synthese gegenüber zu stellende Prinzip der Differenzirung vertreten. Überall sind sie die Anwälte des Selbständigkeitsstrebens der Teile eines Ganzen. So des Selbständigkeitsstrebens der Individuen im Verhältnis zum Staate, zur Kirche, der verschiedenen gesellschaftlichen Kräfte und Parteiungen im Verhältnis zum Ganzen der Gesellschaft, der verschiedenen Elemente des geistigen Lebens, wie Glauben und Wissen, im Verhältnis zum geistigen Gesamthaushalte der Nation, der Elemente der staatlichen Verwaltung im Sinne der vorhin erwähnten Scheiduug der Funktionen u. s. w. Damit sind wir zu jener Charakterisirung der Parteien zurückgeführt worden, zu welcher wir früher bei der Besprechung der Rohmerschen Parteienlehre auf einem anderen Wege gelangt waren. Dieselbe ist hier noch gegen einen möglichen Einwand sicher zu stellen.

Keine konkrete Partei vertritt das Grundprinzip ihrer Politik uneingeschränkt in allen seinen Konsequenzen, jede vielmehr nur innerhalb gewisser, doch veränderlicher Grenzen, welche teils durch die jeweilige politische Lage und die in einer gegebenen Zeit auf der Tagesordnung stehenden Angelegenheiten, teils durch die Bedingungen der Erhaltung oder Sicherung ihres Einflusses und ihrer Erfolge, teils endlich durch die Interessen bestimmt sind, welche jeweils in ihren Diensten stehen oder in ihren Dienst gezogen werden wollen. Es ist häufig vorgekommen, z. B. in England, daß an sich liberale Maßregeln von der konservativen Partei durchgeführt worden sind, weil die letztere sich dadurch allein am Ruder zu behaupten vermochte, oder weil sie dadurch ihre Aussicht auf Erfolge konservativer Politik auf anderen Gebieten erhöhen oder die Gefahr von künftigen Niederlagen verringern zu können glaubte. Ebenso oft sind liberale Parteien für an sich konservative Maßregeln eingetreten. So z. B. für den Schulzwang. Derselbe erweitert die Gebundenheit der Einzelnen dem Staate gegenüber und ist insofern illiberal. Aber es sollen durch ihn Einflüsse ausgeschlossen werden, welche dem Liberalismus gefährlich sind, und Kräfte geweckt werden, von welchen er Förderung erwartet. Vor Allem aber handelt es sich darum, Garantien zu gewinnen für eine wirksame Vertretung des liberalen Grundprinzips dem geistigen Leben der heranreifenden Generation gegenüber. Ein anderes Beispiel bietet die „Trennung von Kirche und Staat“. Dies ist von Haus aus ein liberales Stichwort, welches aber in neuerer Zeit mehrfach zum Stichwort konservativer Parteien geworden ist. Dies mag an anderer Stelle seine Beleuchtung finden. Die Mittel und Wege, auf welche die Parteien sich hingewiesen sehen, um in der Richtung ihrer wesentlichen Tendenzen voranzukommen oder nicht zurückgeworfen zu werden, sind in dem verwickelten sozialen und politischen Leben der Gegenwart sehr mannigfaltiger und vielfach einander grundsätzlich widerstreitender Art und nicht selten geschieht es, daß sie wie Hamlet und Laertes die Rappiere wechseln und den Gegner mit seiner Waffe bedrohen. Namentlich aber ist hier das Verhältnis der Parteien zu den Sonderinteressen der Bevölkerungsklassen wichtig, aus welchen sie jeweils sich vornehmlich rekrutiren. So kann es geschehen, daß konservative Parteien für den Freihandel eintreten mit Rücksicht auf die Interessen der Großgrundbesitzer, auf welche sie Rücksicht zu nehmen haben, und daß innerhalb der liberalen Parteien eine Bewegung zu Gunsten des Schutzzolles entsteht, mit Rücksicht auf die Lage der Industrie, deren Vertreter sich vornehmlich in ihren Reihen finden. Ich habe bereits früher (S. 191 u. 194) auf dies Eingreifen der Sonderinteressen und darauf, daß es in wesentlich gleichem Maße auf beiden Seiten stattfinde, hingewiesen, zugleich aber hervorgehoben (S. 208), daß mit dem Nachweis eines solchen Einflusses der Sonderinteressen nichts bewiesen sei gegen die konstante und universelle Bedeutung des Parteigegensatzes selbst. Wir können im Allgemeinen unter den Interessen und Kräften, welche jeweils die Stützen einer konservativen oder einer liberalen Politik bilden, solche, welche bloß zufällig mit Rücksicht auf eine besondere Komplikation in einen näheren Zusammenhang mit der betreffenden Politik getreten sind, wie z. B. neuerdings die Interessen der englischen Bierbrauer mit der konservativen Politik der Torys, von solchen unterscheiden, welche eine natürliche Verwandtschaft zeigen in dem Wesen konservativer oder dem Wesen liberaler Politik. In letzterer Hinsicht kann auf das geschichtliche Verhältnis der Vertreter des beweglichen Eigentums zum Liberalismus, der Vertreter des unbeweglichen Eigentums zum Konservatismus hingewiesen werden. Wer dies für ein zufälliges erklären wollte, weil in besonderer Lage einmal Großgrundbesitzer liberale Politik, die Vertreter von Handel und Industrie dagegen einmal konservative Politik getrieben haben, der würde damit ein geringes Verständnis für den Zusammenhang der modernen Entwicklung in Staat und Gesellschaft an den Tag legen. So ist es ferner nicht zufällig, daß die römische Kurie den Liberalismus verdammt und beständig gewichtige Gegner desselben ins Feld stellt. Von Klassen- und Berufsinteressen aber abgesehen lassen sich Kräfte bezeichnen, welche wesentlich synthetischer Natur sind und daher im Allgemeinen eher in den Dienst einer konservativen als einer liberalen Politik gezogen werden können, und andererseits Kräfte, welche nach ihrem Wesen eine analytische Tendenz haben und deshalb mit ihrer Wirksamkeit eher der liberalen als der konservativen Politik förderlich sind. So ist der religiöse Trieb wesentlich synthetischer Natur, wie die Geschichte des religiösen Lebens auf jedem ihrer Blätter beweist. So die Friedensliebe und das Bedürfnis der Ruhe, welches im Alter naturgemäß hervortritt, wenn es gilt, die Errungenschaften des Lebens, die man zu mehren und mit kräftigem Arm zu verteidigen nicht mehr vermag, zu bewahren; im Gegensatz zu den Kräften, welche in der Entwicklung des Einzelnen als die treibenden Elemente hervortreten, welche die Unruhe und den Drang des jungen Mannes erzeugen, mannigfaltige Abhängigkeitsverhältnisse zu lösen, sich in der Welt kritisirend und handelnd umzuthun und an den überkommenen Einrichtungen die eigene Kraft zu erproben. Damit sind wir auf den Wahrheitskern der früher (S. 180 ff.) besprochenen Rohmer-Bluntschlischen Parteienlehre geführt worden. Die Jugend hat in der That, wie jene behaupten, ohne über die Behauptung hinauszukommen, ein näheres Verhältnis zum Liberalismus. Es begründet sich einfach darin, daß die Kräfte, welche bei dem Einzelnen die Entwicklung in eine aufsteigende und von dem Prinzip der Differenzirung beherrschte Richtung drängen, Kräfte, welche in der Jugend vorherrschen, sich naturgemäß in der Gesellschaft in der gleichen Richtung geltend machen und eben damit in den Dienst des Liberalismus treten.

Mit dem zuletzt Bemerkten eröffnet sich uns ein weiterer Ausblick, auf welchen anticipando bereits im Anfang hingedeutet wurde. Der in seinem Wesen charakterisirte Gegensatz hängt mit den Bedingungen der sozialen und politischen Entwicklung zusammen, und irgend welche Formen desselben sind notwendige Begleiterscheinungen dieser Entwicklung. Die Bildung einer Gemeinschaft politischer, kirchlicher oder anderer Art, sowie der Bestand derselben unter wechselnden Verhältnissen und die Wahrung ihrer Einheit setzen das Wirken synthetischer Kräfte voraus; die Entwicklung eines in mannigfaltigen Formen auseinander tretenden, in immer größerem Reichtum aufblühenden, immer weiter sich differenzirenden und immer neue Gegensätze zu Tage fördernden Lebens innerhalb der Gemeinschaft das Wirken analytischer Kräfte. Beiderlei Kräfte sind gleich wesentlich für die Entwicklung der Gesellschaft, sowohl im Großen wie im Kleinen, für die Entwicklung der Menschheit wie für die eines politischen Vereins oder eines geselligen Zirkels so nötig wie Einschlag und Zettel für das Gewebe. Heben wir die Wirksamkeit der einen auf, so steht Stagnation, Erstarrung, absolute Ruhe in Aussicht, heben wir die der anderen auf, so steht die Auflösung aller Gemeinschaft vor der Thür. Das Gleiche meint G. Keller, wenn er in seiner Weise bemerkt, daß „das Gesetzliche und das Leidenschaftliche, das Vertragsmäßige und das ursprünglich Naturwüchsige, der Bestand und das Revolutionäre zusammen erst das Leben ausmache und es vorwärts bringe". Aber einen größeren Namen noch kann ich für mich anziehen, den Namen unseres größten Denkers Kant. Einige Gedanken aus einer Abhandlung desselben, welche den Titel trägt: „Idee einer allgemeinen Geschichte in weltbürgerlicher Absicht", würden hierher gehören. Kant: Der Selbständigkeitstrieb strebt zum Unbedingten. Ein letztes Ziel ist hier nicht erreichbar, so gewiß der Teil nicht das Ganze werden kann. Und der synthetische Trieb? Welche Verbindungen wir auch herstellen mögen, wie weit wir die Grenzen staatlicher und sozialer Gemeinschaft hinausrücken, immer wieder zeigt sich ein Ergänzungsbedürfnis, immer wieder zeigt sich jenseits der Grenzen anderes Leben, das der synthetische Trieb in die Gemeinschaft hineinzuziehen und mit dem diesseitigen zu vermischen strebt. Die ursprünglichste aller ergänzenden Gemeinschaften und die wichtigste für den werdenden Menschen ist die Familie. Im Kindesalter findet der synthetische Trieb seine Befriedigung in den möglichst eng gezogenen Banden dieser Gemeinschaft. Aber im Jünglingsalter lockern dieselben sich unter dem Einfluß der entgegengesetzten Kraft und der synthetische Trieb weist über die Grenzen der Familiengemeinschaft hinaus auf weitere Verbände. Die kategorische Forderung „schließ an ein Ganzes Dich an" führt zur Beteiligung an dem Gemeinleben der Nation. Im Jünglingsalter der Menschheit, wenn wir von einem solchen sprechen dürfen, konnte der synthetische Trieb in der möglichst konzentrirten, nach außen hin streng abgeschlossenen Gemeinschaft eines kleinen Volkes eine scheinbar volle Befriedigung finden. So sah der Grieche in seinem Stäätlein eine sich selbst und ihren Gliedern vollkommen genügende, abschließende, ergänzende Gemeinschaft. In der Politik der Eroberung und in dem Zuge zur Bildung von Universalmonarchien äußert sich aber jener Ansicht von der „Autokratie" des Staates zum Trotz die über alle Grenzen hinausgreifende Natur unserer synthetischen Kraft. Im Mittelalter findet derselbe ein vorübergehendes Genügen in dem allumfassenden Bande der katholischen Kirche. Für die neuere Zeit ist die von Napoleon III. besprochene

Tendenz zur Bildung großer politischer Agglomerationen charakteristisch. Wir Deutsche haben es mehr als Andere zu erfahren und zu empfinden Gelegenheit gehabt, daß die Bande des Kleinstaates dem modernen Menschen kein Genüge bieten. Aber auch der größte Staat erscheint uns nicht mehr als eine letzte ergänzende Gemeinschaft. Über ihn hinaus greift der synthetische Trieb und baut an den Grundmauern einer die Staaten aller Kulturvölker überwölbenden internationalen Rechtsgemeinschaft. Auch damit ist nicht ein letztes Ziel bezeichnet. Der synthetische Trieb greift nach dem All, und sein Verlangen geht nach einer wesentlicheren Gemeinschaft, als sie in den Formen von Staat und Recht sich aufzubauen vermag. Wenn Goethe Recht hat, wenn er sagt: „Sprichst Du von Gott, so meinst Du das Ganze", so dürfen wir das Ziel des religiösen Lebens mit dem letzten Ziel des synthetischen Triebes gleichsetzen, und das, was übrig bleibt nach allen jenen Triumphen, mit Angelus Silesius in das Verlangen setzen, Natur in Gott und Gott in sich zu hegen. —

Ich habe den Gegensatz zwischen Konservativen und Liberalen mit einem Gegensatz von Kräften in Zusammenhang gebracht, welche in allen Gebieten des gesellschaftlichen Lebens sich geltend machen und deren Wirksamkeit und Antagonismus für die Entwicklung dieses Lebens bestimmend sind; mit dem Gegensatze zwischen denjenigen Kräften, welche der Synthese, und denjenigen Kräften, welche der Differenzirung in den manigfachen Gestaltungen des menschlichen Lebens zu Grunde liegen, und will noch einige allgemeine Bemerkungen an das bisher Ausgeführte anschließen, Bemerkungen, welche eine Begründung nur in eingehenderen Erörterungen finden können, und an dieser Stelle nur auf den allgemeineren Zusammenhang des uns beschäftigenden Problems hindeuten sollen. Die Aufgabe und charakteristische Tendenz der konservativen Parteien ist es, die im Volksleben hervortretenden synthetischen, das ist auf die Einheit gerichteten Kräfte zusammenzufassen und zu organisiren, und bei der Ordnung des sozialen und politischen Lebens ihren Einfluß zu wahren und zu sichern. Die Aufgabe der liberalen Parteien, den nach Entfaltung ringenden sozialen und individuellen Kräften den gleichen Dienst zu leisten.

Beiderlei Kräften habe ich die gleiche Bedeutung in Bezug auf die Lösung des gesellschaftlichen Problems beigemessen und mußte demgemäß auch den beiden Parteigruppen im Allgemeinen die gleiche Existenzberechtigung zuerkennen.

Zwar würde die am meisten verbreitete Auffassung von dem Wesen der gesellschaftlichen Entwicklung zu einem anderen Resultate führen. Viele nämlich sehen Entwicklung und Differenzirung für ein und dasselbe an. Hierher gehört z. B. der Ausspruch von Lazarus Geiger: „Das Prinzip, wonach Natur und Vernunft sich entwickelt, ist Differenzirung." Verhielte sich dies so, dann würden nur die liberalen Parteien als wahrhaft berechtigte zu betrachten sein, da ihr Grundprinzip mit dem der Differenzirung zusammen fällt. Allein jene Auffassung ist einseitig. Die fortgesetzte bloße Differenzirung würde uns keineswegs das Schauspiel einer fortschreitenden Entwicklung darbieten. Vielmehr würde die einseitig fortgesetzte Scheidung alles Bestehende am Ende in seine Grundbestandteile auseinanderlegen und in einem bloßen Nebeneinander derselben alles Leben untergehen lassen; ganz ebenso wie die bloße Synthese letztlich das Leben aufheben würde. Doch dies nur nebenbei. Auf die schwierige Frage nach dem allgemeinen Entwicklungsgesetze des Lebens, an welche uns der Gang unserer Untersuchung herangeführt hat, werde ich nicht näher eingehen, sondern mich anderen Beziehungen und Seiten unseres Problems zuwenden.

Die erwähnten, divergirenden Kräfte sind bei allen Völkern, Gesellschaftsklassen und Individuen vertreten, jedoch in verschiedenen Maßen und Mischungsverhältnissen, entsprechend der Verschiedenheit der Charaktere und Lebenslagen. Auch ist bei Allen das Verhältnis zwischen diesen Kräften kein schlechthin gleichbleibendes, vielmehr unterliegt dasselbe nach Maßgabe der inneren Entwicklung und der äußeren Schicksale wesentlichen Schwankungen. Bald prävaliren die synthetischen Kräfte, bald die differenzirenden. Ich habe bereits früher darauf hingewiesen, daß in der Jugend der Einzelnen und der Völker im Allgemeinen die differenzirenden, im Alter im Allgemeinen die synthetischen Kräfte das Übergewicht behaupten. Aber innerhalb dieser großen Periode finden wiederum Schwankungen statt, indem bald die einen bald die anderen Kräfte eine Steigerung ihrer Wirksamkeit erfahren. Vielfach können wir hier eine gewisse Regelmäßigkeit, einen gewissen Rythmus in der Bewegung erkennen, wenn auch die einzelnen Intervalle sich nicht in exakter Weise begrenzen lassen. So in der neueren Geschichte des politischen Lebens in Deutschland und den angrenzenden Ländern. Dem Triumphe, welchen im Jahre 48 überwiegend liberale

Bestrebungen gefeiert haben, folgte in den 50er Jahren eine energische Reaktion, welche den konservativen Kräften zu einem vorübergehenden Übergewichte verhalf. Mit dem Ausgang der 50er Jahre trat wieder eine Wendung ein, welche den differenzirenden Bestrebungen der liberalen Parteien neue Erfolge eintrug. Ein gewisser Abschnitt wird hier wieder begründet durch den deutsch-französischen Krieg, zu dessen komplizirten und hier nicht spezieller darzulegenden Wirkungen eine unverkennbare Stärkung zwar nicht unmittelbar der konservativen Parteien, aber gewisser konservativer Strömungen und synthetischer Kräfte gehört.

Das Jahr 48 seinerseits schließt eine Periode ab, in welcher liberale Anschauungen und Tendenzen eine mächtige Verbreitung und eine steigende Macht erlangt hatten. Dieser Periode ging die Periode der Restauration voraus, in welcher synthetische Kräfte und konservative Bestrebungen auf politischem, kirchlichem, wissenschaftlichem und belletristischem Gebiete in den Vordergrund traten. Dort in den Formen der Politik der heiligen Allianz und der Erneuerung des Bündnisses von Thron und Altar, hier in den Forschungen und Doktrinen der historischen Schule und der Tendenzen der Romantiker.

Die Periode der Restauration stellt sich ihrerseits in einen Gegensatz zu der vorausgegangenen der Revolution und des Aufklärungszeitalters, deren vorwiegend differenzirenden und damit liberalen Charakter ich nicht zu betonen brauche. Die Blütezeit der Aufklärung stellt sich ferner in einen Gegensatz zur Periode des dreißigjährigen Kriegs, der katholischen Reaktion und der protestantisch-theologischen Scholastik. Diese ihrerseits in einen Gegensatz zum Zeitalter der Reformation und ihrer Vorbereitungen. Der ganze Zeitraum aber vom Ausgang des Mittelalters bis zu unserem Jahrhundert stellt sich seinem Totalcharakter nach als ein verhältnismäßig liberaler dem Mittelalter entgegen, in welchem, obgleich wir auch hier wieder Perioden unterscheiden können, im Ganzen und Großen die Synthese vorherrscht. Sie hat ihren imponirendsten Ausdruck in der Einheit und universellen Macht der christlichen Kirche gefunden. Diese Herrschaft der Synthese aber erhebt sich auf einem Boden, den die auflösenden Kräfte des Zeitalters der Völkerwanderung mit den Trümmern der römischen Universalmonarchie bedeckt hatten.

Mit der Errichtung der letzteren aber hatten die synthetischen Kräfte des Altertums ihre Arbeit abgeschlossen und ihr Übergewicht für einen langen Zeitraum befestigt. Und wieder ging dieser Synthese im Bereiche des antiken Lebens eine Periode voraus, in welcher an den Küsten des mittelländischen Meeres sich ein von zahllosen Gegensätzen bewegtes und in unerhörter Weise sich differenzirendes Leben entfaltete. Übrigens ist diese Periodisirung immer cum grano salis zu verstehen. Das über eine Periode Gesagte gilt nicht für alle Gebiete des Volkslebens gleichmäßig. Bisweilen tritt im Gesamtcharakter der Periode ein analytischer Zug hervor, während in einzelnen Gebieten im Gegenteil die Synthese herrscht. Während alle Einzelformen zerstört, während der Bau des alten Rechts an wichtigen Stellen abgetragen und in seinen Grundlagen angetastet wird, bilden sich auf einem besonderen Gebiete, völlig gleichzeitig, neue Einheitsformen aus, werden neue Grundlagen gelegt für erweiterte Wohnungen des öffentlichen Rechts. So steht der Auflösung der mittelalterlichen Einheitsformen gegenüber die Synthese des modernen Einheitsstaates. Der Kritik und dem Individualismus des Aufklärungszeitalters stellt sich gegenüber die Synthese auf dem Gebiete der Kunst, die schwärmerische Vertretung der Humanität und der Idee des ewigen Friedens; der Kampf für die Vorrechte der Einzelpersönlichkeit hat zur Kehrseite einen Kampf für die fortschreitende Zentralisirung im Bereiche der öffentlichen Gewalten, und hinter der kritischen Arbeit der Wissenschaft erheben sich die souveränen Einheitsbestrebungen der menschlichen Vernunft und schicken sich an, das von jener bereinigte Feld für eine neue Synthese in Bearbeitung zu nehmen. Jederzeit läßt sich ferner in jedem Gebiete das Bestehen beider Tendenzen nachweisen. Gleichwohl gilt das über den geschichtlichen Rythmus in der Vorherrschaft der beiden Prinzipien Gesagte.

Auch ist dieser Rythmus von Manchen bemerkt und gedeutet worden. So unterscheidet Jules Simon organische und kritische Perioden in der Gesamtentwicklung der europäischen Völker. Ich brauche nicht zu erinnern, daß damit eine Seite des uns beschäftigenden Gegensatzes bezeichnet ist. Damit läßt sich vergleichen die Unterscheidung von Epochen des Glaubens von Epochen des Unglaubens, welche sich bei Göthe findet. Nach dem, was ich über die Stellung des Glaubens zu unserem Gegensatze ausgeführt habe, liegt es von vornherein nahe, auch diese Antithese in unserem Sinne zu deuten. Etwaige Zweifel aber erledigen sich durch die Bemerkung, daß Göthe das Wort „Glaube“ in einem weiteren Sinne gebraucht, in welchem es auf die Wirksamkeit der synthetischen Kräfte des Gemütes hinweist. Nun hören wir, was über ihn und seinen Gegensatz von unserem weisen Dichter vorgebracht wird. In seinen Bemerkungen über „Israel in der Wüste“ in den Abhandlungen zum West-östlichen Divan wirft er die Frage auf, was in den vier letzten Büchern Mosis, an welchen so Manches auszusetzen und irrtümlich sei, Wertvolles „als Grund oder Urstoff“ übrig bleibe, und leitet die Beantwortung der Frage mit folgenden Betrachtungen ein: „Das eigentliche, einzige und tiefste Thema der Welt- und Menschengeschichte, dem alle übrigen untergeordnet sind, bleibt der Konflikt des Unglaubens und Glaubens. Alle Epochen, in welchen der Glaube herrscht, unter welcher Gestalt er auch wolle, sind glänzend, herzerhebend und fruchtbar für Mitwelt und Nachwelt. Alle Epochen dagegen, in welchen der Unglaube, in welcher Form es sei, einen kümmerlichen Sieg behauptet, und wenn sie auch einen Augenblick mit einem Scheinglanze prangen sollten, verschwinden vor der Nachwelt, weil sich Niemand gern mit Erkenntnis des Unfruchtbaren abquälen mag.“

Den ersten Satz über das Thema der Weltgeschichte adoptire ich vollständig. Wenn wir hier das Wort „Glaube“ in dem vorhin erwähnten Sinn deuten, so enthält der Göthesche Satz nur die Formulirung des von mir ausgeführten Gedankens, daß der Inhalt der Geschichte seinem wesentlichen Kerne nach durch den Streit zwischen denjenigen Kräften, welche der Synthese, und denjenigen, welche der Differenzirung dienen, bestimmt werde. Nicht in gleichem Maße können wir der Beurteilung zustimmen, welche Göthe den Streitenden und den durch sie charakterisirten Epochen zu Teil werden läßt. Alles Licht fällt auf die ideale Gestalt des Glaubens, während der Unglaube als ein unholder Geselle im Finstern wandelt. Er ist Mephisto, der sich dem Idealismus Fausts entgegenstellt. Diese Beurteilung ist einseitig und zugleich bezeichnend für den Konservativen Göthe. Dieser sieht in dem Unglauben nur die Negation, während die bloße Verneinung keine Macht bildet und einen weltgeschichtlichen Kampf nicht zu führen vermag und der Unglaube überdies, wo er zu einer gesellschaftlichen Potanz sich zu erheben vermag, in der Regel eine neue Synthese, bisweilen in der Form eines neuen Glaubens, im Hintergrund hat. So hat der Kampf gegen den kirchlich gebundenen, auf Offenbarung gegründeten Glauben den Glauben an eine Metaphysik im Hintergrund.

Doch handelt es sich hier nicht um eine Widerlegung Göthes, sondern nur um eine Anrufung seiner Autorität zu Gunsten der Unterscheidung von Epochen des Glaubens oder der Synthese von Epochen des Unglaubens oder der Differenzirung. Hierbei ist übrigens nicht an eine periodische Wiederkehr der nämlichen Erscheinungen zu denken, nicht an eine Gleichmäßigkeit, wie sie das Schauspiel von Ebbe und Fluth kennzeichnet, oder an einen Kreislauf, der zu einer gegebenen Zeit immer wieder an die nämliche Stelle des Wegs zurückführt. Vielmehr verändert sich das Bild des Kampfes, und wechseln die Formen des Einheitsstrebens sowohl wie die des Freiheitsstrebens. Die Kette dieser Veränderungen bezeichnet den Gang der menschlichen Entwicklung, charakterisirt die Phasen des von mir früher geschilderten Prozesses: dessen eine Seite die Emporhebung der menschlichen Einzelpersönlichkeit zur Selbständigkeit und allseitigen Ausbildung, dessen andere Seite die Ausbreitung eines einheitlichen Gemeinlebens bildet.

Auf der niedrigsten menschlichen Entwicklungsstufe, von welcher die Ethnologie uns ein Bild zu geben vermag, erscheint der menschliche Geist als gebunden, in einem Zustand vollkommener Unfreiheit dem Naturleben gegenüber. Geschreckt von seinen Einbildungen sucht der Einzelne hinter den Erscheinungen, deren Zusammenhang er nicht begreifen kann, im Zweifel feindliche Mächte, und in seinesgleichen, von einer wenig zahlreichen Sippe abgesehen, nichts andres. Auf einer höheren Stufe finden wir ihn als Glied einer umfassenderen Stammesgemeinschaft. In ihr beginnt er sich aufzurichten der äußeren Natur gegenüber. Sein Leben ist nicht mehr in gleichem Maße ein Spiel des Zufalles. Aber die relative Freiheit nach Außen hin ist erkauft durch einen Zustand der Abhängigkeit von der Gemeinschaft. Furcht und Aberglauben beziehen sich nun vor Allem auf den Krystallisationspunkt der Gemeinschaft, den Häuptling, der als ein Gott sich über die Anderen erhebt. Die Steigerung der Macht des Ganzen hat zur Kehrseite die Ausbildung der Ungleichheiten des bürgerlichen Zustandes und die Sklaverei aller oder der Mehrzahl der Unterthanen, der Selbständigkeitstrieb der Einzelnen macht sich hier nur sporadisch, in planloser Weise, unter dem Einfluß gewaltsamer Antriebe geltend. Um derartige Formen seiner Äußerung kennen zu lernen, müssen wir in der Geschichte der orientalischen Völker rückwärts wandern und, um mit Göthe zu reden, „schauen wie die menschliche Natur, die immer unbezwinglich bleibt, sich dem äußersten Druck entgegensetzt, und da finden wir dann überall, daß der Frei- und Eigensinn der Einzelnen sich gegen die Allgewalt des Einen ins Gleichgewicht stellt; sie sind Sklaven, aber nicht unterworfen, sie erlauben sich Kühnheiten ohne gleichen." (Göthes „Gegenwirkung" in den „Noten und Abhandlungen zu besserem Verständnis des West-östlichen Divans". S. 97.) Auf höheren Stufen beginnt der bewußte Kampf der zusammengescharten Unterdrückten um Selbständigkeit innerhalb der Gemeinschaft. Derselbe ist nur möglich im Zusammenhang mit und im Gefolge einer Verringerung der Ehrfurcht vor dem Herrscher. Derselbe sinkt von der Stufe des Gottes auf die seines Stellvertreters, dann des Gesalbten des Herrn, endlich auf die des Königs von Gottes Gnaden herab. Die Ehrfurcht vor dem Herrscher oder den an seine Stelle getretenen herrschenden Geschlechtern oder Klassen zeigt sich nun von der Ehrfurcht, welche den Göttern gezollt wird, gesondert. Aber die letztere wird die Stütze einer neuen Gewalt, der Gewalt des Priestertums, und die relative Freiheit den staatlichen Gewalten gegenüber, hat zur Kehrseite eine um so vollständigere Abhängigkeit den kirchlichen Gewalten gegenüber. Nur der sich entspinnende Kampf zwischen jenen beiden Gewalten, zwischen Priestertum und Königtum beziehungsweise zwischen Staat und Kirche, eröffnet dem Individuum eine Aussicht auf Wiederaufrichtung und Steigerung seiner Freiheit. So knüpft sich an den Zwist zwischen Staat und Kirche im Mittelalter die Entwicklung der anderen Freiheitsbestrebungen an. Aber im Bereiche des staatlichen Lebens gestaltet sich der Kampf nicht zunächst zu einem Kampf um die Freiheit des Einzelnen gegenüber den öffentlichen Gewalten, sondern zu einem Kampfe der Sklaverei gegenüber den Herren und der letzteren um den Besitz der höchsten Gewalt oder die Beteiligung an derselben. In diesem Kampf ist die Emporhebung einer Klasse und eine Minderung des Druckes, der von außen her auf ihr lastet, davon abhängig, daß sie sich in sich selbst zusammenschließt und damit für das Individuum eine neue Abhängigkeit innerhalb ihrer eigenen Sphäre begründet. So hob sich in Deutschland das Bürgertum empor, indem es sich in Zünften zusammenschloß. Der Gewinn für die Freiheit des Einzelnen ist hier nur ein relativer. Es bildet sich nun der Gegensatz zwischen aristokratischen und demokratischen Parteien, welcher bereits in der Geschichte des Altertums eine so große Rolle spielt. Die Einzelpersönlichkeit sucht hier im Allgemeinen zu ihrem Recht zu kommen durch die Teilnahme am Regimente. Sie erlangt und behauptet eine relative Selbständigkeit mittelst dieser Kämpfe nur insofern als sie an der Beherrschung Anderer sich beteiligt, beziehungsweise insofern als sie an dem Drucke, der auf Allen lastet, nicht bloß passiv, sondern auch aktiv Teil nimmt. Hier handelt es sich also vor Allem um die Form der Regierung. Der Streit um diese erfüllt hauptsächlich die Geschichte des politischen Lebens. Daß dabei die wirkliche Freiheit des Individuums wieder nur in einem beschränkten Sinne eine Förderung erfahren kann, ergibt sich aus dem eben Gesagten. In Bezug auf diese Kämpfe erscheint daher die pessimistische Auffassung Göthes, welche in dem bereits früher zitirten Werkchen einen Ausdruck gefunden hat, als relativ berechtigt. Göthe bemerkt daselbst („Nachtrag". S. 95): „Überhaupt pflegt man bei Beurteilung der verschiedenen Regierungsformen nicht genug zu beachten, daß in allen, wie sie auch heißen, Freiheit und Knechtschaft zugleich polarisch existiren. Steht die Gewalt bei Einem, so ist die Menge unterwürfig, ist die Gewalt bei der Menge, so steht der Einzelne im Nachteil; dieses geht dann durch alle Stufen durch, bis sich vielleicht irgendwo ein Gleichgewicht, jedoch nur auf kurze Zeit, finden kann." Allein bei dieser Form bleibt die Entwicklung der politischen Kämpfe nicht stehen. Es charakterisirt die politischen Bestrebungen der neueren Zeit gegenüber denjenigen des Altertums, daß mehr und mehr neben dem Streit um die Form des Regiments das Verhältnis zwischen dem staatlichen Regiment überhaupt und der Einzelpersönlichkeit in den Vordergrund tritt. Im Gebiete der Wissenschaft tritt längst dieser letztere Gegensatz als der beherrschende hervor und auch im praktischen Leben macht er sich, zumal bei den germanischen Völkern, in einer bedeutsameren Weise geltend. Ich erinnere an das, was ich früher über die Scheidung der liberalen Parteien im engeren Sinn, d. h. der Parteien der individuellen Freiheit, und der demokratischen Parteien, d. i. der Parteien der Gleichheit, gesagt habe.

Dieses Hervortreten des fundamentalen Gegensatzes zwischen dem Einzelnen und dem Ganzen auf dem politischen Gebiete hat teils zur Voraussetzung, teils zur Begleitung ein Hervortreten des nämlichen Gegensatzes auf anderen Lebensgebieten. Überall stellt sich in der neueren Zeit die Selbständigkeit des Einzelnen entgegen den eine höhere Geltung in Anspruch nehmenden Überlieferungen und äußeren Normen, auf dem Gebiete der Moral, wie auf dem des religiösen Lebens, vor Allem treten rationalistische Formen den überkommenen Autoritäten gegenüber, stellt sich die Autonomie des Individuums in Gegensatz zu der Heteronomie oder dem Prinzip der Autorität. —

Mit diesen Ausführungen ist, wie ich nicht hervorzuheben brauche, nur eine sehr summarische und lückenhafte Übersicht über die wesentlichsten Metamorphosen in dem Kampf gegeben, in welchem der Selbständigkeitstrieb des menschlichen Individuums sich eine Befriedigung zu verschaffen sucht.

Ich nehme hier die Gelegenheit wahr, einer Auffassung entgegenzutreten, welche, obgleich ihre Unrichtigkeit offenbar ist, doch von Manchen festgehalten wird, der Auffassung, als seien ursprüngliche Zustände, wie wir sie bei den Naturvölkern finden, durch die Herrschaft einer schrankenlosen individuellen Freiheit gekennzeichnet. Meine Bemerkungen über die Stufenfolgen im Kampfe um diese Freiheit setzen das Gegenteil als richtig voraus, wie denn auch Geschichte und Völkerkunde übereinstimmend erkennen lassen, daß wir uns, wenn wir die menschliche Entwicklungsgeschichte rückwärts verfolgen, ganz ebenso wie wenn wir die Entwicklungsgeschichte der einzelnen rückwärts verfolgen, keineswegs Zuständen der Freiheit, sondern vielmehr Zuständen der Gebundenheit nähern; Zuständen der Gebundenheit einerseits, Zuständen eines relativ einheitlichen Lebens andererseits. Und freilich ist, was die Völker betrifft, diese Einheit die Einheit eines äußerlich beschränkten und innerlich armen Gemeinlebens. Die Tendenz der Geschichte geht, wie ich wiederholt hervorhob, dahin, das Individuum frei zu machen und zugleich das Gemeinleben in Formen, welche mit der Freiheit des Einzelnen verträglich sind, äußerlich auszudehnen und innerlich zu bereichern. Hier liegt kein Widerspruch. Materiell bleibt der Einzelne von der Gemeinschaft der mit ihm Lebenden abhängig; ebenso wie er abhängig bleibt von den vorausgegangenen Geschlechtern. Aber obgleich mit jedem Geschlechte die Schuld der heute Lebenden den vorangegangenen Generationen gegenüber wächst und das Band, das sie an die Vergangenheit knüpft, komplizirter wird, so verringert sich doch nicht das Maß der individuellen Freiheit, sondern wie Freitag am Schluß eines seiner Romane bemerkt, wächst mit jenem Bande zugleich die Selbständigkeit und Freiheit des Einzelnen. Doch ich wollte jener irrigen Auffassung mit einigen spezielleren Hinweisen entgegentreten.

Wer etwa in der Geschichte unseres Volkes zurückwandert, der empfängt, je weiter er vordringt, um so entschiedener den Eindruck, welchem Scherer, von dem Zeitalter der Nibelungendichtung redend, in folgenden Bemerkungen Ausdruck gibt: „Wer weiter vordringt, in der Richtung nach den Anfängen des menschlichen Gemeinlebens, der wird sich auf Zustände geführt sehen, wie sie neuere Reisende bei den sogenannten Naturvölkern gefunden haben."

Ähnliche Eindrücke empfangen wir endlich, wenn wir uns innerhalb der europäischen Gesellschaft nach einfacheren Zuständen umsehen, Zuständen, welche in ihren charakteristischen Merkmalen an frühere Entwicklungsperioden erinnern, welche den Zuständen des Kindheitsalters näher stehen. Im Allgemeinen läßt sich der Satz aufstellen, daß uns die Züge jener Gebundenheit und jener Einheit um so deutlicher entgegentreten, je mehr wir uns von dem in unseren Groß- und Mittelstädten sich entfaltenden Kulturleben entfernen.

In Bezug auf den Bauer im Allgemeinen sagt Immermann im Münchhausen: „Der Bauer denkt, handelt, empfindet standesmäßig und hergebrachterweise."

Die größere Harmonie im geistigen Haushalte dieser Bevölkerungsklasse ist damit zugleich behauptet. Wer den Eindruck der letzteren in voller Stärke erhalten will, der verlasse die Heerstraßen und suche von denselben möglichst entfernte Gemeinden auf.

Die moderne Demokratie.

Einleitung.

Den Gegenstand [der Vorlesung] soll die **moderne Demokratie** in ihrer Entwicklung und ihrem heutigen Bestande bilden.

Ich nehme das Wort hierbei in dem umfassenden Sinne, in welchem es die Summe der im Bereiche des staatlichen und gesellschaftlichen Lebens hervortretenden Gleichheitsbestrebungen samt deren Organen und Schöpfungen umfaßt.

Diese Bestrebungen erfüllen die moderne Geschichte. Sie bilden in ihrem Zusammenhange das Ereignis, welchem die universellste Bedeutung zukommt. Denn sie haben sich bei allen Kulturvölkern ausgebreitet und die gesamten staatlichen und gesellschaftlichen Zustände derselben erscheinen mehr oder weniger als durch sie bestimmt oder in Frage gestellt.

Sie gleichen Wirbeln, welche, am breiten Rücken des Meeres sich ausdehnend, immer weitere Kreise ziehen und, zugleich in die Tiefe dringend, unendliche Mengen des beweglichen Elementes in Bewegung bringen.

In ihrer Unwiderstehlichkeit hat man sie der steigenden Fluth verglichen, zumal sie dieser auch darin gleichen, daß dem Wachstum ein Sinken folgt und zwar ein Zurücksinken bis zu der Ausgangslinie. Blicken wir rückwärts, so erkennen wir allerdings in der Geschichte vieler Völker eine Periode von Steigen und Sinken demokratischer Bewegungen. Speziell im Bereiche des politischen Lebens können wir Perioden von überwiegend demokratischer und Perioden von aristokratischer Richtung der Gesamtbewegung unterscheiden. Zeiten, in welchen die herrschende Tendenz auf Ausbreitung der Zahl der an der Herrschaft Teilhabenden geht, folgen solchen und gehen solchen voran, in welchen die herrschende Tendenz auf eine Verringerung jener Zahl und auf die Befestigung der Herrschaft in der Hand Weniger oder eines Einzelnen gerichtet ist. — Aber läßt sich nicht zugleich eine allgemeinere Bewegung erkennen, deren Gang durch jenes Steigen und Fallen wohl gehemmt, aber nicht aufgehoben wird, in welcher jede Hemmung sich ausbreitet und vertieft, eine Bewegung, deren Ziel in der definitiven Begründung einer reinen Volksherrschaft zu finden wäre und vielleicht in der Rückkehr zu den demokratischen Formen eines primitiven Stammeslebens, welche mit dem Reichtum moderner Kultur und modernen Wirtschaftslebens in Harmonie zu setzen wäre, derart, daß der Zielpunkt einer aufwärts gerichteten Bewegung des staatlichen Lebens direkt über Ausgangsquellen desselben zu liegen käme? Der Glaube an eine solche Gesamtrichtung unserer Entwicklung ist weit verbreitet, speziell bei unseren Sozialisten (Engels, Bebel) und mancherlei geschichtliche Thatsachen scheinen ihn zu stützen.

So die mit der Entwicklung des geistlichen Lebens verknüpfte Abschwächung der wichtigsten idealen Stützen einer spezifisch aristokratischen Ordnung, vor Allem des Glaubens an eine besondere göttliche Sanktion irgend welcher politischer Vorrechte.

So vor Allem die Größe der modernen Gleichheitsbewegung, mit der sich keine frühere in der Geschichte an Breite und Tiefe vergleichen läßt.

Doch lasse ich diese allgemeine Frage hier bei Seite, um mich einer Charakteristik der modernen Bewegung zuzuwenden. Nicht gleichzeitig erhebt sie sich bei den verschiedenen Kulturvölkern; Göthe hat sie einer Fuge verglichen, da die Stimmen der Völker nacheinander hervortreten und das Thema aufnehmen. England intonirt das Thema, Amerika folgt, machtvoller nimmt Frankreich dasselbe auf, und die anderen Völker schließen sich an.

Noch eine andere Anwendung läßt sich dem Bilde geben. Nicht bloß die Völker folgen sich in energischer Aufnahme des Themas, sondern auch die Klassen. Die oberen und mittleren Klassen intoniren, und in dem Maße als ihr Ton sich abschwächt, erheben sich die Stimmen der unteren Klassen. Der Ursprung der Bewegung aber liegt in den Zuständen und dem Geiste der Aufklärungszeit. Diese sind im allgemeinen jedem Gebildeten vertraut. Vergegenwärtigen wir uns indessen, um eine Unterlage für die spätere Einzeldarstellung zu gewinnen, jetzt in allgemeinen Umrissen das Bild dieser Zeit. Dabei versteht sich von selbst, daß die Schilderung nicht einen bestimmten Staat ins Auge faßt, sondern Verhältnisse, welche bei den verschiedenen Kulturvölkern, teils früher, teils später, innerhalb weiterer oder engerer Grenzen in der Periode der Aufklärung und insbesondere im vorigen Jahrhundert hervortreten.

Die überlieferte Ordnung in Staat und Gesellschaft stellte im Allgemeinen eine Verbindung mittelalterlicher und moderner Elemente dar. Die ersteren erscheinen zumeist passiv; die staatliche Wirksamkeit und die Entwicklung der gesellschaftlichen Kräfte wird durch sie nicht begünstigt, sondern vielfach gehemmt. Mancherlei Sonderinteressen und Privilegien behaupten sich, die nur geschichtlich zu verstehen sind und keinen inneren Zusammenhang mit den bewegenden, treibenden Kräften der Zeit erkennen lassen. Das öffentliche Recht zieht der Thätigkeit der Individuen manche Schranken, die als drückend empfunden werden und deren Notwendigkeit man in Frage stellt. Ererbte Gesetze behaupten sich, deren Sinn verloren gegangen ist. Die Schöpfungen einer veralteten Kultur liegen neuem wissenschaftlichen und geistigen Leben im Wege und werden zum Ärgernis. Was thätig ist und produktive Arbeit leistet, ist neueren Ursprungs oder von neuen Ideen bewegt. Eine Mittelklasse wächst heran, deren Kräfte freieren Spielraum für sich fordern. Die unteren Klassen werden im Licht eines neuen Tages, das mit gebrochenen Strahlen allmählich auch in die Tiefen der Gesellschaft eindringt, ihre Zustände deutlicher gewahr und empfinden die Mißstände, unter welchen sie leiden, und die bestehenden Ungleichheiten in dem Maße schmerzlicher, als die Vorstellung, daß die Verhältnisse auch anders und besser sein könnten, Wurzeln faßt.

Naturwissenschaft und Philosophie, an der Hervorbildung einer neuen Ansicht von Leben und Welt arbeitend, schwächen die ideellen Bande, welche Altes und Neues in Staat und Gesellschaft zusammenhalten. Theorien von Recht und Staat, deren Ursprung nicht in irgend welcher Feindseligkeit gegen die alte Ordnung liegt, sondern in dem Verlangen, deren natürliche und vernünftige Grundlagen zu erkennen, treten nun in Berührung mit den modernen Interessen und gewinnen, indem sie unter deren Einfluß sich entwickeln und ausbreiten, praktische, ja revolutionäre Bedeutung. Ich denke hier an die für die Aufklärungszeit charakteristische Rechtsphilosophie, an deren Ausbildung und Verbreitung Vertreter aller Kulturnationen teil haben, an die Theorien der Locke und Thomasius, Rousseau und Kant und der sämtlichen Naturrechts-Vertreter, deren Gemeinsames darin besteht, daß sie die staatlichen Rechte auf einen Vertrag zurückführen, Theorien, welche neben mannigfachen Staatsformen eine ungefährliche Existenz gehabt haben. Inmitten der neuen Verhältnisse aber, einer Rechtsordnung gegenüber, welche zahlreiche absterbende Elemente enthält, ändert sich ihre Bedeutung. Leicht ist es an sich, den Gedanken eines Vertrags mit einer bestehenden Ordnung in Einklang zu bringen, indem man dem fingirten Vertrage einen Inhalt gibt, der dieser Ordnung entspricht. Aber eine solche Fiktion verliert ihren Sinn und versagt den Dienst, sobald größere Teile der Gesellschaft mit ihren Interessen und Empfindungen in einen Widerstreit mit der bestehenden Ordnung geraten.

Der Gedanke des Staatsvertrags gewinnt nun eine den Wünschen dieser Gesellschaft entsprechende Färbung, und der Maßstab der Kritik, den er so an die Hand gibt, und mit dessen Anwendung nun ernst gemacht wird, verträgt sich schlecht mit Institutionen, die nur als geschichtliche Bildungen zu verstehen und zu würdigen sind, und von welchen es undenkbar wäre, daß sie aus dem freien Konsense der Lebenden als eine Neuschöpfung hervorgehen würden.

Was vorher kaum mehr als ein theoretisches Gedankenspiel gewesen, das wird so ein Aufruf zur Kritik und zum Kampfe.

Die Gedanken Rousseaus über jenen Vertrag sind wie seine Gedanken über die unveräußerliche Volkssouveränität alt, aber bei dem Deutschen Althaus, der sie im Anfange des 17. Jahrhunderts entwickelt hat, stellen sie ein friedliches Licht dar, das Niemanden bedroht, bei Rousseau dagegen inmitten der französischen Gesellschaft des vorigen Jahrhunderts werden sie zur Brandfackel, welche, in das alte Staatsgebäude Frankreichs geschleudert, dieses in Asche verwandelt.

Um jenes geschichtliche Verständnis der bestehenden Einrichtungen bemühen sich nur Wenige. Die Geschichte als die Lehrmeisterin zu betrachten, an deren Hand das Vernünftige und das Mögliche in staatlichen Dingen zu erforschen sei, ist Sache Weniger. Die Montesquieu, Justus Möser und Herder u. s. w. üben wenigstens in der hier hervorgehobenen Richtung nur einen beschränkten Einfluß auf die Urteile der gebildeten Gesellschaft aus. Diese ist vielmehr beherrscht von einem Vertrauen in die Macht der eigenen Vernunft. Nichts erscheint ihr im Allgemeinen als leichter, als eine vernünftige Staatsordnung zu ersinnen, nichts als einleuchtender, als die Grundgedanken des Naturrechts bezüglich der politischen Probleme. Nie zuvor hat der denkende Geist sich mit gleicher Entschiedenheit den Beruf zuerkannt, die Welt nach eigenem Maße zu gestalten, und nie war die Stimmung verbreiteter: „daß heute der Tag ist, an welchem wir zu leben beginnen."

Überall macht sich in den Meinungen der Zeit ein starker und unkritischer Optimismus geltend. Die menschliche Natur wird als vernünftig und gut vorausgesetzt, es soll sich nur darum handeln, ihre trefflichen Anlagen sich entwickeln und bethätigen zu lassen. Die Interessen der Gesamtheit denkt man sich als wesentlich und allgemein harmonisch. Und man glaubt an einen unbegrenzten Fortschritt in menschlichen Dingen.

Ein solcher Glaube ist ja einer Zeit natürlich, in welcher neue Lebenskeime allwärts zur Entfaltung drängen und zugleich, im Bunde mit ihnen, Elemente der antiken Kultur in einer zweiten und mächtigeren Renaissance Reichtum und Schönheit des Lebens ins Ungemessene steigern zu wollen scheinen. Das Programm der Zeit ist weltumfassend. Die Ziele, welchen die Menschheit sich auf mannigfachen Umwegen, wie ein mit widrigen Winden kämpfendes, aus der Richtung gedrängtes und weitab verschlagenes Schiff mühselig und langsam annähert und welches sie vielleicht niemals wirklich erreichen wird, meinten Tausende in begeisterter Stimmung nahe vor sich zu sehen. Um nichts Geringeres handelte es sich, als um die Verwirklichung freier Menschlichkeit in weiterem Umfang des Völkerlebens; die einzelnen Nationen sollten in friedlichem Nebeneinander ihre Lebensformen sich selbst bestimmen. Aber die praktischen Bestrebungen, welche innerhalb erweiterter Grenzen dieses Programms zusammen trafen, erwiesen sich keineswegs als schlechthin harmonisch, traten vielmehr in mannigfachsten Richtungen auseinander und vielfach in einen feindlichen Gegensatz zu einander. Auch zeigten sich diese Bestrebungen erfolgreicher in der Wegräumung des im Wege stehenden Alten als in der Aufrichtung eines dauerbaren Neuen. Daher hat man die gegebene Periode, samt der von ihr abhängigen Revolutionsperiode, den auflösenden Geschichtsperioden zugerechnet, welchen Göthe und Andere Perioden des Glaubens d. i. der Hingebung an bestimmte Ideale und einer aufbauenden schöpferischen Thätigkeit gegenüber gestellt haben. Aber der Glaube in diesem Sinne des Wortes fehlte jenen Zeiten nicht. Daß ihre Schöpfungen demselben nur in einem geringen Maße entsprachen, lag an dem charakterisirten

Inhalte und seinem Verhältnis zu der gegebenen Wirklichkeit, sowie in der Beschaffenheit der politischen und rechtsphilosophischen Systeme, in welchen jener Glaube eine theoretische Ausprägung erfahren hatte. Auf diese Systeme und ihre Mängel ist im Allgemeinen bereits hingewiesen worden. Dieselben eigneten sich mehr, um als Angriffswaffen wie als Bauwerkzeuge zu dienen. Es fehlte bei ihnen ein volles Verständnis der Bedingungen des Staatslebens in der Natur der bestehenden Gesellschaft. Sie setzten einerseits vielfach voraus, was erst anzustreben war: nämlich eine verbreitete Fähigkeit, das den allgemeinen Interessen Entsprechende jederzeit zu erkennen und zu vertreten und gingen vielfach von Voraussetzungen aus, die sich niemals verwirklichen würden und bei deren Vordringen staatliche Herrschaft und also der Staat selbst als überflüssig erscheinen würde. Wären, wie man annahm, die Interessen harmonisch und das Verständnis derselben sowie der Wille verbreitet, dieselben zur Geltung zu bringen, so bedürfte es keiner staatlichen Herrschaft. Besteht aber diese Harmonie nicht, so ist zur Wahrung des Friedens und zur Ermöglichung einer stetigen und fruchtbaren Gesamtaktion jene Herrschaft unentbehrlich, so wird man das Korrelat der Herrschaft, die Abhängigkeit nicht aus der Welt schaffen können uud beliebige Änderungen der Organisation dieser Herrschaft werden das Problem, an dessen Lösbarkeit Viele im Ernste glaubten, das Problem, die Freiheit Aller mit der Wirksamkeit einer beherrschenden Gewalt in Einklang zu bringen, als ein sich selbst widersprechendes unerledigt lassen. Diesen und anderen Mängeln der herrschenden Theorien entsprechen die mannigfachen Enttäuschungen, welche ihre Anhänger erfahren mußten, der Kontrast zwischen den von ihnen vorausgesehenen und den wirklich eingetretenen Wirkungen reformatorischer oder revolutionärer Thaten, welcher so vielfach zu konstatiren ist.

Man glaubte an eine Aera des Friedens, und es folgte eine Aera endloser Kriege. Man dachte an die Schaffung von Verfassungen, welchen ihre Vernunftgemäßheit dauernden Bestand verbürgen werde, und es folgten Zeiten beständiger Änderungen, vielfacher Umwälzungen und immer neuer Reformbegehren auf diesem Gebiete, man kämpfte für die Freiheit der Einzelnen der Staatsgewalt gegenüber und mußte im Gefolge dieses Kampfes als ein nächstes Ergebnis desselben eine Stärkung der Staatsgewalt hervorkommen sehen. Die Bewegung war antikirchlich, aber in ihrem Fortschreiten begünstigte sie das Hervortreten ultramontaner Parteien und die Wiederaufrichtung und Erhöhung der päpstlichen Macht; man glaubte an eine natürliche Harmonie der Interessen, welche in einem freien Staate nach Beseitigung der alten ständischen Gegensätze von selbst zur Erscheinung kommen müsse und je weiter die liberalen Reformen vorschritten, um so tiefere Gegensätze machten sich im Schoße der Gesellschaft geltend. Fassen wir indessen die Reformbestrebungen, welche im Geiste dieser Zeit ihren Ursprung haben, in ihren hauptsächlichen Formen etwas näher ins Auge.

Man hat hier die von oben und die von unten ausgehende Bewegungen, die monarchische Revolution, wie man sie genannt hat, und die populäre zu unterscheiden. Jene hat dieser bekanntlich in vielen Ländern vorgearbeitet; Reformen im Sinne der Aufklärung und eine Beseitigung der politischen Macht der alten Aristokratieen teils durchgesetzt, teils in weiter wirkender Weise angestrebt. Ich nenne als Repräsentanten dieser Bewegung, um ihren Umfang zu vergegenwärtigen, Friedrich II., Joseph II., Colbert, Leopold von Toskana, Gustav III. von Schweden, Pombal in Portugal, Struensee in Dänemark, Tanucci in Neapel, Karl III. in Spanien. Die populäre Bewegung erscheint anfänglich als einheitliche. Das allgemeine Angriffsobjekt sind willkürliche Ungleichheiten im Rechte, Willkür in der Verwaltung, Verschwendung des Volkseinkommens durch die Machthaber. Es sollen alle künftig in dem gleichen Abhängigkeitsverhältnisse zum Rechte stehen und in keinem anderen, alle vor dem Forum desselben an sich als gleichwertig gelten, ihr Thum und Lassen und ihre Ansprüche und Pflichten nach dem nämlichen Maßstabe beurteilt sehen. Allen sollen ferner die Wege offen stehen zu allen Ämtern und Ehren, und das gesamte Rechtsleben soll so gestellt sein, daß es jederzeit als auf einer freien Zustimmung der Volksgenossen beruhend gedacht werden kann. Hinsichtlich dieser Punkte ist unter den eifrigen Vertretern der populären Bewegung Übereinstimmung. Im Fortgang derselben Bewegung aber wird es offenbar, daß sie zugleich Gegensätze in sich schließt, und zwar Gegensätze bedeutsamer noch als diejenigen, die ihr selbst ursprünglich zu Grunde lagen. Wir können bereits bei Beginn der französischen Revolution dreierlei Strömungen in jener und ihnen entsprechend dreierlei Erscheinungsweisen der Gleichheitsidee unterscheiden. Ich bezeichne sie als liberale, demokratische im engeren Sinne, als sozialistische beziehungsweise kommunistische Strömung. Für die erstgenannte ist charakteristisch erstens, daß sie die Gleichheitsidee nur in dem bereits bezeichneten Umfang (Gleichheit vor dem Gesetz, gleiche Zugänglichkeit der Ämter

u. s. w.) zur Geltung zu bringen strebt, dagegen eine gleiche, die Verschiedenheit der Befähigung und der sozialen Stellung ignorirende Zuteilung politischer Rechte ablehnt. Zweitens ist für sie charakteristisch, daß sie die Gleichheitsidee im Bunde mit der ihr gleichgewerteten Idee der Freiheit erscheinen läßt, dem entsprechend die Berechtigung zu jeglichem Thun, das nicht erweislich für Andere schädlich ist, für die Einzelnen in Anspruch nimmt, ferner die Erhebung des Gesetzes zum obersten Herrscher, die Aufrichtung von Schranken für jede öffentliche Gewalt und eine solche Organisation der letztern fordert, durch welche ein Mißbrauch derselben erschwert werde. Ideal in dieser Hinsicht ist hier eine Repräsentativverfassung mit Scheidung der gesetzgebenden Gewalt von der Exekutive. Die Literatur, welche diese Richtung vertritt, ist unübersehbar. Sie hat unter andern im Bereiche des sogenannten Naturrechts das Übergewicht, und die nationalökonomischen Lehren Adam Smiths harmoniren ebenso mit ihr wie die Gleichgewichtstheorie Montesquieus und die philosophischen Anschauungen Voltaires und der Encyclopädisten. Die spezielle Übereinstimmung dieser Richtung mit den Interessen der Besitzenden und gebildeten Mittelklassen ist leicht erkennbar und in der Folge bedeutsam genug hervorgetreten. Die gleiche Zugänglichkeit aller Ämter und Ehren und das Prinzip der Verteilung politischer Macht nach der Leistungsfähigkeit ist ihnen günstig, weil sie über die meisten Kapazitäten und wohl auch über das reichste Maß stachelnden Ehrgeizes verfügen, die Freiheit der Bewegung auf wirtschaftlichen Gebiete ist für ihr Aufblühen wesentlich und die Freiheit von politischem Drucke bedeutet für sie, da anderer Druck im Allgemeinen nicht auf ihr lastet, das goldene Gut der Freiheit überhaupt. Die zweite Richtung habe ich als die demokratische im engeren Sinne des Wortes bezeichnet, weil es dabei auf die Herrschaft des Volkes, d. i. der Mehrheit der Bürger, abgesehen ist und mit Rücksicht darauf Gleichheit der politischen Wahl- und Wählbarkeitsrechte, eine möglichst ausgedehnte aktive Beteiligung jener Mehrheit am gesamten Staatsleben speziell durch unmittelbare Volksgesetzgebung, ein ausgedehntes Wahlsystem in Bezug auf Amtsstellungen und möglichste Rotation der Ämter angestrebt wird. Die Gleichheitsidee erscheint hier im Bunde nicht mit der Idee der individuellen Freiheit, sondern mit derjenigen der Solidarität. Ist es ein liberaler Gedanke, daß es gut steht im Staate, wenn jeder sich um seine Angelegenheiten kümmert und relativ gesicherte Freiheit hierfür hat, so ist es ein demokratischer Gedanke, daß es gut steht, wenn jeder die gemeinsamen Angelegenheiten als die seinigen betrachtet. Ist es liberal, auf eine Einschränkung staatlicher Wirksamkeit zu Gunsten der individuellen Regungen hinzuwirken und der Selbständigkeit, Eigentümlichkeit und dem Reichtum des Einzellebens einen besonderen Wert beizumessen, so ist es demokratisch, eine Ausdehnung des Gemeinsamen und der Wohlfahrtseinrichtungen des Staates anzustreben und statt der Fähigkeit und Selbständigkeit des Individuums die Freiheit und Macht des Volkswillens zu betonen. Die Bedeutung der Gesetzesherrschaft tritt hier in den Hintergrund, denn Gesetz ist der jeweilige Wille der Mehrheit, und die Mehrheit kann nicht Unrecht thun, denn sie ist das Recht. Dem System der Gegengewichte und der Teilung der Gewalten wird hier ein Wert nicht beigemessen, da es sich vielmehr darum handelt, alle Hemmungen des als einheitlich vorausgesetzten Volks- beziehungsweise Mehrheitswillens zu beseitigen. Am meisten Einfluß auf die Ausbreitung hierher gehöriger Anschauungen hat im vorigen Jahrhundert, wie bekannt, Rousseau ausgeübt. Bei den Demokraten schlechtweg besteht in der Regel die Meinung, daß bei Organisation einer Volksherrschaft in dem angegebenen Sinne eine gewisse Annäherung der Klassen und eine gewisse Ausgleichung der materiellen Lebensbedingungen sich von selbst machen werde, ohne daß es einer Gleichteilung der Güter, oder einer Konfiskation aller Privatkapitalien und der Verstaatlichung von Grund und Boden bedürfe. Dies nun unterscheidet die sozialistische Richtung von der demokratischen, daß sie diesen Glauben nicht teilt und die Gleichheitsforderungen direkt auf die Verteilung oder auf die Ausnutzung des nationalen Reichtums richtet. Die Massen sollen sich des Staates bemächtigen, um mittelst seiner die Eigentumsordnung umzustürzen. Hat der Staat bisher, so nimmt man hier an, wesentlich dazu gedient, die soziale Macht des privaten Besitzes aufrecht zu erhalten, so soll er jetzt dazu dienen, diesen Besitz und damit jene Macht zu zerstören. Aus der Hand der oberen Klassen soll er in die der unteren übergehen, und neben der Gleichheit vor dem Gesetze und der Gleichheit der politischen Rechte die Gleichheit der materiellen Lebensbedingungen verwirklichen. Dem Naturrecht erschienen die bestehenden Eigenthumsordnungen, soweit sie nicht durch erbliche Privilegien bestimmt waren, als naturgesetzlich und vernünftig. Den wissenschaftlichen Vertretern dieser dritten Richtung erscheint sie als eine bloße geschichtliche Kategorie gleich den Privilegien der alten Stände, und zwar eine Kategorie, welche gleich jenen ihre Existenzberechtigung verloren hat.

Diese Gleichheitsideen sind nach einander zu geschichtlicher Bedeutung gelangt und die heutige Bewegung steht unter dem Zeichen der dritten. Ob die auf dieser Linie vorschreitende Gleichheitsbewegung identisch ist mit dem Fortschritt in menschheitlichen Dingen, wie H. George und die sozialistische Glaubenslehre behaupten?

Vielleicht wird die eingehende geschichtliche Betrachtung derselben uns eine Beantwortung dieser Frage an die Hand geben.

I. England.

Ich werde die im Allgemeinen charakterisirte politische Bewegung im Weiteren in den einzelnen Hauptländern verfolgen und nach Ursprung, Verlauf und Ergebnis zu charakterisiren suchen. England nehme ich zum Ausgang als die älteste Heimat liberaler Gedanken und Einrichtungen modernen Gepräges, unter deren Einfluß die Bewegung in anderen Ländern sich entwickelt hat. Ich werde mich dann Amerika, dann Frankreich [1]) zuwenden. Bezüglich Englands bedarf es eines weitern Ausholens, soll anders Verständnis des Besonderen seiner Zustände in ihrer Entwicklung gewonnen werden. England galt früher, vor Allem den Engländern selbst, im Verhältnis zu den Ländern des europäischen Kontinents als ein Land der Freiheit. Wir haben ein Zeugnis dafür u. a. in einem Werke aus dem 15. Jahrhundert „de laudibus legum Angliae" von John Fortescue, in welchem der englische liberale Rechtsstaat gefeiert wird. Diese Auffassung von dem englischen Staat stützt sich auf dessen Verwirklichung der Gleichheit in der Sphäre des bürgerlichen Rechts, auf die Freiheit der Arbeit, das Institut des Geschworenengerichts, das daselbst stets als ein Bollwerk der Freiheit geschätzt wurde, auf den Ausschluß willkürlicher Belastung des Eigentums seitens der Krone und darauf, daß der Satz „quod principi placuit legis habet rigorem" in England keine Geltung erlangt habe, die königliche Gewalt daselbst vielmehr durch Gesetze beschränkt sei, welche nur mit Zustimmung der Unterthanen geändert werden dürften und für deren Verletzung die Diener der Krone verantwortlich zu machen seien. Nicht Alles dies freilich war ein ausschließliches Eigentum Englands, und nicht Alles dies war in England

[1]) Der Frankreich betreffende Abschnitt entzog sich der Publikation.

in einer idealen Weise verwirklicht und gesichert. Immerhin aber ging dieser Staat in der Ausbildung rechtlicher Formen und Schranken für die Ausübung der öffentlichen Gewalt den anderen Staaten voran und hat aus mittelalterlichen Verhältnissen heraus die Verfassung geschaffen, durch welche zuerst die Möglichkeit geboten worden ist, in einem Großstaate Einheit und Freiheit mit einander zu verbinden: die Repräsentativ-Verfassung. Das Königtum hat der modernen Staatsidee verhältnismäßig früh zum Siege verholfen über die Idee des Feudalstaates und die zersplitterten Herrschaftsrechte des letzteren in einer einheitlichen, die Gesamtheit der Staatsangehörigen gleichmäßig umfassenden Staatsgewalt vereinigt. Hierbei sind aber Adel und Grundbesitz nicht zu politischer Passivität verurteilt, sondern in umfassender Weise mit politischen Funktionen betraut worden. So ist, um diese Wandlung zu illustriren, den ehemaligen Grundherren die eigene Gerichtsbarkeit und die selbständige Gutspolizei genommen worden, Gerichtsbarkeit und Polizei gehören nun dem König, aber jene haben fortan kraft königlicher Ernennung in ehrenamtlicher Stellung an der Ausübung der königlichen Rechte einen wesentlichen Anteil. Die Häupter der großen Familien sind überhaupt die vornehmsten Träger der Lokalverwaltung und sie vereinigen sich im Hause der Lords zur Beratung des Königs, zur Teilnahme an der Gesetzgebung und zur Kontrolirung der Regierung. In der Autorität dieses Hauses summirt sich das Ansehen, das jenen kraft ihrer gesellschaftlichen Stellung und kraft ihrer lokalen Verwaltungsthätigkeit zufällt. Ähnliches gilt von dem Hause der Gemeinen, welches seine Mitglieder normaler Weise irgend wie an der lokalen Verwaltung als Träger von Ehrenämtern oder wenigstens an der Ausübung der Gerichtsbarkeit, wenn nicht als Friedensrichter, so jedenfalls als Geschworene beteiligt. Sie repräsentiren das vornehme Bürgertum, die gentry, die neben dem Adel, mit dem sie verwandtschaftlich verflochten ist, die Trägerin des öffentlichen Lebens darstellt, und sie bringen zu ihrer Stellung als Parlamentsmitglieder auch ihrerseits gesellschaftliches Ansehen, Erfahrung in staatlichen Dingen und in gewissem Umfange amtliches Ansehen mit. Die Organisation der Staatsverwaltung prägt so einerseits die Idee der Staatseinheit aus und besteht andererseits in Harmonie mit der aristokratischen Gesellschaftsgliederung und der Verteilung des Besitzes. Den Gegensatz zu dieser Organisation bildet, wie später näher darzulegen sein wird, diejenige des französischen Staates, wo das Königtum der alten

Aristokratie ein lediglich von ihm abhängiges, absolutes Beamtentum gegenüber stellte, jene in der Hauptsache politisch lahm legte, eine fortschreitende Sonderung von Amt und Besitz, Staatsdienst und Ehrenstellungen, Arbeit und Privilegien herbeiführte und so jene Aristokratie dazu verurteilte, als ein Schmarotzergewächs dem gesellschaftlichen Körper Kräfte zu entziehen, ohne ihm Dienste zu leisten. Zur Charakteristik der englischen parlamentarischen Körperschaften sei weiter hervorgehoben, daß ihre Grundlage von Hause aus keine individualistische ist. Auch die Mitglieder des Hauses der Gemeinen gelten nicht als Abgeordnete einer bestimmten Zahl von Bürgern, sondern als Abgeordnete bestimmter politischer Verbände, bestimmter mit dem Rechte der Anteilnahme an der Parlamentsbildung betrauter Städte, Flecken oder Grafschaften. Auch gelten sie ursprünglich nicht als Vertreter der Volksgesamtheit, sondern eben nur als Vertreter jener Verbände. Da aber ihre Wirksamkeit in dem Maße, als sie sich ausdehnte und als das Staatsleben sich einheitlicher gestaltete, für allgemeine Interessen entscheidender wurde und inmitten der politischen Kämpfe nur unter Berufung auf diese als eine wirkliche Geltendmachung derselben erfolgreich bleiben konnte, so änderte sich die Auffassung ihrer Stellung. Der Abgeordnete galt fortan nicht als der bevollmächtigte Agent seines Wählers, sondern als der von letzterem nur designirte Sachverwalter der Interessen aller Volksgenossen, sodaß sich der Idee nach jeder von diesen im Parlament vertreten fand. Hier aber, in diesem direkten Verhältnis der Abgeordneten zu den Gesamtinteressen, in welchem er die alleinige Richtung seiner Thätigkeit finden soll, sehen wir das hauptsächlichste unterscheidende Merkmal der modernen Parlamente gegenüber den ständigen Vertretungskörpern feudalen Ursprungs. Das Haus der Gemeinen betrachtete sich bloß als das eigentliche Volkshaus, als das berufene Organ der öffentlichen Meinung, als Fiskal des privaten Geldbeutels den sich steigernden Ansprüchen der königlichen Regierung gegenüber und als Anwalt des Freiheits- und Rechtsinteresses der Staatsangehörigen den absolutistischen Anwandlungen gegenüber, welchen die Monarchie oft genug unterlag, und es gewann vornehmlich im 17. Jahrhundert eine dieser Auffassung entsprechende Bedeutung. Die Verfassung mochte so mit ihrer Dreiteilung der obersten Staatsorgane — König, Herrenhaus, Haus der Gemeinen — eine glückliche Verbindung des monarchischen Elementes mit aristokratischen und demokratischen Elementen darzustellen scheinen, eine

Verbindung, welche so vielen Staatsgelehrten als das Kennzeichen einer guten Verfassung gegolten hat. Mit dem demokratischen Charakter des Unterhauses hat es indessen eine besondere Bewandtnis; denn die Art seiner Zusammensetzung und die Gestaltung des zu Grunde liegenden Wahlrechtes entspricht demokratischen Gleichheitsforderungen keineswegs. Die breiten Massen des Volkes sind von dem Wahlrechte gänzlich ausgeschlossen, auch die Besitzenden nur unvollständig und ungleichmäßig, ja in einer Weise beteiligt, welche sich mit keinem allgemeinen Gedanken in Verbindung bringen läßt, es sei denn mit dem, daß die Wahlen zu diesem „Volkshause" in thunlichste Abhängigkeit von Adel, Königtum und Großkapitalisten zu bringen seien. Ich erwähne, daß die Städte und Flecken im 18. Jahrhundert zehnmal so viel Abgeordnete zu wählen hatten, als ihnen, wenn man die Bevölkerungsziffern als maßgebend betrachten wollte, den Grafschaften gegenüber zuzuteilen gewesen wären, und auch innerhalb der ersteren Gruppe war die Verteilung anscheinend sinnlos. Hier besaß ein kleiner verkommener Flecken ein Wahlrecht, dort fehlte es einer großen aufblühenden Stadt. Die Zahl der passiv wahlberechtigten Bürger ferner betrug nur 16 000, die Zahl der aktiv berechtigten etwa 200 000. In Schottland überstieg diese nicht viel 5000. Trotzdem blieb die Wirksamkeit dieses Hauses in den Vorstellungen des englischen Volkes verknüpft mit einer uralten demokratischen Idee, der Idee von einer vertragsmäßigen Grundlage aller obrigkeitlicher Gewalt und der Staatseinheit selber. Das englische Verfassungsrecht hat sich ja auch in gewissem Umfange dieser Idee gemäß aus Vereinbarungen zwischen dem Königtum und gewissen Sachwaltern populärer Interessen entwickelt. Über die Befolgung dieser Verträge seitens der Krone zu wachen, sie erforderlichenfalls durch neue Gesetze zu bekräftigen, zu revidiren und zu vervollständigen, das erschien lange als die vornehmste Aufgabe des Unterhauses. Tyrannei war in der herrschenden Meinung durchaus verknüpft mit der Vorstellung von Gesetzesverletzungen seitens der Exekutive. Daß sie andere Träger haben könne als Könige und deren Gehilfen, lag daher den Gedanken fern. Und da das Unterhaus, der erwähnten Aufgabe gemäß, Rechtsbrüchen seitens der Krone vielfach mit Energie entgegentrat und die Ausübung ihrer Gewalt mit gesetzlichen Schranken umgab, so erklärt sich seine Volkstümlichkeit. Es liegt hier zugleich eine der Ursachen, welche die Reform des Unterhauses erst zu einer Zeit in den Vordergrund des politischen Interesses treten ließ, wo der alte Antagonismus zwischen Parlament und Königtum geschwunden, das Haus der Gemeinen definitiv zum Herrn im Staate geworden und also jene ursprüngliche Aufgabe in Wegfall gekommen war.

Diese Erhebung der Macht des englischen Unterhauses erfolgte im Laufe der Jahrhunderte in wechselreichen Kämpfen mit den Königen. Durch mancherlei Umstände begünstigt gelang es ihm, bei stetig sich steigernden Geldbedürfnissen sein Geldbewilligungsrecht festzuhalten, sowie trotz kriegerischer Zeiten ein stehendes Heer von England auszuschließen, später dessen Existenz daselbst an jährliche Bewilligungen zu binden und durch Beides die Abhängigkeit der Krone von ihm beständig zu steigern. Zu den sein Emporsteigen begünstigenden Momenten gehören ferner die Thorheiten der Könige aus dem Hause Stuart und deren verkehrte kirchliche Politik. In den kirchlichen Verhältnissen sind überhaupt die wichtigsten Motoren des politischen Lebens seit der Reformation bis zum Ende des 17. Jahrhunderts zu suchen. Es kommen hier erstlich der Gegensatz zwischen Katholizismus und Protestantismus und die katholisirenden Neigungen einiger Könige, wodurch sie die Gefühle der überwältigenden Mehrheit der Bevölkerung verletzten, sodann der Gegensatz zwischen der anglikanischen Kirche und den außerhalb derselben stehenden protestantischen Sekten in Betracht. Die enge Verbindung der ersteren mit dem Staate und die Stellung, welche sie immer entschiedener dem Könige als ihrem gottgewollten Haupte einräumte, erhöhten das Ansehen der Krone, und es lag nahe, die Attribute, welche man ihr in ihren Beziehungen zur Kirche beilegte, auf ihr Verhältnis zum Staate zu übertragen. So entwickelten sich, von der einflußreichen Staatskirche gepflegt, theokratische Anschauungen, welchen zufolge die königliche Gewalt einer besondern göttlichen Sanktion teilhaftig und jeder Widerstand gegen sie unter allen Umständen verdammenswert sein sollte. Diese Anschauungen sind durch Robert Filmer in seinem Buche Patriarcha (1665) in ein System gebracht worden und haben vorher und nachher eine Rolle in den Parteikämpfen gespielt. Dies vor Allem dadurch, daß sie den Königen zu Kopfe stiegen und den Versuch derselben begünstigten, ihren Vettern auf dem Kontinente in der Aufrichtung einer absoluten Monarchie nachzufolgen. Nur beiläufig erwähne ich, daß in derselben Periode eine absolutistische Theorie von anderem Gepräge in den Werken von Hobbes entwickelt wurde und zu Ansehen gelangte. In entgegengesetzter Richtung entwickelten sich die Anschauungen bei den außerhalb der Hochkirche stehenden Calvinisten, welche in kirchlicher Hinsicht das Gemeindeprinzip vertraten und keine den Gemeinden übergeordnete Autorität anerkennen wollten. Unter dem Einfluß der langjährigen Verfolgungen, die sie seitens der mit ihrer natürlichen Feindin, der anglikanischen Kirche, verbundenen Staatsgewalt zu erdulden hatten, übertrugen sich allmählich bei einem Teile dieser Calvinisten jene kirchlichen Anschauungen auf die staatlichen Verhältnisse und ihre Abneigung gegen eine monarchisch organisirte Kirche auf die monarchische Organisation des Staates. Die auf diesem Wege zur Ausbildung gelangenden demokratischen Anschauungen aber sind für den Gang der ersten englischen Revolution entscheidend geworden. Sie haben eine theoretische Vertretung durch Sidney und vor Allem durch Milton, den Sänger des verlorenen Paradieses, welchen man als den wissenschaftlichen Repräsentanten der ersten Revolution betrachten kann, erhalten.

Es mag hier an der Zeit sein, einen Blick auf die Ereignisse zu werfen, welche sich unter dem Einfluß der geschilderten Verhältnisse auf dem politischen Kampfplatze vollzogen haben. Den unmittelbaren Grund des Streites zwischen Karl I. und dem Parlament bildeten das Geldbedürfnis des Königs während des spanischen Krieges und das Bestreben des Parlaments, dieses Bedürfnis zur Sicherstellung der vielfach angefochtenen und verletzten eigenen und Volksrechte und zur Abwehr der bestehenden oder vorausgesetzten katholisirenden Tendenzen Karls auszubeuten. Dieser sah sich bald in die Alternative gedrängt, sich entweder eine Abhängigkeit gefallen zu lassen, welche mit seinen Vorstellungen von dem königlichen Berufe unvereinbar war, oder sich in offenen Widerspruch mit der Verfassung und den bei der Volksmehrheit festgewurzelten Rechtsüberzeugungen zu setzen. Er entschloß sich zu Letzterem, und die Rechtsverletzung wurde bald System. Gesetzwidrige Steuererhebungen und ebenso gesetzwidrige Einkerkerungen der Widersacher sollten im Sinne des Stichworts dieser Politik „durch" (through) zum Ziele führen. Zuletzt war die Absicht verkündigt, ohne Parlament zu regieren, eine Absicht, welche an der nicht zu beseitigenden Geldnot und der Erhebung des in seinen religiösen Gefühlen verletzten schottischen Volkes scheiterte. Jenes Vorgehen der Regierung veranlaßte das Parlament, dessen bisherige Einmütigkeit hierbei jedoch in die Brüche ging, nun auch seinerseits zum Angriff überzugehen und gewisse, bisher königliche Rechte für sich in Anspruch zu nehmen. Man beschloß, die gesamte Handhabung der Exekutive unter die Oberaufsicht des Parlaments zu stellen und speziell die Ernennung jedes Ministers an dessen Zustimmung zu binden. Das sogenannte „lange Parlament“, das diesen Beschluß faßte und dadurch den Bruch mit dem König besiegelte, antizipirte damit im Wesentlichen den heutigen Zustand. Nicht auf die Beseitigung des Königtums also war die Absicht gerichtet, vielmehr auf einen Ausbau der Verfassung in der Richtung einer vollständigen Sicherung der Volks- und Parlamentsrechte gegen den Mißbrauch der königlichen Gewalt. Insofern hatte die beginnende Revolution eine konservative Tendenz. Aber ihr Fortgang brachte Strömungen von anderem Charakter an die Oberfläche. Die königstreue Partei der Kavaliere konnte nur mit Hilfe der aus Kleinbürgern sich zusammensetzenden Sektion der Calvinisten überwunden worden, deren Anschauungen in der vorhin charakterisirten demokratischen Richtung sich am weitesten fortgebildet hatten, eine Sektion, bei welcher zugleich religiöser Eifer und Sittenstrenge am meisten verbreitet waren. Durch Cromwells Genie militärisch organisirt, verhalfen sie dem Parlamente zum Sieg, aber nur um dessen Herrschaft durch ein militärisches Regiment zu ersetzen und eine Republik unter dem sogenannten „Protektorate“, in Wahrheit bald der Diktatur ihres Führers aufzurichten. Es folgt eine der interessantesten und ruhmreichsten Perioden der englischen Geschichte, deren Hinterlassenschaft im Bereiche des inneren Staatslebens jedoch gleich Null ist. Die militärischen Heiligen der siegreichen Partei und ihr Feldherr konnten, obwohl dieser über eine mehr als königliche Macht verfügte und in Bezug auf organisatorische Begabung wohl alle Könige Englands übertraf, hier nichts Dauerndes zu Stande bringen. Eine den Überzeugungen der Partei entsprechende demokratische Republik ließ sich nicht begründen, weil die Partei im Lande nur eine mehr und mehr sich isolirende und zusammenschrumpfende Minderheit darstellte, eine Minderheit, deren Tendenzen und Lebensgewohnheiten sowohl den eigentlichen Massen wie den oberen Gesellschaftsklassen fremd und unbequem und bald aufs Äußerste verhaßt waren, und die nur herrschen und sich behaupten konnten mittelst der Waffen. Andererseits konnte Cromwell, weil von seinem Heere abhängig, weder eine neue Monarchie noch irgend eine den Interessen und Gewohnheiten der Mehrheit sich anpassende Organisation schaffen. Seine Partei verschwand dann auch bald nach seinem Tode als ein politischer Faktor von der Bildfläche, und eine republikanische Partei ist seitdem in der Geschichte Englands (ich denke dabei nicht an einzelne Schwärmer) nicht wieder hervorgetreten.

Den verwirkten Herrschersitz nahm mühelos das alte Königtum wieder ein. Die Restauration aber, die unter dem einhelligen Jubel der ungeheuren Mehrheit des Volkes sich vollzog, brachte den inneren Frieden nicht, eröffnete vielmehr eine Ära der Verfolgungen und der Justizmorde. Der Kampf zwischen Königtum und Parlament freilich erneute sich zunächst nicht. Karl II. und anfänglich auch Jakob II. hatten königlich gesinnte Parlamente und bedurften zu ihren Zwecken keiner Vergewaltigung derselben. Es befestigte sich sogar unter dem ersteren deren Machtstellung. Obgleich die in ihnen herrschende Partei dem von der bischöflichen Kirche mit Eifer verkündigten Dogma von dem göttlichen Recht der Könige huldigte, versäumte sie nicht, für die Rechte des Parlements zu sorgen und aus dem Zusammengehen mit dem Könige in der Verfolgung gemeinsamer Gegner Vorteil für sich zu ziehen. Man erreichte die Anerkennung persönlicher Nichtverfolgbarkeit, beseitigte das Recht der Krone, die Wahlflecken nach Belieben zu vermehren, sowie den noch bestehenden Rest königlicher Lehensansprüche und begann den Subsidienbewilligungen Verwendungsklauseln beizufügen.

Erst als der Katholik Jakob II. es unternahm, der katholischen Kirche die Gleichberechtigung mit der anglikanischen zu verschaffen, erneuerte sich der Prinzipienkampf zwischen Krone und Parlament. Diese Unternehmung und die Rechtsbrüche und politischen Intriguen, welche den Weg bahnen sollten, führten zur zweiten Revolution und zur Erhebung von Wilhelm und Maria auf den Thron von England. Man hat diese zweite Revolution die „glorreiche" genannt, und sie verdient das Beiwort in gewissem Maße, weil sie in raschem und relativ unblutigem Siegesgange eine tyrannische und grausame Regierung stürzte und England vor einer wahrscheinlich langen Kette von Gewaltmaßregeln und von Bürgerkriegen schützte, weil sich die großen Parteien dabei vorübergehend in dem Gefühl zusammenfanden, daß es sich um die Rettung der Selbständigkeit und Einheit und des alten Rechts von England handle, sowie wegen des konservativen Geistes, der sich dabei auch bei derjenigen Partei, welche die thätige revolutionäre Rolle übernommen hatte, den Whigs, in mancherlei Formen kund gab, wie z. B. in der Art der Begründung des Dynastiewechsels, in der erneuten Festlegung des alten Rechts in der „bill of rights" und in der sorgfältigen Bewahrung aller Formen und Ceremonien des öffentlichen Lebens. Ein besonderes Verdienst lag in der Sicherung der Unabhängigkeit der Gerichte durch die erwähnte Bill. In der Richtung auf Gleichberechtigung der Konfessionen hat sie keinen Fortschritt begründet und die gesetzliche Anerkennung religiöser Freiheit nicht herbeigeführt, aber doch das Zeitalter barbarischer Verfolgungen wegen religiöser Bekenntnisse für England geschlossen. Dem Einfluß theokratischer Staatstheorien hat sie ein Ziel gesetzt, der Vertragstheorie durch die Art der Berufung Wilhelms zum Siege verholfen, zugleich damit aber das Übergewicht des Parlaments über den König besiegelt; ob zum Vorteile der Gesamtheit und speziell der unteren Klassen, das mag später einer Prüfung unterzogen werden. Der Kampf zwischen Königtum und Parlament hat in der Hauptsache ausgespielt. An seine Stelle tritt das Schaukelspiel der aristokratischen Parteien, bei dem der König freilich nach Umständen den Ausschlag geben kann und, wie wir sehen werden, nicht selten gegeben hat.

Der Ursprung dieser Parteien, der Torys und Whigs, mag uns hier auch einen Moment beschäftigen.

Ihr Gegensatz wurzelt tief in dem politischen Gedankensysteme des englischen Volkes. Auf das Alter des Gedankens, daß das gesamte öffentliche Recht Englands eine vertragsmäßige Grundlage habe, ist bereits hingewiesen worden. Er verknüpfte sich mit Vorstellungen von alt-angelsächsischer Gemeindefreiheit und fand in der Sturm- und Drangperiode des 17. Jahrhunderts seine theoretische Formulirung zuletzt in den politischen Schriften des Philosophen Locke, der auf wissenschaftlichem Gebiete den Genius der zweiten englischen Revolution repräsentirt. Ihm gegenüber fand die Macht und Wirksamkeit des Königtums einen Ausdruck in Vorstellungen und Gewöhnungen, die je nach der Gestaltung der Verhältnisse in Staat und Kirche sich verschieden bestimmten, immer aber nach ihrem Ursprung und der Richtung ihrer bewegenden Kraft einen gewissen Gegensatz zu jenem ersteren Gedankenelemente bildeten. Ihrer theoretischen Vertretung durch Hobbes und Filmer ist früher gedacht worden.

Diesem Gegensatze nun, zu dem sich Analogien bei allen Kulturvölkern erkennen lassen, da bei ihnen überall der Autorität des herrschenden Willens und den ihr entsprechenden Anschauungen, Gewohnheiten, Einrichtungen oder Anforderungen irgend welche autonomistische Regungen, gleichviel in welchen Formen, unter welchen Namen und in Verbindung mit welchen theoretischen Meinungen, entgegenwirken, diesem Gegensatze also entsprach der Gegensatz jener Parteien nach ihrem Ursprunge und der Beschaffenheit der Volksanschauungen, Traditionen und Argumente, auf welche sie ihre Parteithätigkeit von Haus aus stützten.

Ihr erstes geschichtliches Auftreten erfolgt unter Karl I. Sie stehen sich hier mit den bekannten Namen Kavaliere und Rundköpfe als Königs- und Parlamentspartei gegenüber. Das Stichwort der ersten ist „Kirche und Krone“, das der zweiten „Widerstand, resistance“. Ihre Scheidung entspricht weder anfänglich noch in der Folge einfach verschiedenen Gesellschaftsklassen. Speziell findet sich die hohe Aristokratie auf beiden Seiten vertreten. Doch steht die städtische Intelligenz und Geldmacht überwiegend auf der Seite der Rundköpfe, die Landgentry überwiegend auf Seiten der Kavaliere. Die Presbyter gehören jener, der anglikanische Klerus dieser Partei an.

Unter der frivolen Regierung Karls II. tritt eine „Vaterlandspartei“, deren Kern mit dem der Rundköpfe zusammenfällt und welche sich durch die Sorge für den Bestand der bürgerlichen Freiheit, durch die Reaktion des Nationalgefühls gegen die äußere Politik des Hofs und durch Haß gegen die katholische Kirche verbunden findet, der Hofpartei gegenüber. Später erlangt eine die Thronfolge betreffende Frage eine besondere Bedeutung für den Parteikampf, die Frage nämlich, ob der Bruder Karls, Jakob, wegen seines Katholizismus von der Thronfolge auszuschließen sei oder nicht. Die Ausschließungsmänner, exclusionists, welche sich aus der Vaterlandspartei rekrutiren, stehen hierbei den siegreichen Entrüstungsmännern der abhorrers gegenüber. In dieser Zeit kamen zugleich die Parteinamen auf, welche seitdem in der englischen Geschichte eine so große Rolle gespielt haben. Die Ausschließungspartei erhielt den Namen der Whigs nach einem Häuflein schottischer Bauern, welche als presbyterische Eiferer sich gegen ihre Verfolger empört hatten, die Gegenpartei den Namen Torys nach gewissen irischen, wegen ihres Katholizismus verfolgten Flüchtlingen. Die erstere Bezeichnung weist daher auf das Verlangen der Schonung der protestantischen Sekten, die zweite auf katholisirende Tendenzen hin, und beide entsprechen so der überwiegenden Bedeutung, welche in dieser Zeit die kirchlich-politischen Gegensätze für das Parteileben gewonnen hatten.

Die Entthronung Jakobs und die Berufung Wilhelms war in der Hauptsache, wie schon erwähnt wurde, das Werk der Whigs, und diese haben lange das neue Königtum als ihre Schöpfung betrachtet und es in entsprechender Abhängigkeit von sich zu erhalten getrachtet. Bei den Torys dagegen trat die Anhänglichkeit an das alte Königshaus bald wieder hervor und spielte der Wunsch einer Rückkehr zu demselben lange Zeit eine Rolle. Im Übrigen büßte der Parteikampf mehr und mehr seine prinzipielle Bedeutung ein. Beide Parteien repräsentiren die herrschende Gesellschaftsklasse (gentry und nobility), mit deren Interessen der Charakter des englischen Rechts, wie er sich beim Ausgang des 17. Jahrhunderts festgestellt hat, aufs beste harmonirt, und sie kämpfen innerhalb der von demselben gezogenen Schranken um Einfluß, Stellen und Pfründen.

Ich wende mich der klassischen Zeit der englischen Aristokratie und den im Laufe derselben hervortretenden Bewegungen demokratischer Richtung zu. Ich habe dabei spezieller die Zeit vom Ausgang des siebzehnten bis zum Ausgang des achtzehnten Jahrhunderts im Auge. Ließ sich der englische Staat vormals als eine durch eine mächtige Aristokratie beschränkte Monarchie bezeichnen, so vom Ausgang der zweiten Revolution ab als eine durch eine erbliche Monarchie modifizirte Aristokratie.

Nach oben und nach unten hin hatten Adel und Gentry ihre Macht befestigt, ersteres durch die vertragsmäßige Einsetzung einer neuen Dynastie in ein beschränktes Königliches Amt, letzteres durch die Vernichtung der demokratischen Partei der Puritaner, und in beiden Richtungen erhöhten und vervollständigten sie unter den ersten Regenten aus dem hannoverschen Hause ihre dominirende Stellung.

In der ersteren Richtung hatte das Parlament sich das Recht gesichert, die gesamte Regierung zu kontroliren und die Minister verantwortlich zu machen für eine verfassungswidrige Führung der Geschäfte. Es konnte fortan nicht zweifelhaft sein, daß sich nur im Einklange mit der im Parlamente und speziell im Unterhause dominirenden Partei regieren lasse. Und es bildete sich auf Grund dieser Einsicht allmählich das „parlamentarische System" aus, nach welchem die obersten Ratgeber des Königs, die statt seiner verantwortlichen Minister, aus den Führern der Majorität im Unterhause zu machen seien. Wie dieses System im achtzehnten Jahrhundert funktionirte, werden wir alsbald sehen. Im Ganzen hat sich dasselbe, beziehungsweise seine Durchführung und Wirksamkeit bis in die Regierungszeit der Königin Viktoria hinein fortschreitend entwickelt und verbessert. In Verbindung damit aber ist die königliche Macht fortgesetzt verringert worden. Einer rückläufigen Bewegung in diesem Prozeß unter Georg III. wird später zu gedenken sein.

In der Richtung nach unten befestigte die herrschende Klasse und vor Allem die nobility ihre Macht durch die genauere Regulirung der Beziehungen zwischen Besitz und öffentlichen Stellungen, sowie durch eine ihren Interessen entsprechende Wirtschaftspolitik und Handhabung der bestehenden Gesetze.

Das passive Wahlrecht war an eine Grundrente von 600 bezw. 300 £ gebunden. In derselben Richtung wie diese Bestimmung wirkten die hohen Wahlkosten und der im Wege des Herkommens erfolgende Ausschluß von Diäten.

Die Bekleidung des wichtigen Friedensrichteramtes war ebenfalls an eine hohe Grundrente gebunden. Ebenso die Stellung von Kommissären und Offizieren in der Miliz. Die Offiziersstellen in der Armee wurden zu hohem Preise verkauft. Die wichtige Anklagejury wurde ganz von den Notabeln für sich in Anspruch genommen, ebenso die Spezialjury in Zivilsachen. Die Verwaltung der Städte lag in der Hand von Bürgerausschüssen, welche sich durch Kooptation ergänzten, und nahm einen ausgeprägt oligarchischen Charakter an. Die Sitte, Ehrenbürger zu ernennen, gab in Verbindung mit einem ausgebildeten Patronatssystem den großen Landlords die Möglichkeit, einen festen Fuß auch im Stadtregiment zu gewinnen und die städtischen Wahlen für das Parlament in Abhängigkeit sich zu erhalten. Ihre Macht war daselbst befestigter wie in den Grafschaften, wo die ländliche Gentry einflußreich blieb, daher das unverhältnismäßige Übergewicht des städtischen Wahlrechts ihnen zu gute kam. Sie beherrschten so thatsächlich die Mehrzahl aller Wahlplätze. Eine gewisse Anzahl (circa 70) hing von der Krone ab. Als relativ unabhängig galten nur etwa hundert Wahlplätze, also eine kleine Minderheit. Die Verhältnisse lagen vielfach thatsächlich so, als sei bestimmten Familien das erbliche Recht gegeben, die Abgeordneten für die betreffenden Plätze zu ernennen. Der Herzog von Norfolk soll allein 11 Wahlflecken in diesem Sinne beherrscht haben. Bezeichnend für diese Gestaltung der Dinge ist ein Beschluß, den der Gemeinderat von Colchester im Jahr der Thronbesteigung Wilhelms III. gefaßt hat: es solle Sir Walsingham die Ernennung ihrer Abgeordneten zum Parlamente haben. Das Haus der Gemeinen gewann durch diese Verhältnisse auch etwas von dem Charakter eines erblichen Instituts und näherte sich damit dem Charakter des Hauses der Lords. Da in diesem die Beherrscher jener sogenannten Nominationsplätze saßen, von welchen zu gutem Teile die Zusammensetzung des Unterhauses abhing, so erklärt sich die relative Harmonie zwischen beiden Häusern. Ebenso findet in jenen Zuständen die verhältnismäßig große Stetigkeit in dem parlamentarischen Leben Englands während der ganzen Periode ihre Erklärung. Familienstiftungen und die relative Unveräußerlichkeit liegender Güter dem Anerben gegenüber wahrte die ökonomische Grundlage jener Machtstellung. Diese Einrichtung und der Umstand, daß die Verknüpfung der politischen Rechte mit dem Einkommen aus Grundbesitz das Bestreben erzeugte, neu erworbenen Reichtum zu einem Teile in Grund und Boden anzulegen, führten im Laufe dieser Periode zur Vernichtung des selbständigen Bauernstandes und zu einer Konzentration des Grundeigentums in der Hand einer kleinen Minderheit. Beim Ausgang der zweiten Revolution soll es noch 180000 selbständige Bauernfamilien gegeben haben. Diese Klasse ist im Wesentlichen verschwunden. An ihre Stelle sind Pächter und Arbeiter getreten, welche selbstverständlich eine geringere politische Kraft und Widerstandsfähigkeit repräsentiren als jene. (Zur Zeit gehören 4/5 des nutzbaren Bodens Englands etwa 7000 Personen). Dieselbe Gesellschaft, welche im Staate regierte, beherrschte auch die Kirche, die hohen Stellungen. Und diese hat sie selbst inne, die niederen verleiht sie. Bei dem engen Zusammenhange aber zwischen Kirche und Staat kommt dies ihrer politischen Machtstellung wesentlich zu gut; die aristokratische Kirche selbst befestigt sie in ihren Privilegien. Die anglikanische Rechtgläubigkeit bleibt Vorbedingung für die Parlamentsmitgliedschaft, für die Bekleidung obrigkeitlicher Ämter in England. Die nicht zu ihr gehörigen Sekten traten hier, im Gegensatz zu Schottland, wo die Presbyterien die Herrschaft behaupten, seit der ersten Revolution in ihrer Bedeutung für das öffentliche Leben und auch hinsichtlich der Zahl ihrer Angehörigen beständig zurück. Dem aristokratischen Charakter des Parlaments, zu dem ich mich zurückwende, entsprachen die Formen seiner Wirksamkeit. Diese entzog sich der öffentlichen Kontrole. Die Parlamentsverhandlungen selbst waren nicht öffentlich; Mitteilungen über dieselben in der Presse wurden noch unter Georg III. als eine Verletzung der parlamentarischen Privilegien strafrechtlich verfolgt. Der Grund dieser Geheimniskrämerei lag freilich nicht bloß in dem aristokratischen Geist der herrschenden Klasse, sondern zugleich in der parlamentarischen Mißwirtschaft. Das Verhalten der Parteien und der Einzelnen enthielt Grund genug, die Öffentlichkeit zu scheuen. Die Einführung des parlamentarischen Systems in die politische Welt war von Erscheinungen begleitet, die nicht geeignet waren, ihm allgemeine Bewunderung zu sichern. Da ein Ministerium und die ihm gemäße Regierungspolitik sich nur behaupten konnten, sofern und so lange eine Mehrheit im Parlamente als getreue Gefolgschaft diese Politik unterstützte und sich bei Neuwahlen wieder zusammenfand, so richteten sich die Bemühungen vor Allem auf die Erhaltung dieser Gefolgschaft und als ein geeignetes Mittel zum Zweck erwies sich bald die Bestechung. Diese bildete sich durch Walpole, den Whigminister unter Georg I., und im Beginn der Regierungszeit Georgs II. zu einer förmlichen Institution aus. Und zwar kaufte man zuerst nur die Abgeordneten durch die Verleihung von Ämtern, Sinekuren, Pensionen und anderen Dingen, Ketten, Tabatieren, Miniaturbildern u. s. w., die Burke später das Unterpfand des Verrats und das Denkzeichen der Schmach des Parlaments nennt, später auch die Wahlflecken und bezw. die Nominationsherren. Die Kosten für einen Wahlflecken berechnete man auf 25–9000 £, gelegentlich aber erhöhte sich der Preis bis auf 30000. Bei den Nominationsflecken fiel wohl für den Wahlmann 1779 gelegentlich nur eine Kanne Bier oder eine Hammelskeule ab, der Nominationsherr selbst strich das eigentliche pretium ein. Die Anwendung dieser Mittel war so sehr eingebürgert, daß der im Übrigen reformfreundliche Romilly ihre Mißbilligung für einen „moralischen Aberglauben" erklärte. Wir werden später sehen, daß auch das allgemeine Stimmrecht und überhaupt demokratische Einrichtungen das parlamentarische System nicht gegen derartige Begleiterscheinungen sicherte. Die besonderen Formen aber, in welchen das Unwesen im vorigen Jahrhundert in England auftrat, hingen offensichtig mit der früher geschilderten Verteilung des Wahlrechts und der gesamten oligarchischen Struktur des politischen Gebäudes zusammen; zugleich aber damit, daß die Parteien nicht durch tiefergehende, mit allgemeinen Überzeugungen verknüpfte Gegensätze geschieden waren. Die Verhältnisse besserten sich, als jener, das parlamentarische Getriebe deckende

Schleier zerrissen und die Möglichkeit gewonnen war, das Verhalten der Abgeordneten in umfassender Weise einer öffentlichen Kontrole zu unterwerfen; zugleich in Zusammenhang mit der Beseitigung einer Anzahl jener käuflichen Wahlflecken und einer Vertiefung des Kampfes der Parteien. Auch in sachlicher Hinsicht zeigt die Wirksamkeit des Parlaments in dieser Zeit große Mängel.

Auf staatlichem wie auf kirchlichem Gebiete ist ein langdauernder Stillstand wahrzunehmen. Das aristokratische Regiment erweist sich hier, wie so oft in der Geschichte, als ein hochkonservatives. An Reformen des politischen Systems denkt man ebenso wenig, wie an Reformen im Bereiche der Rechtspflege, des Unterrichtswesens, der Armenpflege u. s. w. Überall bestehen auf diesen Gebieten große Mißstände, aber sie berühren die Interessen der herrschenden Klasse nicht direkt, zum Teil sind sie mit diesen Interessen verwachsen. Die spärliche Gesetzgebung der Epoche zielt auf Befestigung des Einflusses dieser Klasse auf die Wahlen und auf die Sicherung ihrer materiellen Interessen. Die Sorge für die geistigen Interessen der Nation überläßt man im Wesentlichen der Kirche, deren eigenes geistiges Leben aber in einer Zeit unbestrittener Herrschaft abzusterben beginnt.

Die Strafgesetzgebung hat einen barbarischen Charakter und hat wesentlich die unteren Klassen im Auge; die Zivilrechtspflege dagegen mit der Kostspieligkeit der von ihr dargebotenen Rechtshilfe die oberen Klassen.

In wirtschaftspolitischer Hinsicht bringen Beschränkungen der Freizügigkeit, des Auswanderungsrechts und des Koalitionsrechts, das Übergewicht der indirekten Steuern und die Schutzzölle das Klasseninteresse der Regierenden zum Ausdruck. Die herrschenden Großgrundbesitzer erkennen sich Ausfuhrprämien für Getreide (von 1740—51 im Betrage von 1,500,000 £) zu. Von einer allgemeineren Bedeutung ist der ausgedehnte gesetzliche Schutz, dessen sich die Wollindustrie erfreute. Die Interessen der Großgrundbesitzer trafen in diesem Punkte mit denjenigen der Wollindustrie zusammen. Eine originelle Spitze erreichte dies Schutzsystem in der Bestimmung, daß kein Toter ohne Wolle beerdigt werden dürfe.

Durch den Einfluß des Wahlsystems übertrugen sich Korruption und Verschwendung aus dem Mittelpunkte des Staatslebens auf die Verwaltung der Städte und wurden die Totalinteressen daselbst zurückgedrängt hinter die Machtinteressen der politischen Parteien und Persönlichkeiten.

Solchen Zuständen gegenüber konnte ein Anonymus im Jahre 1744 sagen, die Nation sei ans Kreuz geschlagen, während zwei Dieben gleich die beiden Parteien um die Beute kämpften.

Die Nation aber erkannte zwar allmählich die Natur dieses Parteikampfes, fühlte sich indessen keineswegs gekreuzigt. Den unteren Klassen fehlten Kassenbewußtsein und Reformideen. Sie existirten zum Teil in patriarchalischen Abhängigkeitsverhältnissen und der Umstand, daß sie die Besitzenden überall in der Lokalverwaltung thätig und bereit sahen, die Hauptarbeitslasten derselben zu tragen, hinderte, in Verbindung mit ihrer Unwissenheit, eine gefährliche Vertiefung des Gegensatzes zwischen ihnen und jenen. Die Herrschaft von Adel und Gentry hatte im Übrigen große negative Verdienste. Man ließ das im Kampfe mit dem Königtum geschaffene Verwaltungsrecht, ein wesentliches Stück des Rechtsstaates und die Unabhängigkeit der Reichsgerichte unangetastet, und die Passivität auf gesetzgeberischem Gebiete, sowie die Abneigung gegen eine größere Ausdehnung der staatlichen Wirksamkeit ließ der Thatkraft und dem durch eine unvergleichlich günstige Lage geförderten Unternehmungsgeiste einer erwerbseifrigen, seefahrenden Nation Spielraum für eine umfassende Bethätigung.

Unter Georg III. treten im politischen Leben Englands neue Strömungen von verschiedener Richtung und Bedeutung hervor. So eine dem Königtum günstige. Viele gebildete Engländer, so Hume und Gibbon, schwärmten für den aufgeklärten Despotismus, wie er sich in Friedrich II., Leopold von Toskana u. a. verkörperte, und würden eine diesem sich annähernde Entwicklung des politischen Zustandes begünstigt haben. Schon Bolingbroke hatte in seinem Buche über den „Patriotischen König" (1738) gegen das parlamentarische System und dafür geeifert, daß der König nicht bloß, wie nach diesem System, herrsche, sondern auch regiere, jedoch nicht zu sagen gewußt, durch welche Mittel eine solche Änderung des politischen Systems herbeigeführt werden könne. Indessen wurde ein seinen Ideen entsprechender Versuch, dem Königtum wieder die dominirende Stellung im Staate zu erringen, durch Georg III., einen Mann von zähem Willen, thatsächlich gemacht. Auch ist es diesem König während langer Zeit gelungen, einen großen Einfluß auf das politische Leben Englands auszuüben. Aber die von ihm angewendeten Mittel stellten dauernde Erfolge nicht in Aussicht. Er sammelte nun sich eine Partei der „Königsfreunde", die durch Bestechung zusammengehalten, und mit deren Hilfe die Wahlen und die Parlamentsentscheidungen beeinflußt wurden. Und dieses zu Gunsten einer streng konservativen Politik. Die letztere aber, mit welcher er sich auf denselben Boden mit der Aristokratie stellte, bot keine Handhabe zu einer dauernden Änderung der Machtverhältnisse zwischen beiden. Eine solche konnte vielleicht, und jedenfalls nur dann erhofft werden, wenn der König sich (im Sinne der Hume und Gibbon) zum Träger von Reformideen gemacht und bestimmtere Fühlung mit den Interessen der emporstrebenden Mittelklassen und beziehungsweise der unteren Schichten gesucht hätte. Dies aber lag ihm fern und sein Verfahren hatte die Folge, daß die in bürgerlichen Kreisen sich ausbreitende Verstimmung sich gleichmäßig gegen König und Parlament richtete; sein Zusammengehen mit den Torys die weitere Folge, daß die Whigs eine Anbahnung an jene Kreise suchten und indem sie ihrer Opposition eine breitere Basis gaben, sich zu einer wirklichen Reformpartei erhoben. Fortan lassen sich eine außerparlamentarische liberale Bewegung und eine parlamentarische, zwischen welchen aber wesentliche Berührungen stattfinden, unterscheiden. Eine Gruppe whigistischer Parlamentarier gehört zugleich zu den Trägern jener populären Bewegung. Der letzteren gehört das Auftreten von Wilkes, seit Anfang der 60er Jahre, an. In seiner Zeitschrift der „Nord=Britte" richtete derselbe heftige Angriffe gegen das System der Regierung und dessen Träger und trat er zugleich für gesetzliche Reformen ein. Unter anderem forderte er das politische Wahlrecht für jeden selbständigen Mann. Als er 1768 ins Parlament gewählt wurde, stieß die in ihm herrschende Partei seine Wahl, dem Wunsche des Königs gemäß, aber gesetzwidrig, um und erkannte, als die Wahl von Wilkes sich viermal erneuerte, seinem Gegner, dem Minoritätskandidaten, den Parlamentssitz zu. Dieses Vorgehen erzeugte innerhalb der Bürgerschaft eine Bewegung, wie sie seit dem Abschluß der zweiten Revolution nicht mehr erlebt worden war, und welche, zusammentreffend mit den Bestrebungen hervorragender Abgeordneter, Ergebnisse von größter Bedeutung zur Erscheinung brachte. An sie knüpft sich der Sieg des Prinzips der Öffentlichkeit und der populären Kontrole der parlamentarischen Wirksamkeit. Wie schon erwähnt wurde, hatte das Parlament die Veröffentlichung von Parlamentsverhandlungen stets als ein Verbrechen gegen seine Privilegien betrachtet und als solches verfolgt. Das große Interesse aber, welches sich den Verhandlungen während des Ganges jener Streitsache zuwendete, veranlaßte den Herausgeber der „Abendpost“, nach Berichten einzelner Abgeordneten ausführliche Mitteilungen über die Vorgänge im Parlamente zu veröffentlichen. Das Parlament ließ den Herausgeber einkerkern, der Lordmajor von London aber setzte ihn, weil die Verhaftung den Vorrechten von London widerstreite, in Freiheit. Und das Haus ließ nach verschiedenen Zwischenfällen die Angelegenheit ruhen. An dem gesetzlichen Zustand ward nichts geändert, thatsächlich aber hatte die Preßfreiheit dem Parlament gegenüber einen Sieg errungen, der ihr ernstlich nicht mehr streitig gemacht worden ist. Der Beschluß, welcher die Wahl von Wilkes kassirt hatte, ist später (1782) zurückgenommen worden. In dieser Zeit bürgerten sich ferner, ebenfalls im Zusammenhange mit jener Streitsache, die politischen Meetings ein. welche eine große Bedeutung für das politische Leben Englands gewonnen haben. Die oppositionelle Bewegung wurde erweitert und vertieft durch die berühmten Juniusbriefe des Sir Francis, die 1769—1772 erschienen. Sie enthalten geistreiche, witzige und leidenschaftliche Angriffe gegen die gesamte aristokratische Mißwirtschaft und zugleich eine beredte Verteidigung der Verfassung, der Wahlfreiheit, der Schwurgerichte, der Preßfreiheit. Die letztere wird als „das Bollwerk aller bürgerlichen, politischen und religiösen Rechte des Engländers“ gefeiert. Die Grundauffassung ist die alt whigistische, die jetzt wieder hervorgekehrt und der nun eine Wendung auch gegen gewisse Prätentionen des Parlaments gegeben wird. König, Lords und Gemeine sollen sich danach als Beauftragte, nicht als Eigentümer des Staates, als Lehensträger des Volkes, nicht als dessen Herrn ansehen.

Mit den Tendenzen der Juniusbriefe harmonirten die Schriften und die parlamentarische Wirksamkeit Burkes, des späteren leidenschaftlichen Gegners der französischen Revolution. Er beklagt und beleuchtet in seiner Schrift über die „Ursachen der gegenwärtigen Unzufriedenheit“ die Verderbtheit des Parlaments, das nur noch ein willfähriges Werkzeug des Hofes sei und sich so verhalte, als liege ihm in Gemeinschaft mit dem König die Kontrole über das Volk ob, da es doch eine Kontrole aus dem Volke und zu Gunsten des Volkes sein solle, oder als sei es dessen Frohnvogt, nicht dessen Anwalt. Seinen Bemühungen auf parlamentarischem Gebiete war es vornehmlich zu danken, daß das System der Bestechungen eine Einschränkung erfuhr. Im Jahre 1782 sind über 200 mit diesem System zusammenhängende Sinekuren beseitigt worden.

Übrigens liegt den Ansichten Burkes, wie denjenigen des Verfassers der Juniusbriefe, eine Parlamentsreform fern. Beide erwarten eine Besserung der Zustände von der öffentlichen Kontrolirung des politischen Verhaltens der Abgeordneten. Der letztere spottet über das Verlangen der Kaufleute und Fabrikanten nach Wahlstimmen. Was hindere sie denn, Land zu kaufen und dadurch wahlberechtigte Freisassen zu werden.

Reformfreundlicher sind andere whigistische Politiker. So der Herzog von Richmond, der 1780 im Oberhaus die Einführung des allgemeinen Stimmrechts beantragte, weil es ein natürliches und unveräußerliches Recht jedes Bürgers sei, bei der Wahl der Volksvertretung mitzuwirken. So ferner der jüngere Pitt, der seine Laufbahn als liberaler Whig begann. 1782 verlangte er einen Ausschuß zur Untersuchung des Zustandes der Vertretung, 1783 stellte er den Antrag, den Flecken bei Erweis von Bestechlichkeit das Wahlrecht zu Gunsten der Grafschaften und der Hauptstadt zu entziehen, im Jahr 1785 schlug er die Beseitigung des Wahlrechts von 36 Burgflecken vor, alles dies freilich ohne Erfolg. Auch bemühte Pitt sich eifrig um die Emanzipation der Katholiken. Hier aber stieß er auf den hartnäckigsten Widerstand, einerseits bei dem Könige, andererseits bei dem Bürgertum und den Massen.

Ein früherer bescheidener Versuch des Parlaments im Jahre 1778, die Lage der Katholiken zu verbessern, hatte einen Aufruhr in London zur Folge gehabt. (Erst in den Jahren 1792 und 1793 wurden die irischen Katholiken aus einer Stellung von Parias, in welcher sie bis dahin existirten, befreit.) Von großem Einfluß auf die Parteiverhältnisse und zugleich auf die Ausbreitung demokratischer Anschauungen war der Streit mit den amerikanischen Kolonien, den die Inanspruchnahme eines Besteuerungsrechtes den im Parlamente nicht Vertretenen gegenüber hervorgerufen hatte, und der bekanntlich mit der Trennung dieser Kolonien vom Mutterlande endigte. Die Whigs traten auf Grund allgemeiner (demokratischer) Rechtsanschauungen für die Ansprüche der Kolonien ein, und es entwickelten und verbreiteten sich diese Anschauungen unter dem Einfluß des fast zwei Dezennien hindurch sich fortsetzenden Parteienkampfes.

Tiefer gehend noch in gleicher Richtung war der Einfluß der französischen Revolution. Derselbe schied England längere Zeit in zwei feindliche Hälften, in eine konservative, der Bewegung in Frankreich und den dortigen Machthabern feindlich und zugleich kriegerisch gesinnte und eine den Prinzipien der Revolution mehr oder minder zugeneigte, reformfreundliche und den Krieg mit Frankreich verdammende Hälfte. Auf jener Seite befand sich der König samt den von Pitt geführten Parlamentsmehrheiten, der gesamten Torypartei und den konservativen Kreisen, die jetzt in Burke den Dollmetscher ihrer Empfindungen und in dessen antirevolutionären Schriften die rechte Deutung und Begründung der englischen Verfassung fanden. Auch er spricht freilich von dem Grundvertrag, auf dem das englische Gemeinwesen beruht, aber den Wert seiner Einrichtungen leitet er nicht aus diesem Verhältnis her, sondern aus der geschichtlich begründeten Harmonie dieser Einrichtungen mit dem Ganzen der gesellschaftlichen Zustände, der überlieferten Sitten, der herrschenden Vorurteile. Er ist ein Feind jedes politischen Dogmatismus, vor Allem desjenigen, auf welchen die französische Revolution sich stützte. Den Jakobinismus sieht er mit denselben Augen an, wie der neueste und größte Geschichtsschreiber desselben, Taine, und findet demgemäß in ihm „das schrecklichste Übel, das je die Menschheit bedrückt hat“. Burke hat in Vielem, seinen demokratischen Gegnern gegenüber, recht, seine Auffassung des Staatslebens ist die tiefer gehende. Allein er unterschätzt nun die Mängel des aristokratischen Regiments in England und übersieht, daß inmitten einer fortschreitenden Gesellschaft, wie es die damalige englische Gesellschaft war, jene Harmonie sich nur erhalten läßt mittelst einer der gesellschaftlichen Bewegung sich anschließenden Reformarbeit. Auf der Gegenseite stehen die Whigs unter Führung von Fox, Makintosch, Grey u. a. Indessen sondert sich von ihnen ein Teil der sogenannten alten Whigs, welcher den Ideen, von denen sie sagen, daß sie gleich Heuschrecken über den Kanal kämen, um die Grüne der englischen Verfassung zu zerstören, mißtrauisch gegenüber steht und Reformbestrebungen vertagt sehen will. Ferner findet sich auf dieser Seite die Mehrheit der städtischen Bevölkerung, die nun vor Allem unter dem Einfluß der Schriften und bezw. Reden von Paine, Priestley, Horne Tooke steht.

Doch wird das Verhalten der dahin gehörigen Handelswelt in Bezug auf die Kriegsfrage bald ein schwankendes. Endlich ist, selbstverständlich, Irland auf dieser Seite. Zahlreiche, fortschrittlichen Tendenzen huldigende, Klubs (man zählte bald 70) bildeten sich in der erregten Gesellschaft. Dahin gehört der zum Andenken an die

Revolution gegründete Revolutionsklub, der einen Glückwunsch an die Nationalversammlung in Paris sandte. Dann die Gesellschaft der Volksfreunde, welche eine gemäßigte Parlamentsreform anstrebte. Ferner die „korrespondirende Gesellschaft“ und diejenige für „konstitutionelle Information“. Diese sind radikal gesinnt und versuchen eine allgemeinere Volksbewegung zu Gunsten des Friedens und einer Änderung des Wahlrechts zu organisiren. Ihren Höhepunkt erreicht die Bewegung im Jahre 1795. Massenversammlungen fordern Frieden und Reformen. Auf den Straßen Londons hört man den Ruf „Nieder mit Georg, keinen Krieg“. Zugleich aber verschärfen sich die Repressivmaßregeln der Regierung, die der populären Bewegung fortwährend mit großer Energie entgegenwirkte. In dem genannten Jahr wurde eine Bill gegen aufrührerische Gesellschaften und eine solche zur Sicherung des Königs erlassen. Auf Grund der ersteren erfolgte zwei Jahre später die Auflösung der korrespondirenden Gesellschaft. Allmählich erlahmte die Bewegung, da sie im Parlamente nicht durchzudringen vermochte und der Gang der Ereignisse in Frankreich und auf internationalem Gebiete die Quellen ihrer Kraft versiechen ließ. Fester als je hatte die Torypartei beim Ausgang des Jahrhunderts die Zügel der Herrschaft in ihrer Hand. Tiefer als England war Irland in die von der Revolution erzeugten Wirbel hereingezogen worden. Katholiken und Protestanten waren dort, in der Gesellschaft der „vereinigten Iren“ organisirt, für ein ächt nationales irisches Parlament auf demokratischer Grundlage eingetreten. In den Jahren 1792 und 1793 sind von ihnen gewisse Reformen, durch welche die irischen Katholiken wenigstens aus der Stellung von Parias, die sie bisher inne hatten, erreicht worden. Aber das irische Parlament zeigte sich im Weiteren ebenso konservativ und exklusiv wie das englische, und dem Bunde der „vereinigten Iren“ stellten sich seit 1795 mit wachsender Energie die aristokratisch und antikatholisch gesinnten Logen der Orangenmänner entgegen. Jene hofften auf französische Kriegshilfe. Dem Landen französischer Truppen sollte eine kriegerische Erhebung folgen. Aber das Unternehmen scheiterte, und die neu befestigte Gewaltherrschaft legte sich schwer auf das unglückliche Volk. Der Gang der Ereignisse führte aber zu dem Versuch einer politischen Verschmelzung von Irland und England, und derselbe gelang durch Bestechung der Mitglieder des irischen Parlaments. Im Jahre 1800 kam die Union mit England zu Stande, welche einen tiefgreifenden Einfluß auf die Entwicklung der politischen Verhältnisse des vereinigten Königsreichs ausüben sollte.

Noch fordern die englischen Schriftsteller, welche in der Periode der Revolution demokratische Anschauungen vertraten, eine speziellere Berücksichtigung.

Zuletzt habe ich der liberalen bezw. demokratischen Bestrebungen und Gesinnungen gedacht, welche gegen Ende des vorigen Jahrhunderts in England auf parlamentarischem und außerparlamentarischem Gebiete hervorgetreten sind, und mir vorbehalten, kurz der Schriftsteller zu gedenken, in deren Werken jene Gesinnungen einen theoretischen Ausdruck gefunden haben.

Die literarische Bewegung, welche den Kämpfen des 17. Jahrhunderts zur Seite gegangen war, fand nun eine Erneuerung; wie es ja für das moderne Staatsleben charakteristisch ist, daß die Kämpfe der Parteien gleichsam in zwei Sphären, in derjenigen der realen Interessen und Machtverhältnisse einerseits, in der literarischen andererseits durchgefochten werden und sich unter verschiedenen Namen und Feldzeichen immerfort erneuern. Den Hobbes und Filmer des 17. Jahrhunderts entspricht in der neuen Epoche Burke, den Milton und Locke dort entsprechen die schon genannten progressistischen Schriftsteller hier. Diese repräsentiren zum Teil zugleich den Einfluß Rousseaus und französischer Schriftsteller überhaupt auf englischem Boden und lassen den Eindruck, den die großen Thatsachen dieser Epoche: die Entstehung der amerikanischen Republik und der französischen Revolution, sowie denjenigen, welchen die wirtschaftliche Entwicklung Englands auf die Gedankenwelt der mittleren und unteren Schichten hervorbrachten, im Spiegel der Theorie erkennen. Von einem hervorragenden Repräsentanten des Geistes dieser Zeit, von Bentham, sehe ich zunächst ab, weil seine Wirksamkeit sich erst in unserem Jahrhundert voller entfaltet hat. Unter dem Einfluß Lockes einerseits, Rousseaus andererseits schrieb Priestley, ein Dissenterprediger, seit Ausgang der 60er Jahre. Unter Anderem publizirte er eine Schrift über „die ersten Prinzipien der Regierung“, dann eine solche über den „Freiheitsstand in England“. Seine Überzeugungen sind ausgeprägt demokratische. In dem Kampf mit den amerikanischen Kolonien tritt er eifrig für die letzteren ein.

Gesinnungsverwandt ist ihm der Lieutenant Cartwright, der seit 74 für die Ansprüche der amerikanischen Kolonien, seit 76 für die Parlamentsreform schriftstellerisch thätig war. In letzterer Beziehung forderte er das allgemeine Stimmrecht, geheime Abstimmung bei den Parlamentswahlen und jährlich neu berufene Parlamente. Sein Postulat stützte sich auf die umlaufenden naturrechtlichen Ideen, auf die Bibel und auf das altsächsische Recht.

Eine bedeutsamere Wirksamkeit als diese beiden übte Thomas Paine aus, der von 1737—1809 lebte, während des amerikanischen Unabhängigkeitskampfes in Amerika, während der französischen Revolution in Frankreich, zuletzt wieder in Amerika. Seine Schriften sind zahlreich. Ich nenne die Schriften über den gesunden Menschenverstand, über Menschenrechte, über die ersten Grundsätze der Regierung, über das Zeitalter der Vernunft, über agrarische Gerechtigkeit. Er ist ein echter Repräsentant des Geistes der Aufklärungszeit, welchen ich zu charakterisiren versucht habe. Die Regierungswissenschaft ist nach ihm ebenso einfach und logisch zwingend wie die Geometrie. Nichts sei klarer als die Gleichheit der angeborenen Rechte. Aus ihr aber folgt ihm alles Andere. Die Aufgabe ist nach ihm, eine Gewalt herzustellen, welche in ihrer Gleichmäßigkeit jener Gleichheit der Rechte entspricht und eine Garantie für diese enthält. Nur die demokratische Republik mit dem allgemeinen Wahlrecht leistet dies. Erbliche politische Rechte sind schlechthin verwerflich. Das geschichtlich Überlieferte hat als solches keinen Wert. Gegen Burke behauptet er, daß die Menschheit immer reif genug sei, ihr wahres Interesse zu verstehen. Er verteidigt die französische Revolution und ihr Verlauf macht ihn an seiner Weisheit nicht irre. Daß die meisten Verfassungen seinem Ideale nicht entsprechen, ist Schuld der Volksfeinde. Als solche werden gelegentlich die Monarchen, Adeligen, Beamten und die Staatskirche bezeichnet. Von dem zwischen den wirtschaftlichen und den politischen Verhältnissen bestehenden Zusammenhang hat er keine Vorstellung. Er ist freihändlerisch gesinnt. Nur in der letzterwähnten Schrift (Agrarische Gerechtigkeit) finden sich Gedanken von sozialistischer Färbung. Das, was Einer an Vermögen über das unmittelbar von ihm Produzirte hinaus besitze, habe seinen Grund im Leben der Gesellschaft und sammle sich bei den Reichen, weil für die produktive Arbeit nicht genug bezahlt werde.

Ausgesprochen sozialistische Tendenzen finden sich dagegen bei Spence und Godwin vertreten.

Spence tritt für kommunistischen Bodenbesitz auf Grund der Vertragsidee und eines von ihm angenommenen natürlichen Rechts auf

Existenz ein. Um ihn sammelte sich eine kleine revolutionäre Gruppe seit 1775, die während des Kriegs mit Frankreich wiederholt Gegenstand von Verfolgungen wurde.

Godwin publizirte 1793 ein größeres Werk über „Politische Gerechtigkeit", das in 3 Auflagen Verbreitung fand. Sein Ideal ist eine Gesellschaft ohne Regierung, ohne Gesetzgebung und ohne Zwangsgewalt. Nur das Vernünftige hat Anspruch auf Geltung. Der Staat ist nur zeitweilig annehmbar, seine einzig zulässige Form aber die der Demokratie. „Der Name König" ist ihm „das Grab der menschlichen Tugend, ein Monument des Wahnsinns, der Feigheit und des Elends der Menschheit".

Die Entwicklung der Überzeugungen soll einen Zustand herbeiführen, in welchem das Bedürfnis der Einzelnen den einzigen Rechtstitel bildet und Jedem das zufällt, was gerade bei ihm den größten Wert hat, bei ihm am meisten Wohlsein erzeugt. Es bedarf wohl keines besonderen Hinweises darauf, daß sich in dem Ideenschatze unserer heutigen Anarchisten und Sozialisten (Gothaer Programm) nahe Berührungspunkte mit diesen Anschauungen Godwins finden, wie denn überhaupt seine Elemente alt sind. Sozialistische Gedanken begleiten von Haus aus die Entwicklung der modernen Wirtschaftsverhältnisse. Godwins Werk äußerte indessen trotz seines relativ großen Absatzes keine nachhaltige Wirkung. Es hemmte speziell nicht die wachsende Verbreitung und den steigenden Einfluß von sozialpolitischen Anschauungen entgegengesetzten Charakters, derjenigen speziell, welche durch Adam Smith, den Vater der sogenannten klassischen Nationalökonomie, in dessen berühmtem Buche über Natur und Ursache des Wohlstandes der Völker aus dem Jahre 76 entwickelt und begründet worden sind. War bei Godwin und Spence der Blick ausschließlich auf die Verteilung des Reichtums unter den Gliedern der Gesellschaft gerichtet, so bei Smith wesentlich auf die Erzeugung desselben. Die günstigsten Bedingungen einer thunlichsten Steigerung desselben werden untersucht, und das Ergebnis der Prüfung enthält zwar keine allgemein gültige, wohl aber eine relative Wahrheit, eine Wahrheit den gegebenen Zuständen Englands gegenüber. Jene Bedingungen werden vornehmlich in der Wegräumung von Hemmungen der werterzeugenden wirtschaftlichen Kräfte und der freien Benutzung der Produktivmittel gefunden. Die hauptsächlichsten Postulate betreffen deshalb die gesetzliche Anerkennung einer Reihe von Freiheiten: der

Niederlassungsfreiheit, der Gewerbefreiheit, der Freiheit des Grundeigentums und des Handels. Für Jeden wird überhaupt die Freiheit gefordert, seinen eigenen Vorteil auf dem ihm beliebenden Wege zu suchen und seinen Fleiß sowohl wie sein Kapital mit dem Anderer nach eigenem Ermessen zu vereinigen. Und zwar liegt die Meinung zu Grunde, daß dabei nicht bloß die größte Steigerung der Produktion, sondern auch das relativ größte Wohlbefinden der Einzelnen in Aussicht stehe. Smiths Anschauungen gelangten auf theoretischem Gebiete bald zu allgemeiner Anerkennung. Ihre Übereinstimmung mit den herrschenden naturrechtlichen Ideen begünstigten ihren raschen Siegeslauf in dieser Sphäre und die Kraft der Interessen, mit welchen sie harmonirten, ihren Einfluß auf die politischen Machthaber und die Gesetzgebungen. Doch breitete dieser sich in der Hauptsache erst in unserem Jahrhundert aus. In England machte sich bald die Partei der Whigs zu einem Organe seiner Postulate. Soviel über die Theoretiker dieser Zeit.

Aus dem bisher Gesagten ist erkennbar, daß im englischen Leben beim Ausgang des 18. Jahrhunderts die politischen und sozialen Gegensätze und Faktoren, welche das heutige Staatsleben nicht bloß Englands, sondern der gesamten Kulturwelt in Bewegung erhalten, bereits in deutlicher Exposition hervortreten. Nur ist der Ausdruck, welchen sie in der Gliederung der maßgebenden Parteien finden, ein unvollständiger und unbestimmter, und in den Anschauungen der verschiedenen Volksklassen machen sich speziell die progressistischen Ideen noch in unklarem Gemenge und mit geringer organisirender Kraft geltend.

Einer jener Faktoren, auf welchen wiederholt hingewiesen wurde, nämlich die wachsende Kraft der industriellen Interessen und des beweglichen Kapitals, bedarf hier noch einer besonderen Betrachtung. Und zwar deshalb, weil er bereits in dieser Periode die Grundlagen des aristokratischen Regiments und jene früher erwähnte Harmonie zwischen der englischen Gesellschaft und den Formen ihres Staatslebens zu untergraben beginnt. Ohne Zweifel können diese Interessen, sowie ein Übergewicht des beweglichen Kapitals unter den Faktoren des Wirtschaftslebens sich auch mit aristokratischen Einrichtungen wohl vertragen. Die Geschichte bietet hiefür — es genügt, an Venedig oder Karthago zu erinnern — genügende Belege. Aber die englische Aristokratie ist von Haus aus auf die Macht des Grundbesitzes basirt und ihr eigentümlicher Charakter hängt damit eng zusammen. Daß sie sich gleichwohl bei stetiger Ausdehnung des englischen Handels und einem blühenden Gewerbe gegenüber so lange zu behaupten vermocht hat, erklärt sich aus bereits besprochenen Verhältnissen, aus dem Umstande, daß die Repräsentanten des beweglichen Kapitals sich durch die Verfassung veranlaßt sahen, auch ihrerseits sich zu Landherren zu machen, und daß die herrschende Klasse jederzeit bereit blieb, dieselben in ihre Reihen aufzunehmen, sowie aus den positiven und negativen Verdiensten der Parlamente, die ich früher charakterisirt habe.

Aber jener neuen Entwicklung gegenüber verringerte sich allmählich die Bedeutung dieser Momente. Hier ein Wort über die hier vornehmlich in Betracht kommenden Thatsachen.

Lange hatte die Wollindustrie auf gewerblichem Gebiete eine führende Stellung behauptet, eine Industrie, deren Interessen sich mit denjenigen der Grundbesitzer bei der Bedeutung, welche die Schafzucht für diese hatte, in wichtigen Punkten berührten. In der zweiten Hälfte des vorigen Jahrhunderts wurde dieselbe von der Baumwollindustrie überflügelt, von welcher dies in weit geringerem Grade galt und deren großartige Entwicklung bald einen bedeutsamen Antagonismus zwischen industriellen und agrarischen Interessen hervortreten ließ. Sie erscheint als der hauptsächlichste revolutionäre Faktor in der neueren Geschichte Englands, denn sie hat an der Umwälzung der gesellschaftlichen Zustände dieses Landes, die sich innerhalb eines Jahrhunderts vollzogen haben, den größten Anteil gehabt. Ihr Aufblühen vor Allem, das unter dem Einfluß der Kolonien und der Erweiterung der Absatzverhältnisse, sowie unter demjenigen einer Reihe von Erfindungen (deren wichtigste Spinnerei und Weberei sind) erfolgte, hat eine Konzentration ungeheurer Menschenmassen um einen Mittelpunkt in neuen Abhängigkeitsverhältnissen mit neuen Bedürfnissen und damit eine neue Gruppirung sozialer Machtelemente herbeigeführt. In Verbindung mit den andern Zweigen der Industrie hat sie ferner die Zahl der gewerblich thätigen Individuen vervielfacht, während diejenige der in ländlichen Betrieben beschäftigten stationär blieb. Beim Ausgang der zweiten Revolution hatte die in Handel und Gewerbe beschäftigte Bevölkerung lange nicht die Hälfte der in der Landwirtschaft beschäftigten betragen, beim Ausgang des vorigen Jahrhunderts hat jene die letztere bereits ihrer Zahl nach wesentlich überholt. Aus dem wachsenden Bedarf der Industrie an menschlichen Arbeitskräften ergab sich eine Konkurrenz um diese mit dem Grundbesitz; und das Streben der ersteren, ihre Produktionskosten zu verringern und zu diesem Zwecke die Ernährung der von ihr beschäftigten Menschen zu verbilligen, brachte sie bald in einen Gegensatz zu dem Interesse der Landwirtschaft an hohen Preisen der von ihr erzeugten Konsumtibilien und folgeweise zu einer Bekämpfung der aristokratischen, agrarischen Zollpolitik. Daraus ergab sich ein gesteigertes Interesse der Industrieherren an parlamentarischen Rechten und also an der Parlamentsreform. Auf diese mußte zugleich die veränderte Gruppirung der Bevölkerung immer entschiedener hindrängen. Ihr gegenüber erschien die Verteilung des Wahlrechts mehr und mehr als seltsam und sinnlos. Aufblühende Großstädte wie Manchester und Birminghan entbehrten des Wahlrechts, während Dutzende von Städtchen mit weniger als 50 Wählern, ein Flecken mit einem einzigen Wahlberechtigten ein solches besaßen. Derartige Anomalien konnten sich unangefochten behaupten, so lange die materiellen Interessen der ausgeschlossenen Bevölkerungsteile kein bestimmtes Programm für die Leitung der Staatsgeschäfte, oder wenigstens kein dem aristokratischen Programm grundsätzlich widerstreitendes an die Hand gaben. Hierin aber bereitete sich eine Änderung vor.

In den Herren der Industrie wuchs eine neue Aristokratie empor von anderem Charakter, anderen Anschauungen und Bedürfnissen wie die alte Grundaristokratie. Ihre Stellung zu den staatlichen Angelegenheiten ist eine andere, und zwar nicht bloß hinsichtlich der zu verfolgenden Zwecke, sondern auch hinsichtlich der Formen, in welchen diese geltend zu machen seien. Sie will auf die Gesetzgebung einen entscheidenden Einfluß ausüben und die königliche Regierung kontroliren, aber der lokalen Verwaltung ihre eigene Zeit und Kraft zur Verfügung zu stellen, dazu wird sie dauernd nicht bereit sein. Dazu kommt, daß die Aufgaben der Verwaltung mit dem Wachstum der Bevölkerung und ihrer Bedürfnisse komplizirtere geworden sind und beständig mannigfaltiger und verwickelter werden, so daß das alte System der Selbstverwaltung und die Verbindung von Besitz und Amt in ihrem Werte und hinsichtlich ihres dauernden Bestandes in Frage gestellt erscheinen. Hierbei aber handelt es sich um eine der Grundlagen des englischen aristokratischen Regiments.

Das Ansehen der neuen Gentry stützt sich auf ihre Kapitalien und auf die Arbeiter, die sie beschäftigt und beherrscht. Auch erscheinen diese bei politischen Bestrebungen fortan häufig im Gefolge ihrer Arbeitsherren. Aber die neuen Herrschafts- und Abhängigkeitsverhältnisse schließen zugleich Gegensätze in sich, die sich in dem Maße vertiefen, als die Macht der Industrie und ihr Einfluß auf die Gesetzgebung sich steigern. In einer Richtung machten dieselben sich frühe geltend, in Bezug auf das alte, von der Königin Elisabeth herrührende Gewerberecht nämlich. Dasselbe hatte den Arbeitern, speziell den Gesellen, einen gewissen Schutz gegen Ausbeutung und übermäßige Herabdrückung ihres Lohnes gewährt. So sollte nach ihm die Arbeitszeit im Sommer nicht 12 Stunden überschreiten, der Arbeitsvertrag auf mindestens ein Jahr abgeschlossen, der Lohn nach einem von dem Friedensrichter aufgestellten Maßstabe bestimmt werden, die Zahl der Lehrlinge im Verhältnis zu derjenigen der Gesellen beschränkt sein 2c. Diese Bestimmungen aber wurden von den Arbeitgebern bei der Veränderung des Gewerbebetriebes durch die Einführung von Maschinen immer mehr als Fesseln empfunden und auf alle Weise umgangen. Da das Gesetz nur für die Städte gegeben war, so verpflanzten sie ihre Werkstätten auf das Land und nutzten die ihnen hier gegebene Freiheit nach Kräften aus. Die Arbeiter ihrerseits suchten durch Ausstände die Beachtung jener Bestimmungen zu erzwingen. Speziell setzte sich ein Gewerkverein der Wollarbeiter seit 1796 die Organisirung solcher Ausstände zum Ziel. Die Unternehmer aber setzten die Unterdrückung dieses Vereins und Suspendirung jenes Gesetzes 1803 durch, und dasselbe trat nicht wieder in Kraft. Nun kehrte die Industrie in die Städte zurück und schuf hier ein industrielles Proletariat von wachsender Ausdehnung und sozialer Bedeutung. — Damit sind im Umriß die Zustände bezeichnet, welche im Beginn unseres Jahrhunderts in England gegeben und für den Fortgang seiner inneren Entwicklung entscheidend sind.

Die Zeit vom Anfang des Jahrhunderts bis zur Reform von 1832.

Sie schließt die ersten großen Siege der Reformfreunde auf dem politischen Gebiete in sich und zwar Siege, deren Bedeutung wesentlich darin liegt, daß sie den Vertretern des beweglichen Besitzes und der mit ihm in der modernen Welt sich verknüpfenden Staatsauffassung eine mächtige Position innerhalb der Verfassung sicherte und zugleich das Übergewicht des Unterhauses über die beiden anderen Machtfaktoren, Königtum und Herrenhaus, vervollständigte und befestigte.

Ich betrachte zunächst die Gruppirung der Gesellschaft und der in ihr mächtigen Ideen, wie sie in dieser Zeit auf dem Schauplatz der politischen und sozialen Kämpfe hervortritt.

Im Besitze der Gewalt behauptete sich lange die Torypartei, die Repräsentanten des alten Staates und der in ihm ausschlaggebenden Machtfaktoren. Sie ist eine hochkonservative Partei und steht in Fühlung mit den konservativen Mächten und der antirevolutionären geistigen und politischen Bewegungen des Auslands. Der Kampf gegen das revolutionäre und später gegen das kaiserliche Frankreich hat unter den Verbündeten eine gewisse Gemeinsamkeit politischer Anschauungen und Tendenzen hergestellt, die sich über die Kriegszeit hinaus behauptete, und die in England ihren Träger in der genannten Partei fand, welche die beharrliche Beteiligung an jenem Kampfe als ihr Werk und Verdienst mit Grund in Anspruch nahm. Seine erfolgreiche Führung, sein Einfluß auf das Nationalgefühl und auf die Steigerung des Reichtums der oberen Klassen Englands befestigte die Machtstellung der Partei, die ihn durchgeführt hatte, und hemmte den Einfluß der von mir charakterisirten neuen Verhältnisse auf politischem Gebiete. Auch die schädlichen direkten und indirekten Wirkungen des Krieges erwiesen sich zunächst als förderlich für diese Machtstellung. Es gehören hierher wirtschaftliche Krisen mit ihrem Gefolge von Elend innerhalb der Arbeiterbevölkerung, sowie eine vorübergehende, mit den Kosten des Krieges und der Art ihrer Verteilung zusammenhängende Notlage des kleinen Bürgertums. Die Unruhen, die daraus entstanden, flößten den Besitzenden Furcht und Mißtrauen gegen politische Neuerungen ein und machten sie, wenigstens vorübergehend, geneigt, eine energische, vor durchgreifenden, ja extremen Regressivmaßregeln nicht zurückschreckende Regierung, wie es die der Torys war, zu unterstützen. So mochte diese sich in dem Glauben wiegen, daß es ihr gelingen könne, das alte politische System unverändert auf unabsehbare Zeit zu erhalten. Wenn sie in diesem Glauben jede Reform auch anscheinend untergeordneter Teile des bestehenden Rechts zurückwies, so machte sich hierbei die Einsicht in den Zusammenhang dieser Teile und den trotz aller darin herrschenden Prinziplosigkeit doch psychologisch homogenen Charakter des Ganzen geltend. So waren z. B. die Privilegien der verrotteten Wahlflecken, wie früher dargelegt wurde, von einer wesentlichen Bedeutung für das aristokratische Regiment und für die Einheitlichkeit und Stetigkeit des alten Staatslebens, und das Gleiche gilt von der Zurücksetzung der großen Städte. Der staatsmännische Kopf Amerikas, Hamilton, meint deshalb, daß die englische Verfassung ohne ihre Anomalien nicht bestehen könne. Und Robert Peel, der in der Geschichte der englischen Reformbewegung eine so hervorragende Rolle spielen sollte, sprach in dieser Zeit gelegentlich die Befürchtung aus, daß die Parlamentsreform den Charakter der Verfassung umstürzen, an Stelle der drei Faktoren einen setzen, die Gefühle der Achtung, gegenseitigen Verehrung und Anhänglichkeit, die einzig sichere Grundlage des Staats, ausrotten und eine für Freiheit, Sicherheit und Frieden verhängnisvolle Herrschaft des demokratischen Geistes begründen werde. Aus derartigen Anschauungen heraus trat man, wie für die Beibehaltung des bisherigen Wahlsystems, so für die Fortdauer der Privilegien der Staatskirche, die dauernde Zurücksetzung der Dissenter und Katholiken, und für die bisherigen Zustände im Bereich des Strafrechts, der Armenpflege und des Unterrichtswesens ein. Als ein besonderer Frevel galt es dem rechtgläubigen Tory, Uuterricht und Erziehung unter den Armen zu verbreiten. Selbstverständlich bildeten endlich die Kornzölle einen wesentlichen Punkt in dem Programm dieser Partei. Sie haben ihre höchste Steigerung im Jahre 1815 erfahren. In ihnen ist das wirtschaftliche Korrelat zu den politischen Privilegien der Landaristokratie zu finden; und ihr Schicksal ist daher an das der letzteren gebunden. Den Torys steht auf parlamentarischem Gebiete die Partei der Whigs als die Partei der Reformfreunde gegenüber. Reformen aber verlangt dieselbe vornehmlich in Bezug auf die Parlamentsverfassung im Sinne einer Verbreiterung der Grundlage des Unterhauses und einer Ausgleichung der Wahlrechte. Dann in Bezug auf die Rechtsstellung der Dissenter und Katholiken. Sie tritt im Übrigen für Aufrechterhaltung der alten Freiheiten ein gewissen Neigungen der Torypartei gegenüber dieselben zu beschränken oder zu suspendiren, und für eine Beseitigung beschränkender Bestimmungen auf gewerblichem Gebiete und im Bereiche des Vereinsrechts. Ferner für Ausbreitung des Unterrichts, für eine Reform der Strafgesetzgebung und der Armenpflege und für eine die liberalen und demokratischen Bestrebungen der anderen Nationen begünstigende äußere Politik. Ihre Führer sind Grey, Huskisson, J. Russel, Brougham. Der letztere repräsentirt den linken Flügel der Partei, an welchen sich zwei Radikale, Burdek und Cochrane, die mit den Massen Fühlung suchen, anschließen. In der Hauptsache repräsentirt die Partei aber die Interessen des beweglichen Kapitals und zugleich das geistige Erbe der Aufklärungszeit. Das letztere vornehmlich in derjenigen Form, in welcher es sich in den Werken Adam Smiths und seines Nachfolgers Ricardo, sowie, wenigstens gilt dies für den linken Flügel der Partei, in denjenigen Benthams fixirt findet. Des Erstgenannten ist bereits eingehender gedacht worden. Ricardos Hauptwerk: „Prinzipien der politischen Ökonomie" erschien 1819. Er ist der Systematiker der von Smith begründeten Schule, in dessen Werken zugleich die Einseitigkeit ihrer Gedankenrichtung und ihr Verhältnis zu bestimmten Klasseninteressen am schärfsten hervortritt. Die Auffassung, daß die Arbeit das natürliche Maß der wirtschaftlichen Werte sei und daß bei freier Konkurrenz der Preis der Waren sich diesem Maße entsprechend gestalte, erhielt durch ihn bestimmtere Formulirung und Entwicklung; zugleich eine Wendung, welche sie in einen Gegensatz einerseits zu den Ansprüchen der Agrarier und andererseits zu den Klasseninteressen der Arbeiter brachte. Das Monopol der Grundbesitzer hemmt, dieser Lehre zufolge, die natürliche Preisbildung. Daher sei das Interesse der Grundherrn jederzeit den Interessen aller anderen Stände in der Gesellschaft entgegengesetzt. So u. a. hinsichtlich der Kornzölle, die Ricardo bekämpft. Die Arbeiter aber kommen nur als Produktionsfaktoren in Betracht, als welche sie sich den Maschinen anreihen. Der ihnen zufallende Lohn wird daher nicht zum Reineinkommen der Nation gerechnet, sondern lediglich zu den Produktionskosten gleich dem für die Maschinen erforderlichen Aufwand, und lediglich unter diesem Gesichtspunkte behandelt. Das Bestreben der Industrie, diese Kosten nach Möglichkeit zu verringern, wird als naturgemäß und unvermeidlich betrachtet und ebenso die bei freier Konkurrenz vielfach zu konstatirende Tendenz, den Arbeitslohn dem Minimum des für die Erhaltung der physischen Existenz des Einzelnen und seiner Klasse Nothwendigen anzunähern. (Ehernes Lohngesetz.) Durch staatliche Eingriffe könne hieran nichts Wesentliches geändert werden; solche Eingriffe störten vielmehr nur den Produktionsprozeß und damit die Mehrung des Reichtums. Diese Anschauungen, welche innerhalb der industriellen Gesellschaft rasch sich einbürgerten und hier zu einem sozialpolitischen Programm verdichteten, bilden die Grundlage des sogenannten Manchestertums, das auf das Verhalten des englischen Parlaments und speziell auf dasjenige der Whigpartei lange Zeit hindurch einen wesentlichen Einfluß ausgeübt hat.

Zu den zahlreichen Schriftstellern, welche diesen Einfluß, wenigstens in der Richtung eines Preisgebens der Arbeiterklasse seitens des Staates, befördert haben, gehört Malthus mit seiner berühmten Lehre von dem Mißverhältnis zwischen der Wachstumstendenz der Bevölkerung und derjenigen der Lebensmittel. Doch ist derselbe kein reiner Manchestermann. Denn er tritt für die Kornzölle ein und zwar im Interesse einer Harmonie zwischen Ackerbau und Handel und der hievon abhängenden nationalen Unabhängigkeit und macht damit Gesichtspunkte geltend, welche dem Manchestertum fernliegen. Mit dem Einfluß des letzteren nun konkurrirt derjenige Benthams, des Vaters der englischen Nützlichkeitsphilosophie, den man zugleich als den Vater des englischen Radikalismus bezeichnet hat. In der That traten die radikalen Elemente der liberaleu Seite mehr und mehr unter seinen Einfluß, und seine eigenen Anschauungen entwickelten sich mehr und mehr in radikaler Richtung. Doch hat die Geistesrichtung, die wir als Radikalismus bezeichnen, in England ihren Ursprung nicht in Benthams Werken, wenn er auch als ihr bedeutendster Repräsentant daselbst zu betrachten ist. Ich bezeichne kurz den Kern seiner Anschauungen.

Die allgemeine Triebfeder des menschlichen Handelns liegt nach ihm in dem Streben nach Wohlsein. Die einzige Aufgabe aller Gesetzgebung kann nur in der Förderung dieses Strebens liegen. Spezieller handelt es sich darum, die möglichst große Summe von Wohlsein bei der möglichst großen Zahl von Individuen auszubreiten: Prinzip der Maximation des Glücks. Die einzige Garantie für die Geltendmachung dieses Prinzips seitens der Staatsgewalt liegt in der Herrschaft der Mehrheit, da es sich ja um das Glück der größten Zahl handelt. Daß diese die Bedingungen ihres Glücks besser als Dritte zu erkennen vermöge, wird vorausgesetzt. Demgemäß wird die monarchische und aristokratische Staatsform unbedingt verworfen, die repräsentative Demokratie mit dem Einkommensystem, dem allgemeinen Stimmrechte und jährlichen Wahlen als die vernünftige Staatsform schlechtweg behandelt. In sozialpolitischer Hinsicht huldigt Bentham im Allgemeinen Smithschen Anschauungen. Die Industrie habe vom

Staate zu fordern, daß er ihr aus der Sonne gehe. («be quiet» verhalte dich ruhig.) Er ist u. a. für die Abschaffung der Wuchergesetze. Indessen wünscht er die Einrichtung großer Industriehäuser für die Armen und eine Beschränkung des Erbrechts. Im Übrigen tritt er für Ausbreitung des Unterrichts und anderer Zweige der Wohlfahrtspflege und für die Reform der gesamten Justizgesetze ein.

Reformfreunde Benthamscher Richtung hatten seit 1823 ein wichtiges Organ in der Westminster-Review. Sie führte einen leidenschaftlichen Kampf gegen die Grundaristokratie, für Abschaffung der Kornzölle und für die Parlamentsreform. Hinsichtlich der Arbeiterinteressen macht sich hierbei eine optimistische Auffassung geltend. Man glaubte an ein Zusammengehen derselben mit den Interessen des beweglichen Kapitals den Grundbesitzern gegenüber.

In ihrer Beziehung auf die politischen Fragen war diese Auffassung auch unter den Arbeitern selbst verbreitet. Das Verlangen nach einer Reform des Parlaments stand auch bei ihnen im Vordergrund, wie denn die Unzufriedenheit mit den bestehenden Verhältnissen, gleichviel in welchen Kreisen sie sich geltend machte, in dem Rufe nach dieser Reform einen einhelligen und in dieser Zeit ihren wichtigsten Ausdruck fand.

Betrachten wir indessen die materielle und geistige Lage der Arbeiterklasse etwas näher. Dieselbe war in mehr als einer Beziehung beklagenswert. Die Klasse stand im Allgemeinen den Unternehmern wehrlos gegenüber, und diese waren ihrer Mehrzahl nach von einem Geiste beherrscht, der sie in rücksichtsloser Ausbeutung der von ihnen abhängigen Arbeiter so weit gehen ließ, als es die Natur der menschlichen Kräfte nur immer zuließ. Die erste Generation der Arbeitgeber bestand zumeist, wie der gewesene Barbier Arkwright, der die neuen Erfindungen zuerst in großem Stile nutzbar machte, aus Emporkömmlingen von roher Gesinnung, und die zweite Generation, die unter dem Einfluß des neu geschaffenen Reichtums emporwuchs, repräsentirte in ihrer Mehrheit eine Aristokratie von schlechten Sitten und lockerem Leben, der das «noblesse oblige», zumal ihrer Arbeiterbevölkerung gegenüber, fremd blieb. Auf Ausnahmen wird noch hinzuweisen sein. Für die Lage der Arbeiter war im Übrigen entscheidend einmal ihre Vereinzelung und Unwissenheit, die es ihnen unmöglich machten, günstige Konjunkturen für sich auszunutzen, dann der Einfluß von Handelskrisen und der Einführung neuer Maschinen, wodurch periodisch eine Anzahl aus dem Arbeitsverhältnis herausgeworfen wurde, der Umstand, daß die Maschinen eine umfassende Verwendung von Frauen und Kindern ermöglichten, der damit zusammenhängende, daß der Arbeiter sich leicht zur Eingehung einer Ehe entschloß, weil die Lage des Einzelnen sich durch sie unmittelbar verbesserte, während die Klasse dadurch weiter herabgedrückt wurde, und endlich der unregelmäßige und reichliche Zufluß von Arbeitskräften aus den ländlichen Bezirken und aus Irland. Unter der Einwirkung dieser Verhältnisse verschlechterte sich im Laufe einiger Dezennien die physische Beschaffenheit der unteren Klassen. Und der materiellen Notlage entsprach die geistige. An den Zentren der Industrie sammelte sich ein sittlich verwildertes und geistiger Interessen bares Proletariat. Einen Ausdruck fand dieser Zustand u. a. in einer Mehrung der Verbrechen. Die Zahl derselben soll sich (nach einer Schätzung) von 1805—1835 verfünffacht haben; ferner in lokalen Unruhen und in der Zerstörung von Maschinen durch aufrührerische Massen: „Empörungen des Magens gegen die Herrschaft des Königs Dampf", wie man diese Gewaltthätigkeiten genannt hat.

Das Gefühl der Isolirung ließ zuerst die „freundschaftlichen Gesellschaften" entstehen, politisch farblose friedliche Verbände mit Sparkassen verschiedenen Charakters, die im Laufe unseres Jahrhunderts eine bedeutende Entwickelung genommen haben. Ihnen folgen Gewerkvereine, die Kampfgenossenschaften der Arbeiter eines Gewerkes in bestimmten Städten oder Bezirken zur Erzwingung günstiger Arbeitsbedingungen. Dieselben wurden gesetzlich verboten, was die Ausbreitung geheimer Gesellschaften zur Folge hatte und den Einfluß politischer Demagogen begünstigte. 1824 wurde jenes Verbot aufgehoben; aber nur die lokale Verbindung von Arbeitern zur Besprechung von Lohn und Arbeitszeit der Anwesenden war seit 1825 gesetzlich gestattet. Nun entstand eine Reihe von Gewerkvereinen, die bald eine tief eingreifende Wirksamkeit äußerten und dabei über die durch das Gesetz gezogenen Grenzen in der Regel hinausgingen.

Gesteigert wurde die in den geschilderten Verhältnissen sich begründende Unzufriedenheit und zugleich in Beziehung gebracht zu den bestehenden politischen Zuständen durch einige Agitatoren, unter welchen der Volksredner Huat und der publizistisch begabte Cobbett einen größeren Namen gewonnen haben. Der letztere verdient, weil er in der Geschichte des englischen Radikalismus eine sehr hervorragende

Stellung einnimmt, eine speziellere Berücksichtigung. Cobbett war von Haus aus eifriger Tory und die Entstehung seines Radikalismus, der von 1806 datirt, ist unaufgeklärt geblieben. Man glaubte, daß er für seine agitatorische Thätigkeit von den Torys bezahlt worden sei. Aber wenn er dies anfänglich gewesen sein sollte, so hat er sich jedenfalls im Laufe der Zeit von seinen Auftraggebern emanzipirt. Den Whigs blieb er feindlich gesinnt, obgleich sein politisches Programm mit dem ihrigen Berührungspunkte hatte. Aber er haßte die Kapitalisten, die bei jenen einflußreich waren, und seine Stellung zu den Reformfragen blieb eine eigentümliche. Sein Hauptangriffsobjekt waren die Steuern. Sie seien an dem Elend des Volkes schuld. Er verlangt vor Allem eine billige Regierung und deshalb die Einstellung der Verzinsung der Staatsschuld, die Abschaffung des stehenden Heeres, diejenige von Pensionen und Sinekuren. Für eine radikale Wahlreform begeisterte er sich erst seit 1816, er verlangte nun ein Wahlrecht für Alle, die direkte Steuern bezahlen, ferner geheime Abstimmung und jährliche Parlamente. Merkwürdigerweise ist er gegen Volksunterricht. Für die Arbeiter sei es schädlich, lesen zu können. Dabei ist er der Gründer der populären Presse in England. Er verbreitete kleine Flugschriften im Lande und später eine Wochenschrift „Politisches Register“, deren Preis er allmählich auf 2 Pence herabsetzte, wodurch sie einen Absatz von 70000 Exemplaren erreichte. Dieses Wochenblatt war bis 1835 das Hauptorgan eines von der Politik der großen Parteien sich absondernden und im Unterschied von dem den Mittelklassen zugewendeten Radikalismus der Benthamiten auf die Massen sich stützenden Radikalismus. — Als ein Vertreter des letzteren ist auch der gewaltige Volksredner Irlands, O'Connel, zu betrachten, dessen Programm in den meisten Punkten mit demjenigen Cobbetts übereinstimmt, nur daß bei ihm die Emanzipation der Katholiken im Vordergrund steht und die irischen Verhältnisse für das politische Verhalten maßgebend sind. Dieser proletarische Radikalismus, wie wir ihn wegen jener Fühlung mit den Massen nennen können, hat indessen kein unmittelbares Verhältnis zu den besonderen Interessen der Arbeiter den Unternehmern gegenüber. Es fehlt ihm in dieser Richtung ein bestimmtes Programm. Diese Interessen fanden während der betrachteten ganzen Periode nur eine außer Zusammenhang mit den Parteiströmungen stehende Vertretung durch eine Anzahl human gesinnter, freilich zunächst politisch konservativer Männer. Dazu gehörten auch einige Großindustrielle, wie der ältere Peel und Owen, die zugleich mit Schaffung von Wohlfahrtseinrichtungen für ihre Arbeiter vorangingen. Dieselben setzten den Erlaß einiger Gesetze durch, welche der Ausbeutung jugendlicher Arbeiter gewisse Schranken zogen. Deren praktische Bedeutung blieb indessen eine beschränkte, da die Unternehmer sich vielfach des Friedensrichteramtes bemächtigten und die Gesetze parteilich handhabten.

Auf theoretischem Gebiete fand die Lage des industriellen Proletariats ihren Ausdruck in einem Fortgang der sozialistischen Bewegung. Unter den beteiligten Schriftstellern sind der schon genannte Owen und der unter seinem Einfluß stehende Thompson hervorzuheben. Owen, ohne Zweifel eine der merkwürdigsten und sympathischsten Persönlichkeiten dieser Zeit, vereinigte mit einer eminenten praktischen Begabung die Eigenschaften eines begeisterten Philanthropen und eines exzentrischen Schwärmers. Leider gewann der letztere in ihm allmählich ein einseitiges Übergewicht und schädigte auf beiden Gebieten, dem praktischen und dem theoretischen, das Werk seines Lebens. In seinem Fabrikstädtchen Lanark war es ihm gelungen, die Arbeiter zu einem materiell befriedigenden Dasein und zugleich aus sittlicher Verkommenheit heraus zu einer moralischen Lebenshaltung zu erheben. Das Letztere befestigte in ihm den Glauben an eine unbegrenzte Macht der Erziehung, den er seit 1812 in zahlreichen Schriften vertrat. Der Charakter ist nach ihm ein Produkt der Verhältnisse; der Mensch schlechthin unfrei, aber zu allem Guten bildsam. Jeder Gesellschaft kann durch Mittel der Erziehung, wie sie zur Verfügung der Herrschenden stehen, jeder beliebige Charakter gegeben werden. Trägheit, Armut, Verbrechen und Kriege sind nur Konsequenzen der Unwissenheit — eine sokratische Ansicht. Der Hort der Unwissenheit aber ist die Kirche. Die soziale Frage soll ihre Lösung finden durch die Auflösung der Staatenwelt in sozialistisch organisirte Dorfgemeinschaften von 500—2000 Menschen. Die Nationen sollen verschwinden, eine Sprache die Sprache des Menschengeschlechts werden und das Privateigentum, dieser „dämonische Gott im Systeme des freien Willens“, untergehen. Ein Beginn mit der neuen Organisation soll durch die staatliche Armenpflege und durch Kooperativgesellschaften gemacht werden. Durch eine Arbeitsbörse (er rief 1832 eine solche ins Leben) sollte das natürliche Wertmaß der Waren, das die in ihnen enthaltene Arbeitsmenge darbiete, praktisch zur Geltung gebracht werden. Von der agitatorischen Thätigkeit Owens gibt die Mitteilung eine Vorstellung, daß er in den Jahren 1826—1837 1000 Reden gehalten, 500 Adressen und 2000 Zeitungsartikel verfaßt und 300 Reisen für die Verbreitung und den Sieg seiner Ideen gemacht hat. Seine praktischen Experimente mißglückten indessen und brachten ihn um sein Vermögen, und das rein Utopistische seiner letzten Publikationen nahm ihm seinen schriftstellerischen Kredit. Eine nachhaltige Wirksamkeit aber äußerte er als Urheber der Kooperativbewegung unter den englischen Arbeitern.

Mehr Kenntnisse und Methode als die Schriften des Autodidakten Owen zeigen diejenigen Thompsons, dessen Hauptwerk „Prinzipien der Verteilung des Reichtums u. s. w." 1824 erschien. In diesem nimmt die proletarische Wirtschafts- und Rechtsphilosophie die Hauptpositionen, die sie bis zur neuesten Zeit behauptet hat, bereits mit Klarheit und Bestimmtheit ein. Und sie gelangt, wie später bei Marx, dazu, indem sie die Lehren der klassischen Nationalökonomie und speziell Ricardos ökonomische Wertlehre zu Stützpunkten nimmt. Aus der Prämisse, daß die Arbeit Quelle und Maß des Wertes der Arbeitsprodukte sei, wird der Schluß gezogen, daß diese ungeteilt, also mit Ausschluß der Boden- und Kapitaleigentümer, den Arbeitern zuzuerkennen seien.

Die Schriften dieses und anderer Sozialisten äußerten übrigens auf das Verhalten der Arbeiterklasse keinen unmittelbaren Einfluß. Die Hoffnungen derselben blieben, von der sich ausbreitenden Genossenschaftsbewegung abgesehen, auf die politische Reform gestellt, hinsichtlich welcher sie, wie schon gesagt wurde, die Forderung des liberalen Bürgertums als in der Richtung ihrer eigenen obgleich weitergehenden Wünsche liegend betrachtete und demgemäß nach Kräften unterstützte.

Ich wende mich hier zu diesen politischen Bestrebungen zurück, um nun den Gang der von ihnen beherrschten Ereignisse zu betrachten. Den Reformfreunden gelang es zuerst, im Jahre 1827, die Aufhebung des Abendmahlszwangs für städtische Beamte und der Testakte, des Gesetzes, welches von jedem Beamten einen die Dissenter ausschließenden religiösen Eid forderte, zu erzwingen und damit dem progressistischen Element der protestantischen Sekten die politische Gleichberechtigung zu verschaffen. Dieser Neuerung folgte 1829 die politische Emanzipation der Katholiken, welche alsbald von Irland her im Parlamente ihren Einzug hielten. Diese letztere bedeutsame und in gewissem Sinne verhängnisvolle Reform, welche bereits von Pitt und den Whigs der Revolutionszeit angestrebt wurde, war wesentlich durch den Widerstand der Könige Georg III. und Georg IV. so lange verzögert worden, ein Beweis, daß dieselben bis dahin noch immer einen bestimmenden Einfluß auf die innere Politik, wenigstens im Sinne einer Hinderung von Maßregeln, auszuüben vermochten. 1832 folgte die allgemeine Parlamentsreform, welche in Verbindung mit den erstgenannten Reformen eine neue Ära in der Geschichte Englands eröffnet hat. Die französische Julirevolution hatte, zusammentreffend mit der Thronbesteigung Wilhelms IV., die Reformbewegung in England zu einem mächtigen Strome anwachsen lassen, welcher ein Whigministerium mit dem radikal angehauchten Brougham zur Regierung emportrug und ihm den Mut gab, dem Parlamente ein Projekt zu unterbreiten, dessen Kühnheit die eigenen Parteigenossen überraschte; und welches, als das Ministerium unterlag und das Parlament auflöste, in das neu einberufene eine überwältigende Mehrheit von Reformern (509 gegenüber 149 Konservativen) sendete. So kam das Werk unter dem Druck der öffentlichen Meinung zu Stande. Die Reform betraf einerseits die Verteilung der Wahlstimmen, andererseits den Wahlzensus und überhaupt die Voraussetzungen des persönlichen Wahlrechts, vornehmlich des aktiven, in den stimmberechtigten Bezirken. In ersterer Hinsicht wurden über 140 Stimmen im Sinne einer größeren Gleichmäßigkeit der Berechtigungen neu verteilt. Auf die Städte entfielen nun 4—500, auf die Grafschaften 253 Abgeordnete und unter jenen befanden sich nun auch die Großstädte Manchester und Birmingham. Indessen verfuhr man keineswegs nach einer bestimmten Schablone und dem Prinzip der Kopfzahl wurden nur beschränkte Konzessionen gemacht. So blieben mehrere Städte mit 50000 Einwohnern ohne Wahlrecht, Manchester wurde Städtchen gleichgesetzt, welche nur den 50sten Teil seiner Bevölkerung hatten, und die Nominationsflecken wurden keineswegs sämtlich beseitigt. Auch hinsichtlich des persönlichen Wahlrechts strebte man nicht nach absoluter Gleichförmigkeit. In den stimmberechtigten Städten wurde das aktive Wahlrecht den Eigentümern und Mietern von Wohnungen oder Werkstätten im Werte von 10 £ jährlich verliehen; auf dem Lande u. a. den Zeitpächtern, welche einen Pachtzins von 50 £ zahlten, während den Freisassen mit 40 Schilling Reineinkommen daselbst ihr altes Wahlprivilegium verblieb. Nirgends machten sich bei dieser Reform doktrinäre Elemente geltend und sie verleugnet nicht einen Geist vorsichtiger Maßhaltigkeit.

Nur in Schottland, wo die Mißstände am schreiendsten waren, war die Umgestaltung des Wahlrechts eine radikale. Im Ganzen ist die Zahl der aktiven Wahlberechtigten etwa verdoppelt, von 400000 auf etwa 800000 erhöht worden. Diese Zahl repräsentirte noch immer eine bloße Minderheit in der Nation, und die Arbeiterklasse blieb im Ganzen ausgeschlossen. Trotzdem erschien diese Reform Vielen als über die Maßen verwegen und als der Anfang des Endes von Altengland. Hegel nannte sie einen „Einschnitt in die edlen Eingeweide Großbritanniens". Und allerdings führte sie im Zusammenhang mit den vorausgehenden Reformen zu einer Veränderung im Charakter des englischen Staatswesens und der Gleichgewichtsverhältnisse innerhalb desselben. Für die letzteren wurde insbesondere die Fraktion der katholischen Irländer als ein unberechenbarer und den bisher regierenden Mächten fremder Faktor gefährlich. Die Vertretung ferner, welche die städtischen Mittelklassen gewonnen hatten, erhöhte die Macht der von dieser getragenen öffentlichen Meinung und schloß zugleich radikale Elemente in sich, welchen die Zeitverhältnisse eine wachsende Bedeutung verhießen. Vor Allem wurde der Einfluß der Grundaristokratie auf die Wahlen zum Unterhause geschwächt und dadurch zugleich das Oberhaus in seiner Machtstellung gefährdet. Anderer Folgen wird in anderem Zusammenhang gedacht werden. Im Übrigen verweise ich auf das im Eingang zu diesem Abschnitt über die Gesamtbedeutung dieser Reformen Gesagte.

Aber wie man sich immer zu den Folgen derselben verhalten, ob man sie überwiegend günstig oder überwiegend ungünstig beurteilen möge, man muß anerkennen, daß sie geboten waren. Macaulay hatte recht, als er bei den Verhandlungen über sie aussprach, daß Regierungen in ihren angenehmen Tagen unvermeidbare Reformen in Angriff nehmen, nicht politische Stürme abwarten sollen, und ebenso mit der späteren Behauptung, daß die Ruhe, welche in England im Jahre 48 herrschte, das beste Zeugnis für die Weisheit jener Reformen gewesen sei.

Die Zeit von 1832—1867.

Die Zeit zwischen der Parlamentsreform von 1832 und derjenigen von 1867 bildet den nächsten Gegenstand der Betrachtung.

Ich habe die erstere als einen Sieg der Interessen des beweglichen Kapitals und der mit ihnen in der modernen Kulturwelt sich verknüpfenden liberalen, optimistischen und dogmatistischen Staatsansicht charakterisirt. Die Folgen dieses Sieges beherrschen die zu betrachtende Periode. Jedoch keineswegs in dem Sinne eines ununterbrochen fortschreitenden Sieges jener Ansicht. In dem Maße vielmehr, als deren Einfluß auf die Gesetzgebung sich ausbreitet, machen zugleich ihre Mängel sich fühlbar und treten Tendenzen hervor, die ihr innerlich widerstreiten, und welche auf das Verhalten von Staat und Gesellschaft auch ihrerseits Einfluß gewinnen. Das aristokratische und auf das Übergewicht des Großgrundbesitzes basirte Altengland befindet sich freilich in einem ununterbrochenen, wenn auch nur langsam sich vollziehenden Niedergange. Die Gesetzgebung wird modernisirt und in vielen Stücken derjenigen der Kulturländer des Kontinents angenähert. Im Zusammenhange damit mindert sich die Bedeutung des alten Systems der Selbstverwaltung, dieser Stütze der bisherigen Aristokratie. Die industrielle Gesellschaft wächst stetig empor und paßt sich die Einrichtungen nach Kräften an. Aber innerhalb ihrer selber vertieft sich der Gegensatz der Klassen, und das Interesse des industriellen Proletariats wird zum Mittelpunkte von Bestrebungen, die sich der einseitigen Geltendmachung der kapitalistischen Interessen und der ihnen entsprechenden Theorien entgegensetzen. Und diese Bestrebungen finden einen Halt an Ideen und Theorien, die einen Gegensatz zu jener doktrinär-liberalen Staatsansicht darstellen. Da diese Ideen und Theorien in ihrer Ausbreitung, Vertiefung und Wirksamkeit einen charakteristischen Zug im Geistesleben unseres Jahrhunderts bilden, während jene liberale Staatsansicht in den geistigen Zuständen des vorigen Jahrhunderts ihre vornehmlichsten Quellen hat, so kann man, Alles zusammenfassend, sagen, daß das Leben Englands in dieser Periode einen Kampf darstelle, welchen der Geist des 18. Jahrhunderts im Bunde mit den Interessen des beweglichen Besitzes: einerseits mit dem Geiste der altüberlieferten Institutionen und den Interessen der Grundaristokratie und andererseits mit den Ideen des 19. Jahrhunderts und den von ihnen gestützten Interessen der besitzlosen Klasse führt.

Ich werde mich zunächst den unmittelbaren Folgen jenes Sieges der Reformfreunde und den Erfolgen des Liberalismus spezieller zuwenden; später den Kämpfen der Arbeiterklasse und den Bestrebungen, welche ihren besonderen Interessen gelten, sowie den erwähnten, ihnen zur Stütze dienenden Ideen.

In der ganzen Periode macht sich auf der linken Seite des reformirten Parlamentes ein Reformeifer geltend, der sich allmählich auf alle Zweige der Gesetzgebung und Verwaltung erstreckt. Im Allgemeinen ist derselbe gegen Privilegien und Monopole und gegen die noch bestehenden rechtlichen Ungleichheiten, ferner auf Verbesserung der Rechtspflege, auf Ordnung und Sparsamkeit innerhalb der Verwaltung und auf Umbildung oder Beseitigung veralteter Institutionen gerichtet. Alles dies im Sinne der früher dargelegten politischen und sozialökonomischen liberalen Anschauungen. Dabei zeigt aber die Mehrheit unter Führern wie Brougham, Russel u. a. im Allgemeinen eine Neigung „zu Kompromissen und zu schrittweisem Vorgehen“. Nicht überall machen sich bei den Reformern bewußter Weise politische Gesichtspunkte geltend, gleichwohl haben die Reformen alle, auch diejenigen, welche unmittelbar die Rechtspflege oder wirtschaftliche Verhältnisse betreffen, zugleich eine politische und zwar für die alte Aristokratie ungünstige Bedeutung, welche auf der Gegenseite, bei den Verteidigern der bestehenden Zustände, meist deutlicher erkannt wurde.

Ich bezeichne die wichtigsten dieser Reformen.

Die Organisation der Justiz erfuhr eine Ergänzung durch die Schaffung von 60 neuen Kreisgerichten für kleinere Schuldklagen. Die Bedeutung dieser Neuerung für die unteren Klassen liegt zu Tage. Die Strafgesetze wurden gemildert, im Strafprozeß überall, was bis dahin nicht der Fall war, Verteidiger zugelassen, das Gefängnis reformirt. Da der Angeklagte in der ungeheueren Mehrzahl der Fälle den unteren Klassen angehört und die Strafgesetze u. a. den Schutz der bestehenden Gesellschaftsorganisation bezwecken, so fehlt auch derartigen Neuerungen nicht eine sozialpolitische Bedeutung. Die Entwicklung der Presse wurde durch verschiedene Gesetze begünstigt. Ebenso die Ausbreitung des Unterrichts. Diese u. a. durch die Schaffung von Schullehrerseminaren und einer zentralen Inspektion. Umfassendere Reformen auf diesem Gebiete scheiterten zunächst an dem Widerstand der Sekten, die einen wichtigen Bestandteil der liberalen Partei bildeten, und welche, da man an der konfessionellen Grundlage des Unterrichts festhalten wollte, eine Erweiterung des Einflusses der Staatskirche bei Ausbreitung eines staatlichen Unterrichtssystemes fürchteten. Der Einführung eines obligatorischen Unterrichts aber widerstrebte die Grundanschauung der freihändlerisch gesinnten Parteimehrheit, die für alle Gebiete des öffentlichen Lebens das Prinzip des Voluntarismus, d. i.

der freien Initiative der Einzelnen und der Gestaltung der Verhältnisse auf Grund von Angebot und Nachfrage, voranstellte.

Die Toleranzgesetze fanden eine Ergänzung u. a. durch die Emanzipation der Juden. Die Privilegien der anglikanischen Kirche erfuhren verschiedenerlei Einschränkungen. So wurde ihr das Trauungsmonopol in Bezug auf die Sekten genommen und für diese die Zivilehe fakultativ eingeführt. Die Entwicklung nahm hier eine Richtung auf den konfessionslosen Staat, ohne diesen jedoch zu erreichen. Gleichzeitig machte sich innerhalb der anglikanischen Kirche eine antiaristokratische Strömung geltend, die einen Gegensatz zwischen Hoch- und Niederkirche begründete. In der schottischen presbyterianischen Staatskirche führte eine Bewegung von verwandtem Charakter zum Austritt eines großen Teils der Gläubigen.

Hervorhebung verdient ferner die Städte-Ordnung von 1835. Bis dahin hatten sich die oligarchischen Einrichtungen, deren früher gedacht worden ist, und welche zumeist aus dem 17. Jahrhundert stammten, in den Städten erhalten. Dieselben dienten, wie die parlamentarische Untersuchungskommission behauptete, „keinem Zweck allgemeinen Nutzens“. Für politische Parteizwecke arbeitend, vernachlässigten und schädigten sie die Lokalinteressen. Gleichwohl setzte sich die konservative Partei ihrer Abschaffung mit Leidenschaft entgegen. Es handelte sich für sie um das Prinzip der Erblichkeit und das historische Recht gegenüber den Erwägungen bloßer Zweckmäßigkeit. Die erblichen Privilegien der städtischen Korporationen seien ebenso heilig wie das erbliche Recht des Königs, der Kirche und der Pairie. Auf der Gegenseite strebte man eine Übertragung des Prinzips der Parlamentsherrschaft auf die Kommunen an. Auch die Lokalverwaltung sollte einer volkstümlichen Kontrole unterworfen und den Steuerträgern eine wenigstens indirekte Anteilnahme an der Verwaltung der öffentlichen Gelder auch hier eingeräumt werden. Dieser Auffassung gemäß ließ man Gemeinderäte aus Wahlen der zu Steuern und öffentlichen Diensten verpflichteten ansässigen Bürger hervorgehen, welche ihrerseits Bürgermeister und Beigeordnete wählten. Jene stellen „repräsentative Unterparlamente für örtliche Angelegenheiten“ dar und in dem von der herrschenden Partei im Gemeinderat abhängigen Regierungsausschuß, den Alderman mit ihrem Premier, dem Mayor, ist ein Analogon zum Ministerium unverkennbar gegeben. Man kann nicht sagen, daß diese Einrichtungen, deren Verwandtschaft mit kontinentalen Einrichtungen übrigens offen liegt, sich glänzend bewährt hätten. Demokratische Einrichtungen tragen an sich so wenig wie aristokratische eine Bürgschaft dafür in sich, daß sie sich bewähren. Unter Anderem fehlte es an der stetigen und gleichmäßigen Teilnahme der Gemeindemitglieder an den Wahlen und der Kontrole der Verwaltung. Wo es aber hieran fehlt, da fällt der entscheidende Einfluß irgend welchen Cliquen zu.

Als ein richtiger Sieg der liberalen Staatsansicht ist auch die Reform des Armenrechts im Jahre 1834 zu betrachten. Unter der Herrschaft der Torys hatte man für die Armen reichlich sorgen wollen, aber es war in einem patriarchalischen Geist und unter thunlichster Rücksichtnahme auf die Interessen der Grundbesitzer und Pächter geschehen. Man gab aus den öffentlichen Kassen Zuschüsse zum Lohn der schlechtest gestellten ländlichen Arbeiter und bürdete so einen Teil der Kosten ländlicher Produktion der Gesamtheit auf. Die Wirkung dieses Systems äußerte sich in der Richtung einer Proletarisirung des ländlichen Arbeiterstandes und einer beständigen Steigerung der Armensteuer. Die Reform beseitigte jene Zuschüsse und schuf ein System von Maßregeln, das auf eine starke Nötigung zu Arbeitsamkeit und Selbstkontrole berechnet war, und nach welchem, Smithschen Anschauungen gemäß, Leistungen wo immer möglich an entsprechende Gegenleistungen gebunden wurden. Von einem besonderen Belang war in der neuen Gesetzgebung die Behandlung der außerehelich Geborenen. Man entzog diesen nämlich die Versorgungsansprüche gegen den von der Mutter genannten Vater, welche ihnen das bisherige Recht gewährt hatte.

Diese Gesetzgebung, deren Wirkungen, obgleich unmittelbar empfindlich einschneidend, im Endergebnis überwiegend wohlthätige waren, ist von den Whigs einer Koalition von Torys und Radikalen gegenüber und im Widerspruch mit der öffentlichen Meinung zu Stande gebracht worden. Auch hat dieselbe nicht unwesentlich zu den Arbeiterbewegungen, von welchen weiterhin zu reden sein wird, beigetragen.

Den Gegenstand der heftigsten Parteikämpfe bildeten während eines Dezenniums die Kornzölle. Die Geschichte dieser Zölle interessirt hier im Einzelnen nicht. Sie kommen für uns nur in Betracht als ein wichtiges Element im Staatshaushalt der englischen Aristokratie und als ein Streitobjekt zwischen der alten und der neuen Gesellschaft, das die Kräfte beider in langem Ringen sich messen ließ und dessen Beseitigung die Bedeutung eines Sieges der industriellen Interessen Englands über die agrarischen und damit zugleich des Liberalismus über den aristokratischen Konservatismus besitzt. Die Agitation gegen die Kornzölle wurde seit 1838 in größerem Stile betrieben. Sie stützte sich durchaus auf die Lehren der klassischen Nationalökonomie, die im Stillen eine weite Verbreitung unter den englischen Politikern gefunden hatten und nun mit spezieller Anwendung auf die Schutzzölle mit möglichstem Geräusche und Gepränge sozusagen auf allen Gassen dem Volke gepredigt wurden. Ihr Hauptapostel und ihr talentvollster Streiter war Richard Cobden, das Haupt der Antikornzolliga, der als Publizist und Redner gegen die Schirmvögte der Getreidezölle, die feudalen Plünderer, wie er sie nannte, wütete. Wesentlich begünstigt wurde der Sieg der Freihandelspartei durch die im Jahre 1845 in Irland eingetretene Kartoffelkrisis und die große Hungersnot, die ihr folgte. 1846 wurde die Aufhebung dieser Zölle beschlossen. Es war ein konservativer Staatsmann, Robert Peel, der den Beschluß durchsetzte und der damit nicht zum ersten Male eine liberale Reform zum Ziele brachte, die Flotte, nach dem Ausdruck Disraelis, in den feindlichen Hafen führte. Beiläufig hat Disraeli später wiederholt das Gleiche gethan. Peel ist derjenige Politiker, der in dieser Periode den Genius Englands in der idealsten Weise repräsentirt, als ein Staatsmann von konservativer Gesinnung, dem aber politischer Doktrinarismus ebenso fern war wie Parteifanatismus, der ein volles Verständnis von dem inneren Zusammenhange der englischen Einrichtungen besaß und nur zögernd in Abänderungen willigte, unvermeidlich gewordene Reformen aber als solche erkannte und mit ruhiger Entschlossenheit als ein selbstbewußter, sich und dem Glücke Englands vertrauender Führer zum Ziele brachte. Er wollte, wie er von sich sagte, nicht unter knechtischem Titel Minister sein und in einer Sturmnacht nicht am Ruder stehen, wenn dem Schiff nicht gestattet sei, den Lauf zu verfolgen, den er für den richtigen halte.

Die letzterwähnte Reformbewegung hatte in der Arbeiterbevölkerung keine Stütze gefunden. Man betrachtete sie hier überwiegend als eine Sache des Klasseninteresses der Großkapitalisten, wie denn überhaupt ein Gefühl von einem Auseinandergehen der Interessen der beiden Klassen in der ersten Hälfte unserer Periode sich bei jener ausgebreitet und vertieft hatte. Arbeitgeber und Arbeiter standen sich nach einem Wort Disraelis wie zwei Nationen und so fremd gegenüber, als wären sie in verschiedenen Zonen geboren. Die Reformpartei ihrerseits aber glaubte an eine Solidarität der Interessen; ihre Freihandelspolitik sollte zugleich den Arbeitern zu gute kommen. Cobden war ein Freund der Arbeiter und hat als solcher unter Anderem die Fortführung der Parlamentsreform zu Gunsten ihrer Klasse gefordert. Aber die Auffassung, daß diese Klasse besondere Anforderungen an den Staat zu stellen habe und daß dieser berufen sei, in die Verhältnisse zwischen ihr und den Unternehmern regulirend einzugreifen, erschien ihm und seinen Gesinnungsgenossen, wie z. B. dem liberalen Parteichef Brougham, als ein wissenschaftlicher Irrtum. Sie dachten wie Ure, der in seinem Werke „Philosophie der Manufaktur" (1835) erklärt hatte, die Philosophie sei freihändlerisch; die Wissenschaft werde auf den Ruf des Kapitals jede ungerechtfertigte Arbeiterverbindung niederwerfen. Cobden bezeichnete gelegentlich die Staatsregierungen als „stehende Verschwörungen, um das Volk zu betrügen und auszuplündern", ein starker Ausdruck für den Unglauben der Freihandelspartei an die Fähigkeit der Regierungen zu nützlicher Wirksamkeit, speziell auf wirtschaftlichem Gebiete. Die Nationalökonomie hat in England bis zur neuesten Zeit an dieser Auffassung vom Staate überwiegend festgehalten, während der Staat selbst in seinem praktischen Verhalten längst über sie hinausgeschritten ist.

Er hat sich innerhalb unserer Periode allmählich dem Kernpunkte aller politischen Aufgaben mit wachsendem Ernste zugewendet. Der Aufgabe nämlich, ein Auseinanderfallen des Volkes in feindlich sich gegenüberstehende Mächte zu hindern, oder, wo eine solche Scheidung sich vollzogen hat, durch thätiges Eingreifen neue Zusammenhänge zu schaffen und die Bedingungen eines harmonischen Gesamtlebens zu erneuern und zu sichern.

Die Thatsachen nun, welche für dieses Verhalten des englischen Staates entscheidend waren, die Gesetze, in welchen es sich ausspricht, und die begleitenden Erscheinungen auf gesellschaftlichem Gebiete sollen hier näher betrachtet werden.

Der Rechenfehler im politischen System der Reformpartei fand, wie Carlyle sagt, seinen Ausdruck im Chartismus, das ist in den Bestrebungen einer sozialrevolutionären Arbeiterpartei in der Sturm- und Drangperiode des englischen Arbeiterstandes, in der Zeit zwischen der Parlamentsreform und dem Ausgang des Jahres 1848. Diese Reform, welche die Mittelklassen befriedigte, hat die Arbeiter, der sie an sich keinen Vorteil brachte, enttäuscht, und es schieden sich von nun an bestimmter, als es vorher geschehen war, die radikalen Bestrebungen der letzteren von dem bürgerlichen Liberalismus. Dazu kam, daß die früher geschilderte Lage der Arbeiter, zuletzt unter dem Einfluß von Notjahren, sich immer drückender gestaltete. Peel äußerte gelegentlich im Parlamente, daß das Leiden und die Verwirrung in der Lage der arbeitenden Klassen eine Schmach für das Land und eine Gefahr für seine Zivilisation sei. (Man erzählt, daß Arbeiter ihre Kinder getötet hätten, um eine Unterstützung für deren Begräbnis zu erhalten und davon etwas zu erübrigen.) In demselben Maße steigerte sich bei ihnen die Empfänglichkeit für sozialistische und radikal-politische Theorien. An der Ausbreitung von solchen arbeitete in diesen Jahren unter Anderen ein von O'Brion herausgegebenes Blatt: „Des armen Mannes Wächter" (guardian). Bezeichnend für die Tendenzen desselben sind Aussprüche wie diese: „Das Eigentum muß fallen, dann werden die Könige von selbst fallen." „Adlige Adler und kirchliche Geier haben sich von Euch genährt .... Diese werden nun verfolgt von den hungrigen Raben der Mittelklassen." Eine Schrift von 1833 forderte zur Bildung einer neuen Arbeiterpartei auf. Das Volk habe bisher nur den geplünderten Zuschauer bei dem Kampfe zwischen Whigs und Torys abgegeben. Eine geheime Organisation bildete sich seit Erlaß des näher besprochenen Armengesetzes, das auf die Abwendung der Arbeiter von den Liberalen, den „blutigen Whigs", wie sie dieselben nun nennen, einen großen Einfluß übte. Das Programm, die Charte, der in jener Organisation vereinigten Assoziationen war wesentlich politischer Natur. Gefordert wird darin das allgemeine Wahlrecht (auch für die Weiber), die Beseitigung des passiven Wahl-Zensus, geheime Abstimmung, Bezahlung der Abgeordneten und jährliche Parlamentswahl. Die Zwecke sind natürlich wirtschaftlicher Natur. Der Chartismus, erklärt Stephans, einer der Führer, ist keine politische, sondern eine Messer- und Gabelfrage. „Die Charte heißt gute Wohnung, gutes Essen und Trinken, gutes Auskommen und kurze Arbeitszeit." Aber ein fertiges Programm hatte man in dieser Richtung nicht. Man strebte nach politischer Macht und meinte, daß die Theorien, die sich unter den Arbeitern ausbreiteten, die rechte Anwendung dieser Macht schon an die Hand geben würden. Das Vertrauen in diese Theorien spricht sich u. a. in einer Adresse der Londoner „Arbeitergesellschaft" an die belgischen Arbeiter aus. „Die Schleusen", heißt es darin, „welche die Tyrannen der Welt gegen den Strom des Wissens aufgebaut haben, sind niedergebrochen — wir haben den erfrischenden Strom geschmeckt" — (wir wissen nun), „daß wir, die Hervorbringer des Reichtums, auch den ersten Anspruch auf seinen Genuß haben." In einer Adresse derselben Gesellschaft an die englischen Arbeiter wird gesagt: Könnte Korruption auf dem Richterstuhle sitzen, leeres Wichtigthun im Parlament, Geld zusammenscharrende Heuchelei auf der Kanzel, könnte Ausschweifung, Fanatismus, Armut und Verbrechen durch das Land schreiten, wenn die Millionen zur Kenntnis ihres Rechts erzogen würden?" Ein Nationalkonvent der Arbeiter beschloß eine Riesenpetition, die mit 1 280 000 Unterschriften dem Parlamente überreicht und hier von dem Fabrikanten Attword, einem radikalen Mitgliede des Hauses, vertreten wurde. Sie enthielt eine Rückforderung der „alten Privilegien, der ursprünglichen konstitutionellen Rechte des Volks". Eine Beratung der Petition ward gegen 36 Stimmen abgelehnt. Dies geschah im Jahre 1838, in welchem die Bewegung ihren Höhepunkt erreichte, dann aber rasch einen jähen Niedergang erfuhr. Ein Friedensrichter, namens Frost, organisirte einen Überfall von Newport, der zu einer Insurrektion in Birmingham Anlaß geben sollte, aber kläglich scheiterte. Zu neuen gewaltsamen Unternehmungen kam es nicht, und die Chartisten verhielten sich in den nächsten Jahren ziemlich ruhig. Erst im Jahre 1842 traten sie wieder unter den Einwirkungen hoher Brotpreise lebhafter hervor. Unter Anderem überreichten sie in Verbindung mit den Gewerkvereinlern dem Parlamente eine neue, radikalste Forderungen enthaltende Petition, welche 3 300 000 Unterschriften trug. Endlich haben sie an den Unruhen, die im Jahre 1848 unter dem Einfluß der französischen Februar-Revolution sich in einigen Städten Englands erhoben, einen wesentlichen Anteil gehabt. Die Partei verschwand dann allmählich, ohne von ihren Forderungen etwas durchgesetzt zu haben. Die Elite der Arbeiterschaft wandte sich näher liegenden Zielen zu, ohne indessen auf politische Reformen zu verzichten. Auf die bezüglichen Bestrebungen wird demnächst zurückzukommen sein. Die Chartistenbewegung hat übrigens trotz jenes Mißerfolgs tiefgehende Wirkungen geäußert. Sie hat in nachdrücklicher Weise die Aufmerksamkeit der oberen Klassen auf die Lage der Arbeiterbevölkerung und die in ihr sich begründenden Gefahren für die Gesamtheit gelenkt, sie hat das Gefühl geweckt, daß dieser Bevölkerung gegenüber Pflichten zu erfüllen seien und die Ausbildung und Ausbreitung eines den herrschenden sozialökonomischen Anschauungen entgegengesetzten Gedankensystems begünstigt. Unter den Schriftstellern, welche an dieser Gedankenarbeit sich beteiligt haben, ist Carlyle am einflußreichsten gewesen. Die Verdienste, welche er sich in dieser Hinsicht erworben, hat v. Schulze-Gävernitz in seinem vor einiger Zeit erschienenen vortrefflichen, wenn auch von einigen Fachgenossen ungünstig beurteilten Buche über „Die sozialpolitische Erziehung des englischen Volkes im 19. Jahrhundert" eingehend dargelegt; mit starker Vorliebe freilich für seinen Helden, neben dem die andern Faktoren des von ihm geschilderten Prozesses zwar keineswegs verschwinden, aber doch nicht gleichmäßig im Lichte erscheinen. Von Carlyles Werken gehören spezieller hierher: „Chartismus" aus dem Jahr 1838, „Vergangenheit und Gegenwart" aus dem Jahr 1843, und „Pamphlete des jüngsten Tages" von 1850. Carlyles Persönlichkeit beherrscht zwar keineswegs, wie man gesagt hat, die Ära der Königin Viktoria (1837 bis heute), denn in diese Ära fällt zugleich die höchste Blüte des ihm verhaßten Manchestertums und auf die in ihr fortschreitende Demokratisirung Englands hat er ebensowenig Einfluß geübt, wie auf die in ihr so bedeutsam gewordene Gewerkvereinsbewegung unter den Arbeitern. Aber Carlyle ist der mächtige Repräsentant eines in ihr wirksam gewordenen geistigen Elementes, derjenigen Ideen nämlich, deren Hervortreten für unser Jahrhundert kennzeichnend sind, und welche sich auf den Gedanken der Entwicklung in seiner Anwendung auf Staat und Gesellschaft zurückführen lassen. Diese Ideen sind deutschen Ursprungs und Carlyle hat wie den Einfluß des deutschen Geisteslebens überhaupt, so denjenigen dieser Ideen in England vermittelt, wobei er ihnen freilich die Färbung seiner eigenartigen Persönlichkeit verliehen hat. Er vertrat ihnen gemäß, im Gegensatz zu dem laissez-aller der Freihandelspartei, eine aufbauende Sozialpolitik, und die von ihm entwickelte Gesellschaftsauffassung hat den in der Richtung einer solchen liegenden Bestrebungen einen theoretischen Halt gegeben und den Glauben an ihre Berechtigung gekräftigt. Die Gesellschaft ist ihm nicht eine bloße Summe von Individuen, sondern ein Ganzes von herrschenden und gehorchenden Elementen, zusammengehalten und beseelt durch die geistige Kraft und die über die individuelle Existenz hinauszielenden Bestrebungen der starken Persönlichkeiten. Die Geschichte erscheint ihm nicht als ein Prozeß der Isolirung, sondern der S o z i a l i s i r u n g der Menschen. Mit Recht bemerkt er, daß ein Staat, der sich auf den Schutz des Eigentums beschränken würde, bald auch diesen nicht mehr zu leisten vermöchte. Würde er ferner seinen Angehörigen nichts bieten als gewisse geldwerte Leistungen, so würden die Soldaten, die für sechs Groschen Tagelohn kämpfen sollten, unfehlbar zu dem Feinde überlaufen, der ihnen sieben Groschen zu bieten hätte. Carlyle ist an sich ein Gegner der Demokratie. Gelegentlich meint er in seiner richtig Beobachtetes verallgemeinernden Weise, sie sei „nie fähig gewesen, ein Werk zu vollbringen, außer dem, sich selbst auszustreichen". Indessen nimmt er sie als eine harte, nicht zu beseitigende Thatsache hin. Ihr „millionenfüßiger Tritt dröhne auf allen Straßen und Wegen". Es gelte, sie mit der gleichen Unvermeidlichkeit von Herrschafts- und Führungsverhältnissen zu verbinden. Er verlangt deshalb unter Anderem eine Stärkung der Exekutive. Das parlamentarische System verwirft er. Bei ihm werden Kraft und Zeit nur auf die Frage verwendet, w e r herrschen solle, und die Regierung sei wie ein Pferd, das dahin galoppirt, wie es mag, wobei es dem Reiter nur darum zu thun ist, oben zu bleiben. Die Arbeitsverhältnisse findet er unter der Herrschaft des Vertragsprinzips ungünstiger als zur Zeit der Hörigkeit der Arbeiter. Die Bewegungen des Arbeiterstandes bedeuteten, daß derselbe zum Sklaven emporgehoben zu werden wünsche, ein paradoxer Ausdruck für die Auffassung des Chartismus, die wir bei dem Chartisten Stephens gefunden haben, der aber auf ein negatives Verhältnis Carlyles zu einer wichtigen Seite jener Bewegungen hinweist. Nach ihm soll der Industrieherr sich zu einem Feldherrn der Industrie erheben, während es dem Arbeiterstande Englands darum zu thun ist, sich dem Unternehmerstande als eine ebenbürtige Macht gegenüberzustellen.

Die Denkweise nun, welche in Carlyle ihren geistvollsten und wirksamsten Vertreter gefunden hat, gewann einen steigenden Einfluß auf das Verhalten der englischen Gesellschaft überhaupt und speziell des Parlamentes der Arbeiterbevölkerung gegenüber und begünstigte vor Allem die Ausbildung einer Arbeiterschutzgesetzgebung.

Ich verfolge die Entwicklung der englischen Verhältnisse in der Zeit zwischen der ersten Parlamentsreform 1832 und der zweiten 1867 weiter. In diesem Zeitraum gewinnt die immer mächtiger emporwachsende industrielle Gesellschaft einen tiefgreifenden

Einfluß auf die Gesetzgebung und zwar in einem verschiedenen Sinn. Einmal im Sinn der liberalen Ansicht von Staat und Volkswirtschaft und im Einklang mit den besonderen Interessen des Unternehmerstandes. Dann im Sinn konservativer Anschauungen und in der Richtung einer Wahrung der Klasseninteressen der Arbeiter. Auf die Lage und Bestrebungen der Letzteren, auf die Ideenbewegung in den oberen Kreisen der Gesellschaft, die jenen Bestrebungen parallel geht und für die Geltendmachung der Arbeiterindustrie Stützen darbietet, ist zuletzt hingewiesen worden. Ihr Einfluß ist hier näher zu betrachten. Wir können im Allgemeinen hinsichtlich des Verhaltens der oberen Klassen zu den Arbeitern in England in der neueren Zeit freilich nicht scharf abzugrenzende Perioden unterscheiden.

In der ersten findet ein staatliches Eingreifen in die Verhältnisse zwischen Unternehmern und Arbeitern überwiegend in der Form von Beschränkungen der Arbeiter, einer Beschränkung ihrer Koalitionsfreiheit, statt. Human gesinnte und weitsichtige Unternehmer suchten diesen Verhältnissen einen patriarchalischen Charakter zu geben. Wohlfahrtseinrichtungen mannigfachster Art sollten die Lage der Arbeiter erträglich und möglichst befriedigend machen, zugleich die Arbeiter an das Unternehmen fesseln. In der zweiten, welche im Wesentlichen mit dem zuletzt spezieller betrachteten Zeitraum zwischen den zwei Reformgesetzgebungen zusammenfällt, änderte sich das Verhalten der gesetzgebenden Gewalt. Dem Manchestertum zum Trotz ward die Freiheit des Arbeitervertrags durch Arbeiterschutzgesetze beschränkt und ein Fabrikinspektorat zur Sicherung ihrer Anwendung geschaffen. Speziell ward die Arbeiterzeit von Arbeitern unter 18 Jahren und von Frauen zu deren Gunsten gesetzlich beschränkt. Anfänglich sind es vornehmlich konservative Politiker gewesen, wie der spätere Graf Shaftesbury, Sadler u. s. w., die für diese Gesetze eintraten, liberale Politiker dagegen wie Lord Brougham, die gegen sie als gegen Maßregeln einer unwissenschaftlichen dilettantischen Staatskunst ankämpften. Auf konservativer Seite machte sich zu Gunsten derselben neben religiösen und humanen Motiven eine gewisse Eifersucht gegen die Herren der Industrie und der Wunsch geltend, die Führung der Arbeiterklasse in deren Patronisirung zu gewinnen. In der letzteren Richtung hat namentlich Disraeli im Anfang seiner Laufbahn einen Einfluß geübt. Übrigens haben sich von Anfang an auch Unternehmer und mehr und mehr auch liberal gesinnte Arbeitgeber um diese Gesetzgebung verdient gemacht. Speziell sind die größten Unternehmer der technisch fortgeschrittensten Industrie, nämlich der Baumwollindustrie, für sie eingetreten. Ihre Gesichtspunkte sind dabei Erhaltung der produktiven Kraft der Nation, ferner der Überproduktion gewisse Schranken zu ziehen und jähem Wechsel in der Höhe der Preise und Löhne, sowie dem Wechsel zwischen Überanstrengung der Arbeiter und völliger Arbeitslosigkeit nach Thunlichkeit vorzubeugen.

Gleichzeitig bekämpft man die in den Gewerkvereinen organisirte Selbsthilfe der Arbeiter. Man sieht in diesen Kampfgenossenschaften nur Störenfriede und beklagt die Abhängigkeit, in welcher sie ihre Mitglieder halten. Selbst Graf Shaftesbury konnte sich zu einer anderen Auffassung nicht erheben. „Gott lasse", so sagte er gelegentlich mit Bezug auf diese Vereine, „die Arbeiter von der schwersten Sklaverei, die sie je erduldet haben, befreit werden." Cobden meinte, diese Vereine seien auf die Grundsätze brutaler Tyrannei und des Monopols gegründet. Noch 1860 ist eine Agitation für ihre gesetzliche Beseitigung im Gange. Für die dritte Periode sind die volle Anerkennung der Koalitionsfreiheit, die Verleihung der juristischen Persönlichkeit an die Arbeitervereine, die Fortbildung der Fabrik- und Werkstättengesetzgebung unter direktem Einfluß der Arbeiter, die Unterstützung der Selbständigkeitsbestrebungen der Arbeiter, die Auffassung ihrer Verbände als soziale Machtfaktoren, welche berufen seien, mit den Unternehmern auf dem Fuße der Gleichheit zu verhandeln und auf die Feststellung der Arbeitsbedingungen, sowie auf die Austragung von Streitigkeiten über die Vertragsverhältnisse einen bestimmenden Einfluß auszuüben. Die Arbeiter sind in eine Machtstellung eingerückt und die oberen Klassen haben diese Thatsache acceptirt. Die Entwicklung dieser Sachlage gehört in der Hauptsache den letzten Dezennien an, der Zeit von der zweiten Parlamentsreform bis zur Gegenwart. Dieser Periode will ich mich jetzt spezieller zuwenden. Dabei werde ich Veranlassung nehmen, auf die Arbeiterverhältnisse zurückzukommen. Zunächst ist die in demokratischer Richtung weiterschreitende Parlamentsreform zu betrachten. Eine zweite Reformbill wurde 1867 unter Disraeli, also durch eine konservative Regierung, durchgebracht. Da die öffentliche Meinung eine Reform verlangte, so wollte Disraeli sie lieber selbst durchführen, um das Steuer in der Hand zu behalten und die aura popularis auf die Segel der eigenen Partei zu leiten. Die öffentliche Meinung ist

König geworden und die Parteien warben um die Wette um seine Gunst. Durch diese zweite Reform nun wurde u. a. jedem Inhaber einer selbständigen Wohnung in den Städten das aktive Wahlrecht verliehen, die Zahl der Wahlberechtigten verdreifacht. In dem neu gewählten Parlamente hat der Liberalismus die Überhand, der Radikalismus dagegen ist zunächst schwach vertreten. Kein Arbeiter ist in das Haus gelangt. Noch herrschen Adel und Gentry. Wie tief die Wurzeln des Ansehens und der Machtstellung des Adels in England in den Boden seines Volkstums sich eingesenkt hatten und noch immer reichen, dafür ist es bezeichnend, daß in dem Hause der Gemeinen im Jahre 1868 trotz der Demokratisirung des Wahlrechts noch immer $^1/_3$ aller Mitglieder nahe Verwandte von Pairs waren. Indessen, die demokratische Bewegung schreitet fort und bald erhebt sich eine neue Agitation für eine abermalige Erweiterung des Wahlrechts. Die liberale Partei sieht sich mehr und mehr auf ein Bündnis mit den Radikalen hingewiesen und gerät in Abhängigkeit von ihnen. Gladstone, der mächtige Führer der Liberalen, sieht sich genötigt, Radikale, zuerst Bright, später Chamberlain, Ministerportefeuilles zu geben, und im Jahre 1883 nimmt er die dritte Parlamentsreform in Angriff. Mehrere Gesetze aus den Jahren 1884 und folgenden stellen die Grundlagen fest, auf welchen in der Gegenwart das englische Unterhaus ruht. Ich hebe das Wesentlichste aus diesem heute geltenden Rechte hervor. Der Zusammenhang zwischen dem parlamentarischen Wahlrecht und staatsbürgerlichen Pflichten ist im Wesentlichen aufgehoben. Speziell ist jenes nicht mehr an die persönliche Zahlung direkter Steuern gebunden; nur ein indirekter Zusammenhang mit kommunalen Steuerpflichten besteht noch fort. Dagegen ist die Verknüpfung des Wahlrechts mit gewissen Formen von Besitz festgehalten. Jeder Inhaber einer selbständigen Wohnung, gleichviel ob in Land oder Stadt, ist wahlberechtigt. Ferner jeder Zeitpächter bei 10 £ Ertragswert der Pacht, jeder Aftermieter bis 10 £ Mietwert seiner Wohnung u. s. w. Hinsichtlich der Wahlkreise hat eine große Ausgleichung stattgefunden. Die Bevölkerungszahlen, welchen ein Abgeordneter entspricht, sind annähernd gleich gemacht. Die meisten Wahlbezirke wählen ferner wie bei uns je einen Abgeordneten, und eine Anzahl mittlerer Städte ungeteilt je zwei.

Im Ganzen ist die Zahl der Wahlberechtigten im vereinigten Königreich auf etwa fünf Millionen gestiegen. Hieraus ist zu ersehen, daß ein nicht unbeträchtlicher Teil der erwachsenen männlichen Bevölkerung auch jetzt noch ausgeschlossen ist, das allgemeine Wahlrecht also noch nicht durchgeführt. Aber der heutige Stand der Dinge bezeichnet das letzte Ziel der Reformbewegung nicht.

Die Wirkungen dieser Reformen aber sind ohne Zweifel tiefgreifende, obgleich sie erst allmählich zu Tage treten und in bestimmten Richtungen sich noch nicht übersehen lassen. Die Neubegrenzung der Wahlbezirke hat die überkommenen Verhältnisse von Einfluß und Abhängigkeit verschoben und die Macht der Gentry zu Gunsten des Kleinbürgertums geschwächt. Durch die Erweiterung des Wahlrechts ist der Arbeiterklasse die Möglichkeit gesichert, sich durch Abgeordnete ihrer Wahl vertreten zu sehen und einen direkten Einfluß auf die Gesetzgebung auszuüben. Durch das Emporwachsen der politischen Bedeutung dieser beiden Klassen ist die Kraft der öffentlichen Meinung gesteigert worden, und diese öffentliche Meinung ist nicht mehr gegen radikale Anwandlungen gesichert. Diesen Verhältnissen entspricht die Gesetzgebung der jüngsten Zeit. Wir können hier einerseits ein Vorschreiten der gesetzgeberischen Reform im Sinne der liberalen Staatsansicht erkennen. Dahin gehört die Abschaffung des Stellenkaufs im Heere, die Abschaffung der irischen Staatskirche (1868), die Reform des Immobiliarrechts, soweit sie eine leichtere Übertragbarkeit von Grundeigentum bezweckt u. s. w. Andererseits ist ein Sinken der Kraft derjenigen besonderen Art des Liberalismus, welche wir als Manchestertum bezeichnen und für welche die grundsätzliche Ablehnung staatlicher Einmischung in die Verhältnisse des wirtschaftlichen Lebens charakteristisch ist, zu bemerken. So ist das Manchestertum in der schärfsten Weise durch die große, auf die Agrarverhältnisse Irlands bezügliche Gesetzgebung verleugnet worden. Sie hat einen entschieden staatssozialistischen Charakter. Überhaupt entspricht dem Hervortreten der unteren Klassen auf der politischen Bühne Englands eine Erweiterung staatlicher Fürsorge für materielle und geistige Interessen. Mannigfachste Anforderungen, welche sich in Bezug auf eine teils direkte, teils indirekte Förderung solcher Interessen geltend machen, lassen sich nicht mehr abweisen. Und England hat hier Vieles nachzuholen; es ist im Punkte der Wohlfahrtspflege, von der Arbeiterschutzgesetzgebung abgesehen, hinter den vorgeschrittensten Staaten des Kontinents zurückgeblieben. Die Unterlassungssünden der Aristokratie des vorigen Jahrhunderts sind früher dargelegt worden. Die in unserem Jahrhundert zur Macht emporsteigende Bourgeoisie, welche in der Mehrzahl ihrer Glieder der manchesterlichen Staatsauffassung huldigte, war als Gesamtheit um Ergänzungen in diesem Bereiche der Wohlfahrtspflege nicht eben eifrig bemüht. Nun erfolgen diese unter dem Druck einer öffentlichen Meinung, für deren Ausbildung einerseits jenes Emporstreben der unteren Klassen und andererseits jene soziale Geistesrichtung bestimmend war, die bei den oberen Klassen sich verbreitet hat und welche uns bereits beschäftigt hat. Zu diesen Erweiterungen der staatlichen Wohlfahrtspflege gehört u. a. die Sorge für die Durchführung eines alle Volksklassen umfassenden Unterrichtssystems. Durch Gesetze von 1870 und 1880 ist das Prinzip der allgemeinen Schulpflicht angenommen worden. Die Sorge für die Durchführung desselben fällt freilich in erster Linie den Kommunalverbänden zu.

Ferner gehörten hierher neue arbeiterfreundliche Gesetze. So Gesetze, welche die Kinder- und Frauenarbeit weiteren Beschränkungen unterwerfen, Gesetze, welche den Arbeiterschutz auf die kleineren Werkstätten ausdehnen (1867 bzw. 1878), Gesetze, welche auf die Wohnungsverhältnisse der Arbeiter Bezug haben. Es können danach aus öffentlichen Mitteln Darlehen für den Bau von Arbeiterwohnungen gegeben werden. Ferner Gesetze zu Gunsten der Hilfsvereine der Arbeiter. Der Staat bietet denselben seine Unterstützung an in Bezug auf sichere Verwaltung ihrer Gelder. Ferner ein Gesetz, welches eine Haftpflicht gewerblicher Unternehmer für Unglücksfälle in ihrem Betriebe begründet (1880). Weiter fallen unter den vorangestellten Gesichtspunkt Gesetze zu Gunsten der Pächter in England und Schottland (die auf Irland bezüglichen, tiefer greifenden Gesetze fanden schon Besprechung). Ferner ist hierherzuziehen die Einführnng von Postsparkassen 1861, diejenige der Paketpost 1881, die Verstaatlichung des Telegraphenwesens, Gesetze, welche auf Rentenversicherung Bezug haben, Gesetze, welche hygienische Zwecke verfolgen u. s. w.

Im Allgemcinen freilich ist man bemüht, die in Betracht kommenden Interessen auf indirektem Wege, durch Begünstigung der Selbstthätigkeit der Beteiligten, zu fördern. Speziell gilt dies hinsichtlich des Versicherungswesens der Arbeiter; der Staat sucht dasselbe zu fördern, ohne es wie in Deutschland selbst zu organisiren und Zwangspflichten bezüglich desselben zu begründen. Auch ist die öffentliche Meinung in England (und zwar auch in den Arbeiterkreisen) bisher einer Nachahmung des durch Deutschland gegebenen Beispiels abgeneigt gewesen. Aber nicht überall führt jener indirekte Weg zum Ziel, und die Staatsthätigkeit erfährt auch in England, trotz der in weiten Kreisen noch immer bestehenden Abneigung dagegen, eine beständige Ausdehnung. Hervorragende Männer, wie H. Spencer, klagen über den zunehmenden „Funktionarismus“ (so lautet das Stichwort) und fürchten, daß derselbe zu einer Abschwächung der geistigen Selbstständigkeit, der individuellen Initiative und des Freiheitssinnes der Engländer führen werde. Spencer speciell sieht in ihm eine zurückschreitende Kulturbewegung, die er in Zusammenhang mit Militarismus und kriegerischen Dispositionen bringt. Zwei Typen in Vielregiererei (kriegerischer Typus) und Gestaltung der Verhältnisse durch freien Vertrag (industrieller Typus.) Aber er verkennt den Sachverhalt. Die Gegensätze, welche sich im heutigen Staate bezüglich der Ausdehnung des Bereichs staatlicher Wirksamkeit geltend machen, wurzeln innerhalb der wirtschaftlichen Gesellschaft selbst und würden auch bei dauerndem Frieden nicht verschwinden. Die erwerbende Gesellschaft der Kapitalisten fordert vom Staate, von dem Schutze für Person und Eigentum abgesehen, vor Allem, daß er ihr freie Bahn lasse. Geschieht dies, so kann sie die Wohlfahrtspflege für ihre Mitglieder selbst besorgen. Sie ist in England unter solchen Bedingungen emporgewachsen. Für die Massen gilt dies nicht. Wo immer ihre Lage in politischen Anschauungen zum Ausdruck kommt, werden dieselben das Prinzip des laisser aller nicht in sich schließen. An dessen Stelle tritt hier naturgemäß das Prinzip der Solidarität. Und diesem entspricht es, daß das gewaltigste Werkzeug gemeinsamer Interessen, der Staat, sich der Schwachen annehme und mit seiner Wohlfahrtspflege dort eingreife, wo Selbsthilfe nicht hinreicht. Der Staat der begünstigten Einzelnen kann sich auf eine Minimum von Leistungen beschränken, der Staat der Vielen nicht. Und in dem Maße, als die Vielen Macht gewinnen über den Staat, ändert sich auch die Stellung der begünstigten Einzelnen. Auch ihr Interesse findet nun eine umfassendere staatliche Wirksamkeit. Das Unterrichtswesen kann ein Beispiel abgeben. In dem Maße, als die politische Macht der unteren Klassen sich erhöht, wird es auch für die oberen Klassen wünschenswert, daß Kenntnisse und speziell ein Verständnis für staatliche Dinge unter ihnen sich ausbreite. Die Erkenntnis davon liegt den Unterrichtsgesetzen, deren ich gedacht habe, zu Grunde. Der

Erweiterung der öffentlichen Funktionen entspricht selbstverständlich eine Vermehrung der mit ihnen betrauten Organe. Im Zusammenhang mit der vorerwähnten Gesetzgebung sind zahlreiche Neubildungen im Bereiche der Verwaltungsorganisation entstanden. Dieselben haben einen anderen Charakter wie die alten, noch fortbestehenden Einrichtungen. Den Mittelpunkt der letzteren bildet das Ehrenamt des Friedensrichters. Es ist das für die bisherige Machtstellung der Gentry wichtigste Amt. Dasselbe wird vom König verliehen, und seine Annahme ist Gegenstand einer staatsbürgerlichen Pflicht. Der Schwerpunkt der neuen Organisationen liegt dagegen in gewählten Räten, Schulräten, Armenräten u. s. w., und der Eintritt in diese ist freiwillig. Von ihnen werden besoldete Beamte angestellt und ihre eigene Thätigkeit wie diejenige der Beamten unterliegt der Beaufsichtigung durch Zentralinstanzen, welche durch besoldete Beamte gebildet werden. Es verbindet sich also hier das demokratische Prinzip, das durch die Wahl der Räte (boards) repräsentirt ist, mit dem bureaukratischen. Dem letzteren entsprechen zur Zeit in England, wenn wir das besoldete Personal der Justiz mitrechnen, wohl 100000 besoldete Civilbeamte.

Für die neuen Organisationen ist ferner das Element der Centralinstanzen charakteristisch. Demokratie, Bureaukratie und Zentralismus gehen hier also Hand in Hand, und es ist dies eine keineswegs auffällige Erscheinung. Die alte Verwaltungsorganisation war weder bureaukratisch noch zentralistisch, aber diese Eigenschaften konnten ihr nur fehlen als einer aristokratischen, als einer auf das Zusammenfallen öffentlicher Rechte und öffentlicher Pflichten bei den durch Reichtum und Einfluß innerhalb der verschiedenen Landesteile ausgezeichneten Familien gegründeten Organisation. Wir können es mit Gneist bedauern, daß die Bedeutung dieses altenglischen Selfgovernment sich mehr und mehr verringert, aber man muß anerkennen einmal, daß dasselbe den erweiterten Staatsaufgaben gegenüber wesentlicher Ergänzungen bedurfte, und ferner daß bei diesen Ergänzungen dem demokratischen Wahlprinzip Einräumungen gemacht werden, sowie daß dieselben mit Rücksicht auf die Art der zu lösenden Aufgabe und auf die Verhältnisse der beteiligten Gesellschaftsklasse in weitem Umfange einen bureaukratischen und zentralistischen Charakter annehmen mußten. Die Grundlagen der alten Herrschaft von Adel und Gentry sind freilich durch diese Neubildungen ebenso wie durch die Parlamentsreform, zu deren Korrelaten sie gehören, bedroht. Aber diese Herrschaft ist unter den Bedingungen des heutigen Wirtschafts- und Geisteslebens, wie immer man sich zu den Fragen der Verwaltungsorganisation stellen möge, nicht festzuhalten. Einräumen muß man ferner, daß die neue Verwaltungsorganisation mit dem parlamentarischen Systeme recht wohl harmonire. Das parlamentarische System liefert nur Parteiregierungen. Es ist aber ein Übelstand, wenn solche Regierungen über viele Tausende von Beamten verfügen können. Glücklicherweise ist aber hier dem Schlimmsten durch Einrichtungen vorgebeugt, welche die Macht der Minister in Bezug auf Verleihung und Entziehung von Ämtern beschränken und das in Amerika blühende Raubsystem, nach welchem der jeweils siegreichen Partei alle Ämter als Beute zufallen, bis auf Weiteres von England ausschließen.

Ich habe früher das politische System, wie es nach der zweiten englischen Revolution sich festgestellt hat, in seiner Einheitlichkeit und seiner Übereinstimmung mit dem Charakter und den Gliederungen der englischen Gesellschaft einerseits und in der Beschränktheit seiner Leistungen andererseits eingehend charakterisirt. Jene Einheitlichkeit und jene Harmonie mit der bestehenden Gesellschaft fehlen dem heutigen Systeme, seine Leistungen aber sind trotz dieses Mangels unendlich viel größere, als die des alten Systems. Die Störungen der alten Gleichgewichtsverhältnisse werden erkennbar werden, wenn wir die Wirkungen der Reformgesetze auf die zu Grunde liegende soziale Entwicklung ins Auge fassen. Diese wird erkennbar bei Betrachtung der spezielleren politischen Verhältnisse. — Hier ist eine weitere Verschiebung des ursprünglichen Verhältnisses zwischen Unterhaus und Oberhaus zum Nachteil des letzteren und zugleich im Sinne einer Störung jener alten Gleichgewichtsverhältnisse wahrzunehmen.

Die volkstümliche Basis des Unterhauses hat sich rasch und gewaltig erweitert, während das Oberhaus seine alte Grundlage behalten und keine reformatorische Anpassung an die geänderten Zustände erfahren hat. Hinter der jeweiligen Mehrheit des Unterhauses steht nun eine herrische und ungeduldige öffentliche Meinung, die bei wichtigeren Fragen ein Widerspruchsrecht des Oberhauses so wenig mehr gelten lassen will wie ein königliches Veto. Wenn das Oberhaus gleichwohl wichtigere Beschlüsse des Unterhauses verwirft, so erhebt sich alsbald ein Ruf nach Umgestaltung und bezw. nach Beseitigung des Oberhauses. So geschah es in den Jahren 1868 und 1883, in welchen selbst vom Ministerium aus die weitere Existenzberechtigung dieses Hauses in Frage gestellt wurde.

Die gesetzliche Basis des Oberhauses ist, wie gesagt, dieselbe geblieben. Aber die Bedeutung dieser Basis hat sich in Folge der Reformen und der geänderten Gruppirung der englischen Gesellschaft verringert. Das Oberhaus repräsentirt in der Hauptsache die Grundaristokratie und die Staatskirche. Beide sind noch immer mächtige Faktoren des öffentlichen Lebens in England, aber neben ihnen sind andere Machtfaktoren emporgewachsen, die auf die Bildung der öffentlichen Meinung einen überwiegenden Einfluß ausüben. Die Mitglieder des Oberhauses sind nicht mehr wie einst die Mittelpunkte der Lokalregierung. Die neuen Organisationen von demokratischem und bureaukratischem Charakter entziehen sich ihrer Macht. Und ihr Einfluß auf die Wahlen zum Unterhause und folgeweise auf das Verhalten des letzteren schrumpft mehr und mehr zusammen. So scheint diese altehrwürdige Institution dem Königtume im Wege eines langsamen Absterbeprozesses nachzufolgen.

Es ist dies zu bedauern, denn die diesem Hause seiner natürlichen Bestimmung nach gestellte Aufgabe ist eine große. Dasselbe sollte als der vornehmste Träger von Staatsgesinnung und politischer Weisheit Überstürzungen im Bereiche der Gesetzgebung vorbeugen, den Einfluß bloßer Tagesströmungen abschwächen, denjenigen von politischem Doktrinarismus abwehren, den jeweiligen Minoritäten Schutz gewähren und endlich staatsmännischen Kapazitäten und um den Staat verdienten Männern eine dauernde Wirksamkeit sichern. Aber dieser Aufgabe ist es nicht mehr gewachsen. Weit entfernt, den Kapazitäten der obersten Gesellschaftsklasse eine Wirksamkeit zu sichern, dient es vielmehr dazu, wie Lord Roseberry klagte, sie kalt zu stellen. Diese Sachlage ist den englischen Politikern selbstverständlich vertraut. Auch wünschen die Meisten Änderungen derselben. Aber ihre Wünsche gehen in allen denkbaren Richtungen auseinander. Manche würden in der einfachen Abschaffung des Oberhauses einen Fortschritt sehen. Demokratischer Doktrinarismus verlangt das Einkammersystem.

Er argumentirt mit Sieyès: „Wenn eine zweite Kammer anderer Meinung ist als die erste, so ist sie nachteilig; ist sie derselben Ansicht, so ist sie überflüssig.“ Maine vergleicht diesen weisen Ausspruch mit Recht mit demjenigen des Kalifen Omar über die Bücher der Alexandrinischen Bibliothek: „Wenn diese Bücher von dem des Propheten abweichen, so sind sie gottlos; wenn sie damit übereinstimmen, so sind sie überflüssig." In der That, wenn die Volksstimme Gottes Stimme ist und das Repräsentantenhaus diese Volksstimme ausspricht, so hat jener Satz von Sieyès ohne Zweifel die Logik für sich, ähnlich wie der Ausspruch Omars unter dessen Voraussetzungen. Aber die Prämissen beider Aussprüche sind gleich anfechtbar.

Die radikale Partei in England würde sich übrigens fürs Erste mit der Beseitigung der erblichen Pairie begnügen. Labouchère, eines der Häupter dieser Partei, hat vor einiger Zeit im Unterhause eine darauf bezügliche Resolution beantragt. Das Haus sollte erklären, „daß es den wahren Grundsätzen repräsentativer Regierung widerstreitet und ihrer Wirksamkeit schadet, daß eine Person Mitglied eines Hauses der Legislative durch Recht der Geburt sei, und daß es daher wünschenswert sei, solchen bestehenden Rechten ein Ende zu machen." 166 Mitglieder stimmten für diesen Antrag! Aber welcherlei Personen sollen an die Stelle der erblichen Pairs treten? Auf diese Frage haben jene 166 schwerlich eine übereinstimmende Antwort bereit; denn die politischen Überzeugungen der radikalen Partei bieten für diese Antwort keine bestimmten Anhaltspunkte. Die Frage ist überhaupt schwer zu beantworten. Auch glaube ich nicht, daß eine glückliche Reform des Oberhauses in Sicht steht. In einer demokratisirten Gesellschaft gibt es nur eine tragfähige Grundlage für ein wirklich leistungsfähiges Oberhaus, das ist die föderale. Ein solches Haus muß die Vertreter kleinerer politischen Einheiten von relativer Selbständigkeit enthalten. Aber die hiefür geeigneten politischen Einheiten fehlen zur Zeit in England. Auch würde jede Reform, welche dem Oberhaus eine neue Machtgrundlage geben könnte, sowohl die konservative Partei — wegen der radikalen Natur einer solchen Maßregel — wie die radikale Partei zu Gegnern haben. Die letztere, weil eine solche Reform in demselben Maße, in welchem sie dem Oberhause neue Kraft verliehe, die Macht des Unterhauses schmälern müßte, diese Schmälerung aber, da das Unterhaus in jedem Falle das mehr demokratische Haus bleiben würde, den Tendenzen dieser Partei nicht entsprechen könnte. Ja selbst das Haupt der konservativen Partei, Lord Salisbury, hat dies gelegentlich als ein Argument gegen eine tiefer greifende Reform des Oberhauses geltend gemacht, daß dieselbe zu einer Schädigung der Machtstellung des Unterhauses führen würde.

Jedenfalls wird daher dieses auf lange Zeit hinaus die herrschende

Körperschaft sein. Welchen Einfluß nun haben die Reformen auf dieses selbst ausgeübt? Noch immer gehört die Mehrheit seiner Mitglieder der Gentry an, aber wie bereits ausgeführt wurde, ist dafür gesorgt, daß die Interessen auch der unteren Klassen zum Ausdruck kommen.

Das intellektuelle Niveau des Hauses hat sich in Folge der Erweiterung seiner volkstümlichen Basis nicht erhöht, und man würde irren, wenn man annähme, daß es großen Talenten durch die weitere Öffnung der Thore des Parlamentes leichter geworden sei, einen Sitz darin zu gewinnen und mit Hilfe desselben zur Macht emporzusteigen. In dieser Hinsicht hatten die beseitigten verrotteten Wahlflecken, für welche irgend ein adliger Herr die Kandidaten nominirte, ihre Verdienste. Für ein aufstrebendes Talent war es leichter, die Sympathieen eines solchen Nominationsherrn zu gewinnen, als es jetzt für es ist, das Vertrauen einer Wählermasse zu erringen. Der Abhängigkeit von Nominationsherrn hat sich in den betreffenden Bezirken die Abhängigkeit von verschiedenerlei Interessengruppen und Vereinen und von der politischen Parteipresse substituirt. Und dieser Abhängigkeit entspricht das Verhalten des Abgeordneten. Gar manche Rede wird „zum Fenster hinaus“ gehalten, gar mancher Reformantrag gestellt um der Meinung der Wähler willen. Und das Klappern der Mühle hat nicht immer die Bedeutung, brauchbares Mehl für den Staatshaushalt zu liefern. Gleichwohl werden wir die Bemerkung, die Carlyle auf dem Todesbette zu Lord Wolseley machte, daß das Haus der Gemeinen eine Versammlung von 600 schwatzenden Eseln sei, nicht gelten lassen.

Den Heldenverehrer verdroß das Mißverhältniß zwischen Reden und Handeln, das nun einmal nicht vom parlamentarischen Wesen zu trennen ist. Auch der Vorwurf, daß das Haus bemüht sei, mit möglichst vielem Geräusche nichts zu thun, trifft das heutige Parlament im Gegensatze zu dem Parlamente der Zeit vor den Reformen nicht. Jenes entfaltet vielmehr eine umfassende, unruhige und vielfach tief in die bestehenden Verhältnisse eingreifende Wirksamkeit. Aber diese Wirksamkeit zeigt eine geringe Stetigkeit. Seine Demokratisirung hat große Schwankungen in seiner Zusammensetzung und in den Tendenzen seiner Mehrheiten zur Folge gehabt. Die Stimmungen der wahlberechtigten Massen sind veränderlich und schwer berechenbar, und diese Stimmungen finden einen Ausdruck in der relativen Stärke der Parteien im Hause und in Annäherungen, Spaltungen, mannigfachsten Kombinationen innerhalb der Parteien; im Zusammenhange damit ferner in Veränderungen des Regierungspersonales und seiner Politik. Vor der Reform hatten die großen Parteien im Wesentlichen einen gesicherten Bestand; die vornehmen Familien, welche die Wahlflecken beherrschten, waren der einen oder anderen Partei fest eingegliedert. Daher die relative Stetigkeit des früheren politischen Lebens. Jetzt gibt es eine große Zahl von Wahlberechtigten, die unter dem Einfluß der jeweiligen Tagesfragen, einer geschickt betriebenen Agitation, der Reden einer populären Persönlichkeit oder irgend einer persönlichen Verstimmung jetzt für einen konservativen und jetzt für einen liberalen Kandidaten stimmen, oder auch der Stimmabgabe sich enthalten. Daher denn überraschende Katastrophen. Im Jahre 1868 hatte eine immense liberale Mehrheit Gladstone zum Haupte der Regierung gemacht. Aber obgleich seine Politik durchaus den Anschauungen entsprach, auf deren Grund ihn das Volk der Wahlberechtigten emporgehoben hatte, ließ dieses ihn im Jahre 1874 fallen. Die Wahlen in diesem Jahre kehrten das Machtverhältnis zwischen den großen Parteien geradezu um, und Disraeli, der Reorganisator der konservativen Partei, wurde Premierminister. Das Programm, das dieser Partei anscheinend zum Sieg verholfen hat, ist durch die Worte ihres Führers charakterisirt, daß „mehr Energie in der äußeren, weniger in der inneren Politik“ zu entfalten sei. Dieser Forderung entsprach das Regiment Disraelis und zwar mit Erfolgen, die dem englischen Nationalstolz schmeichelten. Ich erinnere an den Berliner Kongreß und den Sieg der englischen Politik daselbst über die russische. Disraelis Heimkehr glich damals einem Triumphzug. Aber bei der nächsten Parlamentswahl im Jahre 1880 verlor seine Partei gegen die allgemeine Erwartung 100 Sitze an die Gegner, und Gladstone, getragen durch eine mächtige Bewegung, trat wiederum an die Spitze der Regierung. Aber auch *diese* Bewegung schwächte sich trotz des großen Reformwerkes von 1884 in unvermuteteter Weise rasch ab, und im Jahre 1885 stürzte Gladstone aus Anlaß einer Bill, welche eine Erhöhung der Bier- und Branntweinsteuer bezweckte. Eine derartige Folge von unvorhergesehenen Änderungen im Regimente und in den Tendenzen der englischen Politik hat in der parlamentarischen Geschichte vor der Ära der Reformen nicht ihres Gleichen.

Der damit bezeichnete Mangel von Kontinuität macht sich vor

Allem auf dem Gebiete der auswärtigen Politik fühlbar. Er bedeutet hier eine verminderte Fähigkeit zu konsequenter Verfolgung bestimmter Ziele und damit eine gewisse Inferiorität des demokratisirten im Vergleiche mit dem früheren rein aristokratischen Staate. Einen Beleg für sie enthalten unter Anderem die Wandlungen der neueren englischen Politik in Bezug auf die Boerenrepublik, den Sudan und Afghanistan. Zu seinem Glücke kann England unter den gegenwärtigen internationalen Verhältnissen fester Bündnisse entraten, es würde sich sonst zu seinem Nachteile herausstellen, daß seine Bündnisfähigkeit in Folge der Unberechenbarkeit der souveränen Willensmeinung seiner Unterhausmitglieder gesunken ist.

Auch mit Rücksicht auf die inneren Verhältnisse erscheint Vielen die Abhängigkeit der Ministerien von beliebigen Tagesströmungen und von Schiebungen und Klitterungen auf parlamentarischem Gebiete als ein Übelstand. Manchen auch die Art, wie das Unterhaus sich die Kontrole über die gesammte Verwaltung angeeignet hat. England hat keine vollständige Exekutive mehr. Das Komite der Unterhausmajorität, welches das königliche Kabinet oder Ministerium bildet, hat zur gesetzgeberischen Thätigkeit kein anderes grundsätzliches Verhältnis wie zur Vollziehung der Gesetze. Eine Initiative fällt ihm in beiden Richtungen zu, und in beiden Richtungen handelt es als das abhängige Organ jener Mehrheit. Die Wünsche Vieler nun gehen dahin, daß wieder eine selbständige und kräftige Exekutive erstehen möge. Und zwar am entschiedensten bei radikalen Politikern. Dabei denken diese nicht an eine Wiederbelebung der königlichen Macht. Auch ist eine solche nicht zu erwarten. Das Königshaus ist den Augen des Volkes hinter dem immer mächtiger sich erhebenden Unterhause entschwunden, oder vielmehr es ist ihm bei Fortbestand einer äußerlichen Loyalität das Bewußtsein von der Bedeutung, welche ein kräftiges Königtum, zumal unter Verhältnissen, wie sie heute bestehen, für eine Nation haben kann, abhanden gekommen. Man verlangt nach der kraftvollen Leitung des Staates durch Einen Mann, aber nicht durch einen erblichen König, sondern einen wegen seiner persönlichen Eigenschaften durch die Volksstimme zur Herrschaft berufenen Politiker. Manche gehen mit dem Republikaner Harrison so weit, daß sie die Abstimmungen durch die unmittelbaren Kundgebungen der öffentlichen Meinung ersetzt und durch diese das größte politische Talent mit einer absoluten Autorität bekleidet sehen möchten, indem sie voraussetzen, daß die Herrschaft desselben sich stets in Harmonie mit jener Meinung befinden würde. Hier haben wir den Zug zum Cäsarismus, der der Demokratie in großen Ländern stets eigentümlich war. Die geschichtliche Bedeutung dieser Tendenz aber hängt nur von dem Auftreten geeigneter Persönlichkeiten ab. In England hat Gladstone bisher den Anforderungen der autoritären Demokratie am meisten entsprochen.

Die eminente Bedeutung, welche dieser Mann für die Entwicklung der politischen Verhältnisse Englands gewonnen hat, hängt mit diesem Umstande zusammen. Bleibt der große Redner und Finanzkünstler, dessen ursprünglich konservative Anschauungen sich parallel der Entwicklung der öffentlichen Meinung in liberale und demokratische umgebildet haben, noch einige Jahre am Leben, so dürfte er in der erwähnten Eigenschaft eines Kandidaten der autoritären Demokratie noch einen tiefgehenden Einfluß auf das englische Staatswesen ausüben.

Zur Zeit ist es seine Stellung zur irischen Frage, welche ihn von der Herrschaft ausschließt. Er fordert bekanntlich im Einklang mit der irischen Nationalpartei ein selbständiges Parlament für Irland, eine Forderung, welche die liberale Partei gespalten, die rechte Hälfte derselben zu einem Zusammengehen mit den Konservativen veranlaßt hat. Die irische Frage beherrscht so, und es ist dies nicht zum ersten Mal der Fall, die Situation.

Diese mit der gesamten bisher betrachteten Entwicklung des englischen Staatslebens aufs innigste verflochtene Frage mag uns hier einen Augenblick spezieller beschäftigen. Sie schließt von Grund aus eine nationale, eine religiös-politische und eine wirtschaftliche Frage in sich. Die religiös-politische Frage ist durch die Emanzipation der Katholiken, die Entstaatlichung der anglikanischen Kirche in England und andere Reformen in den Hintergrund gedrängt worden. Doch wird die Bedeutung des nationalen Gegensatzes durch das Zusammentreffen mit einem konfessionellern dauernd erhöht. Die wirtschaftliche Frage betrifft in erster Linie die agrarischen Verhältnisse und hier spezieller die Verhältnisse zwischen den irischen Pächtern und den angelsächsischen Grundherren. Sie wurzelt letztlich in den Vergewaltigungen Irlands unter Cromwell und Wilhelm III. Ein großer Teil des Bodens von Irland wurde damals den bisherigen Eigentümern genommen und Engländern bezw. der englischen Kirche zugeteilt. Jene sanken zu Pächtern herab, und ein unbilliges Pachtrecht, ein barbarisches Schuldrecht und ein Aussaugungssystem, das von Agenten der meist in England lebenden Eigentümer gehandhabt wurde, machten die Lage dieser Pächter zur denkbar drückendsten. Erhöht ward die Bedeutung dieser Verhältnisse durch die systematische Vernichtung des irischen Handels und Gewerbes und die dadurch und durch den Abfluß des die Produktionskosten übersteigenden nationalen Arbeitsertrages nach England herbeigeführte Verarmung des Landes. Sie wurde ferner erhöht durch den nationalen Gegensatz und den Gegensatz zwischen den Rechtsanschauungen des irischen Volkes und den positiv rechtlichen Zuständen. Jenen zufolge gehört der Boden Irlands dem irischen Volke und speziell den irischen Bebauern desselben. Der Pächter betrachtet sich kraft Naturrechts als Eigentümer.

In unserm Jahrhundert hat der englische Staat die an Irland begangenen Frevel nach Kräften gut zu machen gesucht, aber noch dauern, und wohl für lange Zeit noch, die Wirkungen derselben fort. Man hat vor Allem die Lage der Pächter zu bessern gesucht, dann auf die Schaffung freier Bauerngüter Bedacht genommen. Gesetze der ersteren Richtung sind bereits früher erwähnt worden. Im Jahre 1889 waren auf Grund derselben 233000 Pachtzinsen gerichtlich auf Grund freier Erwägung des Möglichen und Billigen geregelt und dabei durchschnittlich um 18% herabgesetzt worden. Dieser Regelung ging ein Erlaß von rückständigen Zinsschulden zur Seite. Die mit weitgehenden Vollmachten ausgestattete irische Landkommission konnte nämlich auf Verlangen die Hälfte solcher Schulden aus öffentlichen Mitteln zahlen. Die andere Hälfte galt dann als erlassen. Aber eine Befriedigung der Pächter ist mit alledem nicht erreicht worden.

Auch liegt das zu verfolgende Ziel unzweifelhaft in der Erhebung der Pächter zu Eigentümern. Die bedeutendste Maßregel dieser Tendenz ging von dem zur Zeit regierenden konservativen Ministerium aus. Danach soll die englische Regierung die Grundeigentümer abfinden und zwar durch englische, mit 2¾ Prozent verzinsliche Staatspapiere. Die Pächter aber sollen jährlich 4 Prozent des Kaufpreises und damit zugleich eine (in den 4 Prozent enthaltene) Amortisationsquote zahlen, so daß sie nach 49 Jahren freie Eigentümer würden. Die bezügliche Bill ist angenommen worden. Gladstone sowohl wie Parnell, das verstorbene Haupt der irischen Nationalpartei, haben sie bekämpft. Beide schwerlich aus andern als partei-politischen Gründen. Letzterer wollte die Lösung der Frage einem irischen Parlament vorbehalten haben.

Ein solches aber würde die Befähigung zu einer friedlichen Durchführung jener Umwandlung von Pächtern in Eigentümer aller Voraussicht nach nicht besitzen. Ob die Gewinnung eines irischen Parlaments im Übrigen ein Glück für Irland wäre, darüber läßt sich ein sicheres Urteil nicht fällen. Ich halte es für wahrscheinlich, daß die Iren dieses Ziel erreichen werden. Der unaufhaltsame Fortgang der demokratischen Entwicklung macht es immer schwieriger, ein ganzes Volk in politischen Zuständen festzuhalten, die ihm verhaßt sind. Eine Änderung der Gesinnung des irischen Volkes aber in der hier fraglichen Richtung ist nicht wahrscheinlich. Aber wenn es zur Wiedererrichtung eines irischen Parlaments kommt, so wird es ein Gewinn für Irland sein, wenn das Werk der Reform seiner Zustände zuvor durch das englische Parlament und die englische Regierung zu einem gewissen Abschlusse gebracht worden ist. Weiterhin handet es sich vor Allem um eine Belebung der irischen Industrie und des irischen Handels. Ob ein national-irisches Parlament in dieser Richtung einen glücklichen Einfluß ausüben würde, steht dahin.

Diese irische Frage also ist zur Zeit die wichtigste des englischen Parteilebens. Bei einem, nicht unwahrscheinlichen, Siege der Gladstonianer werden aber neben ihr andere Fragen zu ähnlicher Bedeutung emporwachsen. Das Programm dieser Partei entwickelt sich mehr und mehr in radikal-demokratischer Richtung. In einer Rede, die Gladstone im Oktober 1891 in Newcastle am Tyne hielt, trat er u. a. für kürzere Parlamente, für die Devise „Ein Mann eine Stimme", für die Entstaatlichung der Kirche von Wales und Schottland, für eine Beschränkung der Macht des Oberhauptes (das wie ist vorläufig dunkel), für eine gerechtere Verteilung der Steuern, für thunlichste Reduzirung der Arbeitsstunden der Arbeiter ein. Auch hier fehlt den Postulaten die wünschenswerte Bestimmtheit. Ein Teil seiner Partei verlangt ferner einen Gehalt für die Abgeordneten. Ferner tiefgehende Reformen des Immobiliarrechts: so die Aufhebung des Fideikommiß- und Erstgeburtsrechts, Herbeiführung freier Übertragbarkeit des Bodens u. a. Auf dem äußersten Flügel der Linken wünscht man die Verstaatlichung des Grundeigentums. Auch konservative Politiker paradiren übrigens mit Reformwünschen. Voran der Torydemokrat Lord Churchill, der, wie es scheint, die Rolle Disraelis aufnehmen, aber den Zeitumständen gemäß mit mehr Ernst als dieser eine Verbindung konservativer mit populären Tendenzen herbeiführen möchte.

Unter anderem ist von konservativer Seite ein Gesetz-Entwurf über die Schulgebühren eingebracht worden (Juni 1891), der auf Unentgeltlichkeit der Unterrichts für die Massen zielt. In einer Jahresversammlung der konservativen Vereine von Birmingham hat man sich für die Verleihung des Stimmrechts an Frauen, welche Besitz haben oder einen Beruf betreiben, ausgesprochen (24. Nov. 1891). Die Schaffung zahlreicher bäuerlicher Kleinstellen wird auch von konservativer Seite angestrebt. Ein darauf bezüglicher Gesetzentwurf ist im Februar 1891 eingebracht worden. Man verlangte einen Kredit von 100 Millionen zu diesem Zweck und Ermächtigung der Kommunen zum Ankauf und Verkauf bezw. zum Verpachten kleiner Güter. Diese Bemühungen um die Schaffung eines großen freien Bauernstandes sind begreiflich. Ob sie den erwünschten Erfolg haben werden, ist zweifelhaft. Die bisherigen Kleinbesitzer befinden sich im Allgemeinen in einer keineswegs günstigen Lage. (Folge des Sinkens des Bodenwertes.) Speziell bewirbt man sich auch auf konservativer Seite um die Gunst der Arbeiter und wendet seine Aufmerksamkeit u. a. den Wohnungsverhältnissen derselben sowie Ausbau der Werkstättengesetzgebung zu. Im Ganzen aber hat sich bezüglich der Frage der staatlichen Einmischung in die wirtschaftlichen Verhältnisse eine Umkehrung in dem Verhalten der Parteien vollzogen. Die liberale Partei verleugnet immer entschiedener die Grundsätze der liberalen Ökonomie, welchen sie einst gehuldigt hat, und überläßt es der konservativen Seite, das Weiterschreiten im Wege staatlicher Intervention zu verlangsamen.

Jene Verleugnung der Ricardoschen Lehren geht so weit, daß ein liberaler Kandidat sein Eintreten für die gesetzliche Normirung des Achtstundentags versprach (Lancashire, Oktober 1890) und Chamberlain, der radikale Bundesgenosse Gladstones, für die staatliche Altersversicherung eintreten konnte.

Noch bleibt das Verhalten der Arbeiter selbst im Bereiche des Parteilebens zu betrachten.

Die im Vorigen gegebene Charakteristik der heutigen Parteiverhältnisse in England ist zu vervollständigen durch eine nähere Betrachtung des Verhaltens der industriellen Arbeiter auf dem sozialpolitischen Kampfplatze.

Dabei ist ein Blick auf das Vereinswesen zu werfen, das ihnen zu einer Machtstellung auf diesem Gebiete verholfen hat.

In erster Linie kommen hier die mehrgenannten Gewerkvereine in Betracht. Sie repräsentiren vornehmlich die treibende Kraft in der Arbeiterbewegung. Sie haben die Arbeiter in ihrem Ringen um günstige Existenzbedingungen diszipliniert, und soweit ihr Einfluß innerhalb der Klasse reicht, deren Stellung den Arbeitgebern gegenüber total verändert. Das Gefühl vollkommener Abhängigkeit von diesen ist hier geschwunden. An dessen Stelle ist der Glaube getreten, daß mit Hilfe dieser Vereine alle gemäßigten und sachlich begründeten Forderungen sich durchsetzen lassen würden. Diese Gewerkvereine sind nach wie vor Kampfgenossenschaften zur Erzwingung günstiger Arbeitsbedingungen. Diejenigen Arbeitsbedingungen aber gelten ihnen als die gerechten, welche sich im gesetzlichen Kampfe den Arbeitgebern aufzwingen lassen. Aber sie sind gleichzeitig bemüht, die Übel, welche sich mit dem Kampfe zwischen den beiden Gruppen verbinden, thunlichst zu verringern und bezw. ihnen vorzubeugen, sie zu vermeiden; vor Allem aussichtslose Strikes zu verhindern und Einigungen auf einer der jeweiligen wirtschaftlichen Lage entsprechenden Basis herbeizuführen. Sie gehen nicht von der Voraussetzung eines absoluten Gegensatzes der Interessen beider Klassen aus, erachten sich vielmehr als gleichmäßig interessirt an der Blüte der englischen Industrie wie die Unternehmer, und diese Anschauung von einer relativen Solidarität der Interessen findet einen Ausdruck u. a. in ihrer Unterstützung der Schiedsgerichte für Entscheidung von Streitigkeiten über Auslegung der Arbeitsverträge. Viele Arbeitgeber haben sich denn auch mit diesen Vereinen befreundet. Sie betrachten es als einen Vorzug derselben, daß sie die Möglichkeit darbieten, mit der Masse der Arbeiter bestimmtere Fühlung zu gewinnen und Vereinbarungen zu beiderseitiger Zufriedenheit zu treffen.

Seit der zweiten Parlamentsreform beginnt ihre Wirksamkeit sich auch auf dem politischen Gebiete auszubreiten. Ihre Führer sind Politiker geworden. Seit 1868 haben sie ein parlamentarisches Komitee, das durch die jährlichen Gewerkvereinskongresse gewählt wird und den Einfluß der Arbeiterinteressen auf die Gesetzgebung steigern soll. Bezeichnend für die Bedeutung, welche man diesen Bestrebungen beimißt, ist die Erhebung des früheren Schriftführers dieses Komitees Broadhursts, eines früheren Maurers, zum Unterstaatssekretär im Ministerium Gladstone im Jahre 1880.

Bis zur jüngsten Zeit waren ihre Ansprüche an den Staat gemäßigte. Speziell waren sie einer staatlichen Regelung der Arbeitsverhältnisse erwachsener Arbeiter abgeneigt. Sie meinten im Wege der Selbsthilfe das ihren Interessen Entsprechende sicherer erreichen zu können als im Wege der Gesetzgebung. Aber in dieser Hinsicht vollzieht sich eine Änderung ihres Verhaltens.[1]) Die Bergarbeiter sind mit dem Verlangen einer gesetzlichen Gewährleistung des Achtstundentages vorangegangen. Der Liverpooler Gewerkvereinskongreß im September 1890 hat sich dann für die gesetzliche Beschränkung des Arbeitstags auf 8 Stunden für alle Industrien ausgesprochen. Die Erklärung hierfür liegt zum Teile darin, daß in der jüngeren Arbeiterwelt sozialdemokratische Anschauungen Verbreitung gefunden haben und daß man es hier bequemer findet, die Hilfe des Staates in Anspruch zu nehmen, als den entbehrungsreichen Weg der Selbsthilfe zu verfolgen. Wichtiger aber noch sind andere Erscheinungen. Die älteren Gewerkvereine hatten eine Elite der englischen Arbeiter, nur sogenannte „gelernte" Arbeiter, umfaßt und diese zu besonnenem Vorgehen in Verfolgung erreichbarer Ziele erzogen. Hinter dieser Arbeiteraristokratie nun begannen in jüngster Zeit die Massen der ungelernten städtischen Arbeiter sich zu erheben. Der große Ausstand der Londoner Dockarbeiter im Jahre 1889 bezeichnet hier einen wichtigen Abschnitt. Seitdem treten auch diese Massen in Gewerkvereine zusammen und schließen sich den älteren Verbänden an. Sie bilden nun den linken radikalen Flügel der gesamten Phalanx. Die neuen Vereine wollen lediglich Angriffsinstrumente sein. Daher haben sie bisher keine Kassen eingerichtet. Diese begünstigen nach der nicht unrichtigen Auffassung des Hauptorganisators der neuen Verbände Burns einen gewissen Konservatismus, von dem man nichts wissen will. Auch ist es den beteiligten Arbeitergruppen schwerer, regelmäßige Beiträge aufzubringen, als den Mitgliedern der älteren Vereine. Und ihrer geringeren wirtschaftlichen Kraft entspricht eine größere Neigung, Staatshilfe in Anspruch zu nehmen und sich für sozialistische Theorien zu begeistern. Der erwähnte Beschluß des Liverpooler Gewerkvereinskongresses (bezüglich des Achtstundentags) ist vornehmlich auf ihren Einfluß zurückzuführen. Zu ihrem Programm gehört ferner die Kommunalisirung wichtiger gewerblicher Unternehmungen, die Verstaatlichung der Eisenbahnen und Bergwerke, sowie diejenige

[1]) Giffen, the Progress of the working classes in the last half century, London 1884.

des Grundeigentums. Sie haben in Liverpool darauf bezügliche Resolutionen beantragt, sind aber nicht damit durchgedrungen. Die Weiterentwicklung der Verhältnisse zwischen ihnen und den konservativen Elementen der alten Vereine wird eine große Bedeutung für das politische Leben Englands haben. v. Schulze-Gävernitz und Brentano meinen, daß diese konservativen Elemente das Übergewicht behaupten und einen erziehlichen Einfluß auf die neu inkorporirte, ihnen in Bezug auf Erfahrung, Bildung, Disziplin und soziale Stellung nicht ebenbürtige Klasse ausüben werde. Ich glaube, daß dies hinsichtlich des taktischen Vorgehens wohl der Fall sein werde, nicht aber hinsichtlich der zu verfolgenden Ziele. Die Vorgänge der letzten Jahre weisen vielmehr darauf hin, daß die Partei der Selbsthilfe allmählich durch die Partei der Staatshilfe, des Staatssozialismus in den Hintergrund gedrängt werden dürfte.

Für die Parlamentswahlen hat sich ein nationaler Arbeiter-Wählerverein gebildet. Dessen taktisches Programm geht zunächst dahin, in Wahlbezirken, in welchen ein eigener Arbeiterkandidat keine Aussicht hat durchzudringen, den Kandidaten der großen Parteien auf die Arbeiterverhältnisse bezügliche Fragen vorzulegen und von deren Beantwortung die Parteinahme zu deren Gunsten oder Ungunsten abhängig zu machen.

Noch ist anderer Arbeitervereine zu gedenken, welche zwar keine unmittelbare Bedeutung für das politische Leben haben, gleichwohl aber wegen des Einflusses, welchen sie auf die Anschauungen und Bestrebungen ihrer Mitglieder ausüben, für dasselbe in Betracht kommen. Es gehören dahin neben den schon früher erwähnten freundschaftlichen Gesellschaften, welche in der Hauptsache Versicherungszwecke verfolgen und deren Mitglieder nach Millionen zählen, die wirtschaftlichen Kooperativgenossenschaften, welche in den letzten Dezennien, begünstigt durch die Gesetzgebung, eine großartige Entwicklung gefunden haben. Sie umfassen im Ganzen zur Zeit etwa eine Million Arbeiter bezw. Arbeiterfamilien, und ihr Gesamtumsatz übersteigt eine halbe Milliarde Mark. Die Arbeiter wollen in ihnen der Konzentration der Kapitalien die Assoziation der lebendigen Produktivkräfte entgegenstellen und mittelst ihrer die Quellen des Kapitals sich selber zuleiten. Sie meinen zugleich in ihnen die Elemente einer neuen Gesellschaftsorganisation zu besitzen, in welcher an die Stelle der Konkurrenz das Prinzip der Einigung treten würde. Von einer allgemeinen Bedeutung sind hier indessen bis jetzt nur die Konsum-, nicht die Produktivgenossenschaften. Unter jenen haben sich zwei Großhandelsgesellschaften gebildet, von welchen eine sich aus etwa 900 Genossenschaften zusammensetzt, einen Umsatz von 140 Millionen Mark hat, eigene Fabriken und Warenhäuser, ein eigenes Bankgeschäft und eigene Dampfer besitzt. Seit 1870 besteht ein beständiger Genossenschaftsausschuß, der eine Propagande für die Genossenschaftsidee, den „kooperativen Glauben", und eine dieser Idee entsprechende Beeinflussung der Gesetzgebung zum Zwecke hat.

Um das Aufblühen dieser Genossenschaften haben sich die sogenannten Christlichen Sozialisten große Verdienste erworben. Das Haupt dieser Schule war Maurice, dem sich Kingsley, Ludlow, Neale und andere religiös gesinnte Philanthropen anschlossen. 1850 gründeten sie eine „Gesellschaft zur Förderung von Arbeiterassoziationen". Sie führten das Werk Carlyles in Bezug auf die Entwicklung einer sozialen Geistesrichtung bei den oberen Klassen weiter, unterschieden sich aber von ihm durch ihre sozialistischen Ideale. Auf ihre Einwirkung vornehmlich sind der sektenartige Charakter der Arbeiterassoziationen und die bei ihnen verbreitete Auffassung, daß die Durchführung des Genossenschaftsprinzips nur eine Anwendung des Christentums auf das gesellschaftliche Leben enthalte, zurückzuführen. Auch dienen diese Vereine nicht bloß den materiellen Interessen ihrer Mitglieder, sondern zugleich Bildungszwecken und geselligen Interessen. Auch von ihnen gilt, was Aristoteles von den Staaten sagt, daß sie um des Lebens willen entstanden seien, aber bestehend dem guten Leben dienten. In dem Maße, als sie prosperiren, nähern sie die Lebenshaltung der Arbeiter derjenigen der besitzenden Klassen und mindern sie den zwischen beiden Klassen bestehenden Gegensatz. Auch sind sie trotz ihrer sozialistischen Ideale Pflanzstätten einer gewissen konservativen Gesinnung, d. h. einer Abneigung gegen gewaltsamen Umsturz und eines Glaubens an eine friedliche Entwicklung der sozialen Zustände im Sinne jener Ideale. Der schon genannte Neale sagt irgendwo: „Jeder Versuch, uns zu einem Schritte zu drängen, für den wir nicht vorbereitet sind, würde nur eine Illustration des Sprichworts sein: je mehr Eile, desto weniger Beschleunigung".

Die Christlichen Sozialisten sind in ihren Bemühungen um Ausgleichung der sozialen Gegensätze nicht isolirt geblieben. Verschiedenste Gruppen der Gesellschaft verfolgen auf verschiedenen Wegen das gleiche

Ziel. Der bekannte Amerikaner H. George äußerte bei einem Besuch Englands seine Überraschung darüber, in wie hohem Grade das Gewissen der oberen Klassen gegenüber der sozialen Frage erwacht sei. Von den hierhergehörigen Erscheinungen nenne ich die „Universitätsausdehnungsbewegung“, welche darauf gerichtet ist, in Ergänzung des Elementarunterrichts Kenntnisse unter den Arbeitern zu verbreiten, und auf Toynbee zurückgeht. Auch die anglikanische Kirche hat sich aus ihrer aristokratischen Lethargie aufgerafft und entfaltet eine umfassende, den Massen und vor Allem ihren jüngeren Elementen sich zuwendende unterrichtende und erziehliche Thätigkeit. So bietet uns das heutige Leben der englischen Gesellschaft ein völlig anderes Bild wie dasjenige im ersten Drittel unseres Jahrhunderts oder das der vorausgehenden Jahrhunderte. Die Sorge um geistige Hebung der unteren Klassen und um Abschwächung der sozialen Unterschiede war der Aristokratie dieser Zeiten fremd; sie würde in ihr nur eine Gefahr für ihre Herrschaft gefunden haben. Für den Anfang dieses Jahrhunderts ist die Auflösung alter Verbände, für die zunächst keinerlei Ersatz gewonnen wurde, charakteristisch. Die Einzelnen, in neuen Verhältnissen sich selbst überlassen, verwilderten. Mit der Unsicherheit ihrer materiellen Existenz verband sich eine vollständige Haltlosigkeit in geistiger Hinsicht. Nun geht das zusammentreffende Bestreben der unteren und der oberen Klassen dahin, die Angehörigen der ersteren aus ihrer Isolirung zu erlösen, sie irgend welchen Organisationen anzuschließen und ihnen mittelst derselben einen Anteil an den Gütern der modernen Kultur zu verschaffen. Repräsentanten der oberen Klassen haben hierbei freiwillig soziale Leistungen übernommen, die ein gewisses Äquivalent darstellen für die entfallenen Leistungen in dem alten System der Selbstverwaltung. Gneist sieht in dem Rückgang dieses alten Selfgovernment eine Quelle großer Gefahren für Staat und Gesellschaft in England; er übersieht, daß die Art, wie die oberen Klassen seit einigen Dezennien den unteren die Hand reichen, um ihnen die Erhebung zu einer besseren und würdigeren Lebenshaltung zu ermöglichen, in sozialistischer Hinsicht eine verwandte Bedeutung hat, wie das, was durch die demokratisch-bureaukratische Entwicklung verloren gegangen ist. Kingsley hat vor einiger Zeit nicht ohne Grund behauptet, daß die oberen Stände Englands seit 30 Jahren für und unter den Arbeitern in einer Weise gewirkt hätten wie keine Aristokratie der Welt je vorher. Ähnliches läßt sich bezüglich dieser Klassen für die Zeit der höchsten

Blüte des Selfgovernment, das 18. Jahrhundert, nicht sagen! Ob die Zukunft dieses Landes nicht gleichwohl schwere Stürme in sich schließen werde, ist eine andere Frage.

Ohne Zweifel stehen mannigfache Kämpfe dort in Aussicht. Die hauptsächlichsten Streitpunkte ergeben sich aus den früher dargelegten Programmen der Parteien. Aber Eines hat England vor dem Kontinente voraus. Die Beziehungen zwischen den Klassen sind dank den von mir geschilderten Verhältnissen nicht wie bei uns vergiftet. Die gelernten Arbeiter, die bis vor Kurzem an dem öffentlichen Leben allein einen bewußten Anteil genommen haben, sind nicht erfüllt von Mißtrauen und Haß gegen die Besitzenden und wollen von gewaltsamer Umwälzung nichts wissen. Es herrscht bei ihnen ferner nicht der doktrinäre Pessimismus wie bei unseren Arbeitern. Ihre Lage und der Lebenswert haben sich bei ihnen erhöht und sie glauben an einen Fortgang dieser Entwicklung. Dazu kommt, daß England in der Lage ist, seine überschüssige Arbeiterbevölkerung nach seinen Kolonien zu lenken und ihr daselbst Arbeitsgelegenheit zu schaffen. Um dieser Verhältnisse willen sind revolutionäre Bewegungen, welche Engels schon in den vierziger Jahren als eine bald zu erwartende, unvermeidliche Erscheinung voraussagte, fürs Nächste nicht zu erwarten und überhaupt minder wahrscheinlich als auf dem Kontinente. Gleichwohl sind Gefahren in dieser Richtung auch dort keineswegs völlig ausgeschlossen. Sie begründen sich in dem bereits beleuchteten Hervortreten derjenigen Teile der Arbeiterklasse, für welche die bisherige Entwicklung nur geringen oder gar keinen Gewinn gebracht hat, und in dem Einfluß, welchen sie und die unter ihnen sich ausbreitenden sozialdemokratischen Anschauungen auf die oberen Schichten der Klasse auszuüben beginnen. Kommt es zu revolutionären Arbeiterbewegungen auf dem Kontinente, so wird deren ansteckende Kraft und der Fortbestand des sozialen Friedens in England davon abhängen, wie weit die zuletzt bezeichneten Verhältnisse in diesem Zeitpunkte sich entwickelt haben werden.

Damit schließe ich die Betrachtung der englischen Verhältnisse. Meinem Programm gemäß wende ich mich jetzt einem Lande zu, in welchem ein Absenker englischen Volkstumes sich zu einer neuen Nation entwickelt und auf angelsächsischer Grundlage die mächtigste Demokratie der Welt sich erhoben hat: den Vereinigten Staaten von Nordamerika.

II. Vereinigte Staaten von Nord-Amerika.

Die Nord-Amerikanische Union hat den Beweis dafür erbracht, daß, was man vorher nicht glaubte, ein großes Volk in einer republikanischen und auf demokratischer Grundlage ruhenden Staatsverfassung lange Zeit nicht bloß existiren, sondern sich in einer fortschreitenden Entwicklung erhalten könne. Sie hat darin keine Vorgänger, denn die Republiken des Altertums waren nur in einem eingeschränkten Sinne zugleich Demokratien, und in Rom war, nachdem der Großstaat zur Ausbildung gelangt war, das Schicksal des Freistaates besiegelt. Für den Politiker bietet es deshalb das größte Interesse dar, den Ursachen, welche in Nord-Amerika den Bestand und das Gedeihen einer großstaatlichen demokratischen Republik herbeiführten, sowie den Wirkungen nachzuforschen, welche diese Staatsform dort auf das nationale Leben ausgeübt hat.

Und noch unter manchem andern Gesichtspunkte ist dieses Staatswesen für uns von besonderer Bedeutung. Dasselbe stellt ein spezifisch *modernes* Staatsgebilde dar. Es ist entstanden auf einem relativ geschichtsfreien Boden und der Humus, in welchem seine Einrichtungen wurzeln, ist ein Niederschlag aus der jüngsten Periode des Völkerlebens. Nirgends sonst haben modernere Anschauungen ein freieres Feld gefunden, um sich zu bewähren, nirgends günstigere Bedingungen für eine souveräne Beherrschung des gesamten politischen Lebens. Das europäische Völkerleben wird in weitem Umfange durch seine Vergangenheit beherrscht, sein Recht ist zumeist ein geschichtlich begründetes; wichtigste Institutionen stützen sich hier auf alte Überlieferung und Gewöhnung und gewinnen für sich eine höhere Sanktion aus ihrem Zusammenhang mit dem Leben vergangener Jahrhunderte. Die Vergangenheit des amerikanischen Staatslebens ist dagegen eine kurze und die Faktoren, welche dasselbe tragen und in Bewegung erhalten, sind, verglichen mit den Fermenten des europäischen Staatslebens, Tagesgeschöpfe. (s. Goethe.) Da die Gesamtbewegung des europäischen Lebens aber unverkennbar eine Abschwächung der Kraft jener historischen Machtelemente mit sich führt, so scheinen die Zustände der Union uns künftige Stationen unseres eigenen Weges anzuzeigen.

Auf die steigende Bedeutung dieses Staates für das Gesamtleben unserer Kulturwelt brauche ich nicht hinzuweisen. Sie fällt Jedem, der mit offenen Sinnen lebt, in die Augen. Auf die Ausbreitung und Erstarkung der uns speziell beschäftigenden demokratischen Bewegung hat der Erfolg der Demokratie daselbst von Anfang an einen großen Einfluß ausgeübt, und derselbe behauptet sich ungemindert. Um so mehr ist für uns Grund vorhanden, die Bedingungen und die Grenzen dieses Erfolges uns kritisch zu vergegenwärtigen.

Ich wende mich nun der Entstehung dieses Staatswesens zu. Der Unabhängigkeitskrieg machte die Kolonien, aus welchen dasselbe hervorging, zuerst zu souveränen Republiken. Die Umwandlung in solche vollzog sich verhältnismäßig einfach, da die Kolonien von Anfang ein reiches Maß von Selbständigkeit besessen hatten. Unter Anderem bestanden repräsentative Einrichtungen, in welche nun der Schwerpunkt der politischen Kraft fiel. Es trat nur bei gewissen Beamten, vor Allem bei dem Gouverneur, der Spitze der Exekutive, an die Stelle königlicher Ernennung eine Wahl; meist zuerst eine Wahl durch die Legislative, später unmittelbare Volkswahl. Diese Umwandlung aber zog weitere Reformen nach sich. Die Abschüttelung der königlichen Gewalt gab demokratischen Bestrebungen einen starken Impuls, und in den souverän gewordenen Gemeinwesen war keine Aristokratie, die im Stande gewesen wäre, diesen Bestrebungen fortan einen nachhaltigen Widerstand entgegenzusetzen. Das politische Wahlrecht war vor dem Unabhängigkeitskampfe ein beschränktes, nun ward es rasch verallgemeinert. Jene Beschränkung hing zum Teil mit konfessionellen Verhältnissen und einer engen Verbindung von Staat und Kirche zusammen. So in Massachussets, wo die puritanischen Gründer der Kolonie die politische Berechtigung an konfessionelle Rechtgläubigkeit in ihrem Sinne gebunden hatten. Der Grundsatz der politischen Gleichberechtigung der christlichen Konfessionen und die grundsätzliche Auseinanderhaltung der staatlichen und der kirchlichen Gemeinschaft wurden zuerst in dem katholischen Maryland (unter Lord Baltimore 1649) proklamirt. Ihm folgten Rhode Island und Pennsylvanien, in welchen Quäker und Baptisten dominirten; später die übrigen Kolonien. Bei Ausgang des Unabhängigkeitskrieges waren jene Prinzipien in allen bei ihm beteiligten Kolonien zur Herrschaft gelangt, und es war damit ein wichtiges Hemmnis für eine Entwicklung in demokratischer Richtung beseitigt.

Die Leitung des Krieges und die Vertretung der verbündeten Kolonien nach außen war einem Kongresse zugefallen, der erst nach mehrjähriger Wirksamkeit eine Rechtsbasis durch die Konföderationsakte gewann. Durch diese ward das völkerrechtliche Band eines Staatenbundes (1789) für die souverän gewordenen Gemeinwesen geschaffen. Den Zentralorganen dieses Bundes war dabei nur eine geringe Macht zugefallen, und sie zeigten sich in Folge davon den in Krieg und Frieden für sie gestellten Aufgaben nur in sehr ungenügendem Maße gewachsen. Bald war die Bundesregierung im Ausland wie im Inland ein Gegenstand der Mißachtung. Die Finanzverhältnisse des Bundes gerieten in Verwirrung und dem Rückgang der gemeinsamen Angelegenheiten entsprachen Stockungen im wirtschaftlichen Leben und Unruhen im politischen Leben der Einzelstaaten. Die Notwendigkeit einer Stärkung der Bundesregierung und überhaupt einer Umbildung des Bundes stand denn auch für die politischen Führer bald außer Zweifel. Aber jeder Reform in dieser Richtung stellten sich große Schwierigkeiten entgegen. Vor Allem das bei den Bevölkerungen der Staaten rasch aufgewachsene Souveränitätsgefühl. Dasselbe stand im Bund mit den zur Herrschaft gelangten demokratischen Anschauungen. Man hatte auf Grund solcher Anschauungen die englischen Ansprüche bekämpft, der königlichen Gewalt die Menschenrechte entgegengestellt und in der Abschüttelung dieser Gewalt einen Triumph des demokratischen Prinzips gesehen. Kein Wunder, daß man jeder selbständigen Gewalt, die an die Stelle dieser königlichen treten und gleich ihr eine Macht über den Staaten darstellen sollte, entschiedene Abneigung entgegenbrachte und gegen sie im Namen eben dieses demokratischen Prinzips protestirte. Dazu kam, daß für die Menge der Zusammenhang der gemeinsamen Angelegenheiten mit ihren besonderen Interessen, vom Kriege abgesehen, wenig durchsichtig war, sowie die optimistische Anschauung, daß der erleuchtete Patriotismus stets von selbst die Opfer bringen werde, welche für die gemeinsamen Interessen erforderlich werden könnten, ohne daß es, wie der Ausdruck lautete, einer „konsolidirten Regierung“ für diese Interessen bedürfte.

Unter solchen Verhältnissen war die Umbildung des lockeren Staatenbundes in einen Bundesstaat ein kühnes Unternehmen. Sie ist dem Volke durch seine geistige Aristokratie unter dem Einfluß mannigfacher, ihr Werk begünstigender Not aufgezwungen worden — eine historische Großthat ersten Ranges. Auf sie sind Entstehung und Blüte der Nation, welche heute die unermeßlichen Gebiete der Union bevölkert, zurückzuführen.

Fassen wir dieses Werk näher ins Auge. Da die Verfassung,

welche man dem nenen Bunde gab, bis heute nur in wenigen Punkten verändert worden ist, so werden wir uns damit zugleich das gegenwärtig geltende Staatsrecht der Union in seinen Grundzügen vergegenwärtigen.

Bei Gestaltung dieses Bundes übten außer den erkennbar gewordenen Bedürfnissen drei Faktoren einen großen Einfluß aus. Erstlich nämlich die bestehenden Einrichtungen der Einzelstaaten, mit welchen man die Organisation des Bundes thunlichst in Einklang bringen mußte, und das schon erwähnte Souveränitätsbewußtsein, dem man Rechnung zu tragen hatte. Zweitens die englische Verfassung, mit der man vertraut war, welche man indessen um der Volksstimmung willen zu ignoriren affektirte. Drittens Montesquieus Lehre von der Dreiteilung der Gewalten als einer Bedingung für den Bestand bürgerlicher Freiheit. Der Einfluß, welchen diese Theorie auf die Anschauungen der amerikanischen Politiker ausübte, tritt nicht bloß in sehr bedeutsamer Weise im Inhalte der neuen Verfassung, sondern selbst in der Form hervor, in welcher man sie redigirte. Der erste Artikel der Verfassungsurkunde nämlich handelt von der gesetzgebenden Gewalt, der zweite von der ausübenden, der dritte von der richterlichen Gewalt. Und diese Gewalten sind auch sachlich mehr wie in jedem anderen Staatswesen auseinander gehalten. Unsere deutschen Staatsgelehrten haben jene Theorie als eine durchaus nichtige, dem Wesen des Staates widersprechende, seit zwei Menschenaltern vielfach zu erweisen gesucht, haben dabei aber das Ziel überschossen. In einem absoluten Sinne ist sie freilich nicht durchführbar, wollte sie aber auch Montesquieu nicht durchgeführt sehen. Im Übrigen läßt sich nur sagen, daß sie sich mit einer wahren Monarchie nicht vertrage. Jedenfalls hat die praktische Probe, welche die Amerikaner mit ihr gemacht haben, sie keineswegs als absurd erwiesen.

Ich stelle hier die ausübende Gewalt voran. Einem erblichen Monarchen konnte man sie nicht übertragen, mochten auch die Konservativeren unter den beteiligten Staatsmännern der erblichen Monarchie an sich nicht abhold sein. Aber Monarchien lassen sich überall schwer improvisiren und in Amerika fehlten dafür alle Voraussetzungen. Man übertrug sie daher einem Präsidenten, der jeweils auf vier Jahre gewählt werden und wieder wählbar sein sollte. Aber die einsichtigen Väter des Verfassungswerks waren, im Widerspruch mit den Vorurteilen der Menge, darauf bedacht, dieser Exekutive Macht und Selbstständigkeit zu verleihen, und bestimmten demgemäß die Befugnisse des Präsidenten und die Art seiner Erwählung. Der Präsident der Union ist hiernach nicht wie der Präsident der heutigen französischen Republik ein bloßer Figurant. Er ist das wirkliche Haupt der Regierung, nicht etwa bloßes Symbol. Die Minister sind von ihm abhängig, die Werkzeuge seiner Politik. Sie sind nicht wie das englische und französische Ministerium ein Komitee der Unterhausmehrheit. Sie sind vielmehr von dieser und überhaupt von dem Repräsentantenhause unabhängig, ihm nicht verantwortlich und erscheinen gar nicht in dessen Sitzungen. Man hat also das parlamentarische System im Einklang mit jener Lehre von der Trennung der Gewalten (der es direkt widerstreitet) verworfen. Bei der Erklärung dieses Vorgehens ist zu beachten, daß das parlamentarische System in jener Zeit (der Zeit Georgs III.) in England nur sehr unsicher funktionirte und in den Anschauungen der liberalen Welt noch nicht diejenige Stellung gewonnen hatte, die es heute darin behauptet.

In Bezug auf die Gesetzgebung gab man dem Präsidenten, abgesehen von dem Rechte, gesetzgeberische Maßregeln anzuempfehlen, ein suspensives Veto. Darin liegt eine der Abweichungen von jener Trennungstheorie, welche darthun, daß die Verfassungsgründer keine Doktrinäre waren. Dieses Veto kann durch eine ²/₃ Mehrheit in beiden Häusern des Kongresses bei Seite geschoben werden, hat aber gleichwohl eine nicht geringe Bedeutung, weil diese ²/₃ Mehrheit sich bei der Gestaltung der Parteiverhältnisse in der Union nicht leicht ergibt. Auch ist von ihm häufig und mit Erfolg Gebrauch gemacht worden. Andererseits ist der Präsident, und dies ist die zweite, ebenfalls wohl begründete Abweichung von der Lehre der Gewaltentrennung, bei der Ausübung gewisser wichtiger Regierungsrechte an die Zustimmung des Senates, des Mitinhabers der gesetzgebenden Gewalt, gebunden. So bei Abschluß von Bündnissen und bei der Ernennung der nicht besonders ausgenommenen Bundesbeamten.

Sehr wesentlich erhöht sich die Machtstellung des Präsidenten zur Zeit eines Krieges, da er der Oberbefehlshaber der bewaffneten Macht ist. So war Lincolns Stellung zur Zeit des Sezessionskrieges eine wahrhaft königliche. Von einer wesentlichen Bedeutung für die Stellung des Präsidenten ist im Übrigen die Art seiner Erwählung: daß er nämlich normaler Weise nicht durch die Legislatur, wie der Präsident der französischen Republik, sondern durch das Volk, durch

Vermittlung zu diesem Zwecke gewählter Wahlmänner erwählt wird, so daß er daher in einem direkten Verhältnisse zu dem Volke als dessen Beauftragter und Vertrauensmann steht. Diesen Verhältnissen entspricht die Rolle, welche die Wahl des Präsidenten in der Union spielt. Sie bezeichnet den Konzentrationspunkt des politischen Lebens daselbst.

Wenn ich übrigens hier die amerikanischen Einrichtungen den französischen gegenübergestellt habe, so sollte damit keine Kritik der letzteren gegeben sein. Die amerikanischen Einrichtungen würden bei einer Übertragung auf Frankreich, soweit eine solche überhaupt gedacht werden kann, daselbst durchaus anders wirken wie in Amerika. So würde eine Verselbständigung der Exekutive nach dem Muster der Unionsverfassung in Frankreich sehr bald den Untergang der Republik herbeiführen, während sie in Amerika den Fortbestand derselben bisher nicht ernstlich gefährdet hat.

Uns liegt noch eine andere Vergleichung nahe, diejenige zwischen dem Präsidenten des nordamerikanischen und dem Präsidenten des deutschen Bundesstaates, dem deutschen Kaiser. Die Stellung des letzteren ist ja selbstverständlich dadurch eine wesentlich andere, daß er zugleich Monarch des mächtigsten deutschen Großstaates ist und daß er die Präsidialstellung kraft erblichen Rechts inne hat; aber dies schließt eine Vergleichung des Inhalts seiner Präsidialrechte mit den Rechten des Unionspräsidenten nicht aus, und es findet sich hier eine nicht geringe Übereinstimmung. Beide sind wirkliche Inhaber der Regierungsmacht und in der Handhabung derselben nicht durch das parlamentarische System beschränkt. Ferner hat die Mitwirkung des amerikanischen Senates bei Ausübung von Regierungsrechten in der Mitwirkung unseres Bundesrates ein Analogon; an der gesetzgebenden Gewalt sind beide nur in einer sekundären Weise beteiligt; beide sind Oberbefehlshaber der Armee u. s. w.

Die gesetzgebende Gewalt übertrug man in Amerika, von jenem Veto des Präsidenten abgesehen, einem zweigeteilten Parlamente, dem Kongreß. Er scheidet sich in das Repräsentantenhaus und den Senat. Jenes entspricht im Allgemeinen dem englischen Unterhause, nur daß es, wie schon gesagt wurde, keinen Einfluß auf die Besetzung des Ministeriums hat. Das englische Vorbild macht sich u. a. darin bemerklich, daß alle auf Abgaben bezügliche Bills zuerst dieses Haus passiren müssen. Seine Mitglieder, welche 25 Jahre alt sein müssen, werden auf 2 Jahre in gleichmäßig bestimmten Wahlbezirken gewählt.

Das aktive Wahlrecht aber richtet sich in jedem Staate nach dem für die Wahl zu dessen partikulärem Repräsentantenhaus geltenden Rechte. Mit der Zeit hat sich hier eine Ausgleichung in demokratischer Richtung durch den Übergang zum allgemeinen direkten Wahlrecht vollzogen. Der Senat entspricht in gewissem Sinne dem Haus der Lords, insofern auch er als ein konservatives Bollwerk gedacht ist. Er überragt aber jenes bei Weitem an Bedeutung. Lord Roseberry nannte ihn die mächtigste Körperschaft der Welt. Seine Grundlage ist eine föderale; er repräsentirt die Autonomie und die gleiche Berechtigung der Gliedstaaten. Jeder derselben sendet 2 Senatoren, die durch seine Legislatur gewählt werden, und die Senatoren haben gleiches Stimmrecht. Dem kleinsten Staate ist hier daher die gleiche Macht zugeteilt wie dem größten, trotz der enormen Verschiedenheiten, welche in den Bevölkerungszahlen bestehen. Die Funktionen des Senats sind umfassendere als die des Repräsentantenhauses. Der Senat hat an der Gesetzgebung gleichen Anteil wie das Repräsentantenhans und bildet zugleich kraft seines schon erwähnten Anteils an Vertragsabschlüssen und Ernennungen das Bindeglied zwischen der gesetzgebenden und vollziehenden Gewalt. Er ist ferner der Gerichtshof für Anklagen gegen die obersten Bundesbeamten.

Im Vergleich mit dem Repräsentantenhaus hat er einen aristokratischen Charakter. Derselbe begründet sich darin, daß seine Mitglieder nicht Kopfzahlen repräsentiren, sondern Staaten, daß sie durch ein Repräsentantenhaus, nicht durch die Menge gewählt werden, ferner in der Wahl für einen längeren Zeitraum (6 Jahre), in dem vorausgesetzten höheren Alter (30 Jahre), in der geringeren Zahl dieser Mitglieder (heute ist sie freilich bis auf 84 entsprechend 42 Staaten gewachsen), sowie darin, daß die Staaten um ihres Einflusses willen gern ihre hervorragendsten Köpfe in diese Versammlung senden und bewährte Kräfte wieder und wieder zu Senatoren wählen. Die bedeutendsten Politiker und Redner der Union haben denn auch stets im Senate die vornehmlichste Stätte ihrer Wirksamkeit gefunden. Im Repräsentantenhaus spielt im Gegensatz zu jenem Beredsamkeit keine Rolle. Auch finden sich in ihm höhere Begabung und Bildung nur spärlich vertreten.

Die Gerichtsbarkeit in Bezug auf die Anwendung der Bundesgesetze ist, abgesehen von der erwähnten beschränkten Gerichtsbarkeit des Senates, unabhängigen Gerichten, an oberster Stelle einem mit umfassenden Befugnissen ausgestatteten Obergerichte, übertragen worden.

Zahlreiche Bestimmungen der Verfassung bezwecken die Sicherstellung der persönlichen Freiheit der Einzelnen. Hervorgehoben seien hier ferner diejenigen Vorschriften, welche auf Änderungen und Ergänzungen der Verfassung selbst Bezug haben und sich als gut konservative Hemmungsvorrichtungen darstellen. Wenn ²/₃ Mehrheiten in beiden Häusern des Kongresses bezügliche Verbesserungen vorschlagen, so bedarf es, um sie zum Gesetz zu erheben, noch der Zustimmung von 3 Vierteilen der Staatenlegislaturen.

Die erwähnten Einrichtungen zeigen ebenso wie die Abgrenzung ihrer Funktionen den Einzelstaaten gegenüber auf wirtschaftlichem und anderen Gebieten den Charakter eines Kompromisses zwischen den Freunden einer kräftigen Zentralgewalt und den Vertretern der Staatensouveränität, den Partikularisten. Hierbei haben die ersteren viel mehr erreicht, als den Wünschen der überwiegenden Mehrheit im Volke entsprach. Daher die Annahme der Verfassung durch die Staaten nur in harten Kämpfen und durch Versetzung der Widerstrebenden in eine Zwangslage durchgesetzt werden konnte. Bald nachher aber vereinigte sich Alles in ihrer Verherrlichung. Man fand, daß sie bei buchstäblicher und bezw. einschränkender Auslegung für partikularistische Interessen einen nicht geringen Spielraum darbiete, und die ehemaligen Gegner arbeiteten sich mit Hilfe solcher Interpretation mehr und mehr in eine mehr oder minder aufrichtige Begeisterung für sie herein. Seitdem ist es ein Glaubensbekenntnis der Politiker Amerikas geblieben, daß die Unionsverfassung der Inbegriff aller politischen Weisheit sei. Und ohne Zweifel ist sie im Ganzen ein Dokument großer politischer Einsicht. Auch läßt sich kein anderes Verfassungswerk bezeichnen, das sich in seinen organisatorischen Grundbestimmungen besser bewährt hätte, wie dieses. Hat doch das beispiellose Wachstum des Volkes der Union keine Änderungen dieser Bestimmungen mit sich geführt. Sie vergleichen sich einem Gewande, das sich den Gliedern eines Riesen ebenso gut anschmiegen, demselben die nämlichen Dienste leisten und ihm ebenso unschätzbar erscheinen würde, wie zuvor dem Kinde, aus dem der Riese sich entwickelte. Bei alledem ist zu beachten, daß die Übereinstimmung der Parteien im Lob dieser Verfassung von Haus aus nur durch jenen Spielraum möglich wurde, den sie für entgegengesetzte Auslegungen ließ, und daß dieser Spielraum eine

Schwäche derselben bezeichnet. Ihre Mängel liegen überhaupt in Unterlassungen, darin, daß gewisse wichtige Fragen darin nicht oder nicht mit genügender Entschiedenheit zum Austrag gebracht worden sind. Ich nenne zwei von den hierhergehörigen Fragen, welche in den späteren Parteikämpfen bis zum Sezessionskriege eine große Rolle gespielt haben.

Die erste von doktrinärer Färbung betrifft den Charakter des organisirten Bundes: Soll dieser ein bloßes Vertragsverhältnis oder einen seinem Wesen nach unkündbaren Staat darstellen? Dem Gesamtinhalte des Verfassungswerks entspricht das letztere. Aber es würde nützlich gewesen sein, in solenner Form zu erklären, daß der Bund ein unkündbares, unauflösliches Gemeinwesen bilde. Die zweite Frage betrifft die Sklaverei. Die Verfassung enthält eine indirekte Anerkennung ihres rechtlichen Bestandes. (Siehe in Art. 4 Abschnitt 2.) Dabei war aber die Mehrzahl der damaligen Politiker in dem Wunsche einig, daß das Institut keine weitere Ausbreitung erfahre, vielmehr allmählich verschwinden möge. Aber man hat in dieser Richtung keine Fürsorge getroffen. Die Aufnahme einer Bestimmung, wonach das Institut auf die Staaten beschränkt bleiben soll, in welchen es zur Zeit des Inkrafttretens der Verfassung bestand, wäre vielleicht durchzusetzen gewesen. Jedenfalls ist nicht erkennbar, daß man sich mit einer der Sache würdigen Energie darum bemüht habe. Dies ist die offene Stelle, an welcher eine unübersehbare Schar von Übeln ihren Eingang in das Leben des neuen Volkskörpers fand. Die durch die Verfassung unerledigt gebliebene Frage ist die Schicksalsfrage der Union geworden. Sie ließ sich einer Flamme vergleichen, die man sich selbst überläßt, bis sie Haus und Hof ergriffen hat und unsere gesamte Existenz bedroht. Durch Verfassungsparagraphen können freilich Interessengegensätze innerhalb eines Volkstums nicht beseitigt werden, so wenig wie nationale Gegensätze durch Friedensschlüsse und Handelsverträge. Aber daraus folgt nicht ihre Bedeutungslosigkeit. Sie können auf die Form, in der jene Gegensätze zum Austrag kommen, einen entscheidenden Einfluß ausüben, und dies zu thun ist ihre Bestimmung. In manchen anderen Richtungen noch haben sich die Erwartungen der Väter der Verfassung nicht erfüllt, ohne daß sich jedoch darin Vorwürfe gegen sie begründen lassen würden. Die von ihnen geschaffenen Einrichtungen haben zum Teile anders funktionirt als sie voraussetzten, und zwar vornehmlich in Folge der Ausbreitung des demokratischen

Geistes. Gegen diese aber hätten sie Schranken, auch wenn sie es gewollt, nicht aufrichten können.

Eine kurze Charakterisirung der Art, wie die Bundesorganisation funktionirte, wird Gelegenheit geben, auf die wichtigsten dieser Widersprüche zwischen Erwartungen und Wirklichkeit hinzuweisen und zugleich den behaupteten Zusammenhang derselben mit der Entwicklung der amerikanischen Demokratie erkennbar machen. Diese Charakterisirung wird später bei der Übersicht über die Geschichte der Parteikämpfe sowie bei Betrachtung der heutigen Zustände ihre Ergänzung finden.

Der Präsident war gedacht als ein über den Parteien stehender, wegen ausgezeichneter staatsmännischer Eigenschaften durch das Vertrauen der Nation an die Spitze der Regierung gestellter Repräsentant des gesamten Volkes. Diesem Ideal entsprach der erste Präsident, Washington, aber allein er vollkommen. Seine Nachfolger waren größtenteils Parteimänner, von Parteien gewählt und von ihnen mehr oder minder abhängig, und hierin ist kein Wandel in Aussicht. Die Natur der Republik schließt ihn aus. Sie wird stets ein entwickeltes Parteileben haben und nur ausnahmsweise, wohl lediglich auf Grund kriegerischer Thaten, kann es in ihr einem Manne gelingen, unabhängig von den dieses Parteileben beherrschenden Faktoren zur Macht emporzusteigen und eine überparteiliche Sellung zu behaupten. Zugleich stellen solche Ausnahmeverhältnisse eine Gefahr, wenn nicht für die Erhaltung der republikanischen Formen, so doch für die Herrschaft des republikanischen Geistes dar und entsprechen somit nicht dem Genius dieser Staatsart. Das was in dieser Richtung den Idealisten unter den Vätern der Verfassung der Gründerzeit vorschwebte, kann nur die erbliche Monarchie leisten.

Sie hatten geglaubt, ihr Ziel mit Hilfe des indirekten Wahlrechts erreichen zu können. Die Wahlmänner waren als eine Elite gedacht, die nach eigener Einsicht den tüchtigsten Mann auswählen und mit der höchsten Würde bekleiden werde. Allein dieses zwischen Urwähler und Präsidenten eingeschaltete aristokratische Element der Wahlmänner erwies sich rasch als völlig bedeutungslos. Den zu festen Organisationen gelangenden Parteien gegenüber mußten sich die Wahlmänner auf die Rolle des Mundstücks beschränken, das den Namen des dem Parteiwillen zusagenden Kandidaten aussprach.

Anfänglich übten Vereinigungen von Parteigenossen am Sitze der Bundesregierung, bestehend aus Mitgliedern des Kongresses, einen entscheidenden Einfluß auf die Nominirung des Parteikandidaten für die Präsidentschaft aus. Aber diese Einrichtung, die eine oligarchische Färbung hatte, konnte sich nicht behaupten. Die Massen der Wahlberechtigten verlangten einen Anteil an dieser Nominirung und es bildete sich eine mehr demokratische Organisation für diesen Akt aus. Deputationen der Wähler aus allen Staaten vereinigen sich nämlich seitdem zu einer nationalen Parteikonvention, welche nach bestimmten Regeln aus den von den verschieden Gruppen in Vorschlag gebrachten Politikern den Parteikandidaten auswählt.

Die Parteiorganisationen überhaupt sowie die Taktik der Parteien bei den Wahlen haben in der Union eine hohe Ausbildung erfahren. Die Parteien keines andern Landes haben hierin das Gleiche erreicht. Der Wert dieses Vorrangs der amerikanischen Parteien ist freilich ein sehr problematischer. Denn mit dieser Ausbildung der Parteimaschine hängen die unerfreulichsten Erscheinungen des amerikanischen Volkslebens nahe zusammen. Hand in Hand nämlich ging mit ihr die Entwicklung einer Klasse von Politikern, welche die Politik weniger als einen Beruf denn als ein Gewerbe betreiben und welche dem Staatsleben, soweit sie es beherrschen, einen banausischen Charakter verleihen und es durch ein erschreckendes Maß von Korruption entstellen. Einen wesentlichen Anteil an dieser Entwicklung hatten Änderungen, welche sich in der Behandlung der Bundesämter vollzogen haben.

Anfänglich war es schwer, für diese Ämter, die sich rasch vermehrten, die genügende Zahl von Kandidaten zu finden. Allmählich aber wuchs eine sich stetig erweiternde Zahl von Stellenjägern empor, und die Titel ihrer Ansprüche lagen, da Fachkenntnisse und bestandene Prüfungen keine Voraussetzung für die Verleihung von Ämtern bildeten, lediglich in Verdiensten um die zur Herrschaft gelangte Partei. Solchen Ansprüchen aber kam das Interesse der Partei selbst, sofern sie sich am Ruder befand oder zur Herrschaft aufstieg, entgegen. Denn sie suchte die in den Ämtern liegende Macht ihren Parteiinteressen dienstbar zu machen und mittelst ihrer vor allem die Wahlen zu beeinflussen, was nur gelingen konnte, wenn die Ämter im Besitze von Parteigenossen waren. Aus diesen Verhältnissen erwuchs das berüchtigte amerikanische Spoliensystem, demzufolge die an das Ruder gelangende Partei die sämtlichen Bundesämter (es sind mehr als 100 000) als Kriegsbeute betrachtete und unter Verjagung der bisherigen Inhaber an verdiente Kampfgenossen verteilte. Naturgemäß ward dann bei

Vielen der in Aussicht stehende Kampfpreis das Motiv zur Beteiligung am Kampfe, und die durch solche Motive bewegten Scharen, die am meisten Zeit und Kraft für ihn aufwendeten, bildeten bald die festen Cadres der Parteiarmeen. Diese Entwicklung vollzog sich mit einer unwiderstehlichen Kraft, aber durchaus im Widerspruch mit den Tendenzen und Erwartungen der ersten Generation leitender Staatsmänner. Noch der vierte Präsident, Madison, hielt es für unmöglich, daß ein Präsident sein Ernennungsrecht für Parteizwecke mißbrauche, und unter dem siebenten beherrschten Parteirücksichten bereits, dem charakterisirten System gemäß, die sämtlichen Ernennungen. Auch diese Entwicklung hängt aufs engste mit der Ausbreitung des demokratischen Geistes in der Bevölkerung zusammen. Diesem ist die Rotation der Ämter, die sich in der Union aus dem Spoliensystem ergab, durchaus und überall sympathisch. Denn sie läßt einer größeren Zahl successive die Vorteile des Amtsbesitzes zukommen, erhält die Inhaber im Gefühl der Abhängigkeit und verhindert, daß eine Bureaukratie sich bildet und der Tendenz gemäß, die einer solchen natürlich ist, als eine besondere Klasse sich abschließt und zur Herrin des Publikums erhebt, statt dessen Dienerin zu sein. Auch widerstrebt demokratischer Gesinnung die Selbstbeschränkung, die in der Aufstellung bindender Voraussetzungen für die Verleihung von Ämtern liegt; zumal die Voraussetzung des Nachweises einer höheren Bildung. Denn deren Verbindung mit dem Besitze der Ämter hebt deren Inhaber mehr über die Menge empor, als es demokratischer Empfindungsweise zusagt. Der Durchschnitts-Amerikaner speziell will in dem Beamten einen Mann seiner Art sehen, nicht besser und nicht schlimmer, nicht gebildeter und nicht klüger als er selbst, und die Auffassung, daß ein solcher Mann zur Bekleidung aller Ämter fähig sei, schmeichelt seinem Selbstgefühle. Unter den Gründen aber, die sich für die Auszeichnung geltend machen lassen, die immerhin in der Gewährnng einer Amtsstellung liegt, erscheint ihm der in Verdiensten um die Partei liegende nicht als der schlechteste. So enthält das Spoliensystem an sich nichts, was ihm widerstrebt, wodurch natürlich nicht ausgeschlossen ist, daß die mit dem System verbundenen Schäden sich gelegentlich auch ihm fühlbar machen.

Das Ergebnis aber ist, daß die ausübende Gewalt der Regierung von der Präsidentschaft herab bis zum untersten Bundesbeamten keine neutrale dem Parteieinfluß entrückte Stelle hat — oder wenigstens bis zu den Reformversuchen der neuesten Zeit hatte. Auf alle diese Verhältnisse wird zurückzukommen sein. Auch hinsichtlich der Legislatur gestalteten sich die Dinge in mancher Hinsicht anders als vorausgesetzt worden war. Der Senat entsprach allerdings im Wesentlichen den Erwartungen; das Repräsentantenhaus aber nicht im gleichen Maße. Der Schwerpunkt der legislativen Macht fiel hier in stehende Ausschüsse, und sie wird daselbst in einer Weise verwaltet, welche die öffentliche Kontrole ausschließt und den Einfluß mannigfachster Sonderinteressen und geschäftlicher Praktiken begünstigt. Diese Ausschüsse haben zwar kein Recht der Initiative, aber die Gesetzvorschläge werden ihnen, wenn nicht eine ²/₃ Mehrheit das Gegenteil beschließt, zugewiesen, und das Geschick dieser Vorschläge ist von den Dispositionen der betreffenden Ausschüsse abhängig. Zahllose Bills werden hier begraben. Wird eine Sache hier durchberaten und kommt es zu einer Vorlage im Plenum, so ist in den meisten Fällen die Annahme der von dem betreffenden Ausschuß gemachten Vorschläge sicher. Zu umfassenden Verhandlungen kommt es über solche Vorschläge selten. Die übergroße Zahl der Verhandlungsgegenstände hat eine beständige Eile und ein Drängen auf Beschränkung der Debatten zur Folge. „Gott sei Dank“, äußerte vor einiger Zeit Präsident Reed, „das Repräsentantenhaus ist keine beratschlagende Körperschaft mehr.“ Dadurch aber wird das Gewicht der in den Ausschüssen aufgewendeten eindringenderen Arbeit naturgemäß erhöht. Die Verhandlungen der Ausschüsse aber sind geheim. So entzieht sich der wesentlichste Teil der gesetzgeberischen Thätigkeit den Augen des Publikums. Zugleich schwindet damit zu gutem Teile die politische Verantwortlichkeit der Abgeordneten. Denn wer kann für unkontrolirbare Vorgänge verantwortlich gemacht werden? Das Haus arbeitet „in der Stille unter einer anonymen Direktion“. Jene wichtigen Ausschüsse werden seit Ende des vorigen Jahrhunderts durch den Präsidenten des Repräsentantenhauses zusammengesetzt. Hierdurch und durch den Einfluß, welchen derselbe auf die Verhandlungen des Plenums hat, ist dieser Präsident ein wichtiger politischer Faktor. Sein Einfluß auf die Gesetzgebung läßt sich demjenigen des Union-Präsidenten auf die Regierung vergleichen. Auch er ist Parteimann und die ethischen Anschauungen der amerikanischen Politiker gebieten ihm eine unparteiische Leitung der Geschäfte nicht. Nächst ihm sind die Vorsitzenden der wichtigsten Ausschüsse die einflußreichsten Personen des Kongresses. Ein früherer amerikanischer Minister definirte die Verfassung als einen auf konstitutionelle Formen gestützten und durch sechs Personen ausgeübten unverantwortlichen Despotismus. Die sechs Personen sollten der Präsident der Union, der Staatssekretär und der Schatzsekretär, der Präsident des Repräsentantenhauses und die Präsidenten der zwei wichtigsten Ausschüsse dieses Hauses (für Einnahmen und Ausgaben = appropriations-voies et moyens) sein. Die geschilderten Verhältnisse erleichtern es privaten Interessen und vor Allem den Geldmächten in hohem Maße, einen bestimmenden Einfluß auf das Verhalten des Repräsentantenhauses auszuüben, woran es denn auch zu keiner Zeit gefehlt hat. Ferner wird es durch jene Herrschaft der im Geheimen thätigen Ausschüsse begabten Männern sehr erschwert hervorzutreten und den ihnen zukommenden Einfluß zu erringen. Auch ist das ganze System dem Ansehen des Repräsentantenhauses nicht günstig. Einen Vorzug hat dasselbe freilich vor dem in den konstitutionellen Staaten Europas herrschenden darin, daß es nicht wie das letztere ein Übermaß von Rederei und endloses Parteigezänk begünstigt. Aber dieser Vorteil wird überwogen durch die hervorgehobenen Nachteile. In einer anderen Richtung unterscheidet sich das parlamentarische Getriebe in der Union dagegen sehr wesentlich zu seinem Vorteile von demjenigen in England, Frankreich, Italien und überhaupt allen Ländern, wo die Ministerien von den Unterhausmehrheiten abhängen. Überall dort bildet der Kampf um die Ministerportefeuilles den hauptsächlichsten Angelpunkt des parlamentarischen Treibens. Dahinter verschwinden nur allzuhäufig die sachlichen Aufgaben und Interessen, welche den Parlamenten gestellt sind. In der Union nun ist dies Kampfobjekt der Ministerstühle durch die früher besprochene Scheidung von Legislative und Exekutive den Parteien des Kongresses entzogen.

Soviel hier über die Organisation der Bundesgewalten und deren Wirksamkeit. Die Entwicklung in den Gliedstaaten ging parallel mit derjenigen der Bundesverhältnisse. Die Zustände dort haben von Haus aus, wie früher erwähnt worden ist, einen großen Einfluß auf die letzteren ausgeübt und sind dann ihrerseits von den föderalen Verhältnissen beeinflußt worden. Dadurch und durch die Macht des demokratischen Geistes, der im ganzen Umfange der Union zur Herrschaft gelangte, wurde die Übereinstimmung in den Einrichtungen der Staaten, die schon ursprünglich eine ziemlich große war, noch wesentlich erhöht. Unter Anderem haben jetzt sämtliche Staaten zwei Kammern (meist wie diejenigen des Bundes Repräsentantenhaus und Senat genannt), welche die partikuläre gesetzgebende Gewalt ausüben und auf einer breiten demokratischen Basis ruhen; ferner einen Gouverneur, der dem Präsidenten der Union entspricht und das Haupt der partikulären Regierung bildet, und welcher gleich jenem jetzt vom Volke gewählt wird. Zuerst lag die Wahl desselben in den meisten Staaten der Legislative ob, bei welcher sich überhaupt die politischen Gewalten konzentrirten. Die demokratische Bewegung aber führte zu mancherlei Beschränkungen ihrer Rechte und unter Anderem zur Übertragung der Wahl des Gouverneurs auf das Volk. Auch in den Staaten ferner sind die Parteien die Motoren des öffentlichen Lebens, und zwar sind es im Wesentlichen Fragmente der großen Parteien, die sich in der Beherrschung der Union ablösen, welche in den Staaten um Ämter, Einfluß und Abgeordnetensitze streiten.

Diesen amerikanischen Parteien nun, ihrer Geschichte und ihrem Einfluß auf die Geschicke der Union und das Gesamtleben ihrer Bevölkerung wollen wir uns hier spezieller zuwenden.

Der Ursprung der Parteiung liegt in den bereits geschilderten Verhältnissen und Vorgängen zur Zeit der Gründung der Union. Diese ist, wie ausgeführt wurde, der Mehrheit der Bevölkerung aufgezwungen worden, und diese Thatsache fand einen Ausdruck in dem Erscheinen zweier Parteien: der föderalistischen und der antiföderalistischen Partei, von welchen jene das Hauptverdienst an der Schaffung des Bundesstaates hatte und die Freunde einer kräftigen Zentralgewalt umfaßte, während diese die Mehrheit repräsentierte, welche sich das Werk unter dem Druck einer Zwangslage widerwillig gefallen ließ, und es sich zur Aufgabe setzte, dessen Wirksamkeit thunlichst in Einklang mit den partikularistisch-demokratischen Gesinnungen dieser Mehrheit zu bringen. Zur föderalistischen Partei gehörte die Mehrzahl der hervorragenden Männer jener Gründungszeit — ich nenne Washington, Hamilton, Adams — eine geistige Aristokratie, welche zugleich insofern aristokratischen Anschauungen huldigte, als sie eine starke Regierung und die Leitung der Menge durch eine gleichviel wie näher bestimmte Elite als wesentlich für das Gedeihen nationaler Wohlfahrt erachtete. Sie waren Republikaner mehr aus Opportunitätsgründen wie aus grundsätzlicher Bevorzugung der republikanischen Staatsform und Gegner Englands nur insoweit, als ihm gegenüber die Unabhängigkeit der verbündeten Staateu durchzusetzen war, nicht kraft einer allgemeinen Abneigung gegen englische Einrichtungen und Sitten. Ihren Anhang hatten diese Föderalisten vornehmlich in den Neu-England-Staaten und in den Mittelstaaten. Die Kaufleute in diesen Staaten waren föderalistisch gesinnt, weil sie von einer kräftigen Bundesregierung die Erlangung günstiger Handelsverträge, die Schaffung eines nationalen Banksystems und eine rationelle Regelung des Geldwesens erhofften. Und die in diesen Staaten zahlreichen Puritaner schlossen sich dieser Partei an, weil der antireligiöse Charakter der französischen Revolution sie zu Gegnern aller radikaldemokratischen Bestrebungen machte.

Die Gegenpartei war in erster Linie eine Vertreterin der Staatensouveränität. Die Union war nach ihrer Auffassung nur ein Vertragsverhältnis zwischen souverän gebliebenen Staaten; die Bundesregierung im Wesentlichen nur eine Kommission für die gemeinsamen äußeren Angelegenheiten der Staaten. Diese Antiföderalisten waren ferner Feinde Englands, Freunde Frankreichs und der Revolution. Der demokratische Rausch, den diese in Frankreich erzeugt hatte, übertrug sich auf große Bevölkerungsteile in der Union, wo die Ideen schon während des Unabhängigkeitskampfes eine entschieden demokratische Richtung angenommen hatten, und wo die Bedingungen für die Anwendung demokratischer Theorien unendlich viel günstiger waren als in Frankreich und überhaupt als in der gesamten übrigen damaligen Welt. Und diesen Stimmungen entsprach das politische Verhalten dieser Partei. Auch hat der politische Optimismus des vorigen Jahrhunderts in ihr und ihrem ersten Haupte, Jefferson, typische Repräsentanten. Der letztere rühmte von seiner Partei, daß sie der Überzeugung gewesen sei, es müsse in Amerika ein „Musterstaat, wie nie zuvor ein desgleicher gewesen in der Weltgeschichte, geschaffen werden". Und dies allein dadurch, daß man Gelegenheit zu schrankenloser Ausbildung der angeborenen Kräfte und Fähigkeiten darbiete. Die Partei nannte sich „republikanische" Partei, um auf die Gegner den Verdacht, monarchistisch gesinnt zu sein, zu werfen. Auch bei ihr stand übrigens das politische Programm in Beziehungen zu materiellen Interessen, die wir kennen lernen werden, die aber gelegentlich mit dem politischen Bekenntnis kollidirten und dann sich, ähnlich wie es auch auf der Gegenseite der Fall war, als das stärkere Element zu erweisen pflegten. Ihre Hauptstütze fanden die Republikaner im Süden und im Westen. Nahezu allgemein hielten die kleinen Farmer zu ihnen. Die Regierung fiel zuerst den Föderalisten zu kraft ihres überwiegenden Anteils an der Schaffung des Bundes und kraft des persönlichen Ansehens ihrer Häupter. Washington hatte in seinem Kabinete anfänglich freilich die bedeutendsten Repräsentanten beider Richtungen, Hamilton und Jefferson, vereinigt. Aber der entscheidende Einfluß fiel dem ersteren zu und Jefferson schied 1794 aus dem Kabinet, um die Führung der Opposition zu übernehmen. Diese nun erstarkte fortwährend, zuerst durch den Einfluß der französischen Revolution, sowie einiger auf die finanzielle Kräftigung der Union gerichteter aber unpopulärer Maßregeln, zu welchen eine in bestimmten Bezirken gewaltsam zur Durchführung gebrachte Besteuerung von Alkoholien gehörte. Weiterhin in Folge des unter dem zweiten Präsidenten, Adams, erlassenen „Fremden- und Aufruhrgesetzes", das gegen gewisse, von Franzosen angezettelte demagogische Umtriebe gerichtet war. Das Gesetz gab den Legislaturen von Virginia und Kentucky Anlaß zu Erklärungen, in welchem sie den schon erwähnten antistaatlichen Vertragsstandpunkt in schroffer Weise hervorkehrten. Kentucky erklärte, daß über den verbündeten Staaten kein gemeinsamer Richter stehe, sowie daß, wenn die Bundesregierung sich Gewalten anmaße, ihre Handlungen nicht bindend seien. Nullifikation eines derartigen Akts durch die Staatsregierungen sei ein rechtmäßiges Abhilfsmittel. Dies ist der Ursprung der berüchtigten Nullifikationstheorie. Jefferson, der hierbei seine Hand im Spiele hatte, wurde bald darauf zum Präsidenten der Union erwählt. Seitdem war das Übergewicht der republikanischen Partei besiegelt. Unter die Regierung Jeffersons fällt der Ankauf von Louisiana, den er in offenem Widerspruch mit den politischen Theorien seiner Partei, aber im Einklang mit deren Parteiinteressen (weil zu Gunsten des Einflusses der südlichen Staaten, in denen jene ihre wichtigsten Stützen hatten) ausführte. Unter dem nächsten, der gleichen Partei angehörigen Präsidenten, Madison, führte die Union ihren zweiten Krieg gegen England (1812), mit dem sie schon seit Jahren in Hader gelegen hatte. Es fehlte nicht an begründeten Beschwerden gegen diesen Staat, aber die Kriegserklärung, welche zu einer Zeit erfolgte, wo es an jeder Vorbereitung für die Führung des Kriegs gebrach, war ein Akt leichtfertiger Parteipolitik. Die Interessen, die einen rechtfertigenden Grund dafür darbieten konnten, bildeten in Wahrheit nicht das entscheidende Motiv. Denn es waren dies im Wesentlichen die kommerziellen Interessen der nördlichen Staaten; die Repräsentanten dieser Interessen aber waren Föderalisten, und diese waren Gegner des Krieges, wie zuvor Gegner der Repressalien, welche man gegen England ergriffen hatte. Entscheidend war der von den Republikanern genährte Haß gegen England und die Hoffnung, ihm Kanada abnehmen zu können, sowie der Ehrgeiz einiger Führer der herrschenden Partei.

Ihre Politik führte vorübergehend zu einer völligen Verkehrung der Standpunkte. Die ehemaligen Antiföderalisten oder Republikaner, welche sich in dieser Zeit Demokraten zu nennen begannen, rechneten auf die Erhebung des nationalen Geistes, während die Föderalisten einen partikularistischen Standpunkt einnahmen, und der Bundesregierung gegenüber die Staatsinteressen in einem ähnlichen Sinne wie vordem Virginia und Kentucky betonten. Dies Verhalten wurde für die Föderalisten verderblich. Bisher schon einem gewissen Siechtum verfallen gingen sie an dem Vorwurf, in dem nationalen Krieg sich lau verhalten zu haben, zu Grunde.

Für lange Zeit tritt nun der Gegensatz zwischen der bundesstaatlichen und der partikularistischen, die Staatensouveränität betonenden Auffassung, in den Hintergrund. Die Föderalisten hatten ihren prinzipiellen Standpunkt, wie erwähnt worden ist, während des Krieges verleugnet und ihre Gegner, die ehemaligen Antiföderalisten, welche sich nun in einem bis auf Weiteres gesicherten Besitze der Herrschaft über die Union befanden, hatten keine Veranlassung, die in ihren Händen liegende Macht der Unionsregierung zu bekämpfen. Hinsichtlich ihrer demokratischen Anschauungen hatte diese Partei schon seit der Präsidentschaft Jeffersons die überwältigende Mehrheit des Volkes für sich und in dieser Richtung ist ihr Sieg von einer definitiven Bedeutung. Diese demokratischen Anschauungen gelangen nun zu unbestrittener Herrschaft im ganzen Gebiete der Union.

Verweilen wir hier einen Moment bei diesem Emporsteigen der demokratischen Bewegung. Eine besondere Bedeutung für dieselbe hatten Vorgänge bei der Wahl des sechsten Präsidenten, des jüngeren Adams (1825). Keiner der Präsidentschaftskandidaten hatte die absolute Mehrheit der Wahlmännerstimmen erhalten, und es lag daher, nach der Verfassung, dem Kongreß ob, unter den drei über die meisten Stimmen verfügenden Kandidaten (die beiläufig sämtlich der demokratischen Partei angehörten) zu wählen. Er entschied sich für Adams, obgleich Jackson einige Wahlstimmen mehr erhalten hatte. Dies nun rief eine große Bewegung hervor, und die öffentliche Meinung verurteilte das Verhalten des Kongresses, obgleich es nur eine Ausübung seines verfassungsmäßigen Rechtes war, aufs Entschiedenste. Man sah darin eine Mißachtung des Mehrheitswillens und folgeweise eine Verletzung des Prinzips der Volkssouveränität. Dem Geiste der Verfassung stellte man so die demokratische Doktrin, nach der die Kopfzahl das Maß aller Rechte ist, entgegen. Souveräner Volkswille ist nach der Verfassung einfach der in den verfassungsmäßigen Formen sich bethätigende Wille, jener Doktrin zufolge der irgendwie ziffermäßig zum Ausdruck kommende Wille der Vielen oder auch der Wille, der in der vagen Gestalt der öffentlichen Meinung sich manifestirt. Die Macht dieser Doktrin und die Art ihres Einflusses treten besonders deutlich in der Regierungszeit Jacksons (seit 1829) hervor. Ihn hat die Gunst der Menge emporgehoben und ihm eine Macht verliehen, wie sie kein anderer Präsident besessen hat. Keiner war so sehr, wie er, ein Mann nach dem Herzen des amerikanischen Volkes, selbst Washington nicht, den Verdienste, nicht die persönliche Anziehungskraft, auf den ersten Platz gestellt hatten. Die Persönlichkeit Jacksons und seine Thaten kennzeichnen daher in besonderem Maße die Geschmacksrichtung der amerikanischen Demokratie. Aus dem Volke hervorgegangen, in Vorurteilen und Neigungen mit ihm harmonirend und mit ihm sich eins fühlend, als ein besonders kraftvolles aber qualitativ nicht unterschiedenes Exemplar der Gattung, ohne höhere Bildung, ein Feind der Bücher, leidenschaftlich, jähzornig, ein unerbittlicher Feind seiner Gegner, andrerseits leutselig und subjektiv ehrlich, ein Mann von großer Willenskraft, ein ausgezeichneter Führer im Kriege, war er der „magnetische“ Mann, den die Massen sich suchen, und mit dem eine geistig hervorragende Persönlichkeit, wie Henry Clay, schon um dieser Eigenschaft willen nicht mit Erfolg konkurriren konnte.

Jacksons Regierung ist durch die rücksichtsloseste Verfolgung nicht bloß der Ziele seiner Partei, sondern auch persönlicher Zwecke charakterisirt, ohne daß letzteres seiner Popularität Eintrag gethan hätte. Sie zeigt, daß die Wahlverwandtschaft zwischen Demokratie und Einzelherrschaft unter begünstigenden Umständen auch in der Union sich geltend machen könne. Denn Jackson war 8 Jahre lang Herr der Union. Der Kongreß hatte in dieser Zeit keine der seinigen ebenbürtige Macht, und die Verfassung erhielt von ihm eine neue diese Präponderanz der Präsidialgewalt begünstigende Deutung. Danach sollte er, der Präsident, als der unmittelbare Repräsentant des Volkswillens und der Volksrechte, diese dem Kongreß gegenüber zu wahren berufen sein. Und zwar nach der Deutung, die er ihnen gebe! Er ließ dem Kongreß im Widerspruche mit den früheren und späteren Gepflogenheiten bestimmte Gesetzvorschläge zugehen und nahm so einen Teil der legislativen Arbeit für sich in Anspruch. Die Beamten aber betrachtete er als wesentlich ihm für ihre Geschäftsführung verantwortlich und behandelte sie demgemäß. H. Clay erzählt, daß er zwei Offiziere vor ein Kriegsgericht habe stellen lassen, weil sie Heeresbedarf bei Mitgliedern der Gegenpartei eingekauft hatten. Vor Allem sorgte er dafür, daß die Ämter in den Besitz seiner Anhänger kämen. Er hatte bei seiner Inauguration Reformen sowie Sicherung der Wahlfreiheit versprochen. Die Einlösung dieses Versprechens aber lag in der systematischen Durchführung des Spoliensystemes. Das berüchtigte Wort „den Siegern die Beute“, rührt von einem seiner Partisanen her, er aber hat es zu einer Satzung des ungeschriebenen öffentlichen Rechts erhoben, welche ebenso sicher fungirte, wie irgend ein Verfassungsartikel. Schon früher war der Einzug einer neuen Partei in die Regierungsgebäude zu Washington das Zeichen zu einem Ansturm der Ämtersucher gewesen. G. Adams verglich die Scharen derselben einem Heer von Ferkeln, welches sich mit gräulichem Lärm um einen zu engen Trog drängt. Seitdem ist dieser Ämtersturm im größten Maßstabe zu einer Institution geworden. Vom General Harrison, der im Jahre 1841 Präsident wurde, erzählte man, daß dieser Andrang der Ämterwölfe seinen Tod verschuldet habe.

In der Regierungszeit Jacksons kam eine neue Parteigruppirung zum Abschluß. Seiner Partei, die nun den Namen der demokratischen Partei behielt, stellten sich die Gegner als Whigs, später als Nationalrepublikaner gegenüber. Die Stützen dieser Whigs waren in der Hauptsache die nämlichen, wie die der früheren Föderalisten, doch gehörten zu ihr alle Gegner der Politik Jacksons, darunter viele, welche ehedem die Föderalisten bekämpft hatten. Ihre Gegnerschaft gegen Jackson begründete sich namentlich in dessen Usurpation eines Teiles der gesetzgebenden Gewalt und in seiner Wirtschaftspolitik, speziell seinem Kampfe gegen die Vereinigte Staaten-Bank. Den hauptsächlichsten Kitt für die Partei überhaupt gaben wirtschaftliche Interessen der besitzenden Klassen in den Nordost- und Mittelstaaten ab. Vor Allem das industrielle Schutzzollinteresse, daneben der Gegensatz zu den Sklavenstaaten, der in der Unverträglichkeit des auf freie Arbeit gegründeten Wirtschaftssystems mit dem auf Sklavenarbeit gegründeten wurzelte.

In der demokratischen Partei waren und blieben die Sklavenbesitzer des Südens die ausschlaggebenden Elemente und für sie bildete das Interesse an der Erhaltung des Instituts der Sklaverei die oberste Richtschnur des Verhaltens. In wirtschaftlicher Hinsicht überwogen bei ihnen im Übrigen agrarische Interessen, und diesen entsprang eine freihändlerische Politik. Hierin bestand eine gewisse Solidarität zwischen ihnen und den Farmern des Westens. In ihrer Eigenschaft als radikal-demokratische Partei fand sie eine starke Stütze in den Massen der Einwanderer. Hunderttausende verließen Europa als leidenschaftliche Gegner der daselbst bestehenden politischen Zustände, und der Zauberreiz der Devise „Freiheit und Gleichheit“ zog sie nach der Union. Hier aber schloß sich die Mehrzahl urteilslos der Partei an, welche das Gleichheitsprinzip am geräuschvollsten vertrat, d. i. der demokratischen Partei. Dies gilt sowohl für die Irländer wie, lange Zeit, für die Deutschen, welche zusammen das Hauptkontingent der Einwanderer bildeten. Das demokratische Aushängeschild machte sie zu Partisanen einer Aristokratie von Sklavenhaltern. Bei den Irländern spielten hier indessen noch andere Motive mit. Die Demokraten pflegten gute Beziehungen zur katholischen Kirche, was bei den Gegnern nicht der Fall war. Bei der Agitation gegen die Katholiken, welche in den fünfziger Jahren in Szene gesetzt wurde, waren vorzugsweise Whigs beteiligt. Endlich rekrutirte sich der demokratisch gesinnte großstädtische Pöbel vor Allem aus den einströmenden Iren. In diesem Pöbel aber hatten die Sklavenbarone von Anfang an eine Stütze gesucht und ihn teils durch das demokratische Bekenntnis, teils durch Bestechung, teils endlich mittelst der Antipathien desselben gegen die schwarze Rasse an sich gefesselt. Den weißen Proletariern schmeichelte es, sich den rechtlosen Negern gegenüber als eine Aristokratie fühlen zu können. Ein Zeitgenosse Jeffersons, der Südländer Randolph, hatte das Programm im Kongresse formulirt. „Die Gentlemen des Nordens“, sagte er, „glauben uns mittelst der schwarzen Sklaven beherrschen zu können. Wir aber werden sie mittelst ihrer weißen Sklaven regieren.“ Und so geschah es.

Hier nun ist die Rolle, welche die Sklavenfrage in dem Parteienkampfe spielte, näher zu beleuchten. Ihre Bedeutung steigerte sich in geradem Verhältnis zu dem Wachstum der Union und ihrem wirtschaftlichen Gedeihen. Im Süden hatte das Interesse an der Sklaverei in Folge des großartigen Aufschwungs der Baumwollkultur seit 1793 (eine in dieses Jahr fallende Erfindung hatte den Anlaß gegeben) sich wesentlich erhöht. Denn die schwarze Bevölkerung war das anscheinend unentbehrliche Arbeitsinstrument für diese Kultur und als solches mit Sicherheit nur mit Hilfe der Sklaverei zu verwerten. Daher man auf Mehrung der Sklaven u. a. auch, trotz des seit 1808 in Geltung stehenden Verbotes, durch Sklavenimport bedacht war. Vor Allem aber suchte man den Gefahren vorzubeugen, welche aus den Bedingungen des modernen Kulturlebens überhaupt sowie aus den besonderen Verhältnissen innerhalb der Union für diese singuläre, dem demokratischen Grunddogma von der selbstverständlichen Gleichberechtigung aller Menschen so schroff widerstreitende Einrichtung erwachsen mußten. Solche Gefahren konnten sich in der Existenz freier Neger in und außerhalb der Sklavereistaaten, vornehmlich aber darin begründen, daß das Recht der anderen Glieder des Bundes die Sklaverei verwarf und daß ein großer Teil der Bevölkerung des Nordens und des Westens dasselbe als unsittlich und unchristlich betrachtete. In bestimmten Teilen eines Staatswesens ein Institut aufrecht zu erhalten, das in den anderen Teilen durch das Recht sowie durch die moralischen und religiösen Anschauungen einer Vielzahl verdammt wird, ist überall schwierig, und für die Interessenten wird sich bezüglich seiner Zukunft ein Sicherheitsgefühl nur ergeben, wenn sie das Staatswesen zu beherrschen in der Lage sind. Dies nun galt durchaus für die südstaatlichen Politiker. In einem Übergewichte des Nordens in Regierung und Legislatur der Union sahen sie eine direkte Bedrohung ihrer mit dem Institute der Sklaverei verbundenen Lebensinteressen. Dazu kam, daß durch die Einwirkungen dieses Instituts einerseits der Gegensatz der wirtschaftlichen Interessen vertieft und andererseits die natürlichen Grundlagen der Machtstellung des Südens geschädigt wurden. Das erstere, weil neben der Sklavenarbeit die freie Arbeit und neben dem Plantagenbetrieb Handel, Fabrikwesen und Gewerbe sich nicht zu entfalten vermochten, während sie im Norden bald die beherrschenden Faktoren des wirtschaftlichen Lebens bildeten. Das zweite, weil die weiße Bevölkerung im Süden, in Folge der angegebenen Verhältnisse, sich wenig vermehrte, während sie sich im Norden in beständigem gewaltigen Wachstum befand. Die Bevölkerungsziffer aber entschied über die Zahl der zu wählenden Mitglieder des Repräsentantenhauses, und fiel ebenso bei der Präsidentenwahl ins Gewicht. Die Sklavenbevölkerung vermehrte sich freilich, aber die Sklaven kamen bei der Berechnung der auf die Bevölkerung eines Staates fallenden Abgeordnetensitze nur zu $^3/_5$ in Anschlag; auch ihre Vermehrung stand in keinem Verhältnis zur Vermehrung der nordstaatlichen Bevölkerung. Die politische Bedeutung der Sklaverei ließ sich also dahin bestimmen, daß sie einerseits wegen Vertiefung der Gegensätze das Interesse der Sklavenstaaten an Beherrschung der Union beständig steigerte, und andererseits diese Beherrschung erschwerte bezw. sie immer mehr von der Anwendung künstlicher und gewaltsamer Mittel abhängig machte. Von größter Bedeutung mußte in dieser Hinsicht die Ausbreitung des Instituts der Sklaverei auf neue Territorien und neu aufzunehmende Staaten sein. Speziell die Machtstellung im Senate hing hiervon ab, da dieser nicht Bevölkerungsziffern, sondern Staaten repräsentirt. Den Sklavenhaltern mußte daher Alles daran liegen, die Zahl der im Senate vertretenen Sklavenstaaten nicht durch die der freien Staaten überflügeln zu lassen. Dies Interesse ist die Quelle der heftigsten, den Bestand der Union wiederholt in Frage stellenden Parteikämpfe geworden. Kompromisse verschiedenen Inhalts fristeten den Frieden. Die Politiker der freien Staaten verhielten sich zumeist nur defensiv und wichen langsam zurück. Weder die Föderalisten, noch die Whigs, noch deren Nachfolger, die Republikaner, setzten sich die Abschaffung der Sklaverei zum Ziel. Sie suchten nur deren Ausbreitung zu hemmen und entwickelten auch in dieser Richtung keine übergroße Energie. Die Rücksicht auf Parteigenossen im Süden, die ihnen um anderweiter politischer oder wirtschaftlicher Interessen willen anhingen, sowie die Furcht vor Zerreißung der Union und die mit dem Bestand derselben verknüpften Interessen der Großkaufleute des Nordens, der Gläubiger des Südens und der Beherrscher des Baumwollhandels, lähmten ihre Thatkraft bezüglich der Sklavenfrage. Wohl gab es eine leidenschaftliche Bekämpferin des Instituts, die Partei der Abolitionisten. Ihnen handelte es sich um Ausrottung desselben um jeden Preis. Aber sie haben niemals die Mehrheit in jenen großen Parteien gebildet. Vielmehr waren sie auch im Norden der Mehrzahl unbequem, ja verhaßt, und auch hier Verfolgungen seitens des Pöbels längere Zeit schutzlos preisgegeben. Das Repräsentantenhaus ignorirte grundsätzlich ihre Petitionen und die Post verweigerte die Beförderung ihrer Drucksachen. Das Entgegenkommen der nördlichen Politiker gegen die Ansprüche der Sklavenstaaten erreichte seinen Höhepunkt im Anfang der fünfziger Jahre. Es ist dies die Periode der Sklavenjagden in den freien Staaten. Das Gesetz, auf dessen Grund diese Jagden erfolgten, war eine Gegenleistung gegen die Aufnahme Kaliforniens als sklavenfreien Landes. Aber sie befriedigte die südlichen Politiker nicht. Diese empfanden die Existenz der Abolitionisten selbst als eine Beleidigung und als eine fortwährende Bedrohung ihrer Interessen nnd forderten u. a. Strafgesetze gegen jede Diskussion der Sklavenfrage. Eine demokratische Partei verlangte so in Ländern, deren Verfassungen sämtlich die Preßfreiheit gewährleisten, die Erhebung von Meinungsäußerungen zu Verbrechen. Das Übermaß ihrer Ansprüche aber brachte allmählich einen Umschwung der öffentlichen Meinung im Norden hervor. Nicht zwar zu Gunsten der Abolitionistischen Bestrebungen, wohl aber zu Gunsten eines entschlosseneren Widerstandes gegen jene Ansprüche. Neben dem Gegensatze der materiellen Interessen und den politischen Rivalitäten erlangte die ethische Seite der Sklavenfrage eine steigende Bedeutung in dem Parteienkampfe. Und zwar in dem Sinne, daß die ethischen Anschauungen bezüglich des Institutes im Norden und im Süden weiter und weiter auseinandergingen. In den Sklavenstaaten befestigte sich die Überzeugung, daß die Sklaverei der natürlichen Bestimmung der schwarzen Rasse entspreche, daher ein durchaus gerechtes Institut sei, sowie daß dasselbe im Einklang mit dem christlichen Dogma stehe. Gott soll die Schwarzen zu Sklaven geschaffen haben (Senator Hammond). Eine südliche Zeitschrift erklärte dieser Auffassung gemäß Jeden für einen Abolitionisten, d. i. für einen Feind der Südstaaten, „der nicht die Sklaverei um ihrer selbst willen als eine göttliche Institution liebt", der sie nicht als den Eckstein der bürgerlichen Freiheit verehrt; der sie nicht anbetet als das einzige soziale Verhältnis, auf dem eine bleibende republikanische Regierung errichtet werden kann. Es sind antike Anschauungen, die hier zu erneuter Geltung kamen, und welche man mit Hilfe gewisser Bibelstellen in Einklang mit der christlichen Religion zu bringen suchte. Die Geistlichen in den Südstaaten huldigten sämtlich solchen Anschauungen. Die kirchlichen Gesellschaften galten hier als ein Bollwerk der Sklaverei. Im Norden verhielten sie sich gleichgiltig gegen dieselbe und schoben den Staaten die Verantwortung für ihren Bestand zu. Unter den von ihnen befehdeten Abolitionisten befanden sich indessen stets einzelne Geistliche, und auch das Verhalten einzelner

Gesellschaften modifizirte sich vor und seit dem Ausbruch des Kriegs im Zusammenhang mit dem Umschwunge der Stimmungen in der nördlichen Bevölkerung und in der Richtung einer entschiedenen Verwerfung des Instituts. Diese Verhältnisse illustriren in bedeutsamer Weise die Abhängigkeit der ethischen Anschauungen, selbst derjenigen der kirchlichen Genossenschaften, von gesellschaftlichen Interessen. Diese Abhängigkeit ist in demokratisirten Gesellschaften eine besonders große, weil hier Klassen und Gruppen fehlen, die außerhalb der populären Strömungen stünden. Im Jahre 1856 konsolidirte sich die republikanische Partei wesentlich auf der schon bezeichneten Grundlage, im Sinne einer Politik der Abwehr weiterer Ausbreitung der Sklaverei; seitdem trieb man dem Kriege zu. Entscheidend für den Ausbruch desselben war bekanntlich die Wahl Lincolns. Bei dieser erschien die Gruppirung der Wähler zum ersten Mal rein regional bestimmt, insofern die Republikaner im Süden keinen Anhang mehr und die Demokraten des Nordens ihren besonderen Kandidaten hatten. Die Sklavenfrage spaltete die Demokraten und verschaffte den Republikanern, die keineswegs über die Mehrheit der Urwähler verfügten, den Sieg. Der Ausbruch des Krieges ist wie sein Verlauf unter vielen Gesichtspunkten merkwürdig. Auf beiden Seiten übten Irrtümer einen Einfluß auf das zum Kriege führende Verhalten aus, im Süden die Überzeugung, daß der Norden nicht versuchen werde, die Sklavenstaaten mit Gewalt in der Union festzuhalten, im Norden der Glaube, daß es diesen Staaten mit ihrer oft ausgesprochenen Trennungsabsicht doch nicht vollkommener Ernst sei. Aber diese Irrtümer selbst wurzelten in den immer mehr sich vertiefenden Gegensätzen. Man verstand sich nicht mehr. Der Krieg war unvermeidlich, weil keine Macht existirte, welche diese Vertiefung zu hemmen, die Parteien unter ihren Willen zu zwingen vermocht hätte. Eine Monarchie hätte dem Lauf der Dinge eine andere Richtung geben können, die Demokratie verfügte nicht über eine dazu befähigte Kraft. Das einmütige und entschlossene Verhalten des Nordens der Sezession gegenüber beweist übrigens, daß trotz der langen Vorherrschaft der demokratischen Partei und entgegen ihrer politischen Doktrin ein mächtiges Nationalbewußtsein sich entwickelt hatte. Der Einfluß des thatsächlich bestehenden Staatswesens erwies sich stärker wie die Meinungen der Mehrheit, nach welchen dieses Staatswesen gar nicht bestehen, die Union nur ein Vertragsverhältnis sein sollte. Der Norden verleugnet überhaupt, indem er den Süden mit Waffengewalt zwang in der Union zu verbleiben, das demokratische Prinzip, die Zurückführung aller Staatsgewalt auf den consensus omnium. Diesem entspricht es nicht, wie Greeley sagte, „in einer Republik zu leben, deren Teile durch Bajonette zusammengehalten werden". Wenn kraft desselben die Kolonien 1776 das Recht hatten, sich von England loszusagen, weshalb sollten die Südstaaten jetzt nicht ein analoges Recht haben? (Greeley.) Aber Interessen und Gefühle, nicht Prinzipien geben in solcher Lage den Ausschlag.

Der Krieg hat den Fortbestand der Union gesichert und mit Beseitigung der Sklaverei die bisher wichtigste Quelle der Zwietracht geschlossen und das wichtigste Hemmnis einer volleren Vereinheitlichung der Nation beseitigt.

Der Ausgang des Sezessionskrieges hat die Existenz der Union für eine unabsehbare Zeit gesichert. Bedroht war dieselbe durch drei Fragen, die einen Gegensatz zwischen Norden und Süden der Union hervorbrachten. Die wichtigste derselben war die Sklavenfrage. Sie ist durch den Krieg aus der Welt geschafft worden. Zwar besteht eine Negerfrage fort, aber in anderen Formen. Die Gewährung der politischen Gleichberechtigung an die Schwarzen hat große Schwierigkeiten und Verwirrungen im Süden hervorgerufen. Dieselben schließen jedoch keine Gefahren für den Fortbestand des Bundesstaates in sich. Sie stellen nur die demokratischen Einrichtungen innerhalb der beteiligten Staaten auf eine harte Probe. An eine aufrichtige Durchführung der gesetzlich gewährten Gleichberechtigung zwischen Weißen und Schwarzen ist nicht zu denken. Man wird das Gesetz bestehen lassen, aber es wird eine Unwahrheit sein. Die völlige Scheidung beider Elemente auf gesellschaftlichem Gebiete schließt ein friedliches Zusammenwirken auf politischem Gebiete aus, und der Kampf zwischen ihnen kann nur mit einer faktischen Verdrängung des schwarzen Elements aus diesem Gebiete enden. Doch verfolge ich diese Verhältnisse nicht weiter.

Die zweite Frage betraf die Zollpolitik und begründete sich in dem wirtschaftlichen Gegensatze zwischen Nord- und Südstaaten. Dieser Gegensatz ist nicht völlig verschwunden, aber er hat seine Schärfe eingebüßt. Seit dem Ausgange des Krieges sind freie Arbeiter in Menge in die südlichen Staaten eingeströmt, und die industriellen Interessen sind seitdem auch dort zu einer Macht emporgediehen. Dadurch hat sich hier eine Annäherung an die Verhältnisse des Nordens vollzogen, welche weiterschreiten und den Gegensatz zwischen Schutzzoll- und Freihandelsinteressen zwar nicht beseitigen, aber die Bedeutung seiner regionalen Beziehungen stetig mindern wird.

Die dritte Frage betraf den Gegensatz zwischen Föderalisten und Partikularisten. Auch ihre Bedeutung ist im Wesentlichen im Zusammenhange mit den vorerwähnten Änderungen geschwunden. Allerdings hat sich nach dem Kriege die demokratische Partei auf der alten Grundlage einer Betonung der Staatensouveränität neu gebildet. Unter den Nachwirkungen des Krieges waren der Unionsregierung große Aufgaben zugefallen und große Machtmittel zur Verfügung geblieben, eine Überwucherung ihrer Gewalt konnte längere Zeit befürchtet werden. Dem setzte sich die demokratische Partei entgegen. Zur Zeit aber bestehen prinzipiell verschiedene Anschauungen hinsichtlich des Verhältnisses der Bundesgewalt zur Gewalt der Gliedstaaten bei den amerikanischen Parteien nicht.

Der Parteienkampf hat überhaupt seinen prinzipiellen Gehalt verloren. Die Parteien bestehen fort, besser organisirt wie je, und bekämpfen sich mit dem alten Geräusche, aber die alten Gründe ihrer Existenz sind entfallen und ein neuer Existenzgrund ist nicht erkennbar. Sie haben ihren Zweck in sich selbst, oder vielmehr in dem Verlangen der ihre Organisation tragenden Politiker nach Ämtern und politischem Einfluß. Wohl spielen allgemeine Fragen eine Rolle in ihrem Streite, es wird auf solche hinzuweisen sein, aber sie liegen der Parteiung nicht zu Grunde, vielmehr werden sie von den Parteien aufgegriffen, weil diese eines Programms bedürfen. Die Mühle arbeitet nicht um des Mehles willen, sondern das Korn wird aufgeschüttet, weil die Mühle da ist und, wenigstens zum Schein, arbeiten muß, um nicht abgebrochen zu werden. Und die Arbeit der Parteien ist, so weit es sich um jene allgemeinen Fragen handelt, zumeist eine bloße Scheinarbeit. Keine der großen Parteien ist im Ernste eine Reformpartei. Mit der Grundform der politischen Parteiung in Europa, nach welcher sich eine konservative und eine Reformpartei gegenüberstehen, hat der Gegensatz von Republikanern und Demokraten in der Union nichts zu schaffen. In dieser Hinsicht und noch in einigen anderen Beziehungen vergleichen sich die Parteien der amerikanischen Demokratie den englischen Parteien in der Blütezeit der englischen Adelsherrschaft.

Dort wie hier ein ernsthafter Kampf zwischen privaten Interessen und Machtgelüsten und ein Scheinkampf um Prinzipien, Reformen und allgemeine Interessen.

Unter jenen allgemeinen Fragen, welche im Parteikampfe eine Rolle spielen, stehen die auf die Zollgesetzgebung bezüglichen, auf welche bereits hingewiesen wurde, voran. Die republikanische Partei hat seit je, kraft ihres Verhältnisses zu den Herren der Industrie, den Schutzzoll in Pflege genommen; doch zählt sie auch freihändlerisch gesinnte und die demokratische auch schutzzöllnerisch gesinnte Leute zu den Ihrigen. Das Verhältnis der Parteien zu diesen Fragen ist daher kein einfaches. Und die Quellen der Schutzzollpolitik auf Seiten der Republikaner liegen weniger in wirtschaftlichen Überzeugungen wie in dem Einfluß gewisser Geldmächte. Die Republikaner, die 1884 aus der Macht verdrängt worden sind, haben sich derselben im Jahre 1888 mit Hilfe der Großindustriellen des Nordens, welchen sie sich in die Arme warfen, wieder bemächtigt. Diese stellten den republikanischen Berufspolitikern enorme Geldmittel zur Beeinflussung der Wahlen zur Verfügung gegen die Zusage einer extremen Erhöhung der Schutzzölle, und die mit Hilfe dieser Mittel zum Sieg gelangte Partei hat unter dem Druck der eingegangenen Verpflichtungen die berühmte Mac Kinley-Bill zum Gesetz erhoben. Sie hat sich damit zugleich den Beistand der Großindustriellen für die nächste Präsidentenwahl gesichert.

Andere in dem Programm der Parteien hervortretende Fragen betreffen den Handel mit berauschenden Getränken. Die Temperenzler, welche denselben unterdrückt oder weitgehenden Beschränkungen unterworfen sehen möchten, gehören zumeist der republikanischen Partei an. Aber die Deutsch-Amerikaner, auf welche die Partei Rücksicht nehmen muß, sind als leidenschaftliche Bierfreunde Gegner solcher Beschränkungen. Daher es mit der Bekämpfung jenes Handels durch die Partei als solche nicht viel auf sich hat.

Viel beschäftigt haben sich die Parteien seit einer Reihe von Jahren ferner mit der Reform des Zivildienstes. Die tausendfältigen Übel, welche sich mit dem bisher bestehenden Systeme, dem geschilderten Raubsysteme und dem gesamten Ämterwesen, wie es sich unter dem Einfluß der Parteien und der Herrschaft des demokratischen Geistes gestaltet hat, fort und fort verbinden, die Käuflichkeit der Beamten, die maßlose Verschwendung der öffentlichen Gelder, die Verwendung derselben zu Parteizwecken, die im größten Stile ausgeführten Veruntreuungen, die mangelhaften und unsicheren Leistungen der Justiz haben den Ruf nach Reformen laut werden lassen, und die Parteien sahen sich genötigt, ihm Rechnung zu tragen. Die demokratische Partei ging hierbei, zu einer Zeit, wo sie nicht im Besitz der Macht war, voran, und fügte ihrer Plattform die Planke der Zivildienstreform mit scheinbar großem Eifer ein. Auch trug dies zu ihrem Sieg im Jahre 1884 wesentlich mit bei. Ihr Präsidentschafts-Kandidat Cleveland war ohne Zweifel aufrichtig, als er eine durchgreifende Reform des Zivildienstes in der Union zu einem Hauptpunkte seines Programms machte.

Aber seine Partei war es nicht und sorgte dafür, daß die Bäume der Reform nicht in den Himmel wüchsen. Es dauerte nicht lange, so sah Cleveland sich genötigt, das Spoliensystem seinerseits in umfassender Weise in Anwendung zu bringen. So hat er z. B. 40000 Unterpostmeisterstellen (von 52000) neu und natürlich mit Demokraten besetzt. Gleichwohl sind gewisse Anfänge einer Reform zu Stande gekommen. Eine Anzahl von Bundesämtern sind dem Spoliensystem entzogen worden. Allein an durchgreifende Reformen ist nicht zu denken, und jene Anfänge sind möglich geworden nicht kraft der wesentlichen Tendenzen der einen oder andern Partei, sondern trotz derselben, als ein erfreulicher Beweis dafür, daß außerhalb derselben sich Kräfte zu regen und einen, vorläufig freilich beschränkten, Einfluß zu üben beginnen. Es ist einfach undenkbar, daß die bisherigen Parteien sich im Ernste solche durchgreifenden Reformen zum Ziele setzen sollten, denn das bisherige Ämterwesen ist eine der Grundlagen ihrer Existenz. Seine Aufrechterhaltung ist für sie eine Frage der Selbsterhaltung und die Fülle der Kräfte, über welche sie verfügen, schließt jeden Gedanken an Abdankung und Selbstvernichtung aus.

Ähnlich verhält es sich mit andern Angelegenheiten, die während der Wahlkämpfe in breiten Redeströmen verhandelt werden. So mit der Regulirung der Eisenbahn- und Telegraphentarife und der Bekämpfung der Monopole der mächtigen Eisenbahngesellschaften. Es ist damit keiner der beiden Parteien ernst, und wenn dahin gehörige Bestrebungen Erfolg haben, so ist dies auf den Druck einer öffentlichen Meinung zurückzuführen, deren Quellen und wichtigste Stützen außerhalb der Parteiorganisationen zu suchen sind.

Zu keinem der tieferen Gegensätze, welche das moderne Volksleben bewegen, haben diese Parteien ein bestimmtes Verhältnis. So auch nicht zu dem Gegensatz zwischen Arbeitgebern und Arbeitnehmern. Die sozialpolitischen Probleme existiren nicht für sie oder nur als Dinge, mit welchen man sich auf thunlichst wohlfeile Weise abzufinden hat.

So charakterisiren sich die das staatliche Leben in der Union beherrschenden Mächte. Denn dies sind nach wie vor die genannten Parteien. Die Verwaltung der Union selbst und ihrer Gliedstaaten liegt abwechselnd in der Hand der einen oder andern Partei, oder vielmehr in derjenigen der Politiker, welche die thätigen Elemente der Parteiorganisation darstellen.

Bei jedem Volke läßt sich eine bestimmte Klasse oder gesellschaftliche Gruppe bezeichnen, in deren Hand vorzugsweise die staatliche Verwaltung liegt und deren Charakter für den Geist dieser Verwaltung in erster Linie bestimmend ist. In der Union ist dies die genannte Gruppe der Politiker, welche sich aus breiten, nicht bestimmt begrenzbaren, aber die reichen und die gebildetsten Familien im Ganzen nicht umfassenden Schichten rekrutiren. Vergleichen wir sie mit den in den älteren Kulturstaaten dirigirenden Gruppen oder Klassen, so muß der Vergleich sehr zu ihrem Nachteil ausfallen. Instruktiv ist hier insbesondere der Vergleich einerseits mit der Büreaukratie der Kulturstaaten des europäischen Kontinents, andererseits mit Gentry und Nobility von England. Jene und diese repräsentiren als Ganzes ein starkes Verantwortlichkeitsgefühl in Bezug auf den Staat und feste Traditionen in Bezug auf den Zusammenhang öffentlicher Rechte und Pflichten. Bei der Klasse der Politiker, welche in der Union sich in die Ämter teilen, fehlen diese Momente. Sie fühlen sich nicht als eine Aristokratie und haben nicht die Traditionen einer solchen, und doch regieren sie. Für das vornehme Geschäft des Regierens aber sind solche Traditionen von hohem Werte.

Auf zweierlei Thatsachen ist das amerikanische System und der Gesamtcharakter des amerikanischen Staatswesens zurückzuführen: auf die Macht des demokratischen Geistes einerseits, auf die bestehenden sozialen Ungleichheiten und die Macht des Geldes andererseits. Mit den Äußerungen des Ersteren habe ich mich bereits eingehender beschäftigt. Mit ihm hängt u. a. die Entstehung des Spoliensystems, die Ausbildung der politischen Wahlrechte, die Entstehung der Klasse der Politiker und deren Durchschnittscharakter zusammen. Das Zusammentreffen dieses Geistes und seiner Schöpfungen aber mit den sozialen Gegensätzen und dem Einfluß des Geldes hat eine Vielzahl eigentümlicher Erscheinungen ausgelöst, welche bei einer Würdigung der amerikanischen Verhältnisse in Betracht kommen, und von welchen wenigstens einige hier näher zu bezeichnen sind. Dahin gehört die Stellung der reichen Familien zum politischen Leben. Ihr unmittelbarer Anteil an den politischen Kämpfen sowie an der Verwaltung des Staates ist gering. Hiebei macht sich einerseits ein gewisser Ostrakismus ihnen gegenüber geltend. Der Geist der Gleichheit erschwert es gesellschaftlich hervorragenden Leuten, Ämter oder Abgeordnetensitze zu erlangen. Andererseits haben diese Stellungen, deren Inhaber sich im Allgemeinen keiner ausgezeichneten Achtung erfreuen, wenig Verlockendes für sie; die Art und Weise aber, wie um sie zu werben ist, und die schmutzigen Mittel, die dabei vielfach in Anwendung zu bringen sind, schrecken sie ab.

Ferner macht sich eine Neigung geltend, den Reichen die finanziellen Lasten der Staaten und Gemeinden aufzuhalsen. Die Mehrzahl der Aktivbürger wird durch die Vermehrung dieser Lasten unmittelbar wenig berührt. Speziell gilt dies für das großstädtische Proletariat. Damit hängt zusammen die vielfach zu beobachtende Gleichgiltigkeit dieser Mehrheit gegen die Verschleuderung der öffentlichen Gelder und gegen die Kontrahirung staatlicher und städtischer Schulden. Werden die Gelder doch nicht aus *ihrer* Tasche genommen! Die Bevölkerung der größten und wichtigsten Stadt der Union, New-York, gibt hierin das Muster ab. Sie wählte Tweed in den Senat, nachdem wegen notorischer, die öffentlichen Gelder betreffender, Betrügereien eine strafgerichtliche Verfolgung gegen ihn eröffnet worden war. Diese Stadt ist viele Jahre hindurch von einem, noch jetzt dort mächtigen Ringe beherrscht worden, der die Überleitung öffentlicher Gelder in die Taschen der Beteiligten systematisch betrieb. Er hat binnen 2½ Jahren die städtische Schuld von 29 Millionen Dollars auf über 100 Millionen erhöht (1869—71), ohne daß für die Stadt irgend etwas Entsprechendes geleistet worden wäre. Für die Errichtung eines öffentlichen Gebäudes (Courthous) wurden 250 Millionen Dollars verrechnet, wovon nur 8 Millionen (der 31. Teil) wirklich für das Gebäude verwendet worden sein sollen. Die auf den Besitzenden ruhende Steuerlast wurde unter diesen Verhältnissen eine enorme (fast das vierfache der Londoner Steuern). (Friedr. Kapp „New-Yorker Stadtverwaltung“ in „Aus und über Amerika“.) So betrachtete die Bevölkerung ihre eigene, von ihr frei gewählte Vertretung. Die Erklärung für derartige Verhältnisse liegt, wie bereits angedeutet, darin, daß das Interesse, welches die besitzlosen Klassen an einer geordneten und sachgemäßen Verwaltung der öffentlichen Angelegenheiten haben, in keinem richtigen Verhältnisse steht zu ihrem Stimmrechte und dessen privater Verwertbarkeit, mit anderen Worten in dem Widerspruche zwischen der gleichen Verteilung der politischen Macht und der ungleichen Verteilung der wirtschaftlichen Güter.

Dies Verhältnis findet einen Ausdruck einerseits in der erwähnten Gleichgültigkeit der Menge gegen staatliche und kommunale Mißwirtschaft und andererseits in dem Verhalten der Reichen.

Die Gesetze geben ihnen keinen Einfluß auf die Verwaltung der öffentlichen Angelegenheiten. Die Folge ist, daß an die Stelle eines geregelten und kontrolirbaren Einflusses ein ungeregelter und regelmäßig unkontrolirbarer tritt. Denn Reichtum ist Macht und für die Bethätigung derselben lassen die Einrichtungen der Union, auch wenn sie dieselbe nirgend sanktioniren, reichlichen Spielraum. Er ist unter den Politikern, wie schon gesagt wurde, wenig vertreten, aber er kauft sich dieselben, wenn es dessen bedarf, oder macht sich in anderer Weise geltend. So sind die Richter von der Masse gewählt als ihre Organe, hier und da sogar mit imperativem Mandate. Und doch trifft die Strenge der Justiz selten den reichen Mann, meist nur den Unbemittelten, der keinen geschickten Advokaten bezahlen, keine Kaution stellen kann und über keine Bestechungsgelder verfügt. Jener Ostrakismus, dessen ich gedacht habe, ist dem Reichtum daher nicht gefährlich. Ja er begünstigt, wie die ganze Weise der Auswahl der Funktionäre und Abgeordneten, seinen Einfluß. Die Organisation der Politiker läßt sich geradezu als eine Institution betrachten, durch welche jener Gegensatz zwischen wirtschaftlich-sozialen und politischen Machtverhältnissen ausgeglichen wird. Es hat sich zu diesem Zweck noch eine besondere Hilfsinstitution gebildet, die Einrichtung der Lobbys,[1] deren spezielle Aufgabe es ist, zwischen den Geldmächten und den Abgeordneten zu vermitteln. Den enormsten Einfluß üben mittelst dieser Vehikel die großen Eisenbahngesellschaften und Eisenbahnkönige aus. Das legitime politische Gewicht eines Vanderbilt, James Gould und Anderer ist nicht größer wie das eines beliebigen von ihnen

[1]) Der Vorsaal des Repräsentantenhauses, zu welchem das Publikum keinen Zutritt hat.

beschäftigten Arbeiters, ihr illegitimes politisches Gewicht übersteigt dagegen jenes viele hunderttausendmal. Hier haben wir einen einfachen Ausdruck für die charakteristischen Verhältnisse. Die singuläre Bedeutung, welche in der Union die geschilderten Mißstände gewonnen haben, hängt übrigens noch mit Umständen zusammen, welche bisher außer Betracht geblieben sind. Es gehört dahin die ungeheure Bewegung innerhalb der Bevölkerung, das beständige Einströmen von Einwandererscharen und das Abströmen von Massen der eingeborenen Amerikaner nach dem Westen, die zahlreichen Gründungen und das unglaublich rasche Wachstum neuer Städte, wodurch die Konsolidirung der Verhältnisse und eine stetige Bekämpfung der hervortretenden Übel erschwert wurde. Ferner die unvergleichlich günstigen Bedingungen wirtschaftlichen Gedeihens, das gewaltige Hinterland mit seinen Millionen Morgen noch unbebauten Landes, der weite Spielraum, der sich für jede produktive Arbeit fand. Diese Verhältnisse haben in Verbindung mit dem Selbständigkeitssinne, dem Geist der individuellen Initiative und der gesamten überaus glücklichen Ausrüstung des Amerikaners für wirtschaftliche Unternehmungen es möglich gemacht, daß man mit einem relativ geringen Maße staatlicher Leistungen auskam, und die hervorgehobenen Übel nicht allzu drückend empfand. In den hervorgehobenen Richtungen aber werden im Laufe der Zeit sich Änderungen vollziehen. Die Bevölkerungsverhältnisse werden stabiler werden, der Strom nach Westen wird sich stauen und die sozialpolitische Bedeutung, die er bisher besaß, einbüßen, der bebaubare Boden wird vollständig aufgeteilt werden und die wirtschaftlichen Verhältnisse werden sich, von der durchschnittlich größeren Wohlhabenheit abgesehen, den europäischen annähern. In dem Maße als dies geschieht wird auch jenes Defizit staatlicher Leistungen sich fühlbar machen. Zugleich damit wird der Gegensatz zwischen Besitzenden und Nichtbesitzenden sich vertiefen. Die das nationale Gedeihen bestimmenden produktiven Kräfte arbeiten zum Teile, nach einem von H. George gebrauchtem Bilde, von der Mitte der sozialen Pyramide, nicht von der Basis aus, und erheben so die oben liegenden Teile, während sie die untersten Schichten in den Boden drücken.

Aber in der Richtung, in welcher die Gefahren liegen, ist auch die Hilfe zu erwarten. Die Amerikaner haben gewiß recht, an ihrem Staatswesen nicht zu verzweifeln; obgleich der in der Regel bei ihnen sich findende Optimismus ein unkritischer ist. Sie vertrauen auf die hohe Intelligenz des Volkes, das allgemeine Interesse an politischen Dingen und auf die erziehende Kraft des allgemeinen Stimmrechts. Aber diese Faktoren wirken seit langer Zeit, ohne das Wachstum der charakterisirten ungeheuerlichen Mißstände aufzuhalten. Nur eine Änderung der Verhältnisse, welche sie bisher erträglich machten und zugleich ihre Bekämpfung erschwerten, und eine starke Mehrung und Vertiefung der Unlust, welche sie in dem Volksempfinden erzeugen, kann eine definitive Wendung zum Besseren herbeiführen; und dies schwerlich innerhalb kurzer Zeiträume. Denn ihr Zusammenhang mit den bestehenden staatlichen und gesellschaftlichen Verhältnissen ist, wie ich zu zeigen versucht habe, kein oberflächlicher. Speziell ist ihr Zusammenbestehen mit der Demokratisirung aller öffentlichen Einrichtungen nicht zufällig.

Das Urteil über diese demokratischen Einrichtungen kann hiernach kein unbedingt günstiges sein. Und doch haben sie ihre Verdienste. Das öffentliche Recht der Union und ihrer Gliedstaaten hat vor Allem das negative Verdienst, dem unvergleichlichen Wachstum und wirtschaftlichen Gedeihen der Bevölkerung keine Hemmungen bereitet zu haben. Es hat dasselbe ferner positiv begünstigt durch die Anziehungskraft der in ihm zum Ausdruck gelangenden Prinzipien auf die europamüden Massen, sowie durch den Einfluß, welchen es auf das Empfindungsleben des amerikanischen Volkes ausgeübt hat. Die Durchführung des Gedankens der Volkssouveränität in diesem Rechte hat, so sehr die Zustände zum Teile mit ihm kontrastiren mögen, das Selbst- und Wertgefühl dieses Volkes und damit den durchschnittlichen Lebenswert erhöht und Bryce mag recht haben, wenn er einerseits mit Rücksicht auf die günstigen wirtschaftlichen Verhältnisse, andererseits mit Rücksicht auf diese psychischen Einwirkungen des bestehenden Rechts den durchschnittlichen Lebensgenuß bei dem Amerikaner höher taxirt als bei dem Europäer. Doch dies sind Imponderabilien. Nach Allem läßt sich nicht behaupten, daß in der Union das Problem, rein demokratische Staatsformen in Einklang zu bringen mit der modernen Kultur und den auf Grund derselben dem Staate zu stellenden Aufgaben, bisher gelöst sei; andererseits nicht verneinen, daß man sich doch auf dem Wege zu einer künftigen Lösung befinden möge.

Anhang.

Rede gehalten am 1. April 1895 zur Feier von Bismarcks Geburtstag.

Wenn im Gang der Jahre die Rede auf Bismarck in unserem Kreise umgeht, so muß die Meinung wohl sein, daß Jeder in seiner Weise die eigene Stellung zu ihm zum Ausdruck bringe.

Für Jeden von uns bezeichnet ja die Laufbahn und das Lebenswerk Bismarcks ein großes Stück eigener Erlebnisse, einen Teil von dem was ihm das Dasein geboten hat und von dem was seinen Wert ausmacht. Und dieses Stück ist um so bedeutsamer, je enger das eigene Leben äußerlich und innerlich mit dem durch Bismarck bestimmten Gang der Dinge verflochten war und je größer die Wegstrecke ist, auf der die eigene Lebensreise mit der Wirksamkeit unseres Staatsmannes zusammenging.

Bei mir ist jene Verflechtung groß und diese Wegstrecke lang gewesen. Ich habe daher die Wandlungen, die ein großer Teil des deutschen Volkes in seinem Verhältnis zu Bismarck erfahren hat, miterlebt und selbst miterfahren. Ein Rückblick auf sie und auf das allmähliche Schwinden der Zweifel über die Ziele der Bismarckschen Politik und auf die überraschende Enthüllung seiner Größe mag wohl der Stimmung dieses Tags entsprechen. Ich knüpfe an persönliche Erinnerungen an und gedenke mit einem Worte auch der vorangehenden Zeit.

An dem Begeisterungsrausch des Jahres 1848 habe ich, freilich als ein Junge, meinen Anteil gehabt und dann das Mißlingen der populären Einheitsbewegung und den Druck mitempfunden, der in den langen Jahren der Reaktion auf den nationalgesinnten Gemütern lag. In weiten Kreisen freilich hatte man sich bei uns in Hessen mit dem Scheitern der nationalen Bewegung zurechtgefunden. Man betrachtete es hier als durch die Probe erwiesen, daß die Lösung des Problems einer politischen Einigung über die Bundesverfassung hinaus, sei es überhaupt, sei es in der allein gewünschten großdeutschen Form, unmöglich sei. In anderen Kreisen hoffte man auf eine neue, gründlichere Revolution. Aber hier überwog das demokratische Interesse bei weitem das nationale. Auch konnte schon damals kein Zweifel darüber bestehen, daß eine zweite deutsche Revolution einen ausgesprochen proletarischen Charakter annehmen würde. Manche endlich hielten an der Überzeugung fest, daß eine Lösung des Problems früher oder später unter vorwaltendem Einfluß der preußischen Regierung erfolgen müsse. Aber ihre Hoffnungen waren auf eine unberechenbare Zukunft gestellt.

Da kam in Preußen die neue Ära, die Ära der „moralischen Eroberungen", der wohlgemeinten aber schwächlichen Politik der Schleinitz und Genossen. Sanguiniker redeten sich wohl etwas ein von geheimen weiter ausschauenden Plänen des Prinz-Regenten und später des Königs. Aber ihr Glaube erschien wenig fundirt. Sollte dies der Mann sein, von dem Geibel gesungen hatte: „ein Mann ist not, ein Nibelungenkel", sollte er der Hammer sein, der die Hemmnisse auf unserem nationalen Lebenswege zerschlüge? Er sollte ja freilich zu diesem Hammer — in der Hand eines Andern — werden, aber zunächst wies nichts Greifbares auf eine solche Rolle hin. Gleichwohl sammelte man sich im Nationalverein, und die dumpfe Resignation wich neuem Leben. Man wollte bereit sein, vorandrängen, die Wege klären, und die nationalen Hoffnungen der Italiener belebten die unsrigen. Aber die böse Konfliktszeit brachte neue Prüfungen. Nun erscheint Bismarck auf dem Vordergrund der Bühne; aber in welcher Rolle! Als Helfer dem liberalen Bürgertum gegenüber, berufen, dasselbe zu Paaren zu treiben. Seine Erhebung erschien als Beleg dafür, daß die Schärfung des preußischen Schwertes durch die Heeresreform vor Allem dem innern Gegner gelte. Die allein offen liegende Vergangenheit des Mannes, sein Verhalten im Vereinigten Landtag, ließ ihn als einen typischen Repräsentanten dessen erscheinen, was im Süden und Westen am meisten gehaßt war, des preußischen Junkertums. Dazu paßte die bald erfolgende Knebelung der Presse und die vielfach zum Ausdruck kommende Mißachtung der öffentlichen Meinung und des liberalen Bürgertums, ihres Trägers. Seine Äußerungen über die äußere Politik Preußens erschienen als Renommistereien, sein Bekenntnis zu einem deutschen Parlamente als Spiegelfechterei und bezw.

als ein bloßer diplomatischer Schachzug Österreich gegenüber. Manche auch sahen in ihm einen Spieler, der Preußens Glück verspielen werde. Die Energie des Mannes sprach sich freilich in seinem ganzen Gebahren deutlich aus, allein an jede ihrer Äußerungen heftete sich das Mißtrauen.

Da starb Friedrich VII. von Dänemark und die schleswig-holsteinische Frage rollte sich auf. Ich zweifelte damals bei der Todesnachricht keinen Augenblick daran, daß dieser Sterbefall das Steinchen sei, das die Lawine in Bewegung bringen werde, und lebte alsbald und viele Monate hindurch ausschließlich der Agitation für Schleswig-Holstein und den Augustenburger. Als aber die vordringende Kraft der Bismarckschen Politik erkennbar wurde, bekehrte ich mich mit vielen zu dieser, und ließ das bisherige Symbol der Sache, die uns am Herzen lag, den Augustenburger, fallen.

Etwas von der Stimmung bemächtigte sich unsrer in jener Zeit, welche einst Mass. d'Azeglio auf seinen Agitationsreisen in Italien zum Ausdruck gebracht hatte, als man ihm die Begehrlichkeit des sardinischen Königs entgegenhielt: Ist der König ein Räuber, dann um so besser, wir können dann nur sagen, Räuber raube, Wolf friß . . . Dank, daß Ihr Banditen seid.

Die Art, wie Bismarck inmitten einer ihm entgegenwirkenden Welt das Holsteinsche Spiel gewann, ließ ihn uns als einen Diplomaten von überlegenster Klugheit und als ein geeignetes Werkzeug für eine solche „Räuberpolitik" zur Überwindung des „Souveränitätsschwindels" unseres Kleinfürstentums erscheinen. Aber der Fortgang seiner Politik ließ neue Eigenschaften an ihm hervortreten und zeigte ihn größer als wir zu hoffen gewagt hatten. Die Art, wie er die preußischen Siege gegen Österreich und die süddeutschen Staaten benutzte — man denke an die Fundirung eines künftigen Freundschaftsverhältnisses zu Österreich, an die Anbahnung einer engeren Verbindung mit den süddeutschen Staaten, an die Versöhnung des preußischen Bürgertums, die Aufrichtung des Norddeutschen Bundes — ließ ihn als einen weitschauenden, weisen Staatsmann, als einen Politiker größten Stils erscheinen. Und der Mann wuchs offenbar mit seinem Werke. War er zuerst nur ein Organ des preußischen Ehrgeizes, so erhob er sich jetzt zum bewußten Repräsentanten unserer deutschen Interessen, und er zog seinen König nach sich in den Bahnen einer nationalen und zugleich volkstümlichen Politik. So ist er uns aus einem Gegenstande der Abneigung und des Mißtrauens zu einem Gegenstande des Vertrauens und der Verehrung geworden. Wir bewunderten in ihm nicht mehr bloß die Kraft des Willens und der Intelligenz, sondern den ganzen Mann, der uns fortan als das providentielle Werkzeug galt für die Verbindung der disjecta membra des alten Reichs zu einem neuen lebensvollen Ganzen, oder auch, im Sinne unserer alten unter uns nicht völlig erloschenen Romantik, als der das Gestrüpp durchbrechende Ritter, der das Dornröschen Deutschland aus mehrhundertjährigem Schlaf zu erlösen berufen war.

Bismarck hat das Bündnis zwischen den besonderen Energien des preußischen Staates und dem Idealgehalte unseres geistigen Lebens, das einst zur Zeit der Freiheitskriege geschlossen wurde, besiegelt und in dauernden Formen zu vollerer Wirksamkeit gebracht. Aus diesem Bündnis ist unter seiner Hand die Erfüllung des nationalen Traumes von einer neuen Kaiserherrlichkeit hervorgegangen.

Ihm vor Allem haben wir es zu danken, daß die beste Zeit unseres Lebens einem aufgehenden Tage im Leben unseres Volkes angehörte, ihm vor Allem, daß wir das Göthesche Wort in einem auch von dem Dichter gemeinten Sinne auf uns anwenden konnten: „Was man in der Jugend wünscht, hat man im Alter die Fülle." Es ist dabei ja auch daran gedacht, daß, wer jung sich eins fühlt mit dem, was in der Volksseele treibt und sprößt, mit dem was im allgemeinen Leben nach Entfaltung und Gestaltung strebt, eine Anwartschaft hat auf Fülle im Alter; daß die Früchte des Sommers für denjenigen reifen, in dem es Frühling war zur Zeit des Frühlings. Freilich, im Bereiche des politischen Lebens führt nicht ein organisches Wachsen und Werden vom Frühling zum Sommer, nicht ein organisches Werden von Schützen- und Sängerfesten und von moralischen Eroberungen zur Aufrichtung eines neuen Reiches, sondern die That, die brutale Energie des Staatsmannes und die Machtentscheidungen, in welchen sie wirksam wird.

Bismarck ist der verkörperte Protest gegen die organisch-historische Staatsauffassung, welche für diese Dinge keine Stelle hat, und zugleich gegen diejenige, heute verbreitete soziologische Auffassung, welche die Bedeutung der genialen Persönlichkeit für das geschichtliche Leben der Völker, für die Entwicklung von Staat und Recht verneint. Wir können uns an Bismarck und seinem Werke staatsphilosophisch orientiren. So gewiß seine Eigenart für den Gang der politischen Dinge in unserer Zeit und für die Erreichung unserer nationalen Ziele von einer entscheidenden Bedeutung war, so gewiß muß diese Eigenart eine Verwandtschaft haben mit dem Genius der geschichtlichen Entwicklung des staatlichen Lebens. Wollten wir das Gesetz dieser Entwicklung personifiziren, so würden wir Züge dafür von Bismarcks Persönlichkeit entlehnen können. Jedenfalls würde das persönliche Bild, das wir uns zu machen hätten, mehr Beziehungen zu der eruptivischen Willensnatur dieses Mannes erkennen lassen als zu einem in friedlichem Schlummer sich entwickelnden, organisch wachsenden Kinde.

Aber auch die Theorie vom Übermenschen und seiner Herrenmoral würde in Bismarcks Lebensgang keine Stütze finden. Ein mächtiges Stück Egoismus und die aristokratische Neigung, geringer Geborene als von der Natur oder durch geschichtliches Recht zum Dienste für die großen Herren bestimmt zu betrachten war und ist wohl noch in ihm vorhanden. Die Aristotelische Theorie von der natürlichen Sklaverei war ihm von Haus aus unzweifelhaft sympathischer, als die Gleichheitslehre der bürgerlichen Rechtsphilosophie, des alten Naturrechts, und die Devise der Revolution: liberté, égalité, fraternité. Aber die Größe, der Glanz und der Wert seines Lebens begründete sich doch, und gewiß auch für sein eigenes Bewußtsein, in dem was er im Dienste idealer Interessen in hingebender Arbeit geleistet hat. Wenn er heute den Gegnern gegenüber sich darauf beruft und darin seine Genugthuung findet, daß er in seiner amtlichen Stellung stets seiner Pflicht gelebt habe, so liegt darin ein nicht zu verwerfendes Zeugnis dafür, daß seine Moral mit der Moral der Kleinen im Kernpunkte der Hingebung an ein Allgemeines, Ideales, wie immer man dasselbe bestimmen möge, zusammenfällt.

Doch lasse ich dies auf sich beruhen.

Bismarck war so lange der lebendige Mittelpunkt unseres öffentlichen Lebens, daß die Wirksamkeit seiner Eigenart, wie immer man sie philosophisch für sich ausbeuten möge, diesem Leben für immer unaustilgbar als ein fortwirkendes Ferment innewohnen wird.

Er lebt in seinen Schöpfungen, und seine Schöpfungen loben ihn.

Freilich in das Lob mischen sich andere Klänge und seine Geschöpfe geberden sich bisweilen wunderlich. Der Reichstag zur Zeit wie ein ungeratener Junge, der am Ehrentage seines Erzeugers dummtrotzig bei Seite steht.

Ist dieses Geschöpf Bismarcks vielleicht auch in seinen Untugenden Bismarcks Schöpfung? Die Frage läßt sich verallgemeineren. Hat Bismarck seinen ursächlichen Anteil auch an denjenigen Erscheinungen unseres politischen Lebens, an welchen wir keine Freude haben? Ich berühre die Frage ohne Bedenken. Einem Manne wie Bismarck wird man nicht gerecht, wenn man sich aufdrängenden kritischen Fragen aus dem Wege geht.

Bismarck ist kein Washington. Seine Natur und zugleich unsere Verhältnisse wiesen ihm eine andere Stelle zu als sie jenem anderen Gründer eines Bundesstaats zugefallen war. Er konnte nicht gleich diesem wie ein Friedensengel über den Wassern des Parteilebens schweben. Für den weitaus gewaltigeren Mann gab es hier keine mögliche Neutralität. Wie er sich in viel höherem Maße als der Gestalter des deutschen Gemeinwesens betrachten konnte wie Washington als der Gestalter des amerikanischen, so umfaßte auch sein Verantwortlichkeitsgefühl in viel weiterem Umfang Leben und Gedeihen seiner Schöpfung. Und dies Verantwortlichkeitsgefühl fand, seiner impulsiven Natur gemäß, einen Ausdruck in mancher grimmen Fehde gegen seine politischen Gegner. Das können sie nicht verwinden.

Wichtiger aber ist ein Anderes. Bismarcks Pflug ging tiefer als der des Amerikaners, und die Keime, die der Boden in sich schloß, sproßten auf seinem Wege. Er hat gebundene Kräfte frei gemacht, Kräfte von mannigfacher und nicht lediglich erfreulicher Art. Auch die elementaren Mächte im Grunde unseres Volkslebens haben sich unter den unmittelbaren und mittelbaren Einwirkungen seiner Politik zu kräftigerem Leben erhoben, und sie füllen mit ihren Repräsentanten die politische Bühne.

Mit ihrem Hervortreten haben sich neue Aufgaben und neue Gefahren für unser Gemeinleben ergeben. Ein Ruhepunkt ist nicht gewonnen. Die Probleme drängen sich; ist eines gelöst, so machen andere mit um so größerer Wucht sich geltend und verkümmern die Freude an der Lösung des ersten.

So ist in diesen Jahren die Freude an unserem neuen Reiche von Sorgen umstellt. Der Tag, von welchem ich gesprochen habe, den uns Bismarck heraufgeführt, hat seinen Höhepunkt überschritten und wir gehen Stürmen entgegen, die etwas wie Abenddämmerung über unser Land ausbreiten können. Man darf dies im Hinblick auf unzweideutige Wetterzeichen aussprechen, ohne sich dem Vorwurf auszusetzen „weil Euer Fäßlein trübe läuft, glaubt Ihr die Welt auch auf der Neige." Wir denken die Welt nicht auf der Neige und nicht das Leben unseres Volkes, und wenn eine Abenddämmerung sich wirklich über uns ausbreiten sollte, so denken wir mit Nietzsche: „es gibt so manche Morgenröte, die noch nicht geleuchtet hat" — so manche Morgenröte gewiß auch für das deutsche Volk.

Heute aber verscheuchen wir die Sorgen. Heute leben wir der Erinnerung an eine glorreiche Geschichte und den Thaten von unübertroffener Größe und freuen uns alles dessen, was uns durch sie gewonnen worden ist, und wir erfreuen uns vor Allem des Herren, der als beherrschender Geist im Mittelpunkte dieser Geschichte steht. Und wir genießen das Schauspiel einer Huldigung ohne Gleichen, die das deutsche Volk seinem größten Manne an seinem Lebensabend als Dank für das unvergängliche Werk seines Lebens darbringt. Und wir nehmen von Herzen teil an dieser Huldigung.

Verzeichnis von Druckfehlern.

Seite	20	Zeile	7	von	oben	lies:	Herbartschen Philosophie.
„	33	„	12	„	unten	„	Wessenbergs.
„	59	„	6	„	oben	„	nomini . . .
„	74	„	11	„	„	„	Umwandlung d e r Bewegung.
„	105	„	6	„	„	„	aus welchen.
„	123	„	9	„	„	„	inmitten.
„	126	„	8	„	unten	„	derselbe.
„	180	„	12	„	oben	„	jedes.
„	227	„	5	„	unten	„	Potenz.
„	238	„	12	„	oben	„	werden statt würden.
„	251	„	13	„	„	„	Presbyterianer.
„	257	„	6	„	„	„	Klassenbewußtsein.
„	202	„	18	„	„	„	versiegen.
„	262	„	13	„	unten	„	aus der Stellung von Parias h e r a u s k a m e n,
„	265	„	2	„	„	„	Productionsmittel.
„	268	„	12	„	oben	„	Birmingham.
„	270	„	8	„	unten	„	Repressivmaßregeln.
„	273	„	4	„	„	„	Einkammersystem.
„	283	„	3	„	„	„	den Aldermen.
„	291	„	8	„	oben	„	Arbeiterinteressen.
„	291	„	13	„	unten	„	Arbeitszeit.
„	292	„	17	„	„	„	als sozialer.
„	293	„	18	„	oben	„	Radikalen.
„	296	„	6	„	unten	„	fordert statt findet.
„	304	„	8	„	„	„	konfessionellen.
„	306	„	14	„	oben	„	handelt.
„	306	„	13	„	unten	„	Oberhauses.
„	307	„	3	„	oben	„	d e s Unterrichts.
„	331	„	10	„	„	„	Staateninteressen.
„	331	„	12	„	„	„	Siechtum.
„	354	„	8	„	„	„	und a n Thaten.

M. Du Mont-Schauberg, Straßburg.

Kolibri 360 GmbH
Ferdinand-Jühlke-Straße 7
99095 Erfurt, Deutschland
produktsicherheit@kolibri360.de